Magical Girl of the End

12

Kentaro Sato

Was bisher in *Magical Girl of the End* geschah ...

Kaede erfährt durch Sou Shirokane von Marias Verschwinden. Diese setzt sich daraufhin mit Tonogaya in Verbindung.

Kogami möchte Tsukune in ihrem Zuhause besuchen, trifft dort aber nur auf ihre Eltern. Er erfährt, dass Tsukune ihm aus dem Weg geht.

Unterdessen dringen Akuta und sein Partner ins Hauptquartier der Hexe ein, werden aber von dieser und Mikano gefangen genommen und gezwungen, ihnen zu helfen.

Maria wacht an einen Operationstisch gefesselt auf. Um sie herum befinden sich Menschen, an denen Makabe Experimente durchgeführt hat.

Dieser lässt einen Jungen aus einem Nährtank und unterzieht auch diesen seinen grausamen Versuchen.

Als er kurzzeitig von ihm ablässt, verwendet Maria ihre letzten verbliebenen Kraftreserven, um sich von ihren Fesseln zu befreien und Kaede um Hilfe zu bitten. Doch dabei wird sie von Makabe erwischt ...

Um nicht gestört zu werden, leitet Makabe Schlafgas ins Gebäude des Pharmakonzerns und aktiviert den Schutzschild. Daraufhin überträgt er den Kern von Maria in den Jungen.

Kaede und Tonogaya folgen Marias Hilferuf und fahren zu Wahre Liebe. Als sie die Gegend untersuchen, wird Kaede von Makabe gefangen genommen.

Nach der Übertragung des Kerns erwacht der Junge. Er kann zwar nichts hören, hat aber gewaltige Kräfte. Makabe nennt ihn Wataru und plant mit seiner Macht die Auslöschung von Tsukune, um das fehlende Teil des Schriftstücks »Of-the-end-catastrophe« in die Finger zu bekommen.

Kogami und Tonogaya dringen in das Gebäude von Wahre Liebe ein. Dort entdecken sie das Labor und werden Opfer einer Explosion.

cast

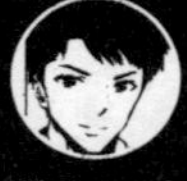

Kii Kogami

Arbeitet als Grundschullehrer und lebt mit Kaede Sayano zusammen. Von den beiden ist er derjenige, der den Haushalt führt.

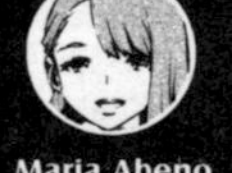

Maria Abeno

Laborleiterin bei Wahre Liebe in der Abteilung zur Entwicklung neuer Arzneimittel. Sie besitzt riesige Brüste und ist mit Yuji Tonogaya verlobt.

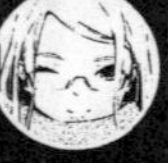

Kaede Sayano

Vize-Laborleiterin bei Wahre Liebe in der Abteilung zur Entwicklung neuer Arzneimittel. Sie lebt mit Kii Kogami zusammen.

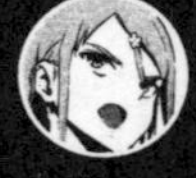

Mikano Hanakai

Eine willensstarke Schülerin der Highschool und ein Magical Girl. Nachbarin und Kindheitsfreundin von Shinobu.

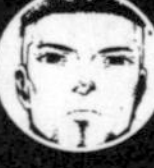

Sou Shirokane

Shinobus Vater und Direktor des weltweit führenden Pharmakonzerns Wahre Liebe.

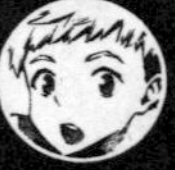

Shinobu Shirokane

Ein junges Genie, das seinem Vater bei der Entwicklung neuer Medikamente hilft. Nachbar und Kindheitsfreund von Mikano.

Tsukune kann die beiden gerade noch retten. Unterdessen stößt Shinobu bei der Untersuchung der Blutprobe auf eine außergewöhnliche DNA-Sequenz: die Quelle des Teufels!

Außerdem entdeckt er auf der Stirn seiner toten Mutter ein Symbol. Kurz darauf tauchen Makabe und Himeji bei Tsukune auf. Sie haben Kogami als Druckmittel dabei.

Sobald sie das fehlende Schriftstück haben, hintergeht Himeji Makabe und tötet ihn. Tsukune nutzt den Moment, um Kogami zu retten und zu fliehen. Doch sie bleibt dabei nicht unverletzt.

Dank der Daten von Makabe kann Himeji die 12 bereits existierenden Magical Girls für das Ritual einsammeln. Nur das 13., das Kind von Tsukune, fehlt ihm, da es noch nicht auf der Welt ist. Maria wird zu Puppet Master und somit zu Himejis helfender Hand.

Um den Verlauf der Zeit zu verändern, baut Himeji eine Zeitmaschine. Er reist in die Vergangenheit und setzt Tsukune die Persönlichkeit Asuka ein.

Maskiert und mit einem schwarzen Cape sucht Kaede Tonogaya auf. Sie übergibt ihm eine DNA-Probe zusammen mit einem Brief, in dem sie ihm alles erklärt. Sie beauftragt ihn mit dem Entwurf des Chronos-M.

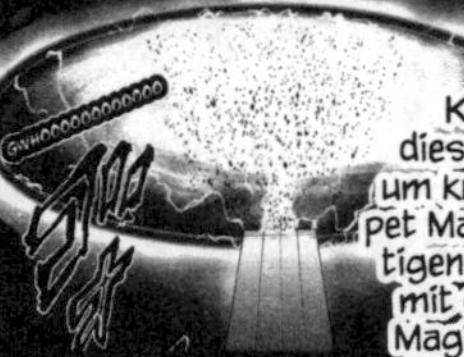

Himeji bewirkt trotz seiner Versuche in der Vergangenheit keine Veränderung der Zukunft, weshalb er Puppet Master befiehlt, die Alternative Magical Girls durch ein Wurmloch auf die Vergangenheit loszulassen.

Kaede wartet diesen Moment ab, um kurz darauf Puppet Master zu überwältigen und zusammen mit den Alternative Magical Girls in die Vergangenheit zu gelangen.

Der Schauplatz wechselt zu dem Tag der Katastrophe!

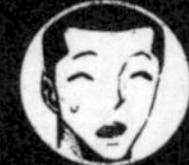

Keito Makabe

Ein verrückter Wissenschaftler, der grausame Menschenversuche durchführt. Er hat Himeji erschaffen und möchte das Ritual, welches in dem Schriftstück »Of-the-end-catastrophe« niedergeschrieben wurde, durchführen. Doch dann wird er von Himeji umgebracht.

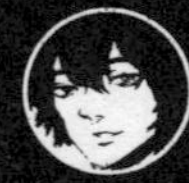

Yuji Tonogaya

Ein Wissenschaftler, der sich in der Nanotechnologie einen Namen gemacht hat. Ist mit Maria Abeno verlobt.

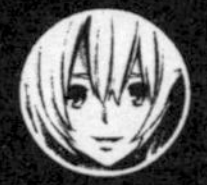

Wataru Himeji

Er wurde entwickelt, um das gleichnamige Mädchen Wataru Himeji zu ersetzen. Ihm wurde der Kern von Maria eingesetzt.

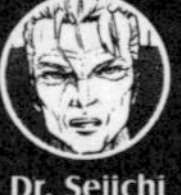

Dr. Seiichi Fukumoto

Direktor der Kairin-Universitätsklinik. Er bittet Sou Shirokane, den Aufenthaltsort der Hexe herauszufinden, und übergibt ihm die Blutprobe eines Magical Girls.

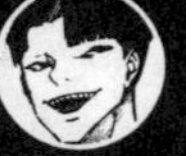

Rintaro Akuta

Polizeipräsidium Tokyo, Kriminalfachdezernat Fahndungsgruppe 1, Polizeihauptmeister. Steht total auf Highschool-Schülerinnen.

Inhalt

Magical Girl of the End

12

Kentaro Sato

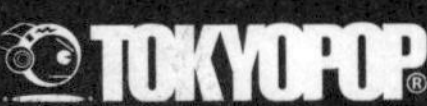

044. in the last line

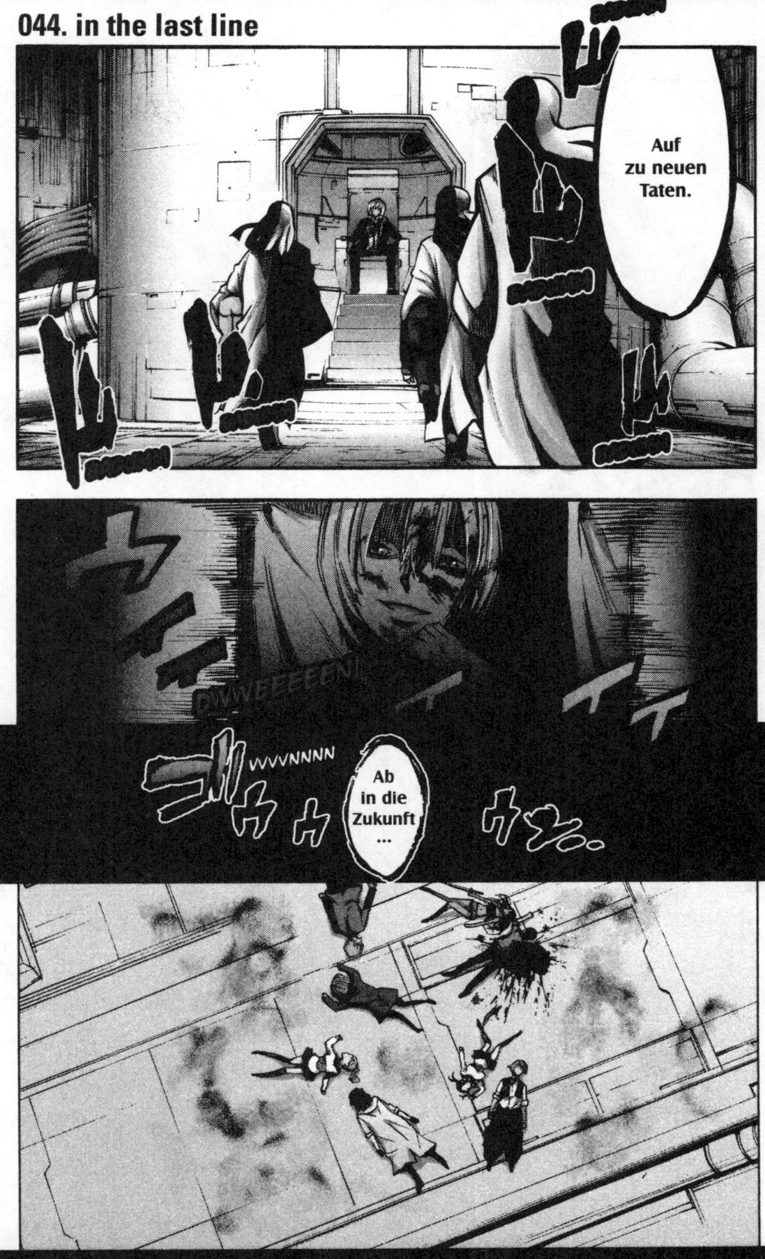

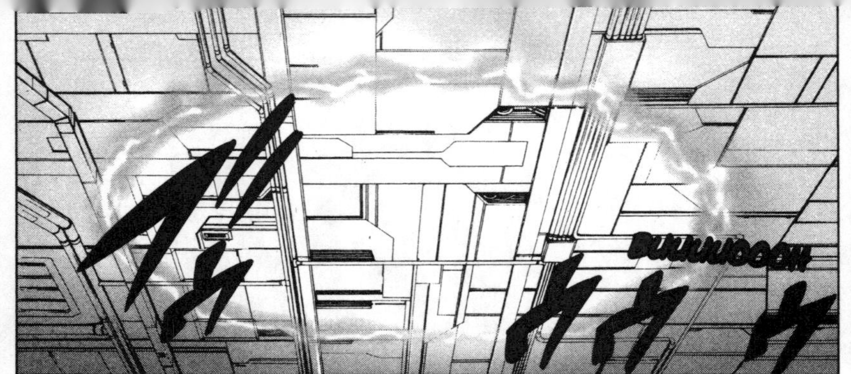

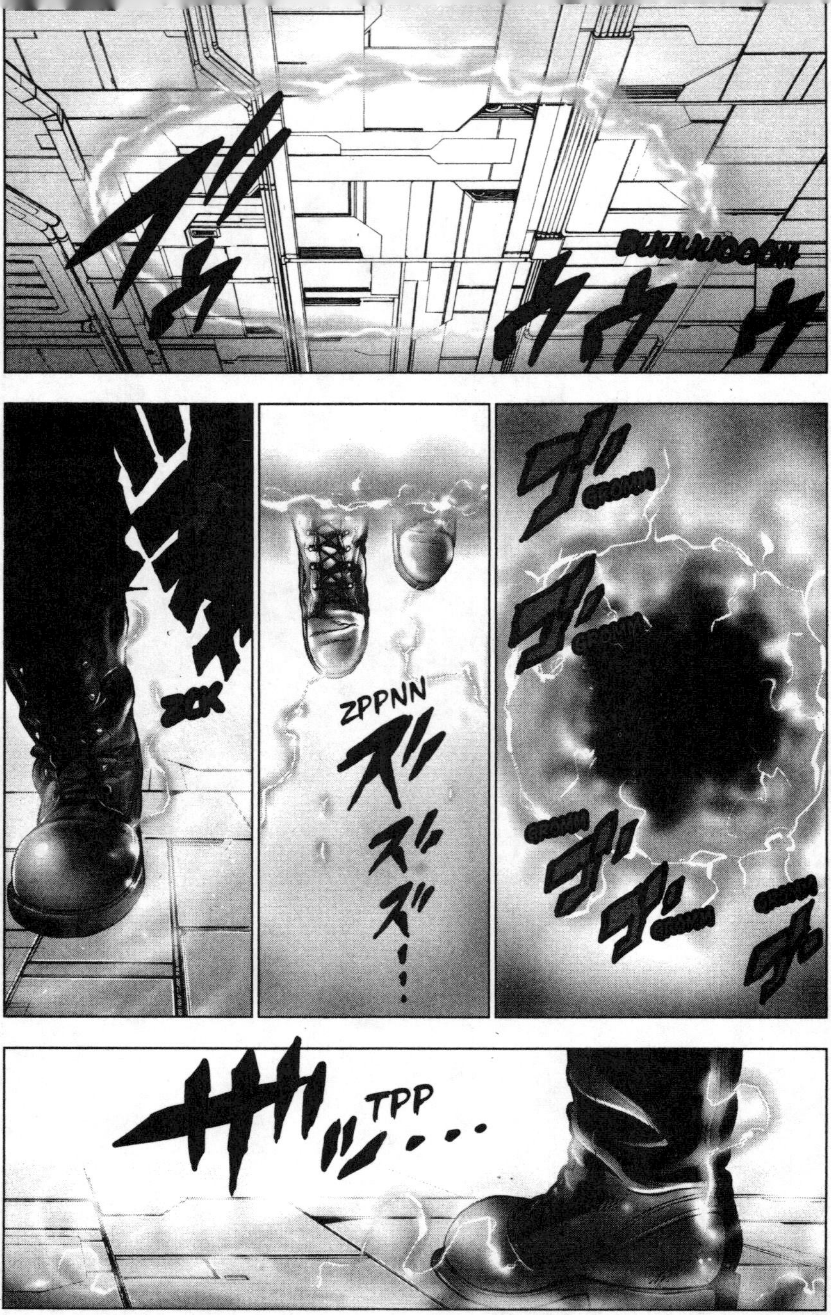

ZCK

ZPPNN

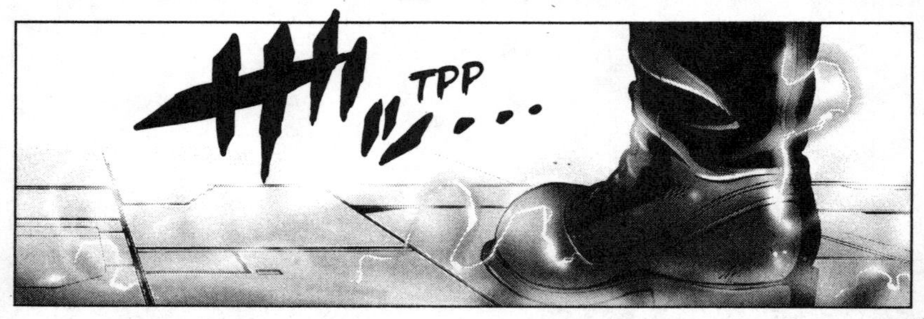

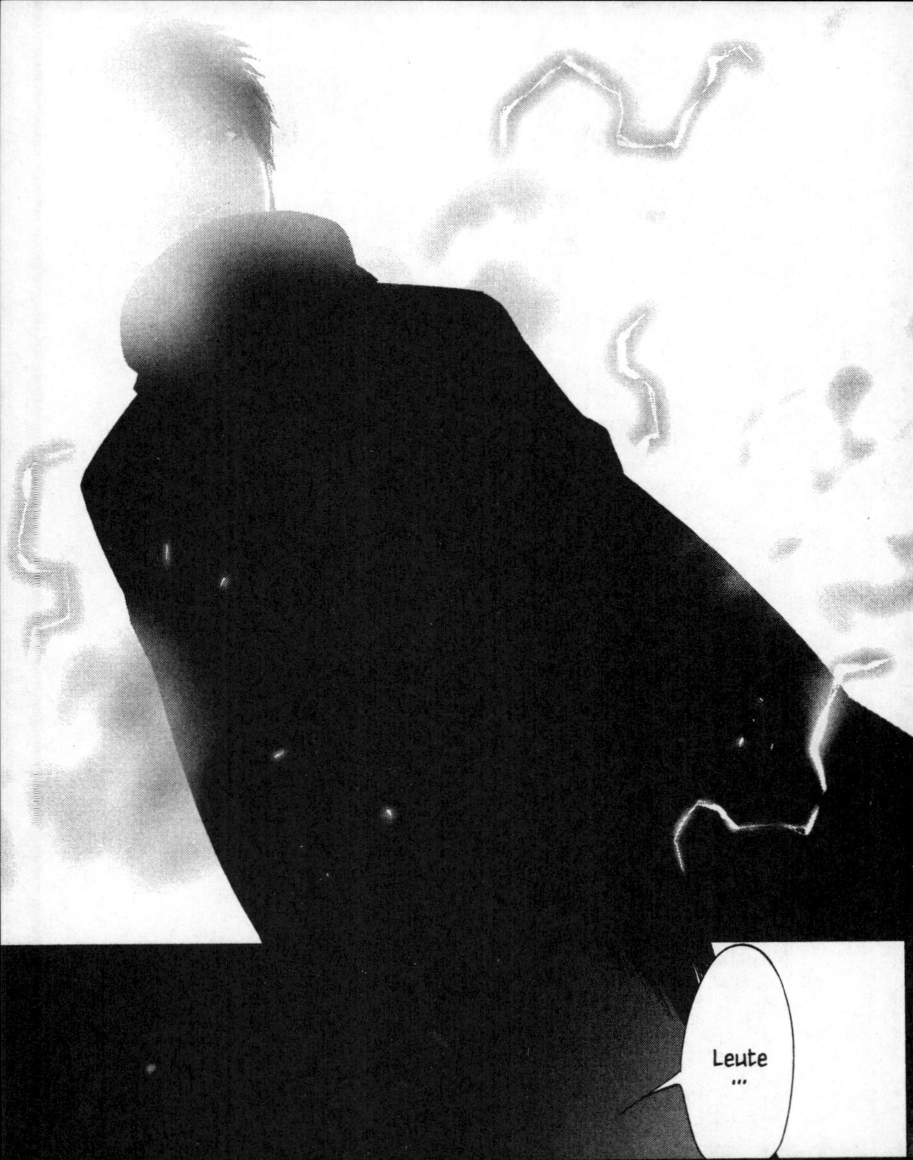
Leute
...

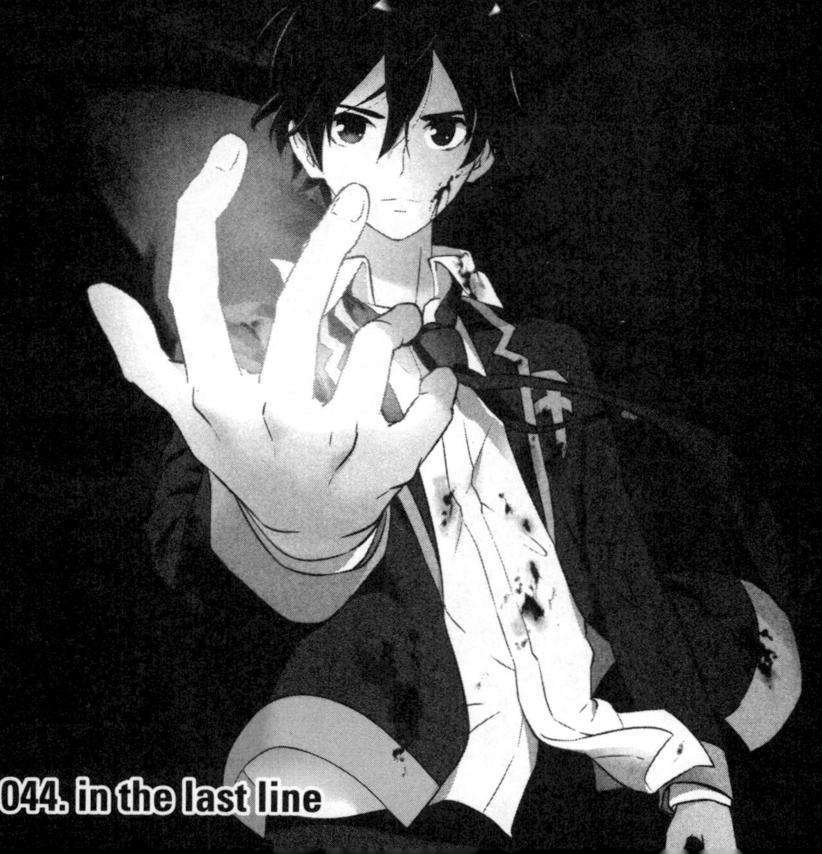

044. in the last line

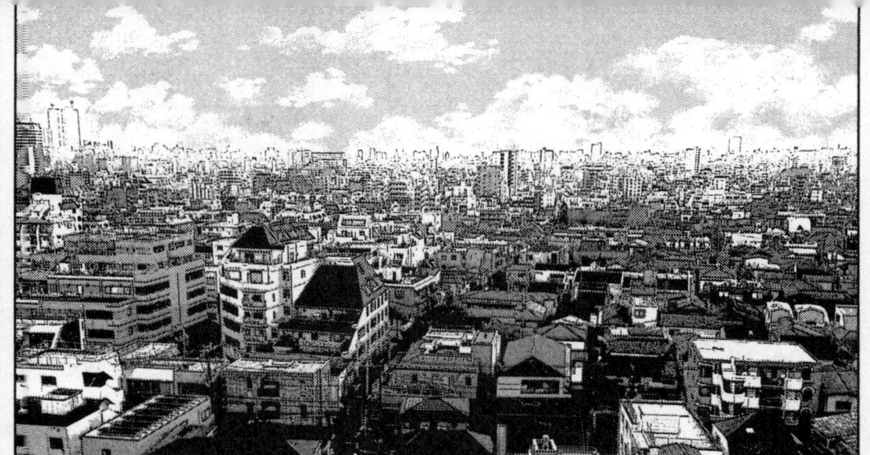

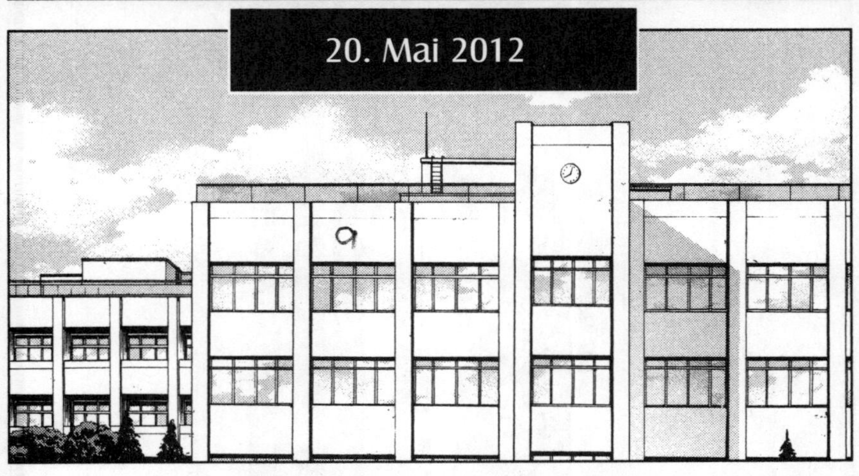
20. Mai 2012

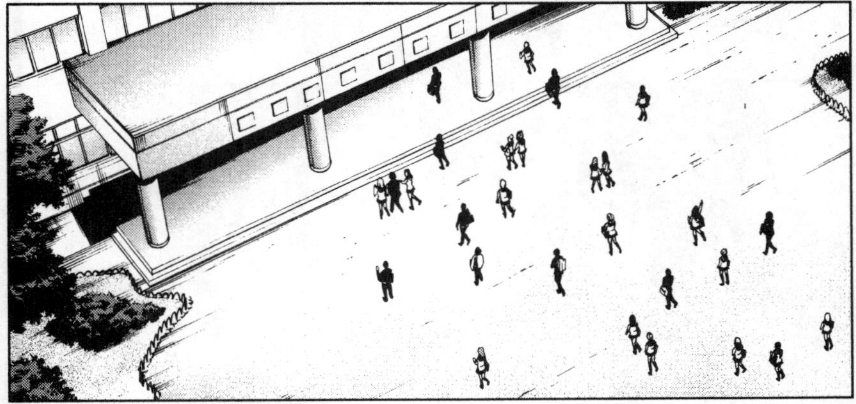

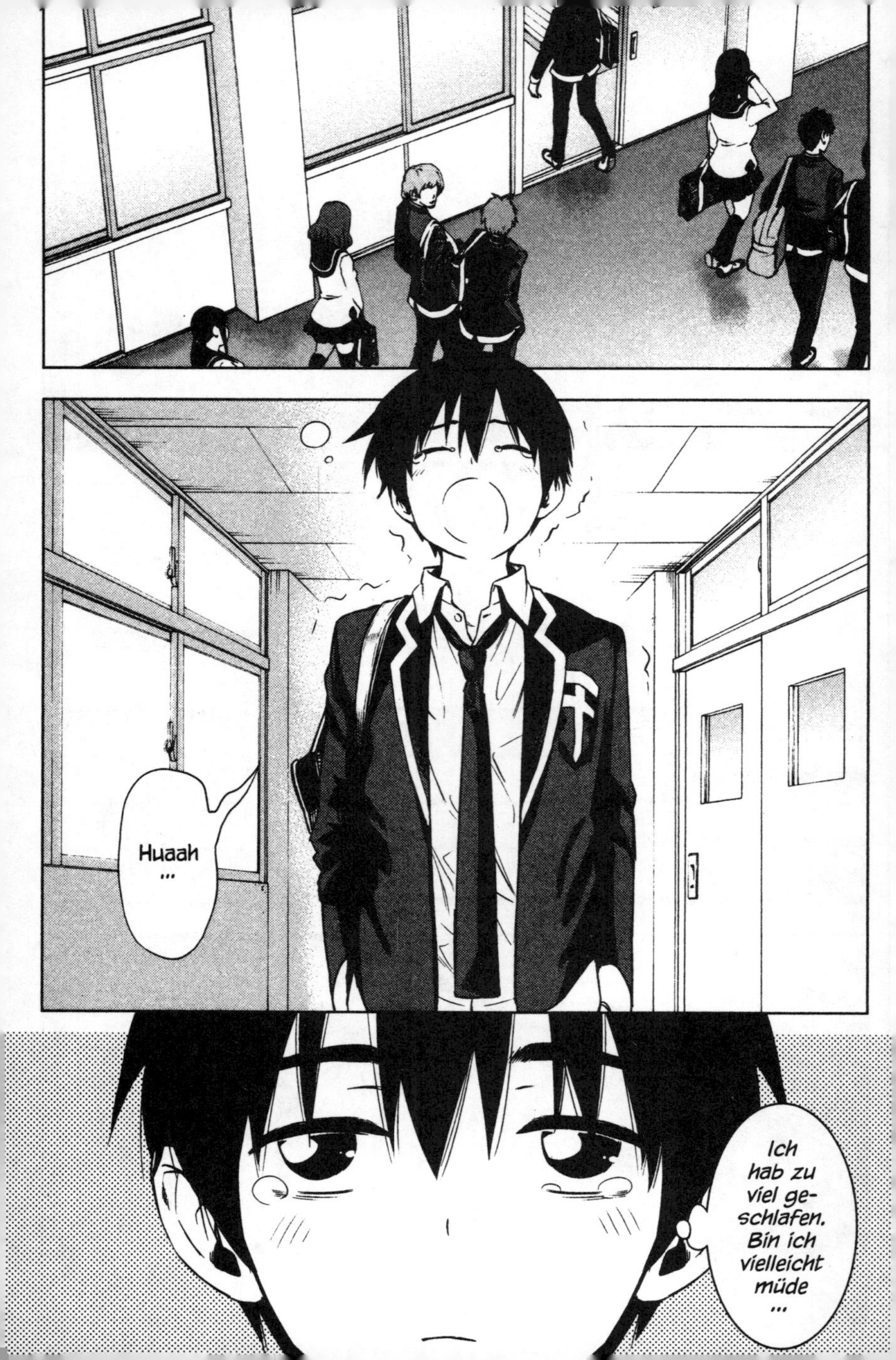

Huaah ...

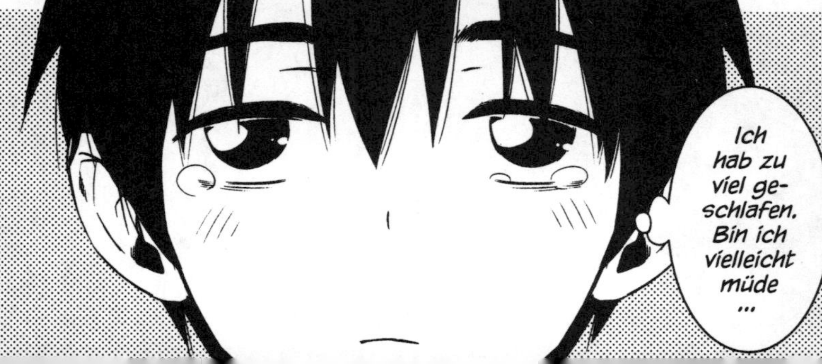

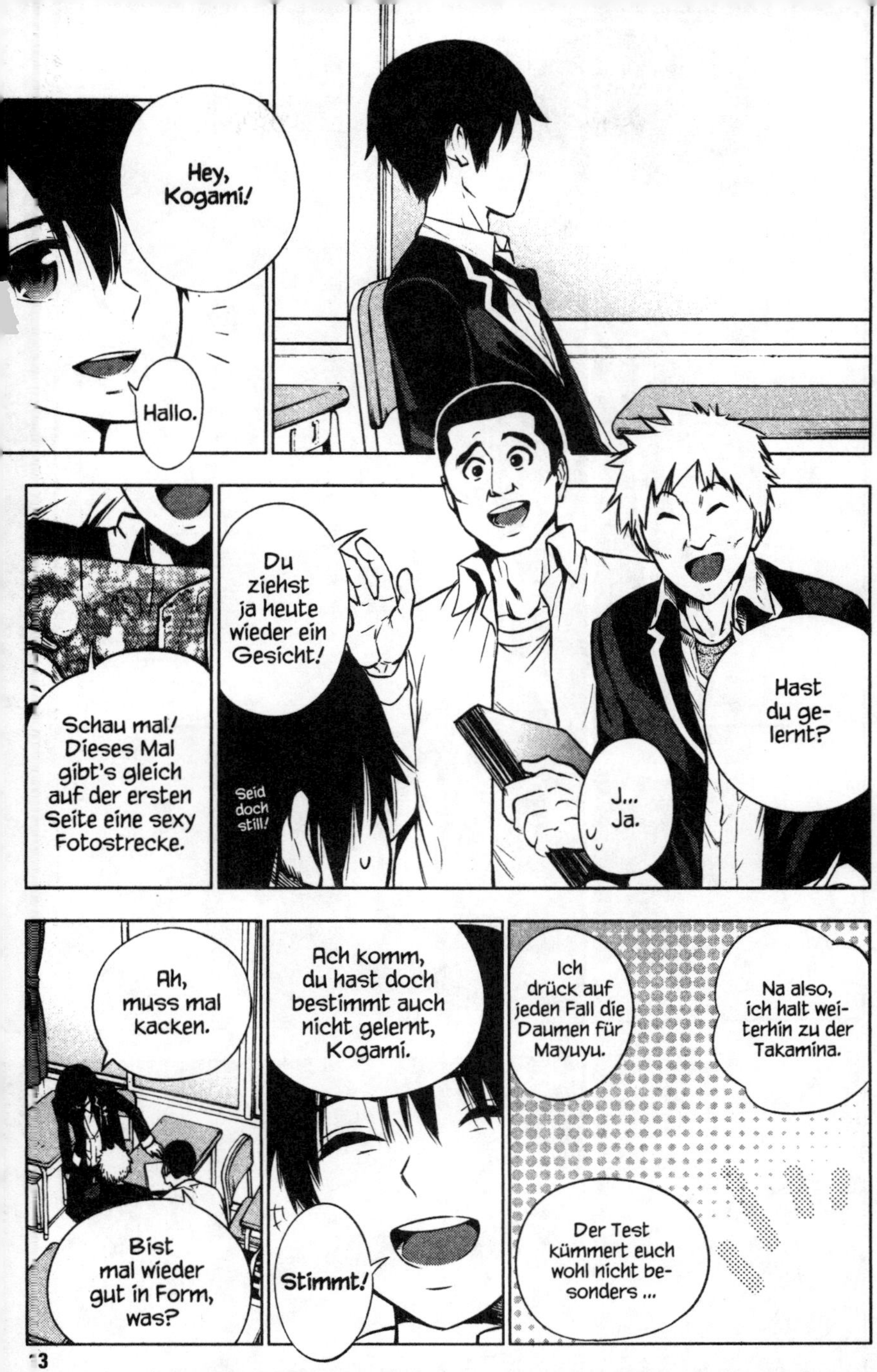

Hey, Kogami!

Hallo.

Schau mal! Dieses Mal gibt's gleich auf der ersten Seite eine sexy Fotostrecke.

Seid doch still!

Du ziehst ja heute wieder ein Gesicht!

Hast du gelernt?

J... Ja.

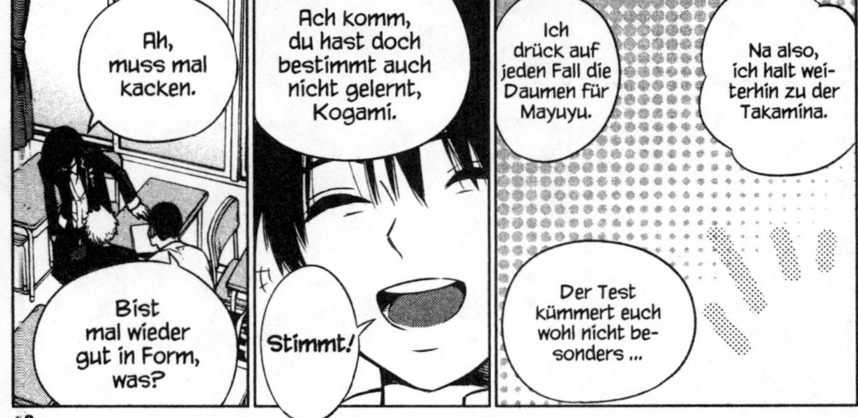

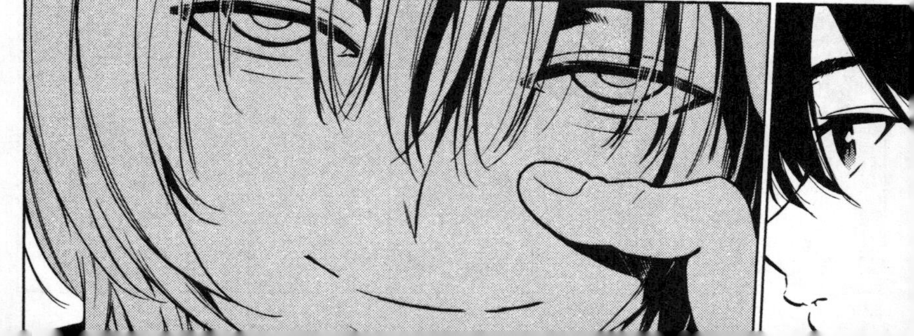

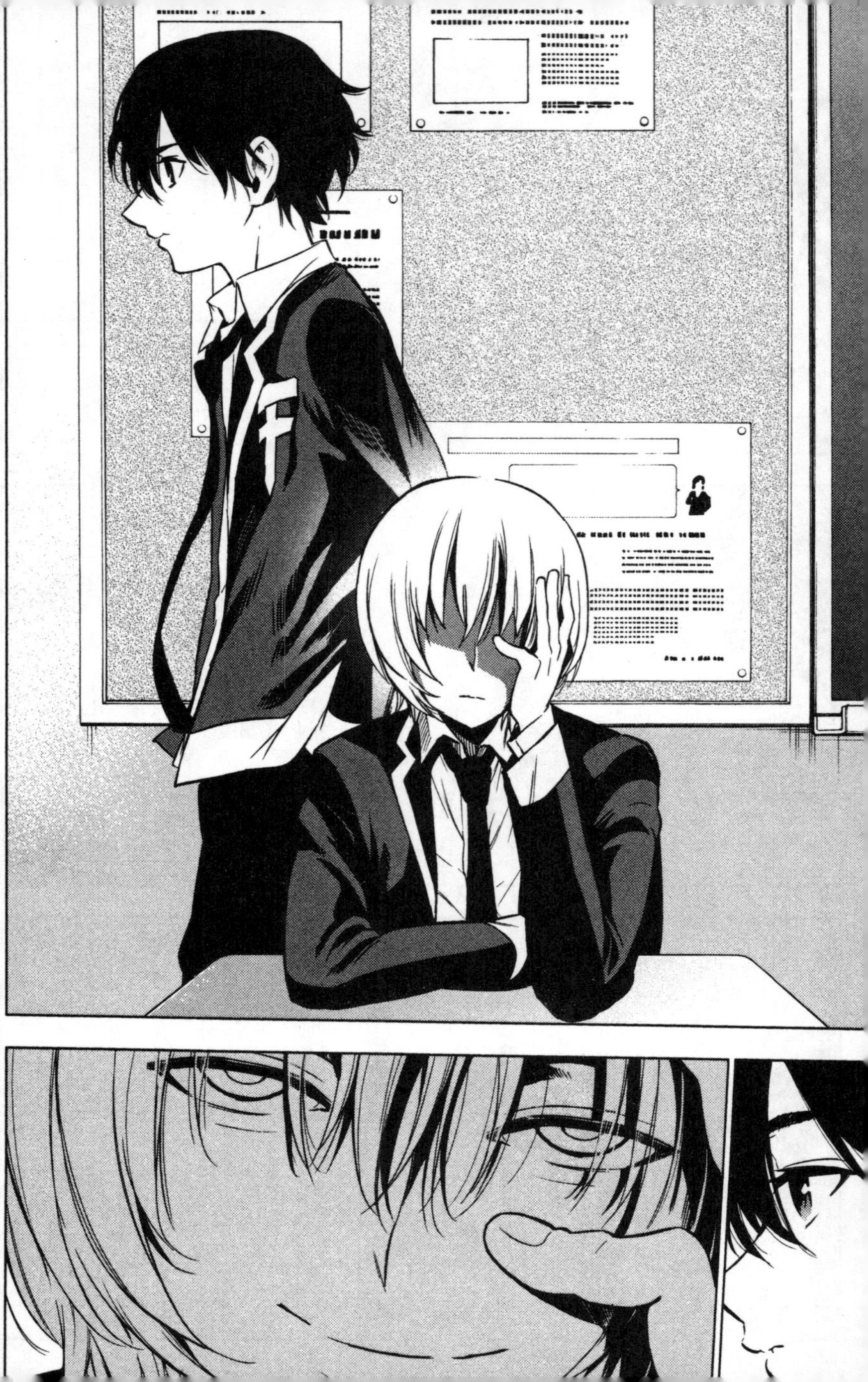

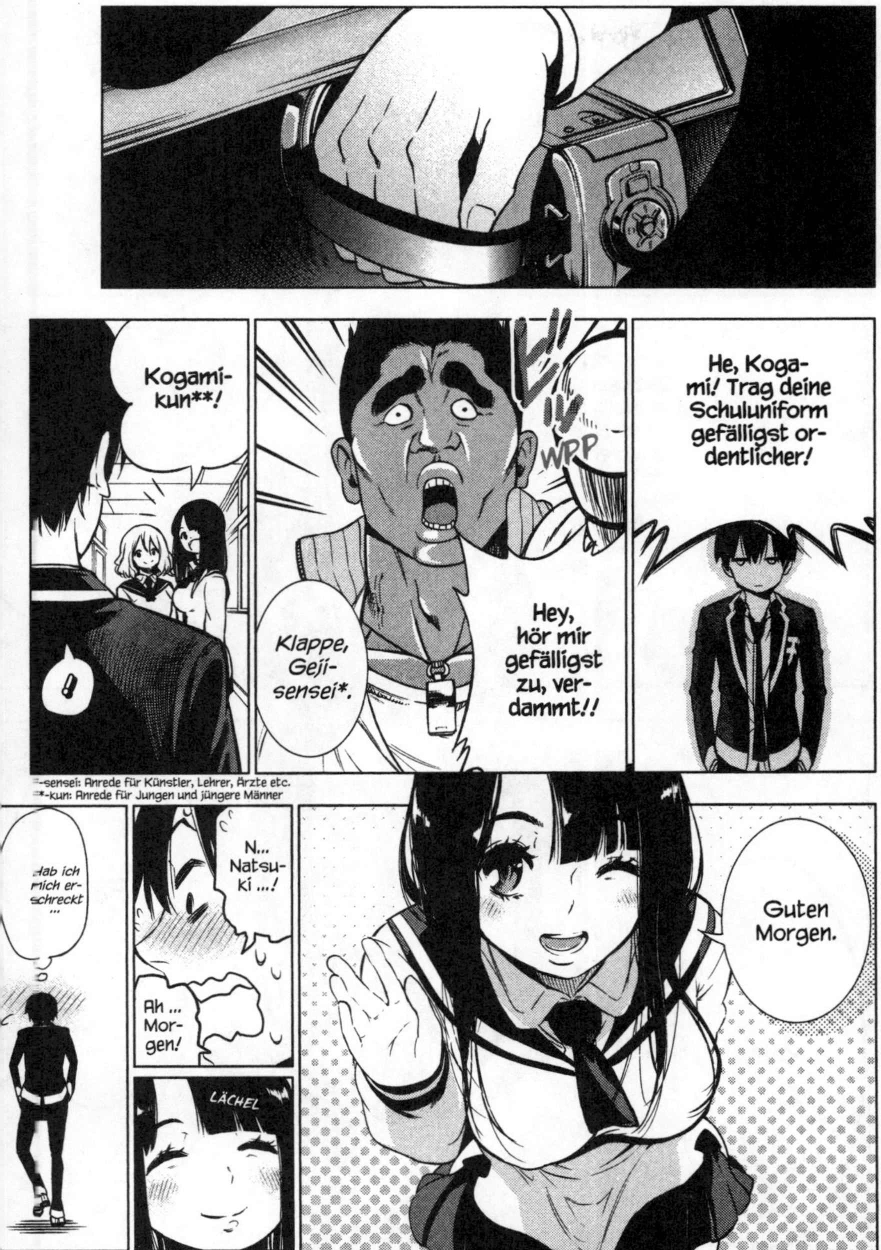

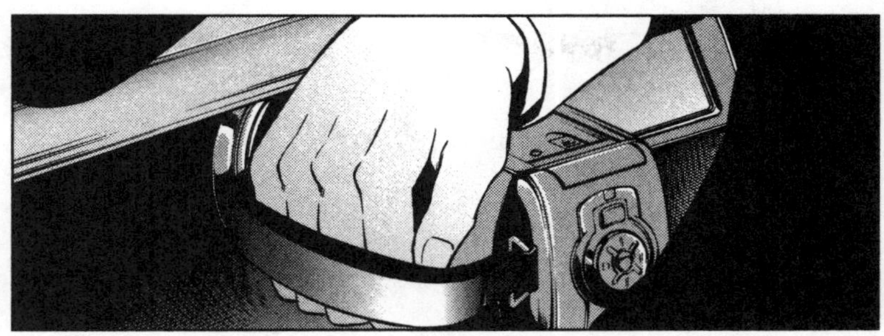

He, Kogami! Trag deine Schuluniform gefälligst ordentlicher!

WPP

Hey, hör mir gefälligst zu, verdammt!!

Klappe, Geji-sensei*.

Kogami-kun**!

!

*-sensei: Anrede für Künstler, Lehrer, Ärzte etc.
**-kun: Anrede für Jungen und jüngere Männer

Guten Morgen.

N... Natsuki ...!

Ah ... Morgen!

LÄCHEL

Hab ich mich erschreckt ...

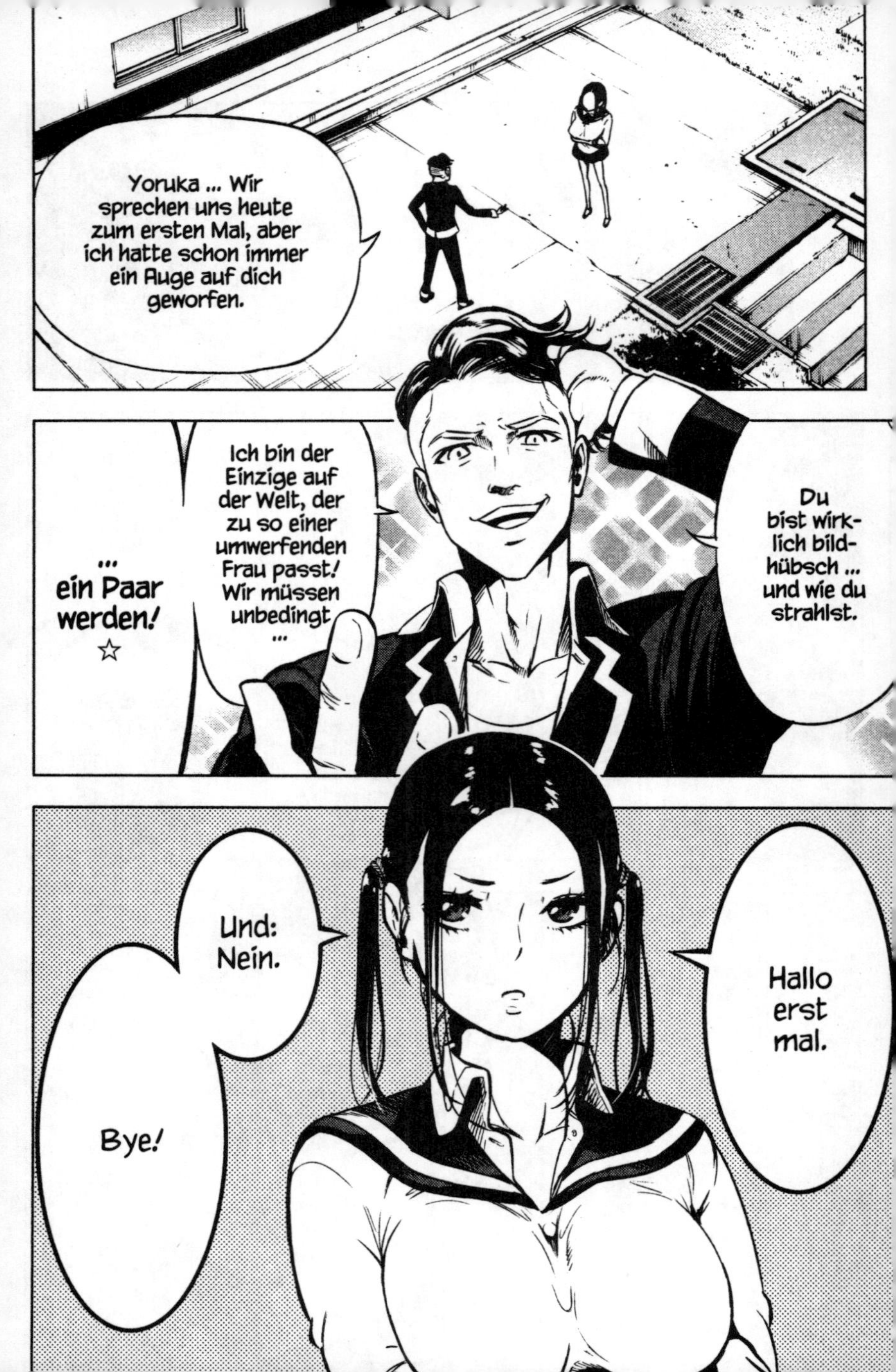
Yoruka ... Wir sprechen uns heute zum ersten Mal, aber ich hatte schon immer ein Auge auf dich geworfen.
Du bist wirklich bildhübsch ... und wie du strahlst.
Ich bin der Einzige auf der Welt, der zu so einer umwerfenden Frau passt! Wir müssen unbedingt ...
... ein Paar werden! ☆
Hallo erst mal.
Und: Nein.
Bye!

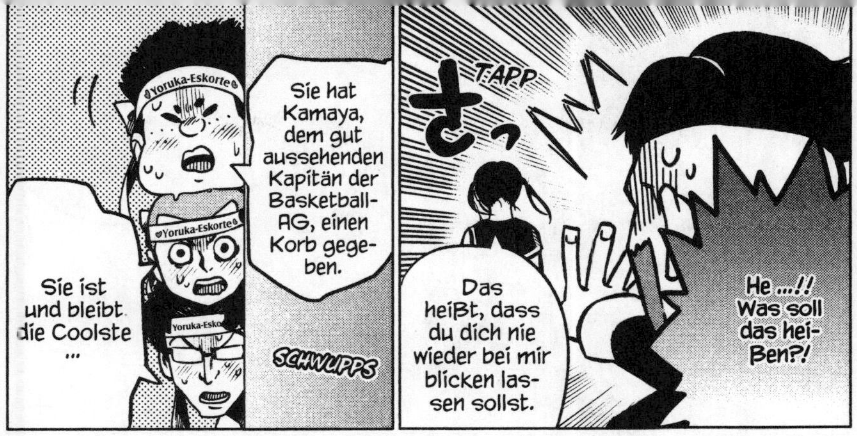

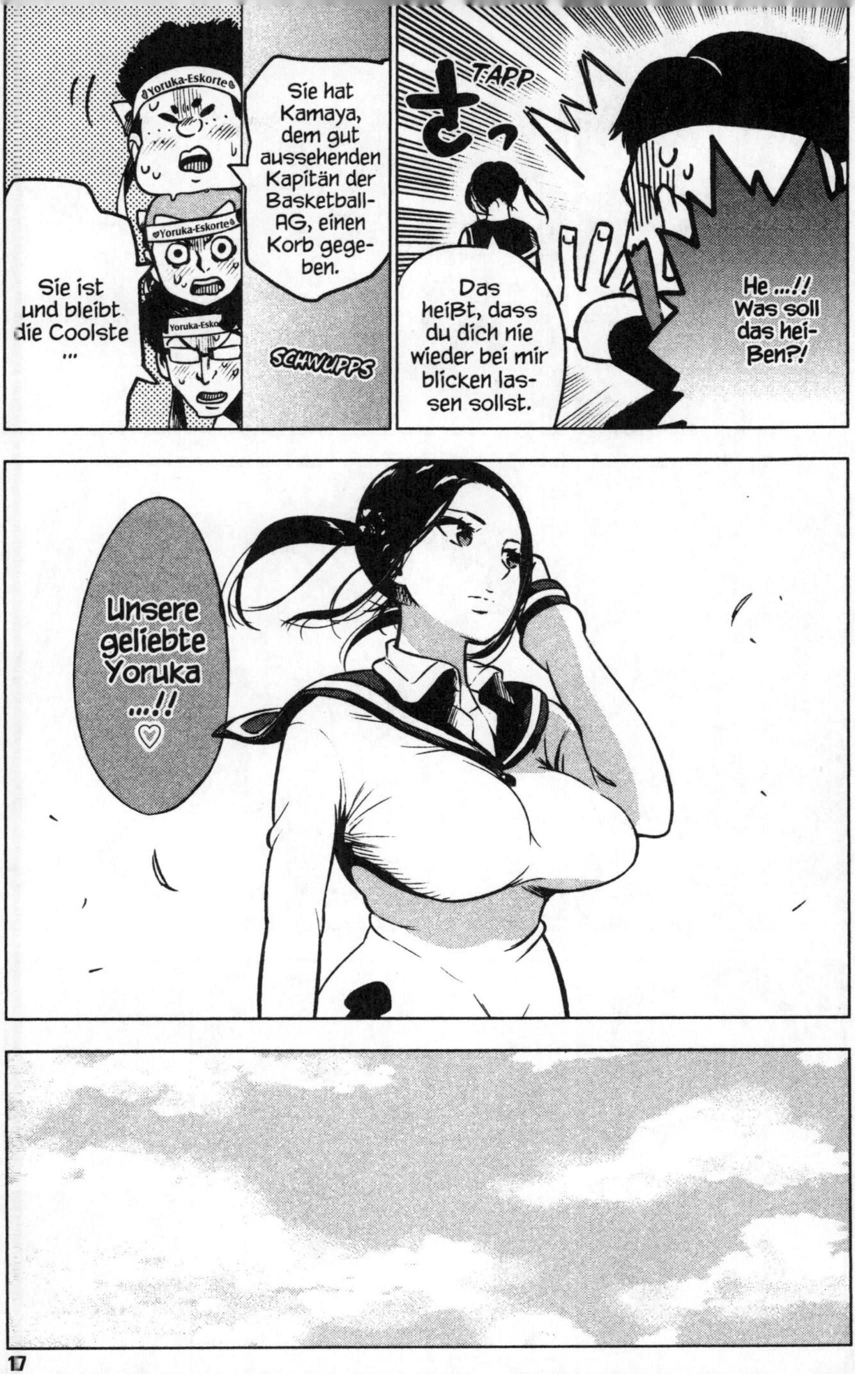

Unsere geliebte Yoruka ...!!

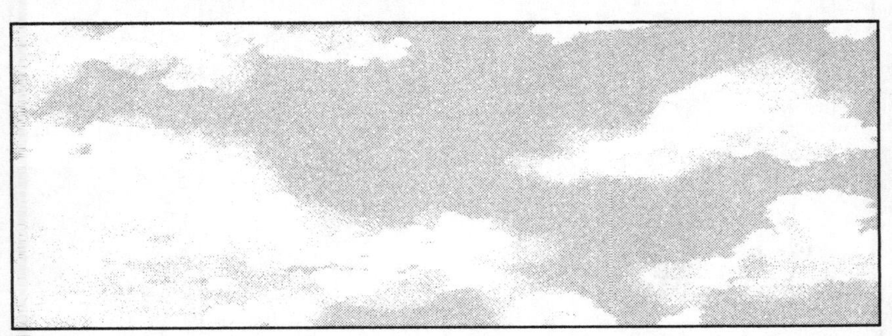

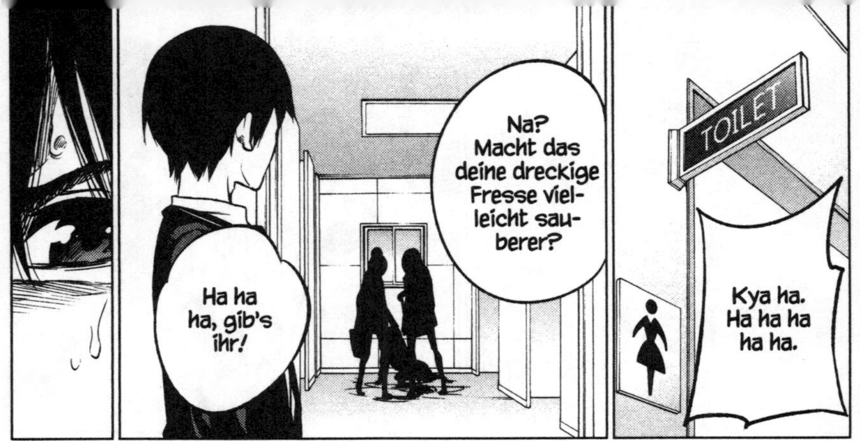
TOILET
Kya ha. Ha ha ha ha ha.
Na? Macht das deine dreckige Fresse vielleicht sauberer?
Ha ha ha, gib's ihr!

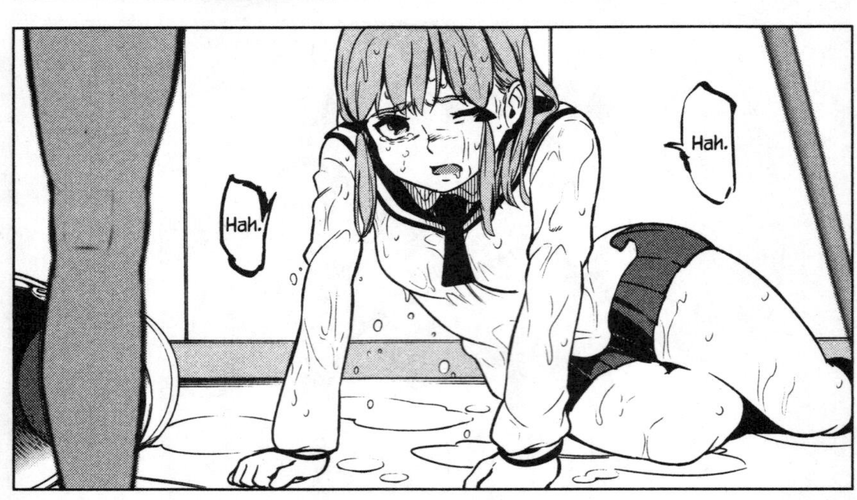
Hah.
Hah.

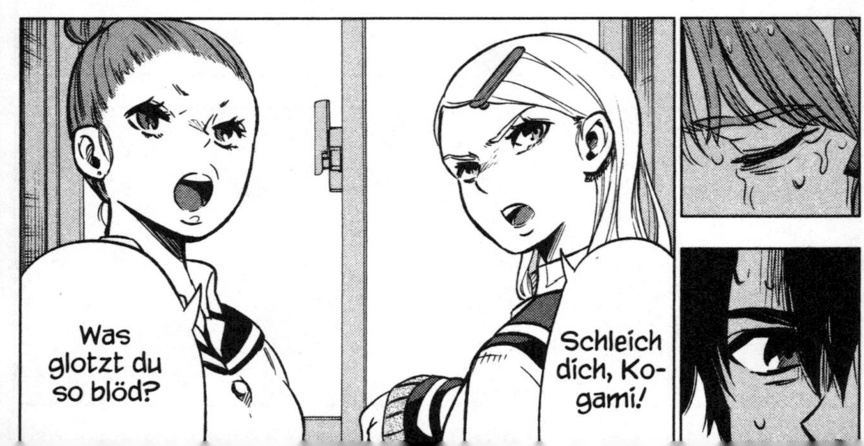
Schleich dich, Kogami!
Was glotzt du so blöd?

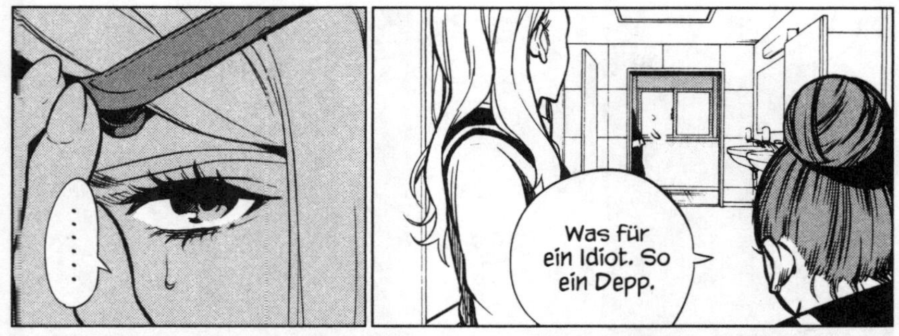

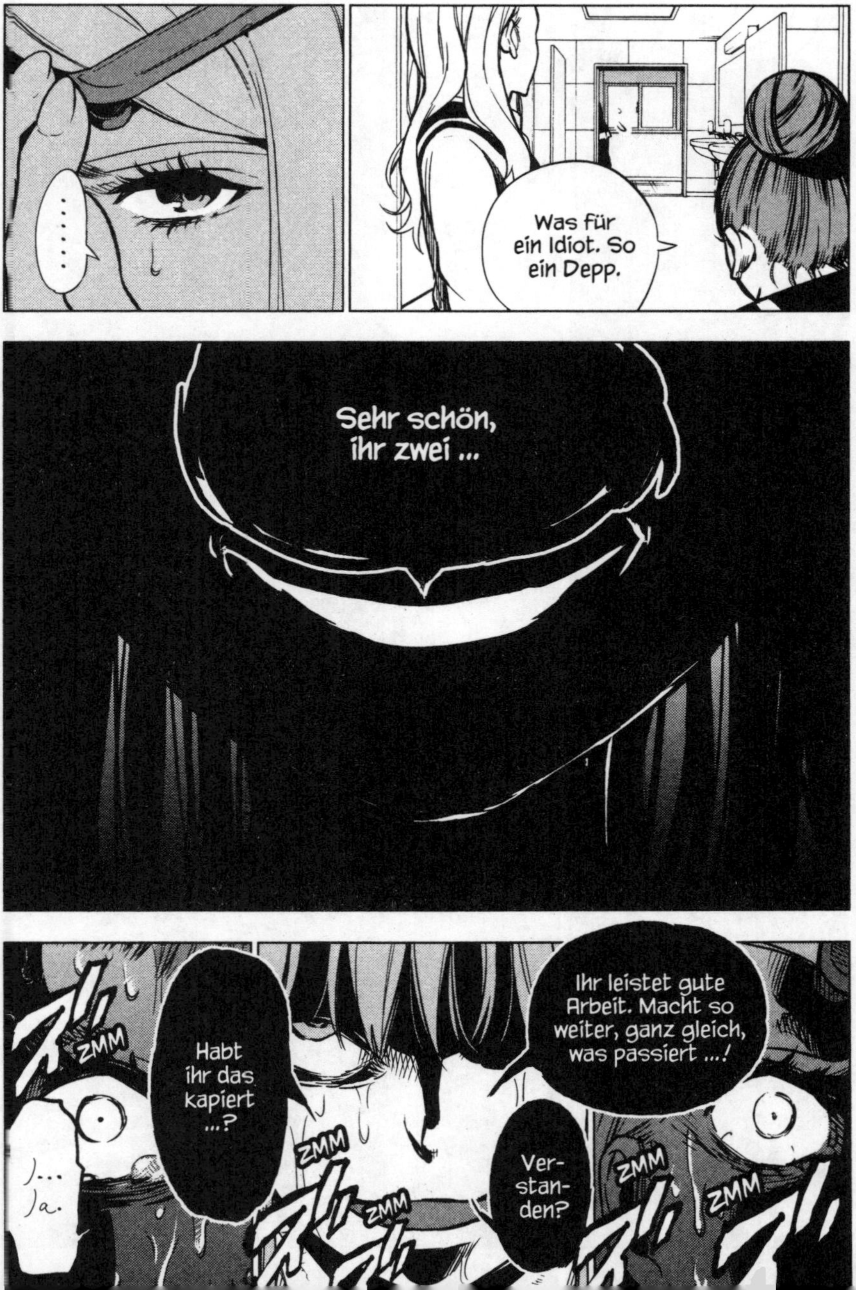

Sehr schön, ihr zwei ...

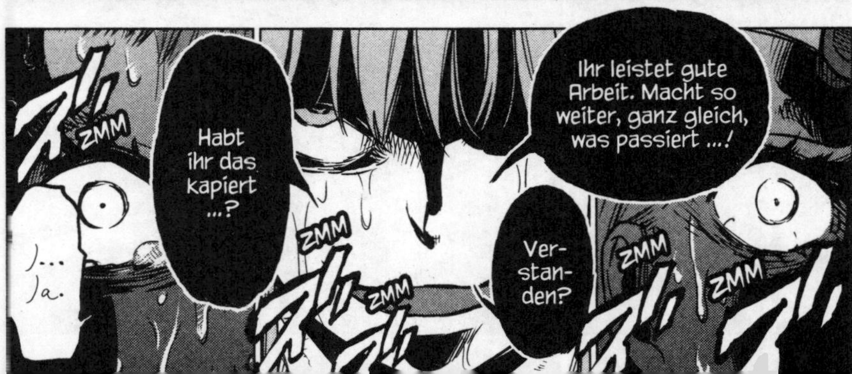

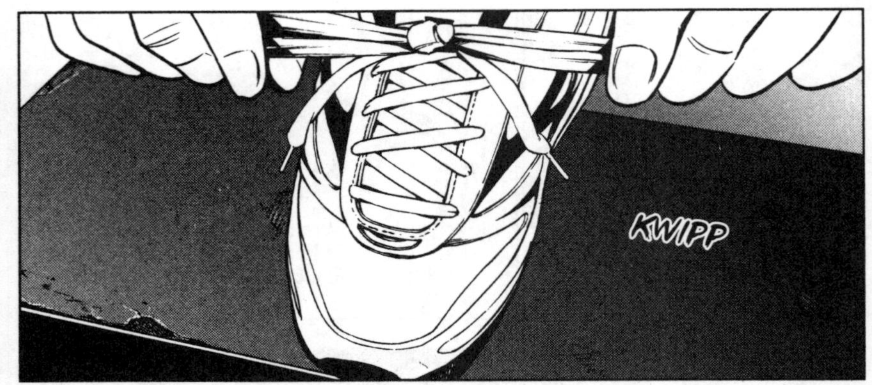
KWIPP

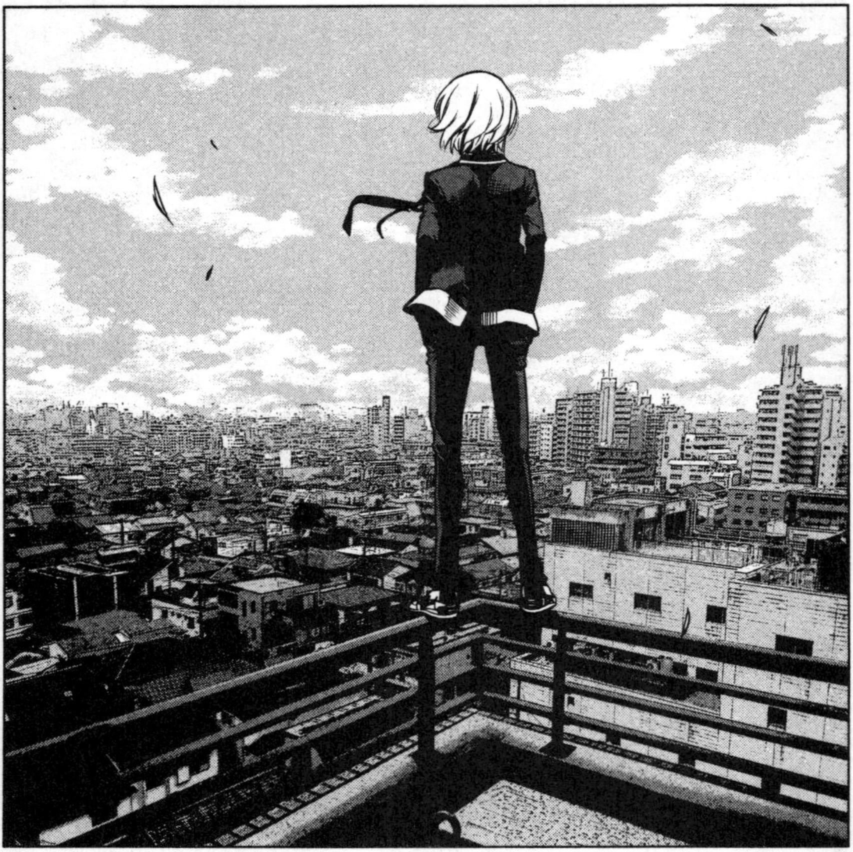

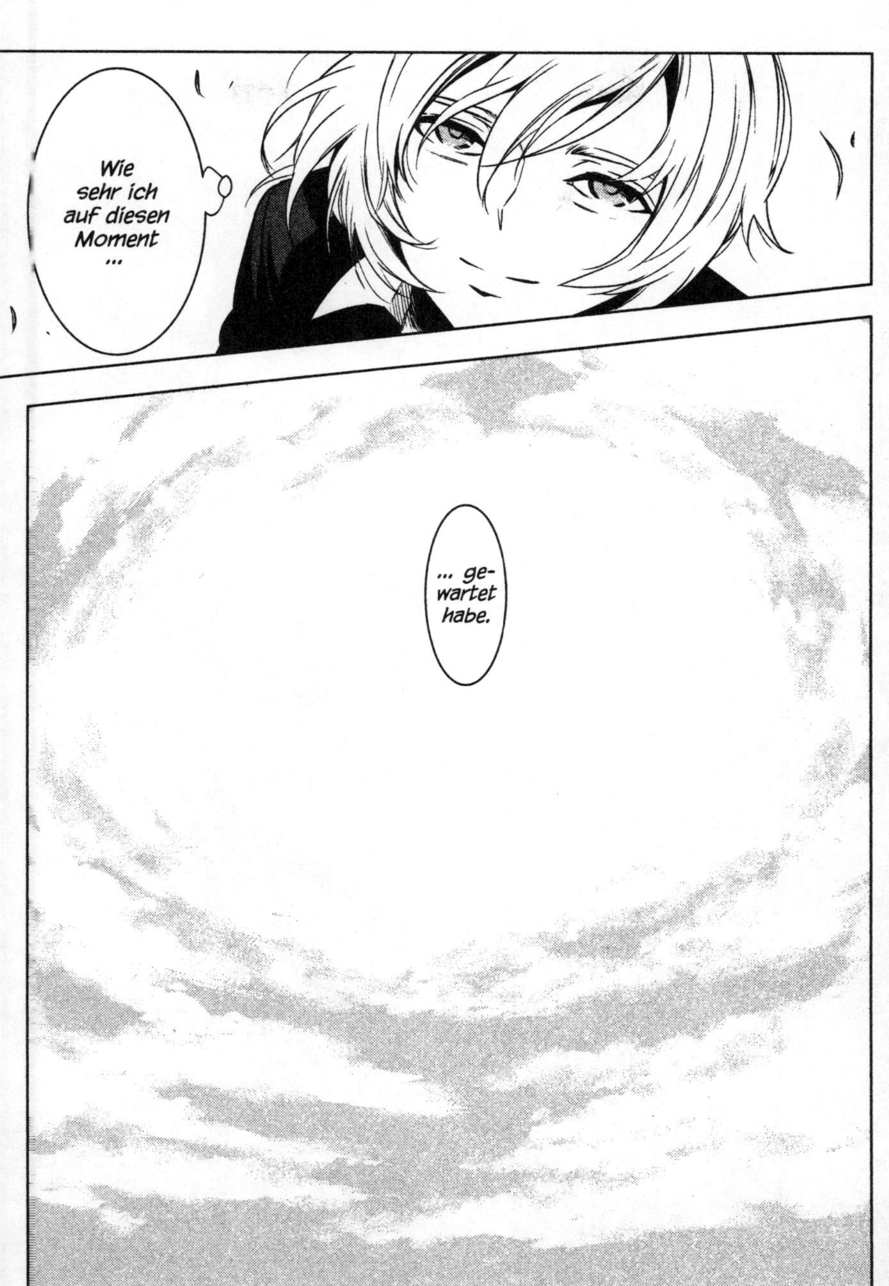
Wie sehr ich auf diesen Moment ...
... ge-wartet habe.

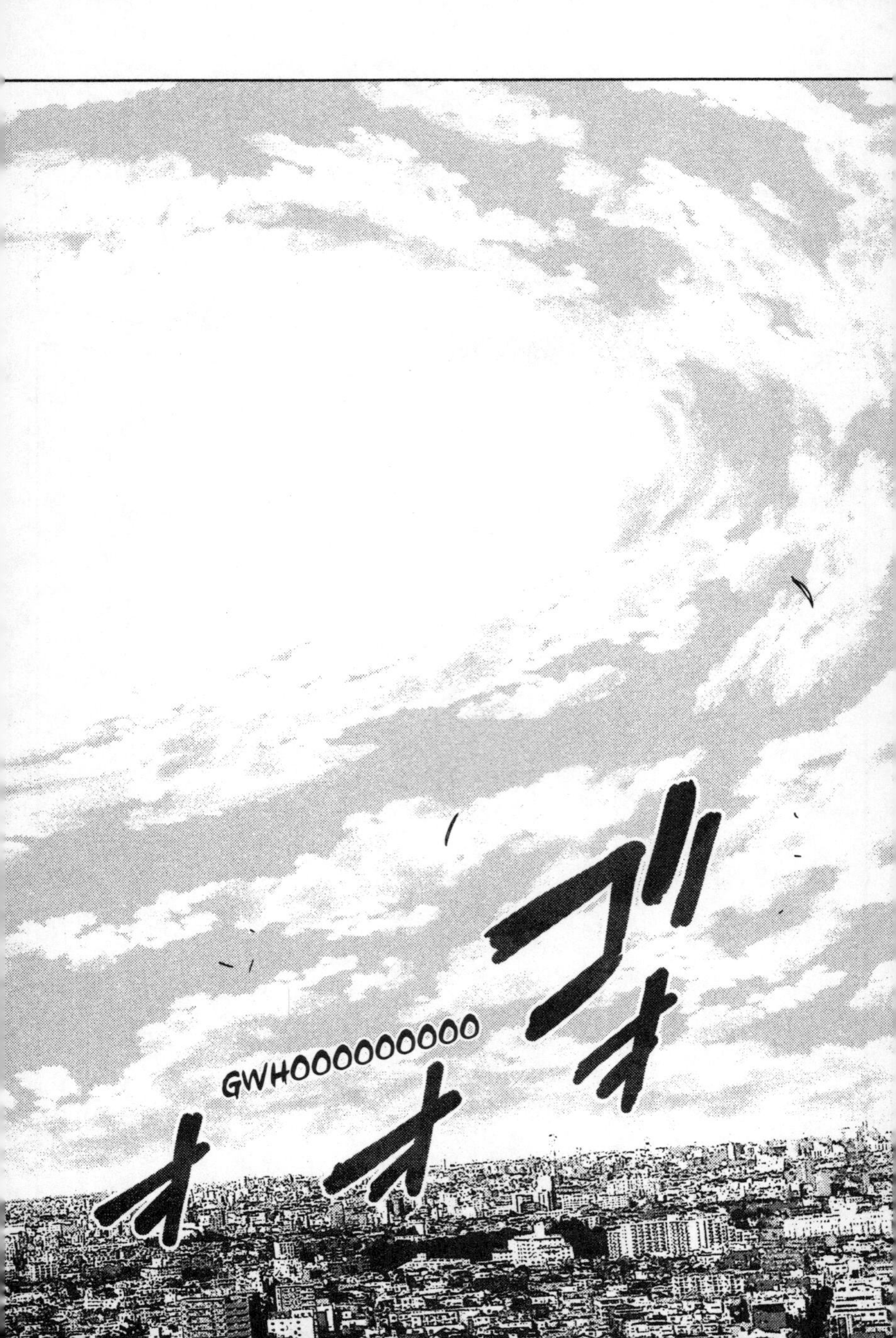
ゴオオオ
GWHOOOOOOOOO

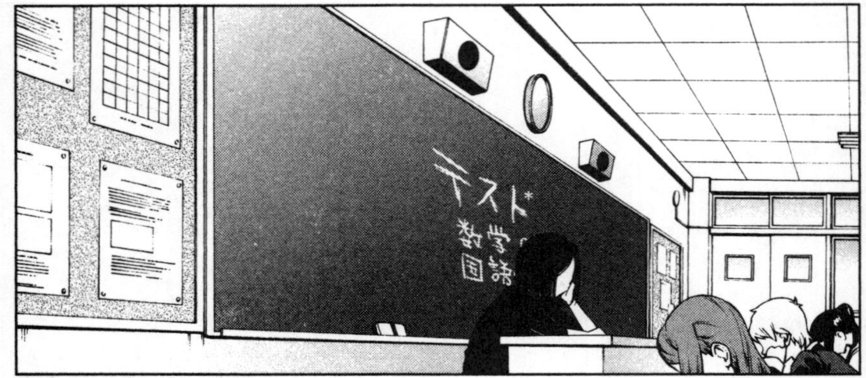

*Prüfungen: Mathe und Japanisch

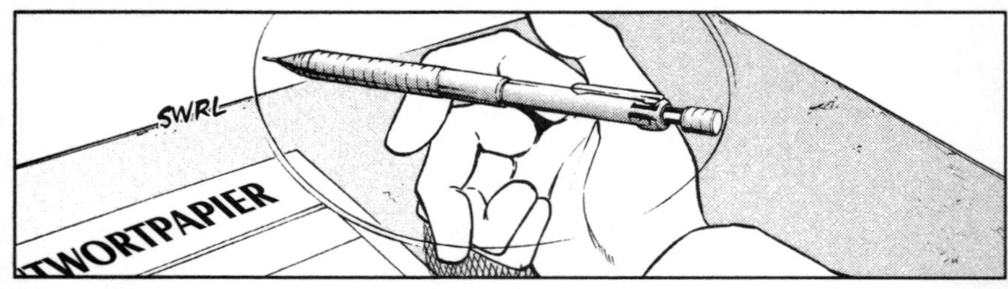

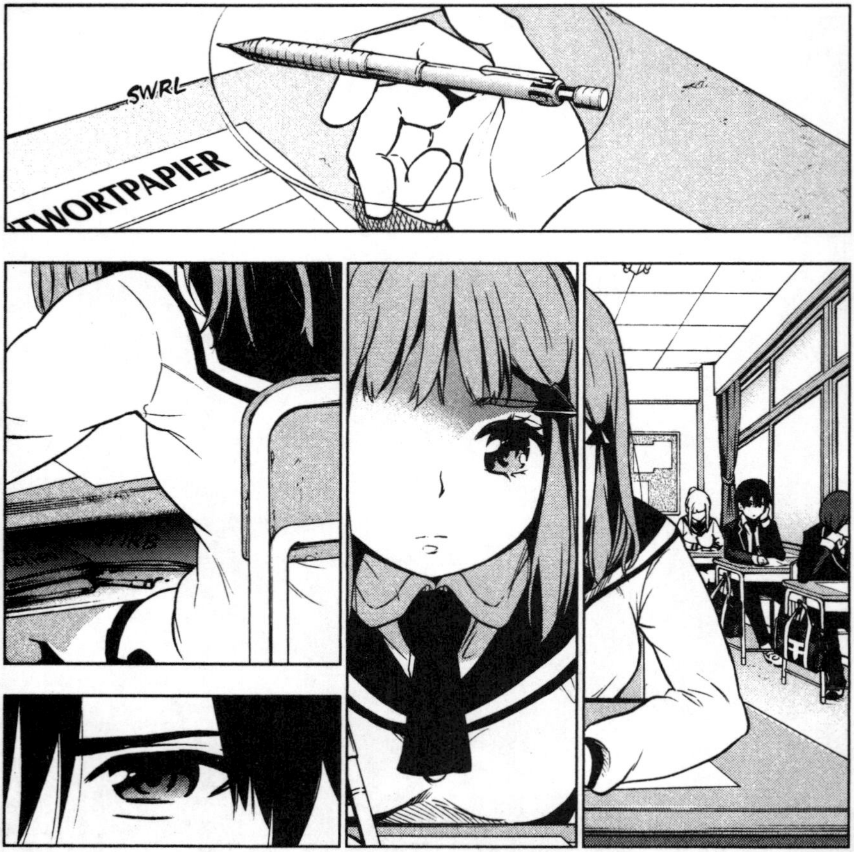

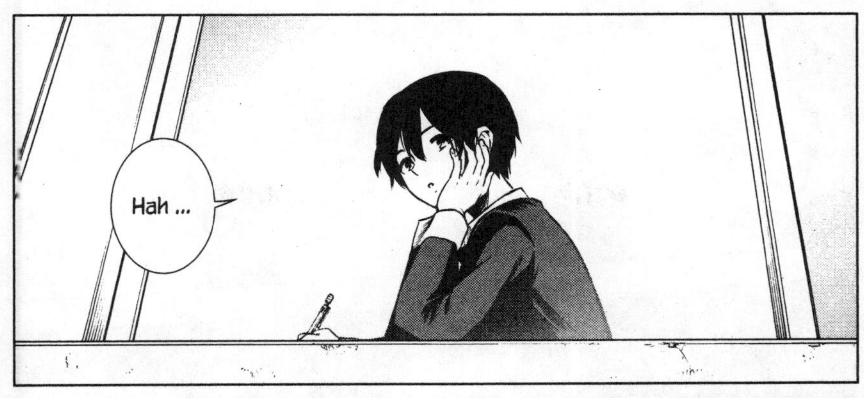

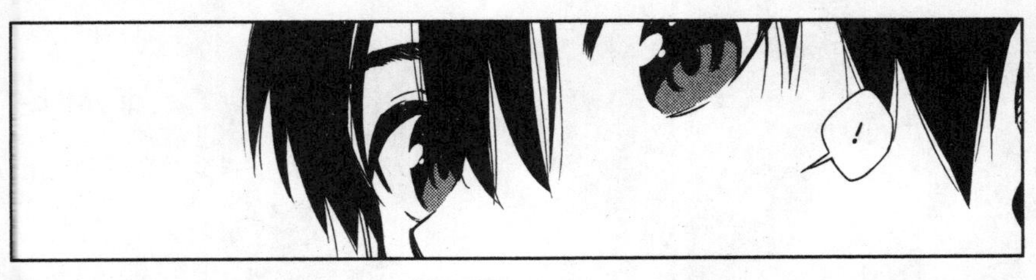

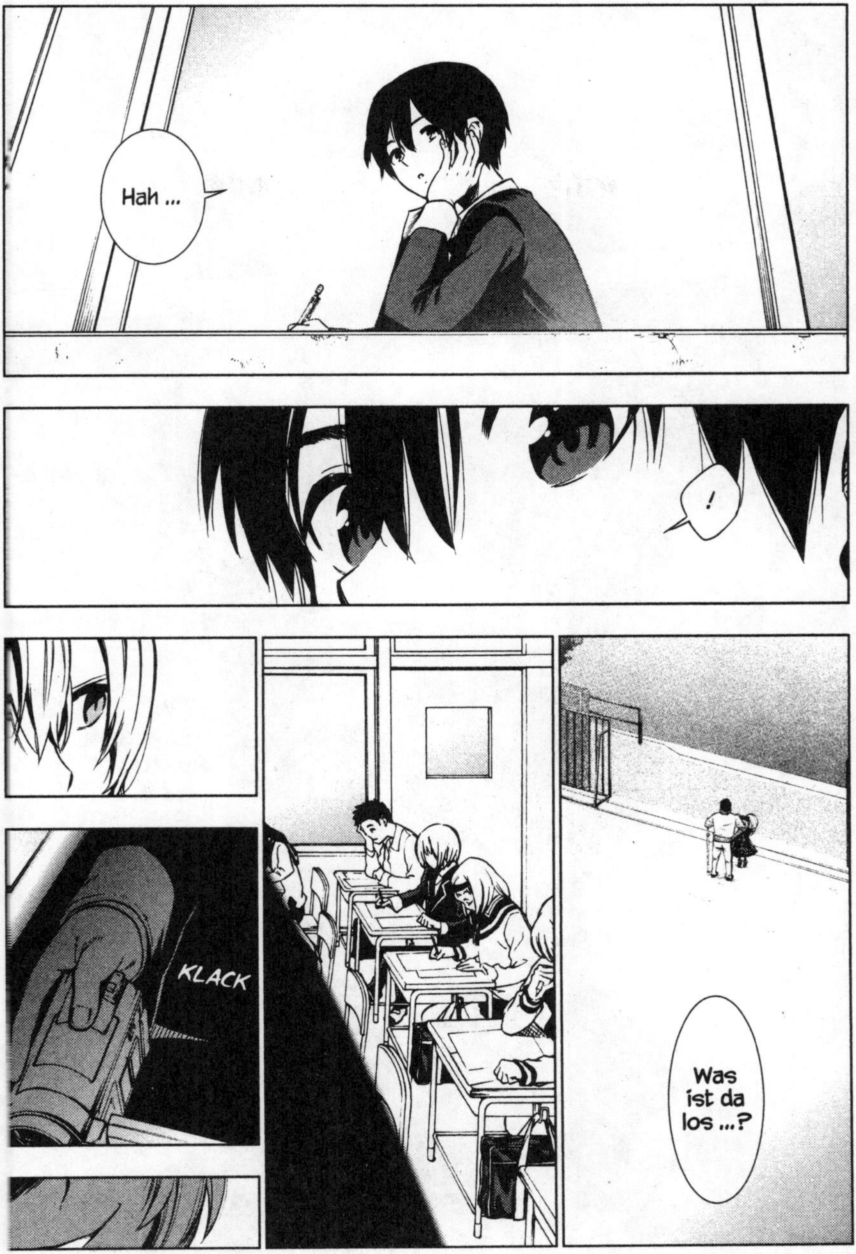

Was ist da los ...?

KLACK

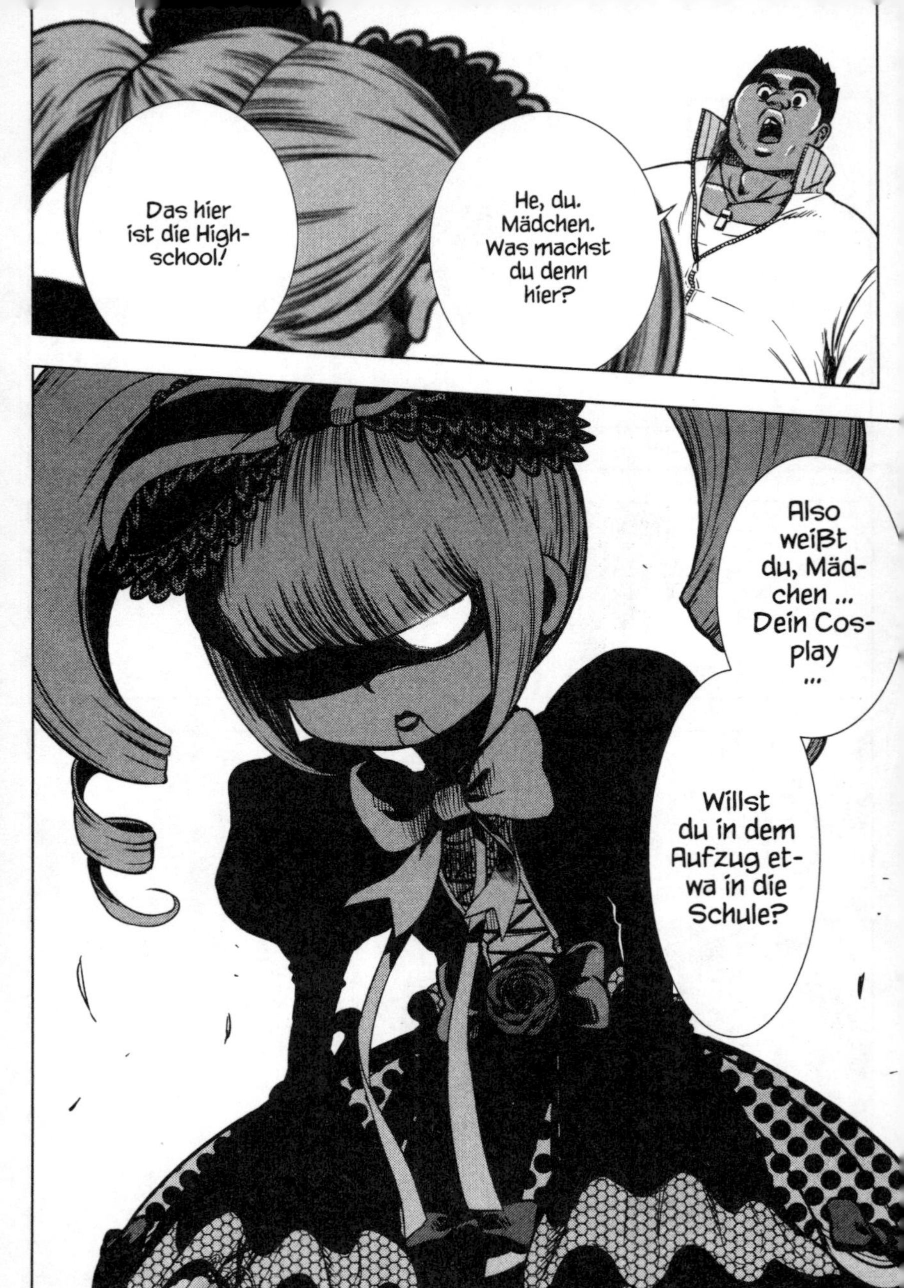
He, du. Mädchen. Was machst du denn hier?
Das hier ist die Highschool!
Also weißt du, Mädchen ... Dein Cosplay ...
Willst du in dem Aufzug etwa in die Schule?

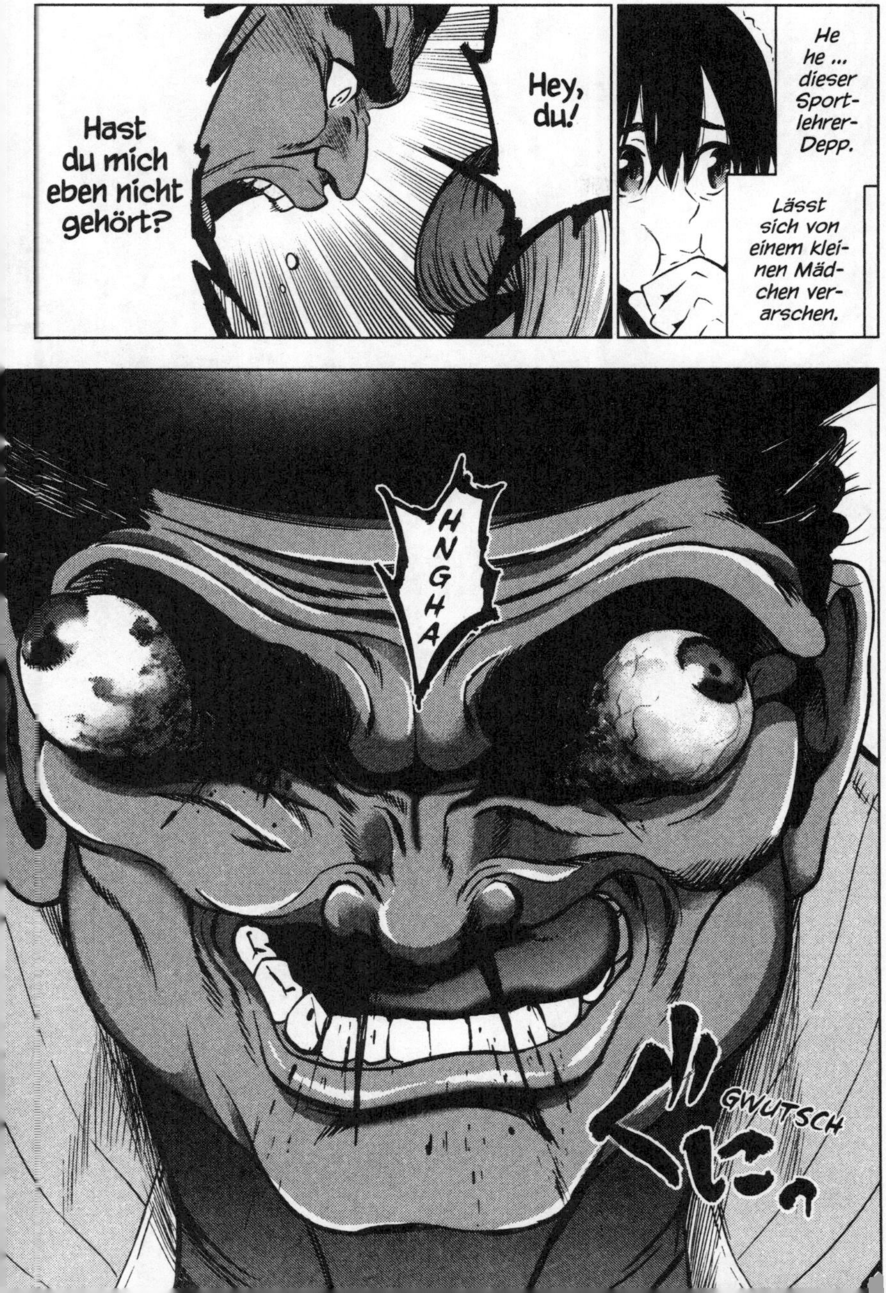

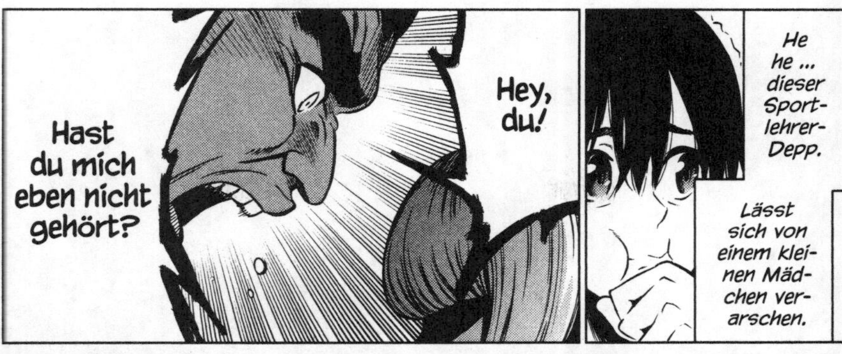
He he ... dieser Sportlehrer-Depp.
Lässt sich von einem kleinen Mädchen verarschen.
Hey, du!
Hast du mich eben nicht gehört?

HNGHA
GWUTSCH

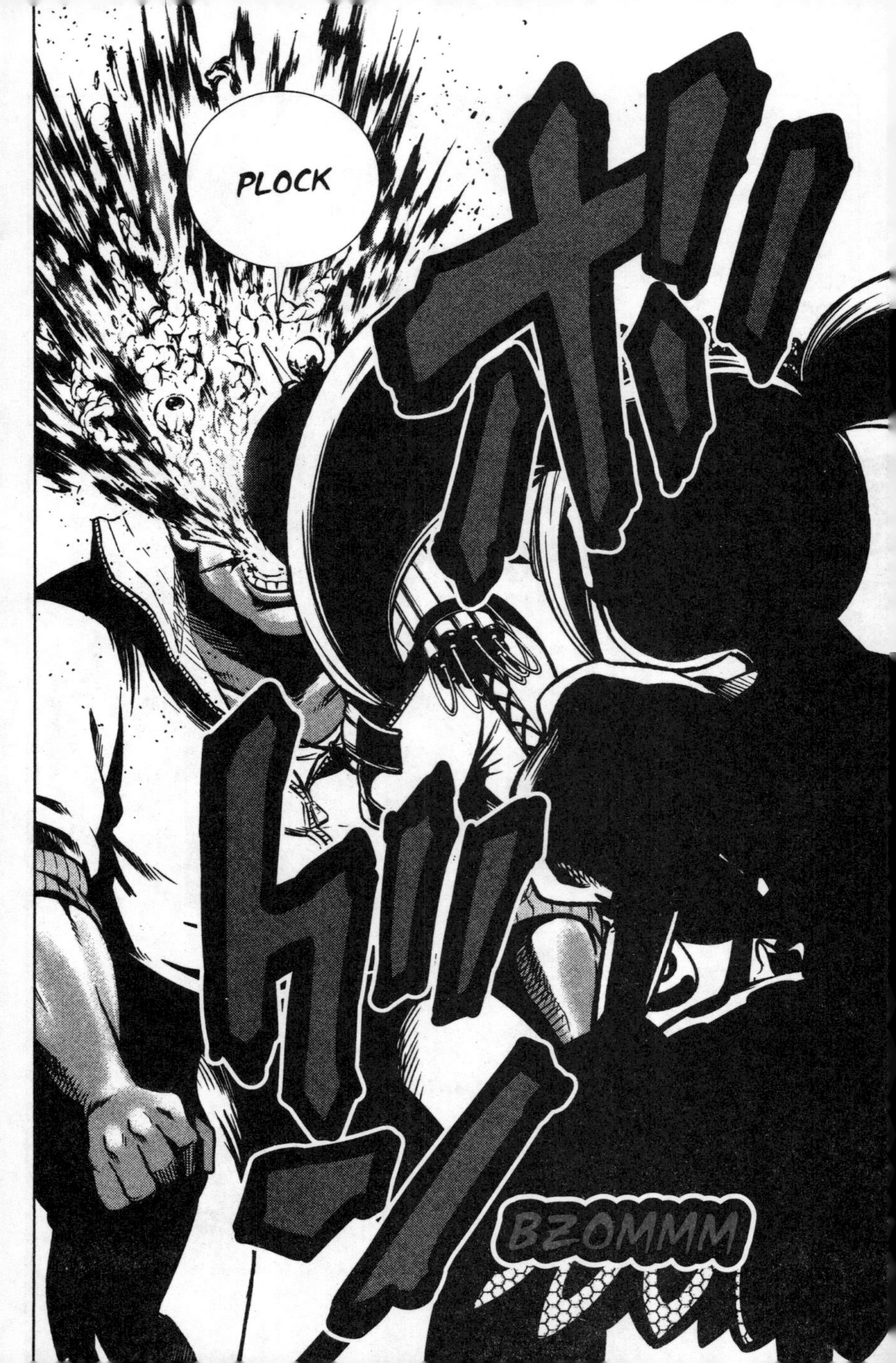
PLOCK
BZOMMM

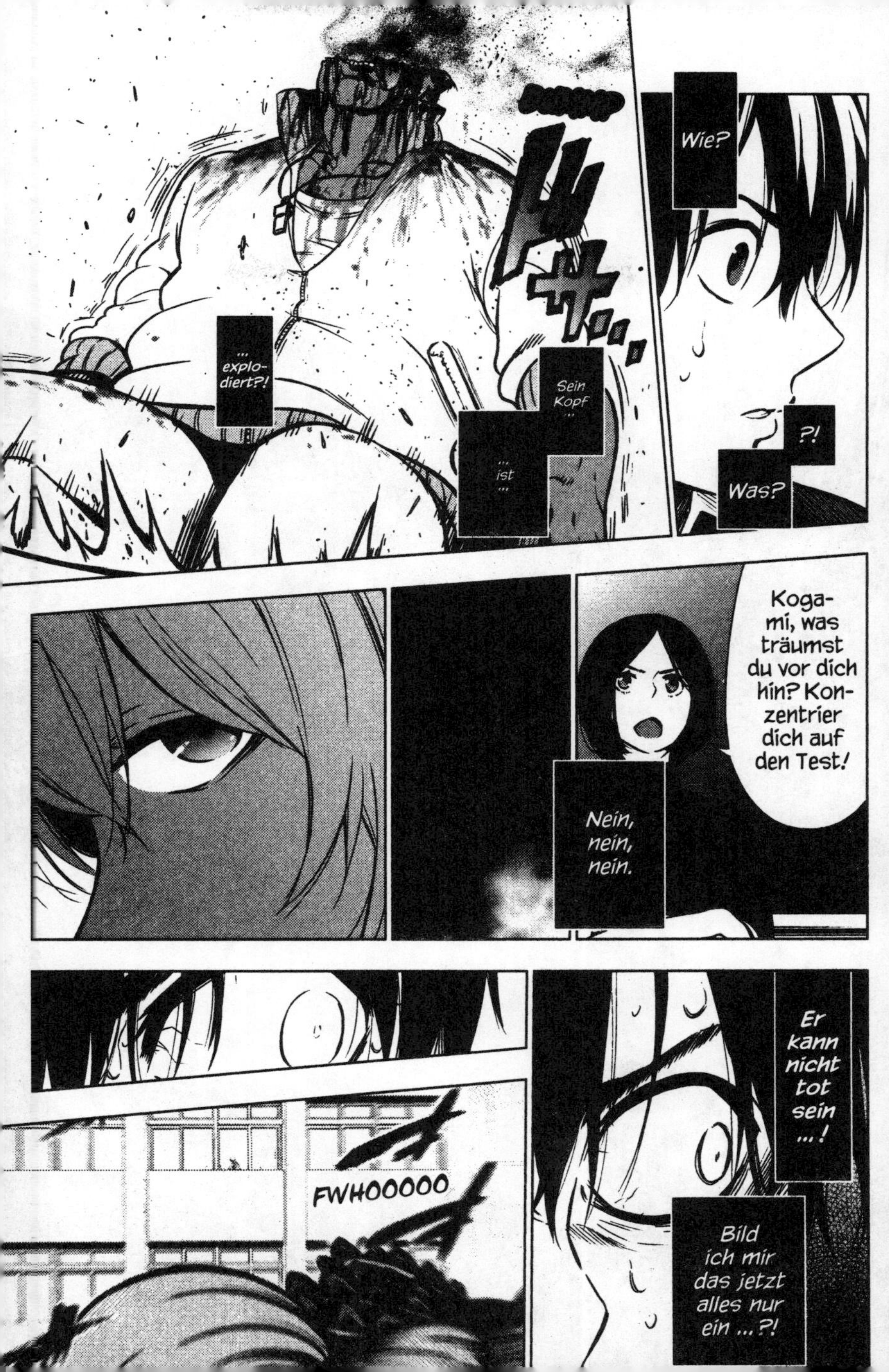

Wie?
?!
Was?
Sein Kopf ...
... ist ...
... explodiert?!

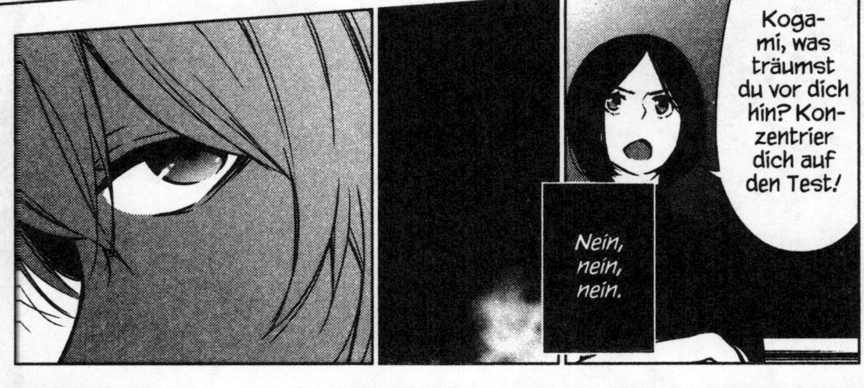

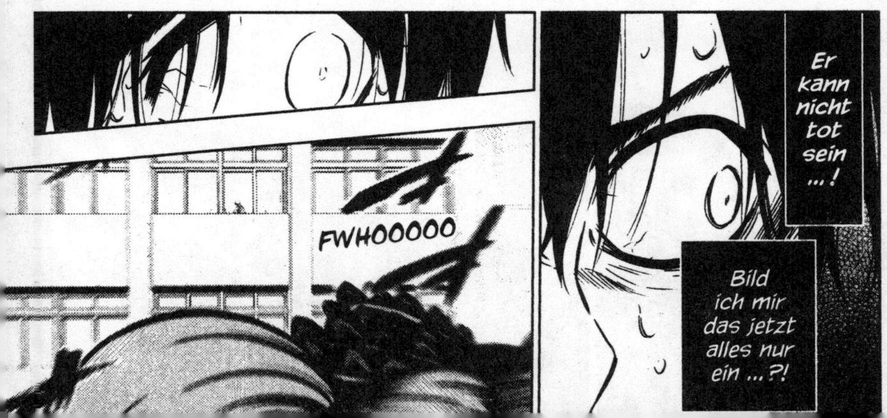

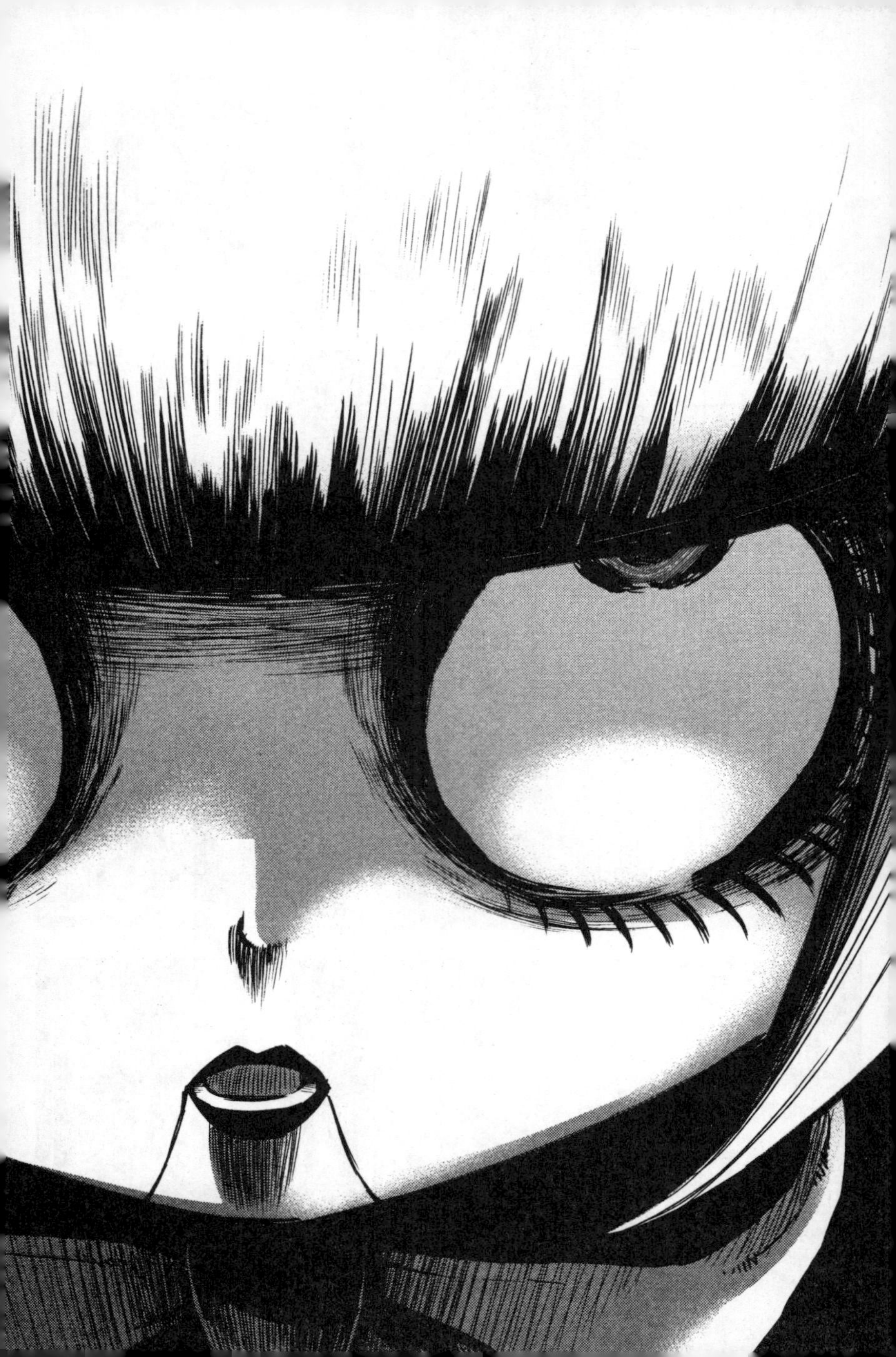

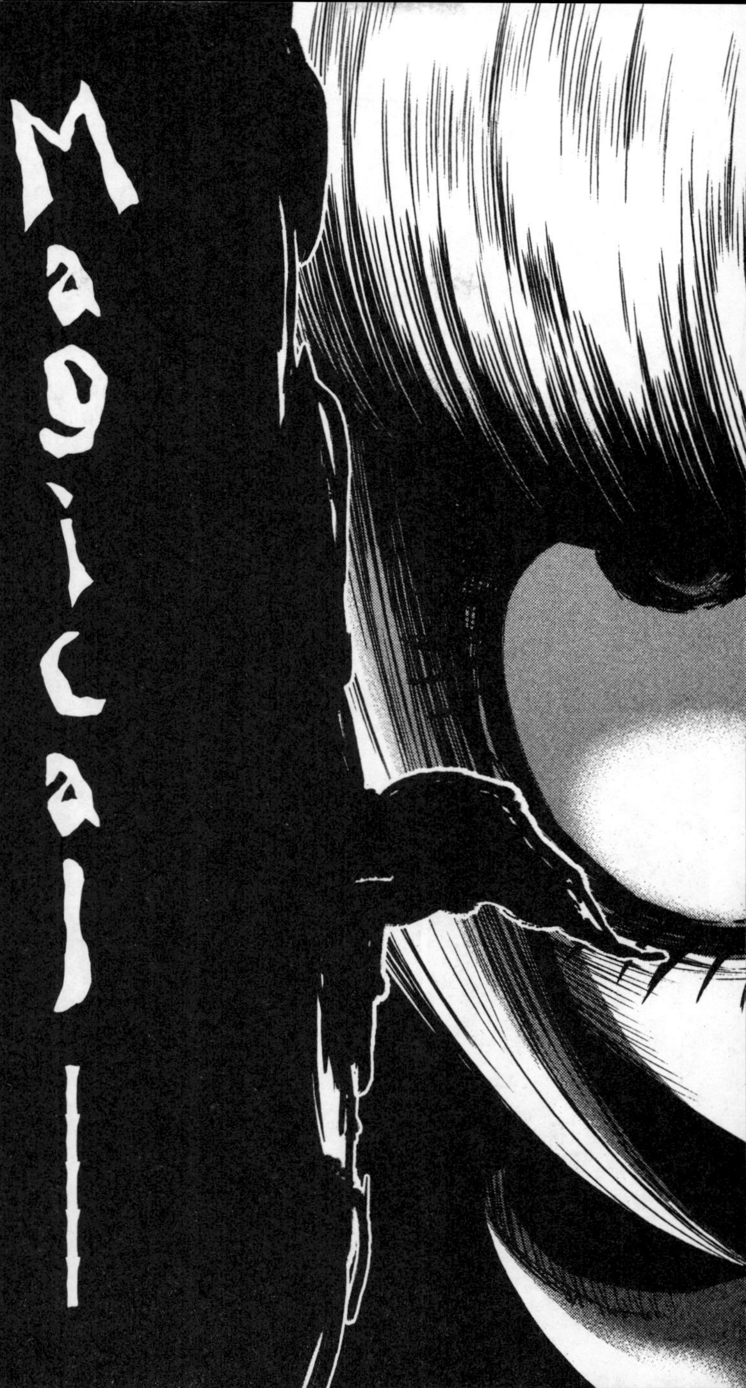

Magical

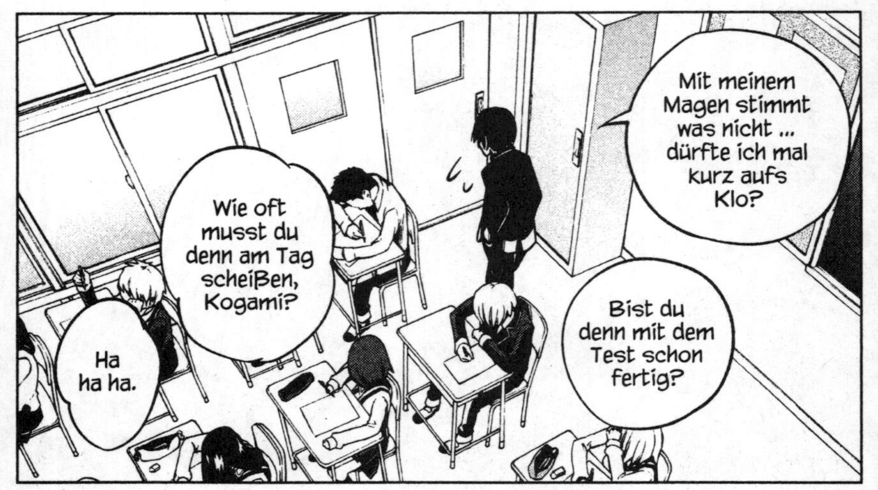
Mit meinem Magen stimmt was nicht ... dürfte ich mal kurz aufs Klo?
Bist du denn mit dem Test schon fertig?
Wie oft musst du denn am Tag scheißen, Kogami?
Ha ha ha.

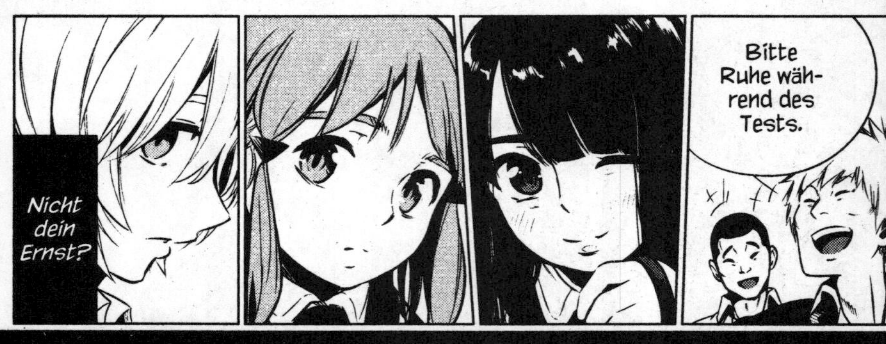
Bitte Ruhe während des Tests.
Nicht dein Ernst?

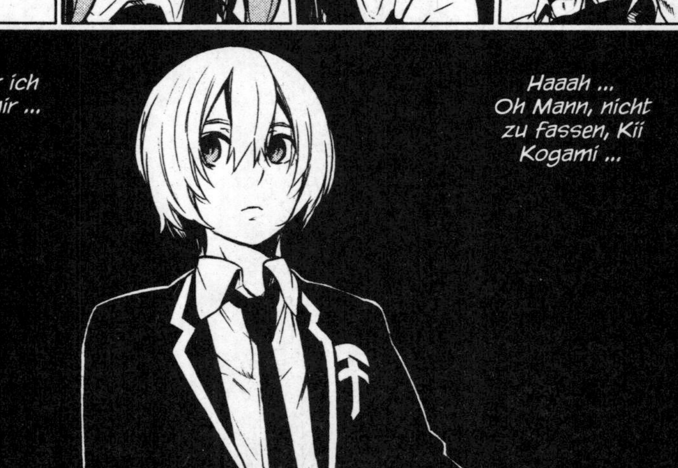
Haaah ... Oh Mann, nicht zu fassen, Kii Kogami ...
Aber ich will mir ...

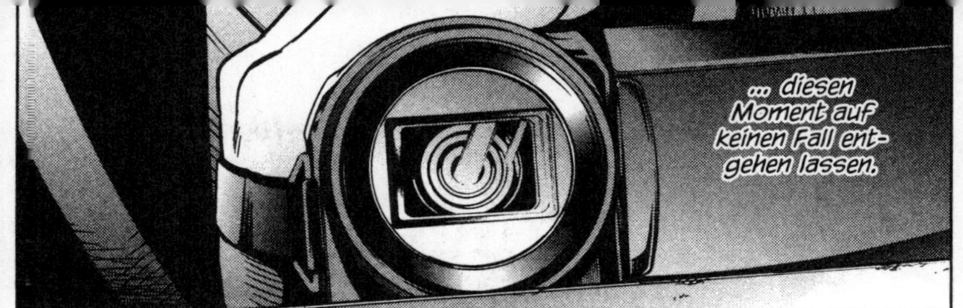
... diesen Moment auf keinen Fall entgehen lassen.

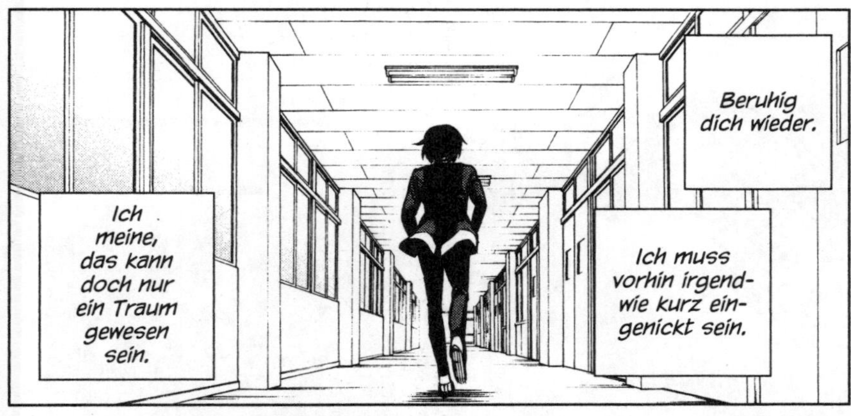
Beruhig dich wieder.
Ich muss vorhin irgendwie kurz eingenickt sein.
Ich meine, das kann doch nur ein Traum gewesen sein.

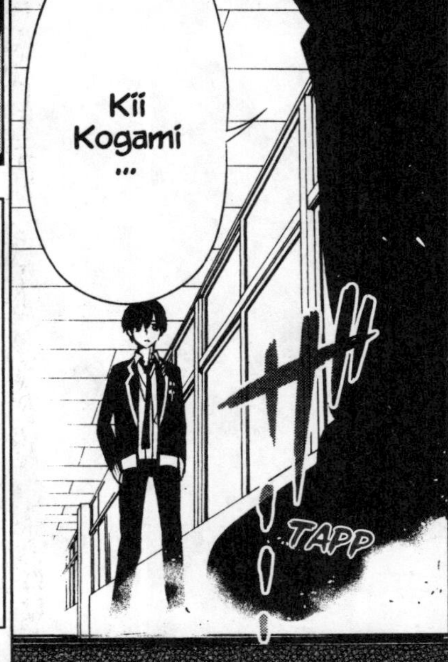
Kii Kogami ...
TAPP

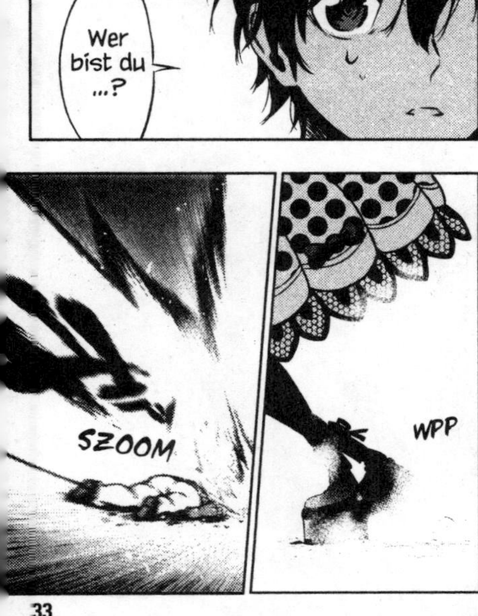
Wer bist du ...?
WPP
SZOOM

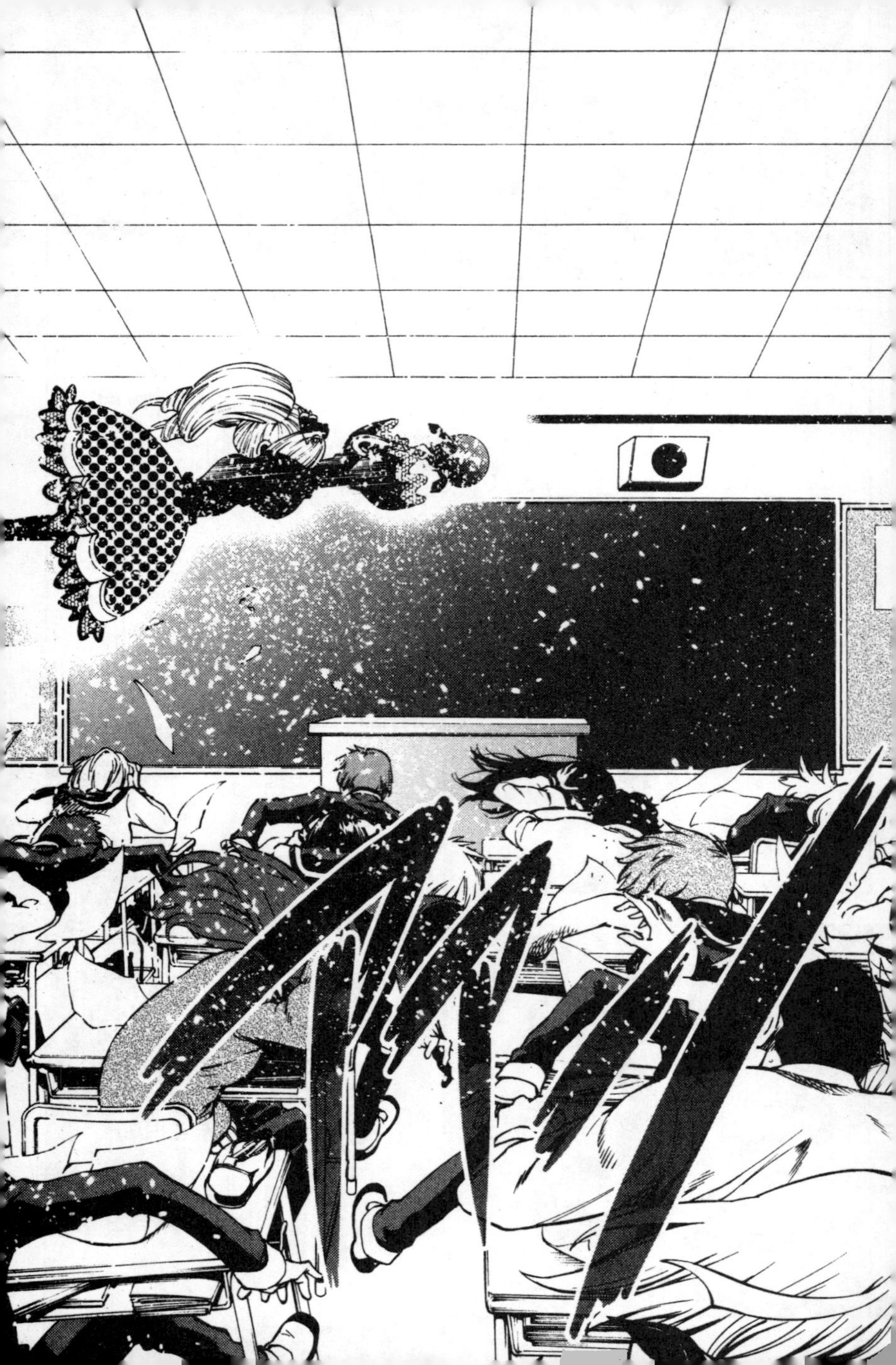

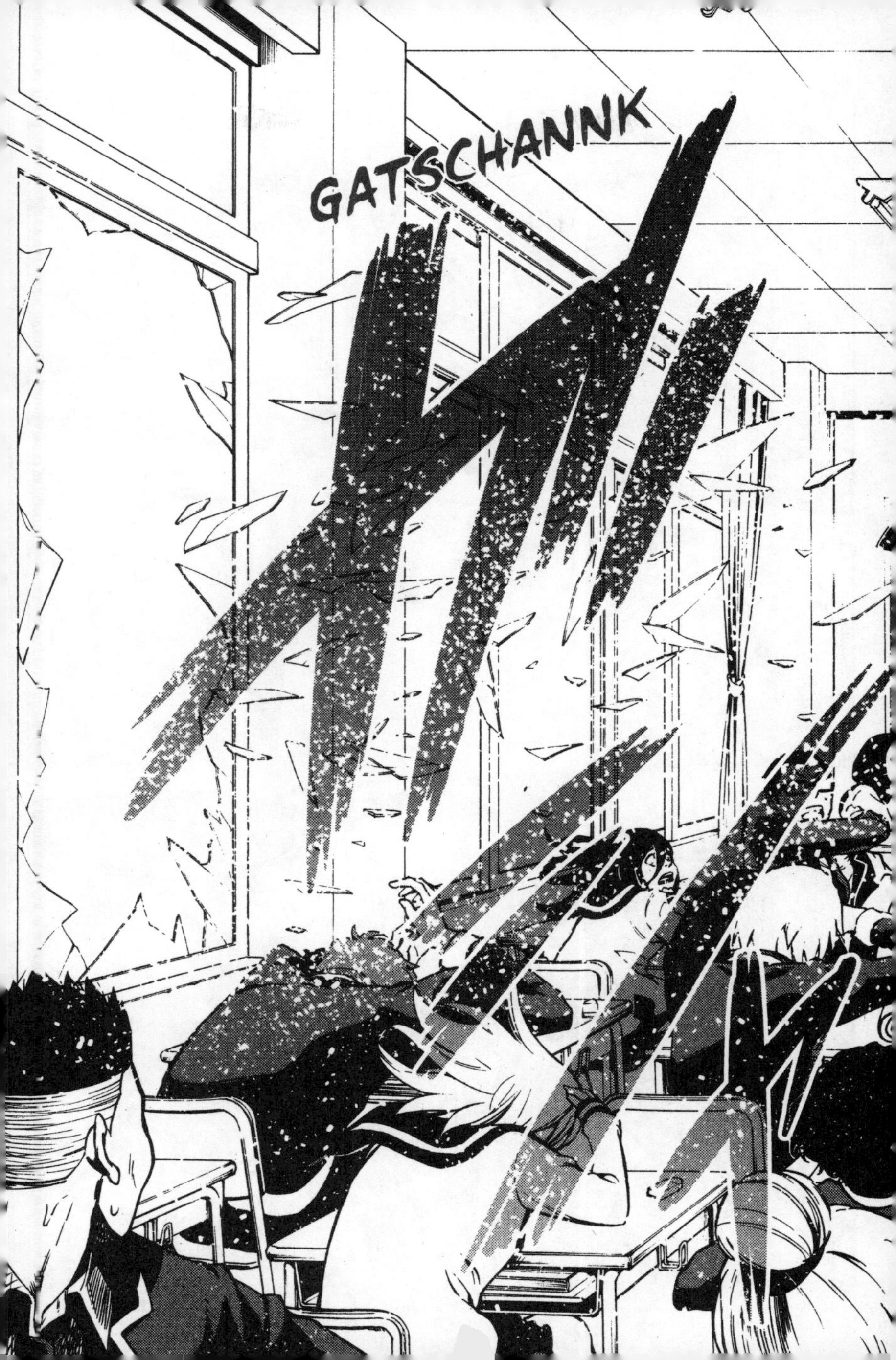
GATSCHANNK

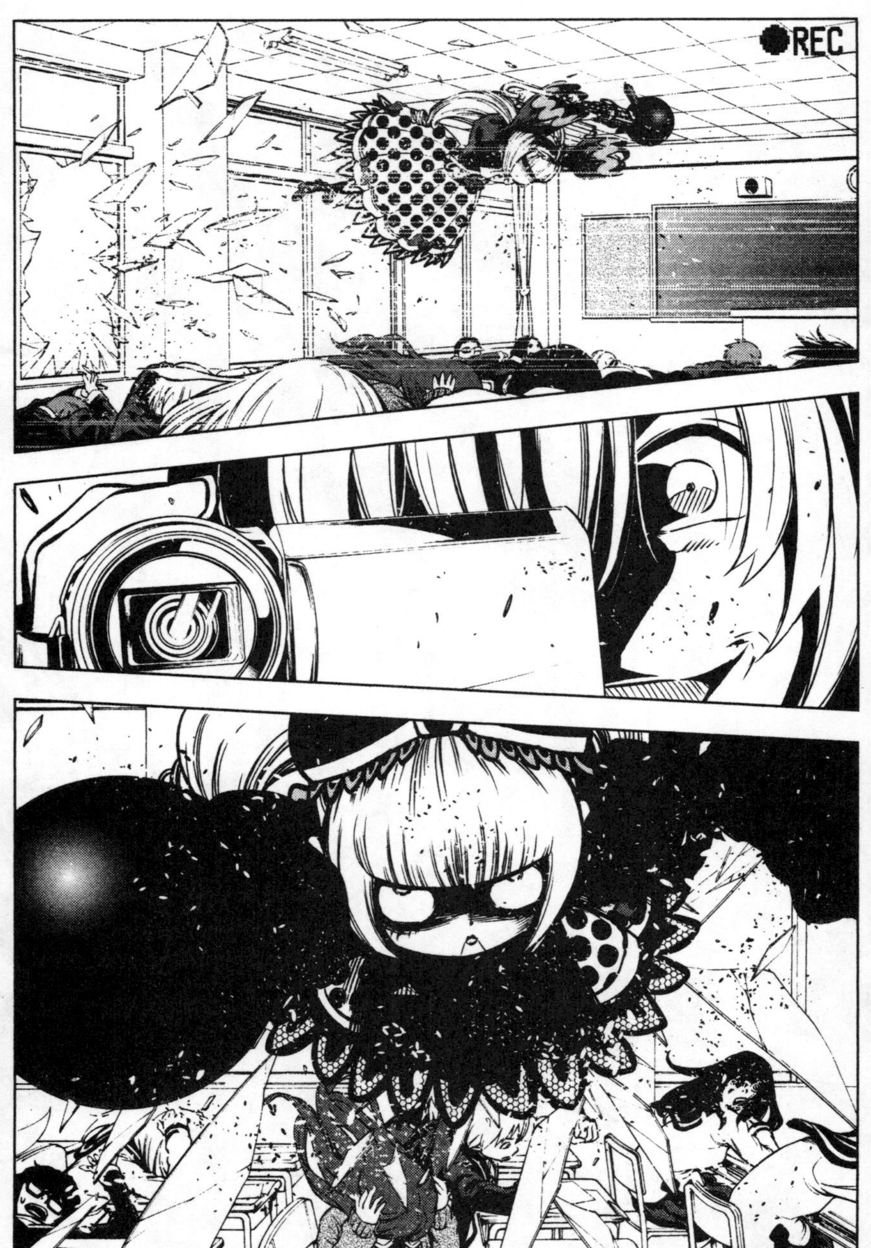
●REC

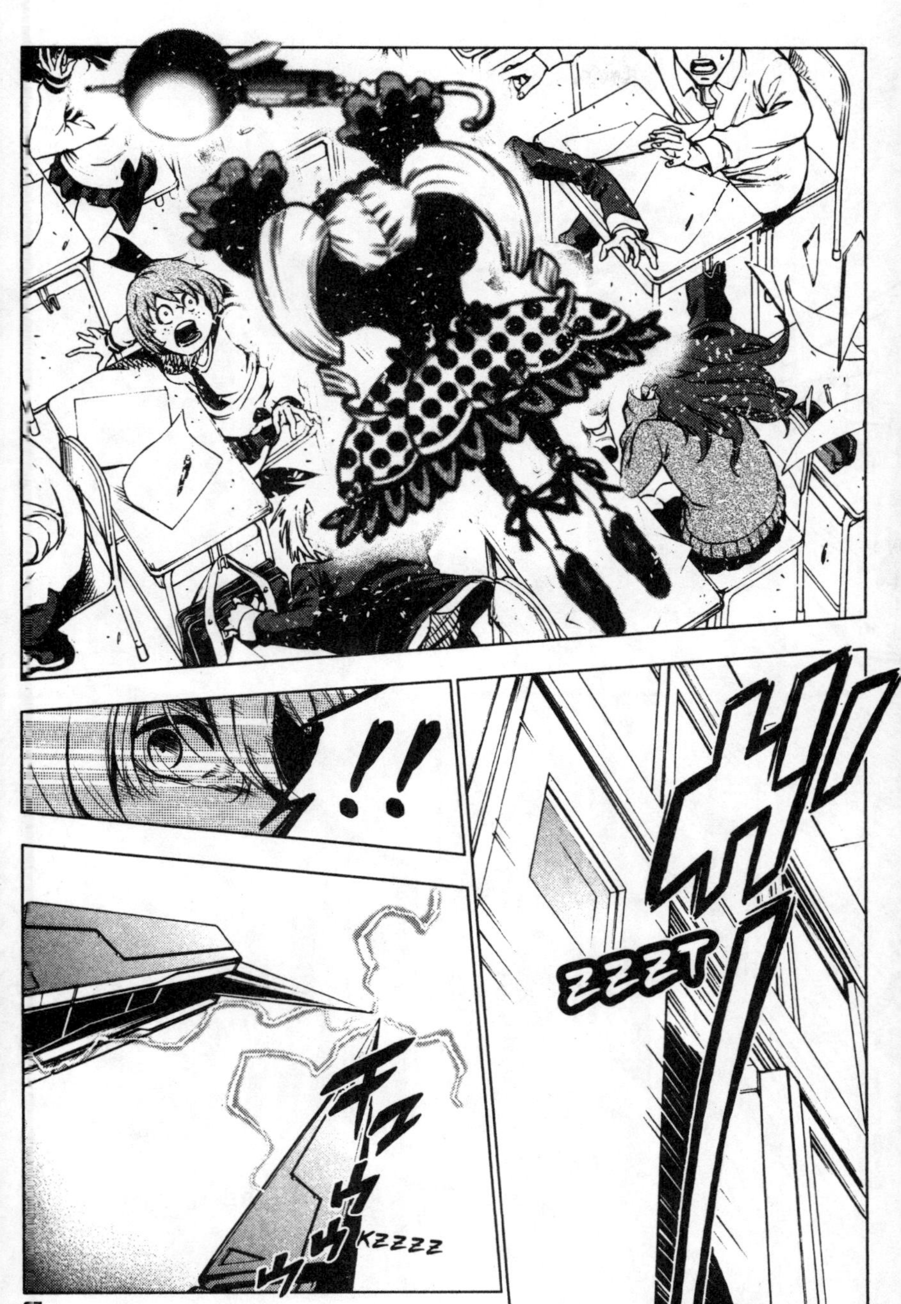
!!
ZZZZT
KZZZZ

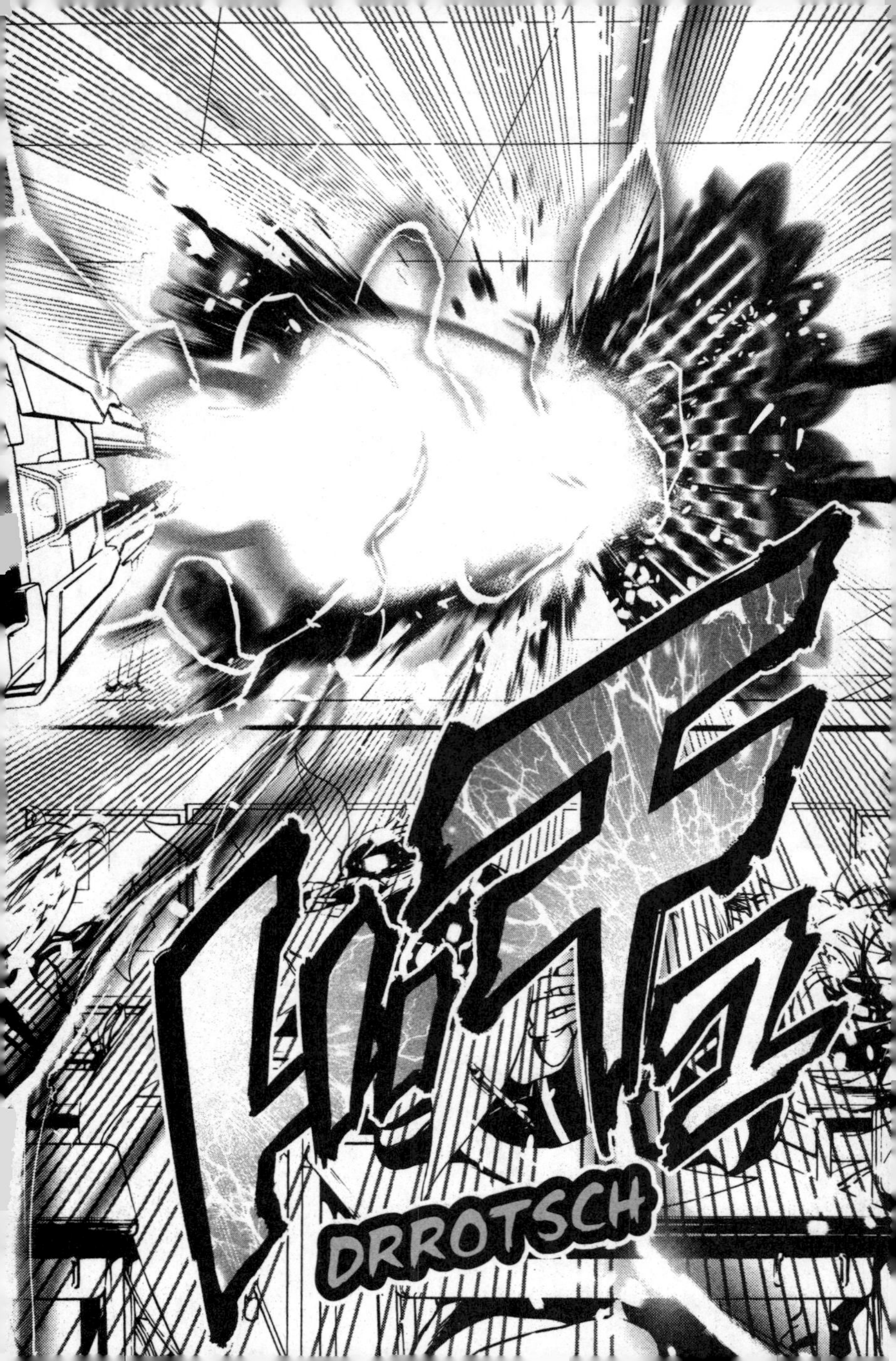
DRROTSCH

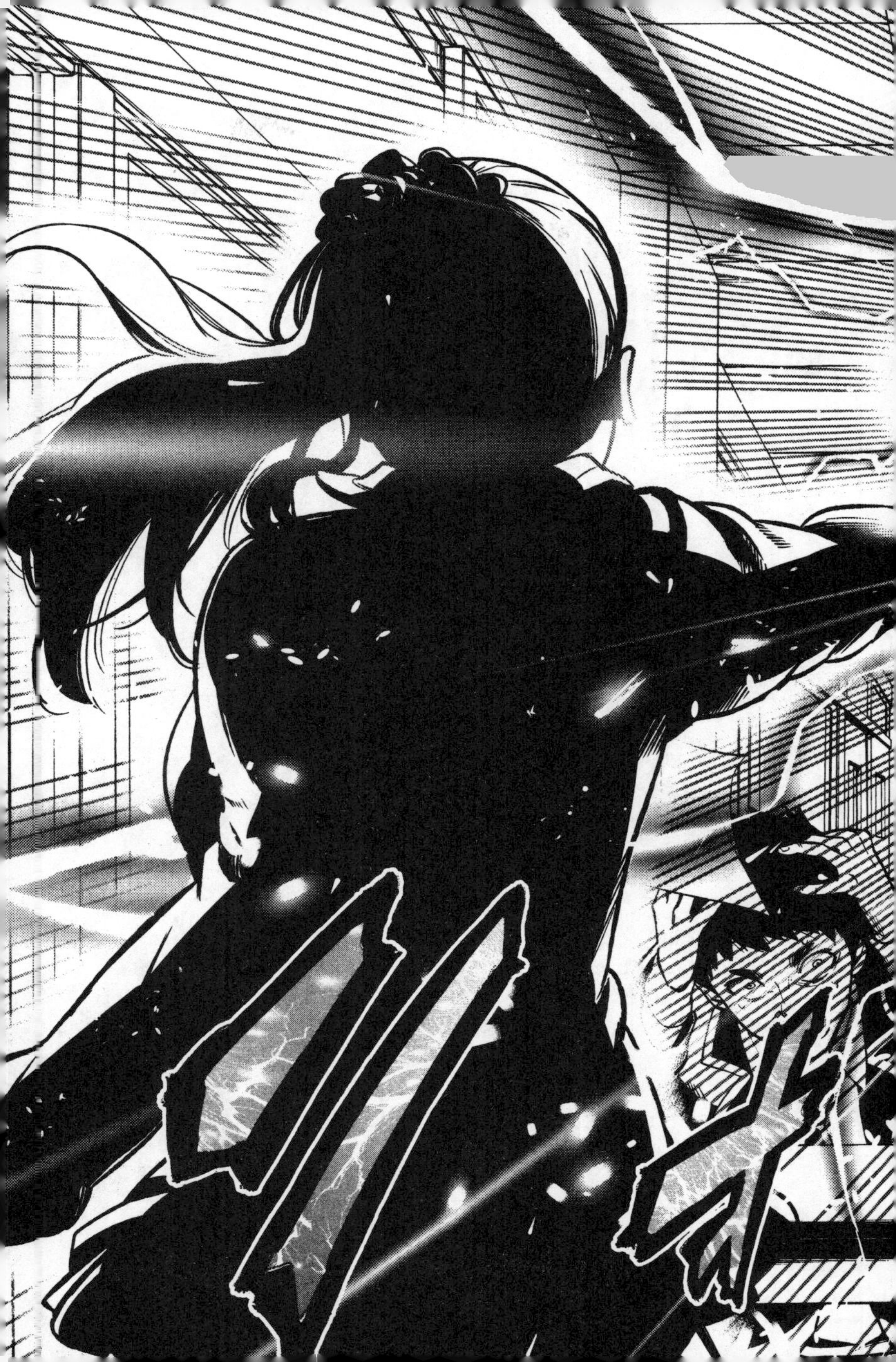

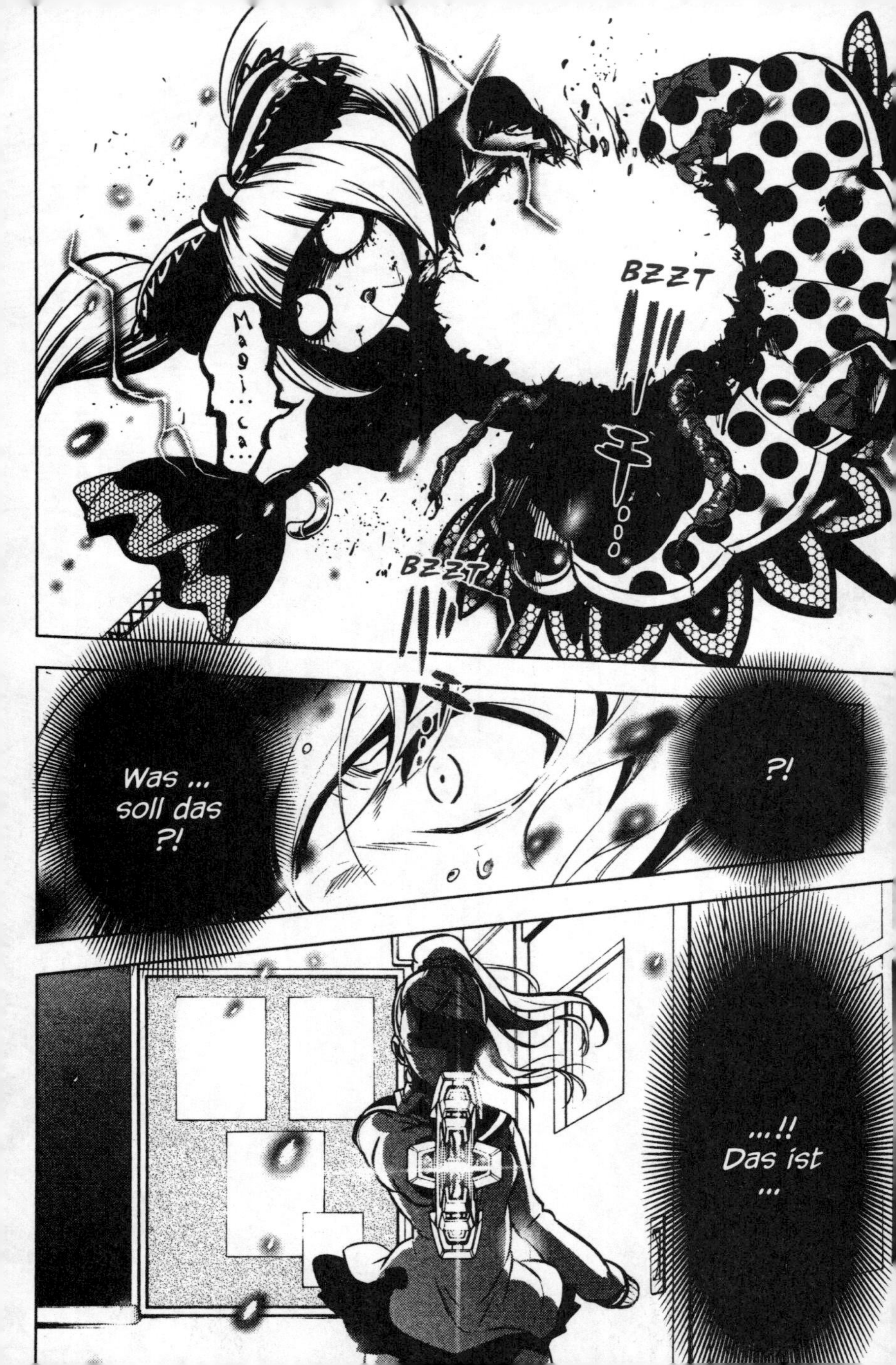

BZZT
Magi…ca…
チ…
BZZT
?!
Was … soll das ?!
…!! Das ist …

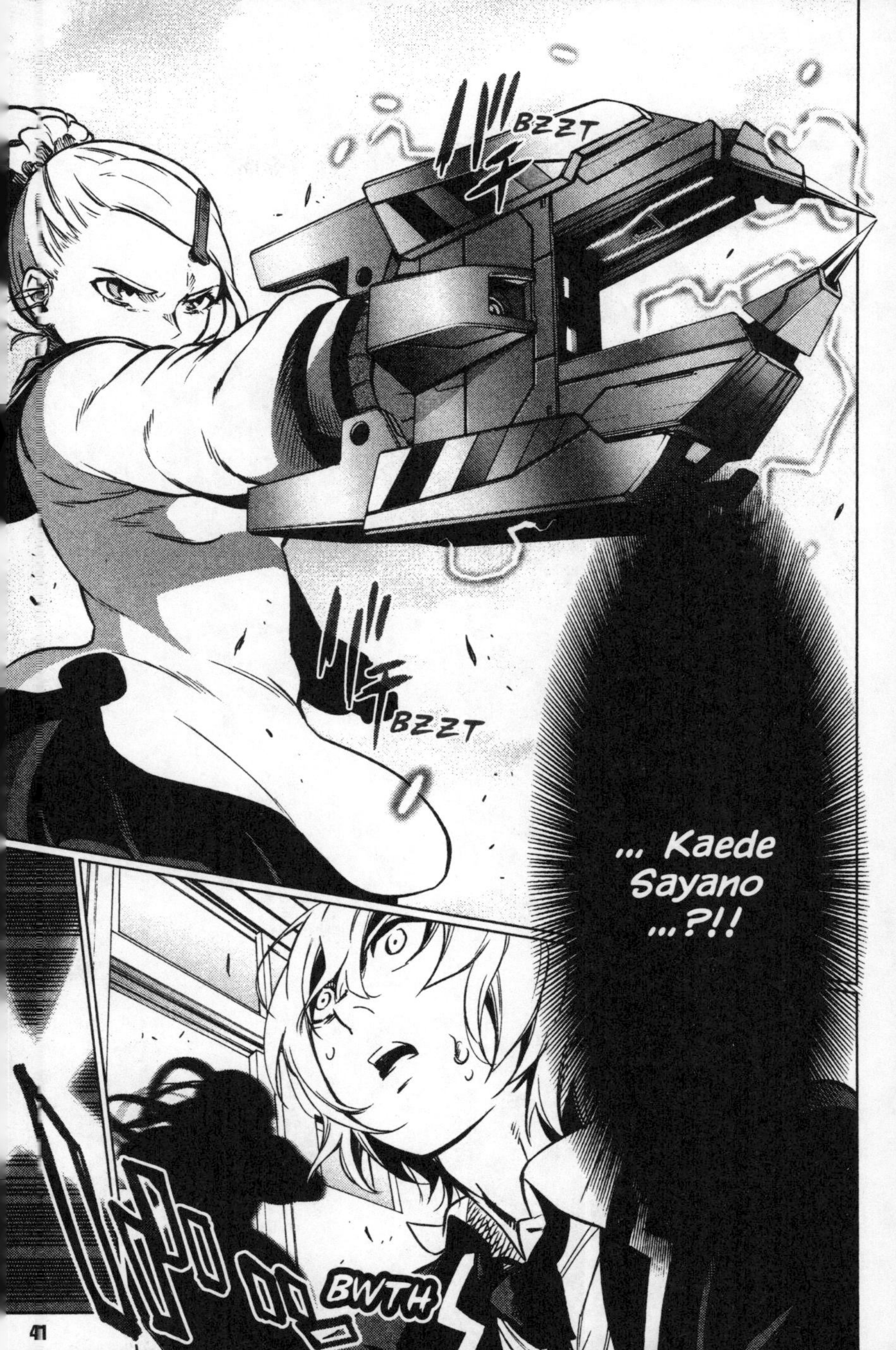
BZZT
BZZT
... Kaede Sayano ...?!!
BWTH

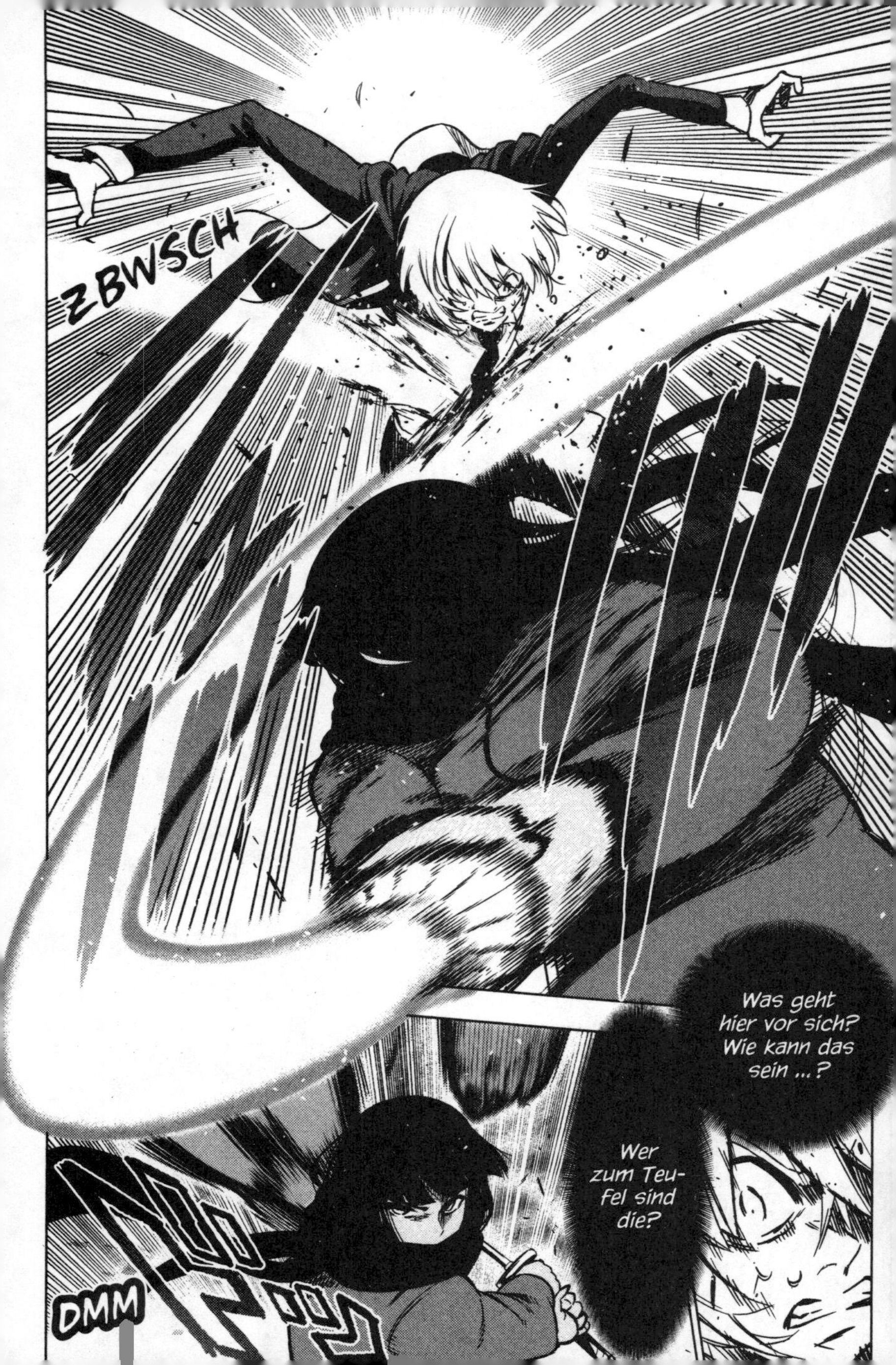
ZBWSCH
Was geht hier vor sich? Wie kann das sein ...?
Wer zum Teufel sind die?
DMM

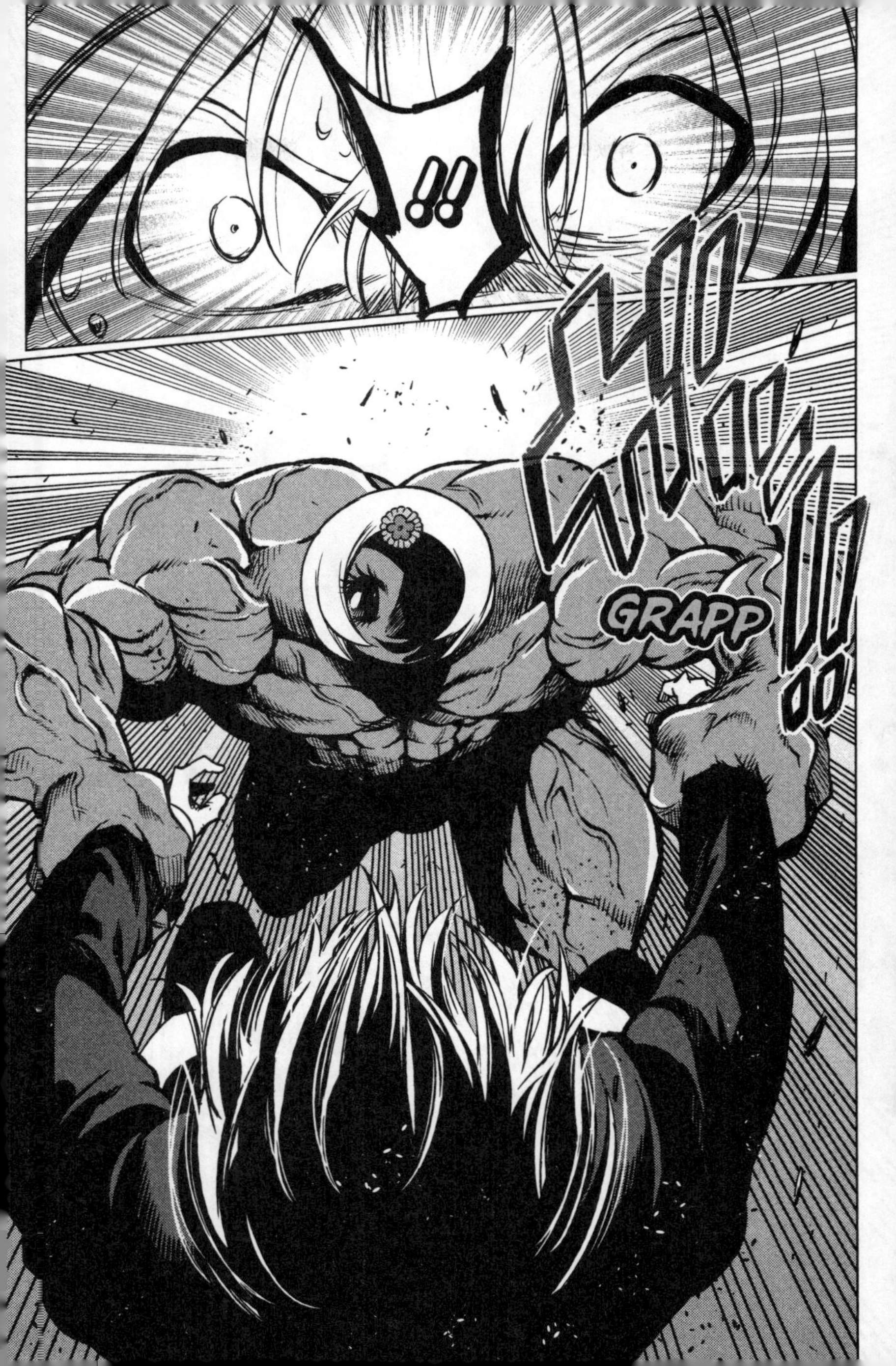
!!
GRAPP

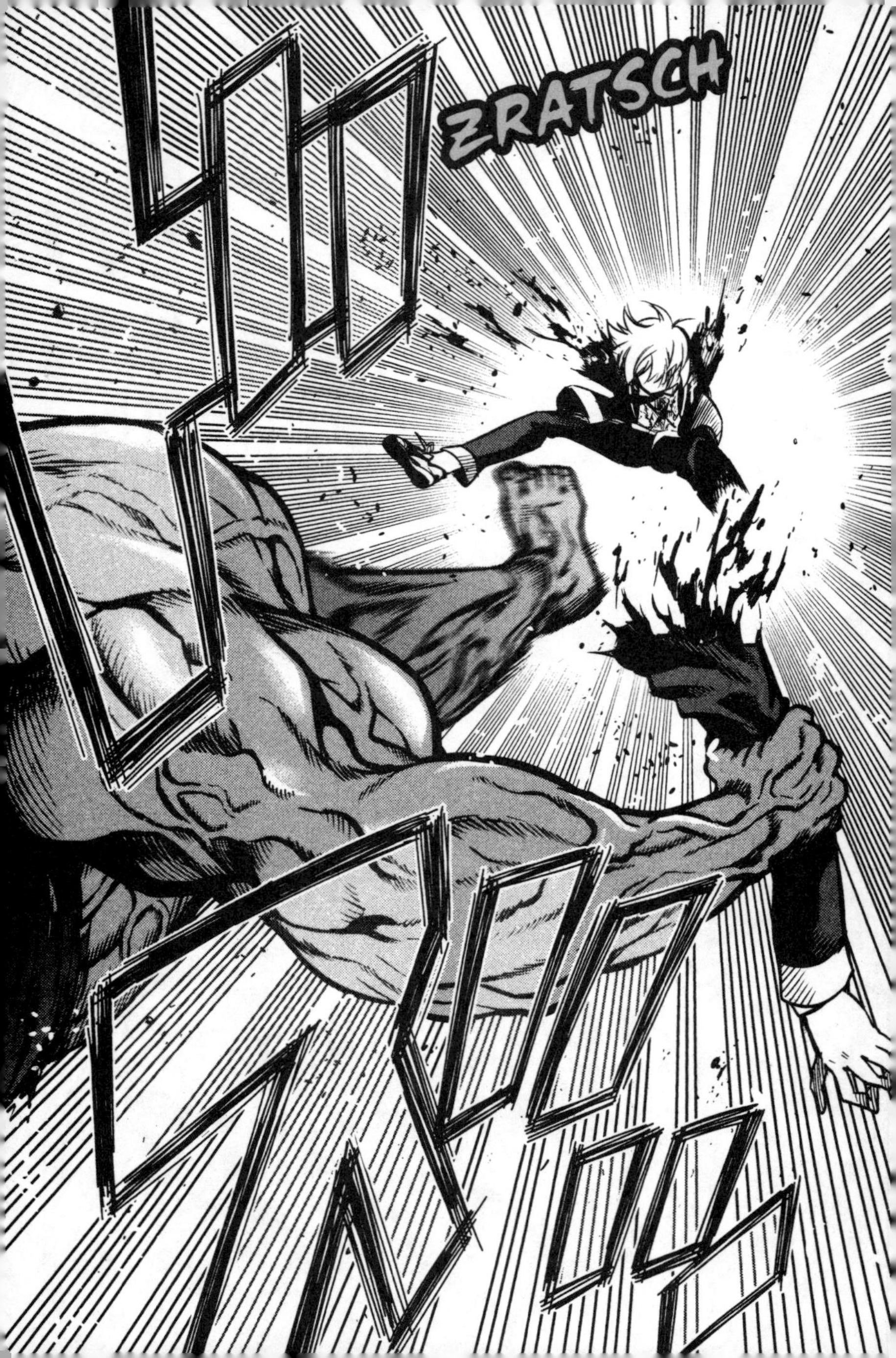
ZRATSCH

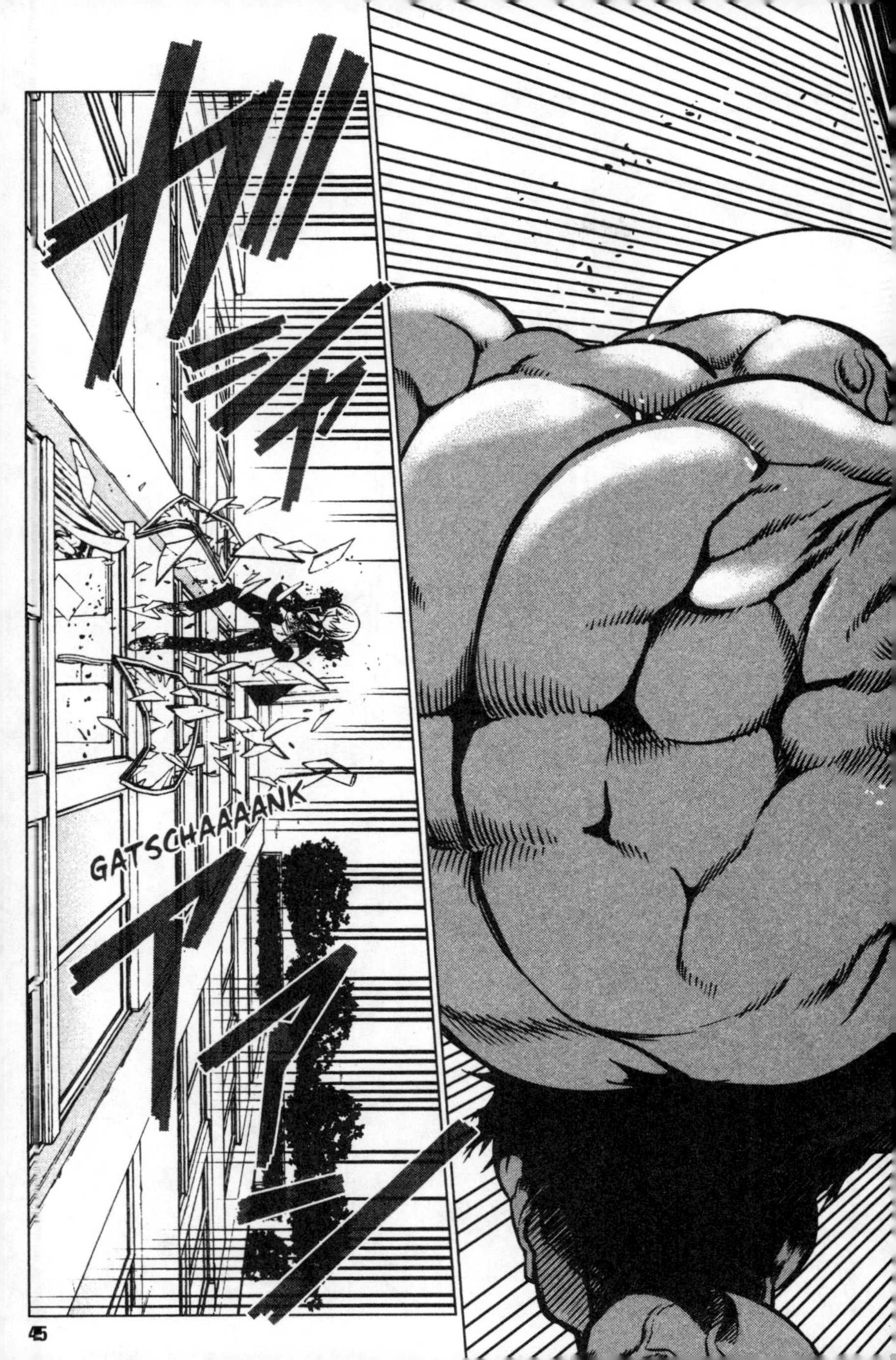
GATSCHAAAAANK

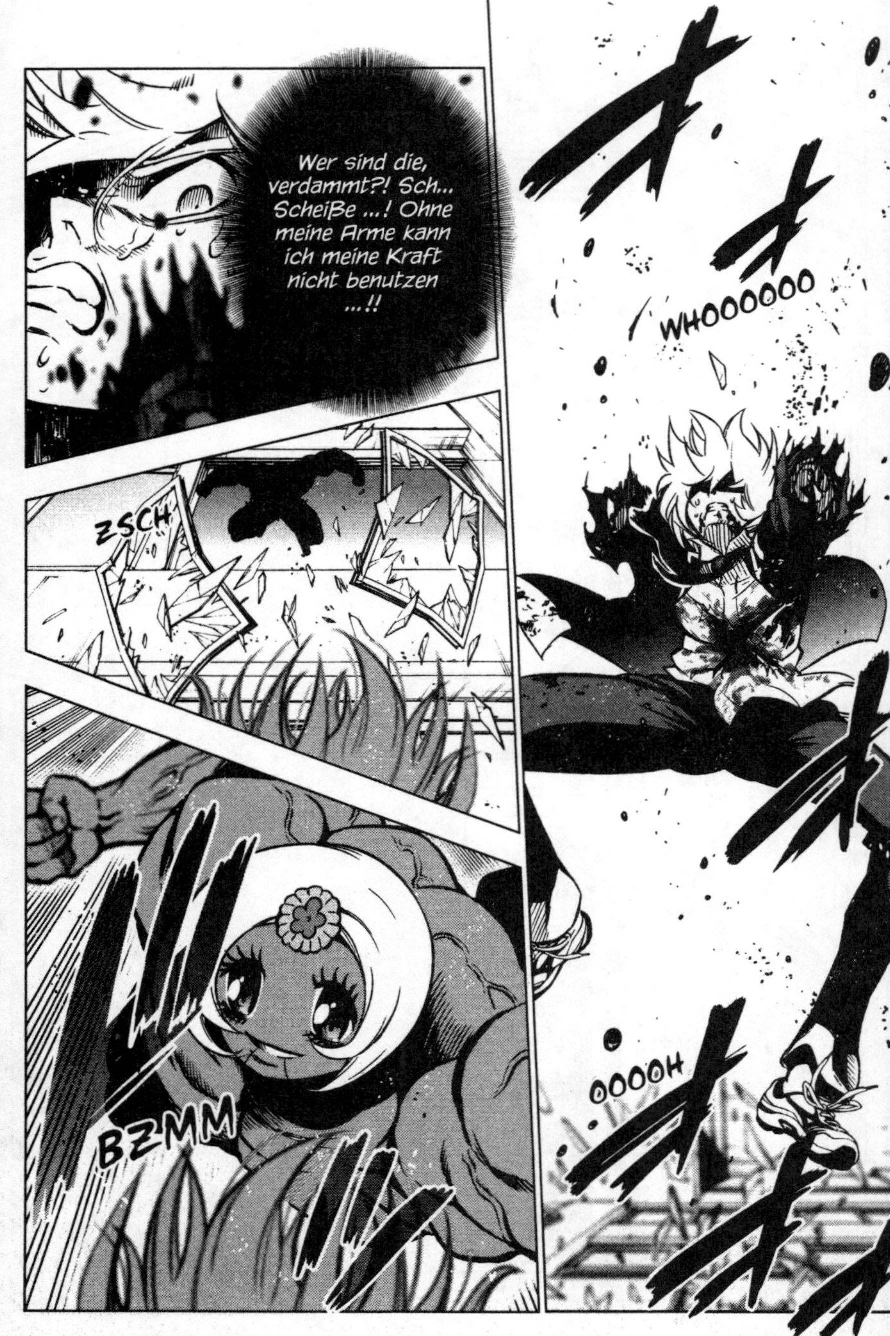
WHOOOOOO
OOOOH
Wer sind die, verdammt?! Sch... Scheiße ...! Ohne meine Arme kann ich meine Kraft nicht benutzen ...!!
ZSCH
BZMM

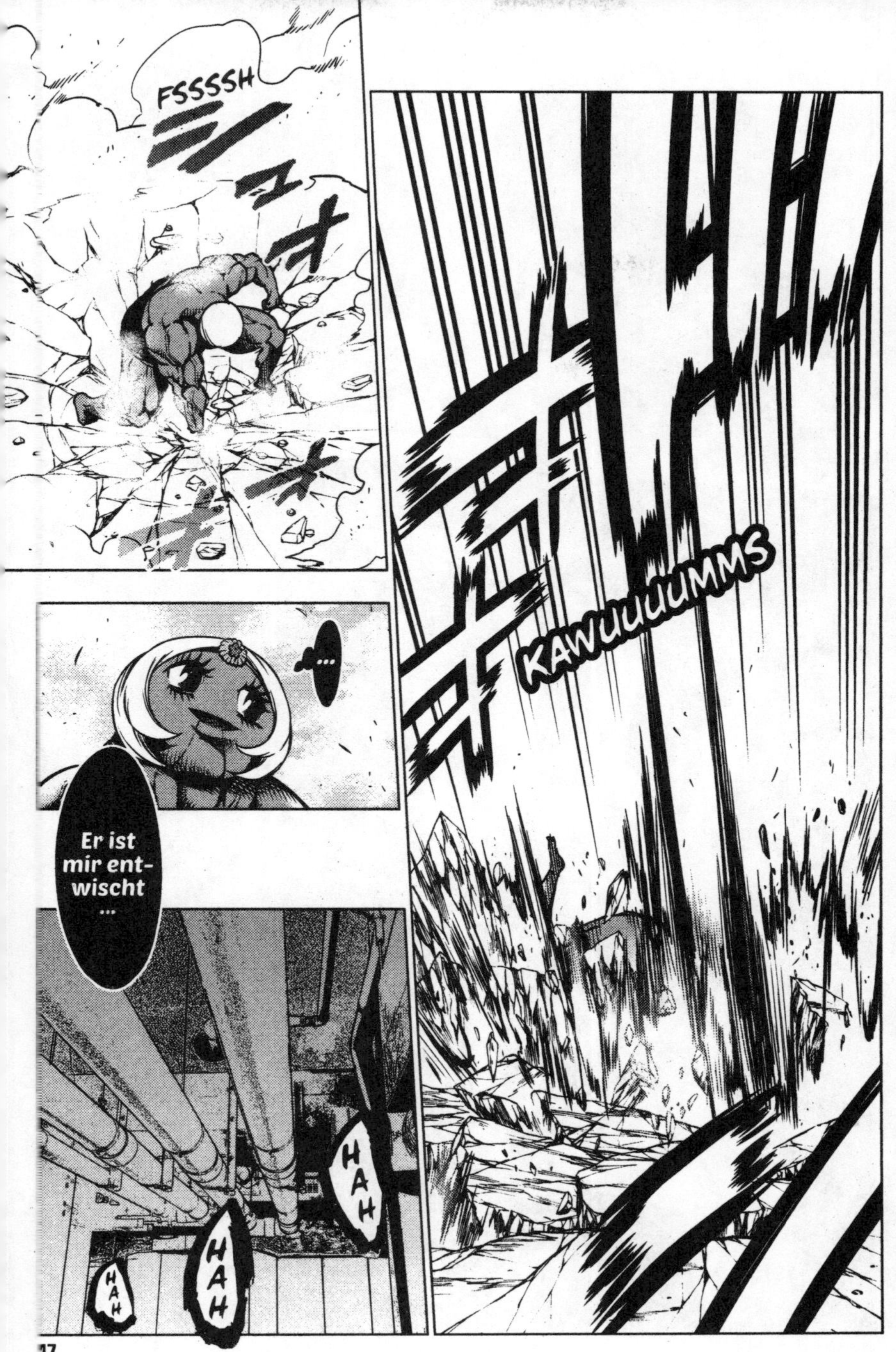
FSSSSH
KAWUUUUUMMS
...
Er ist mir ent-wischt ...
HAH
HAH
HAH

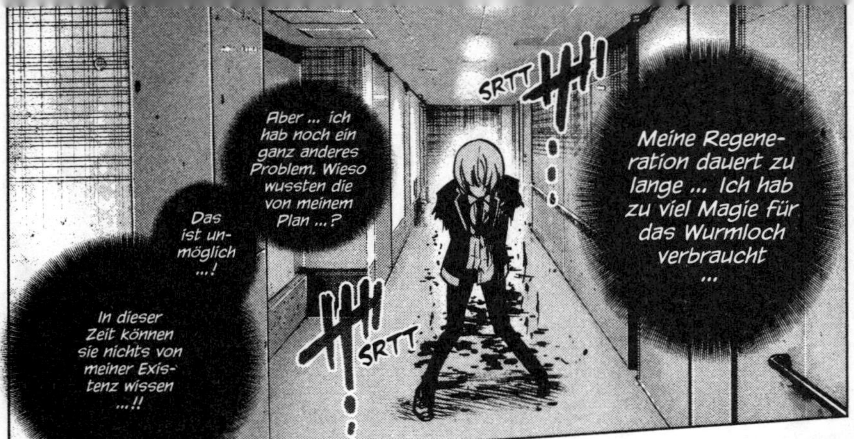
SRTT
Meine Regeneration dauert zu lange ... Ich hab zu viel Magie für das Wurmloch verbraucht ...
Aber ... ich hab noch ein ganz anderes Problem. Wieso wussten die von meinem Plan ...?
SRTT
Das ist unmöglich ...!
In dieser Zeit können sie nichts von meiner Existenz wissen ...!!

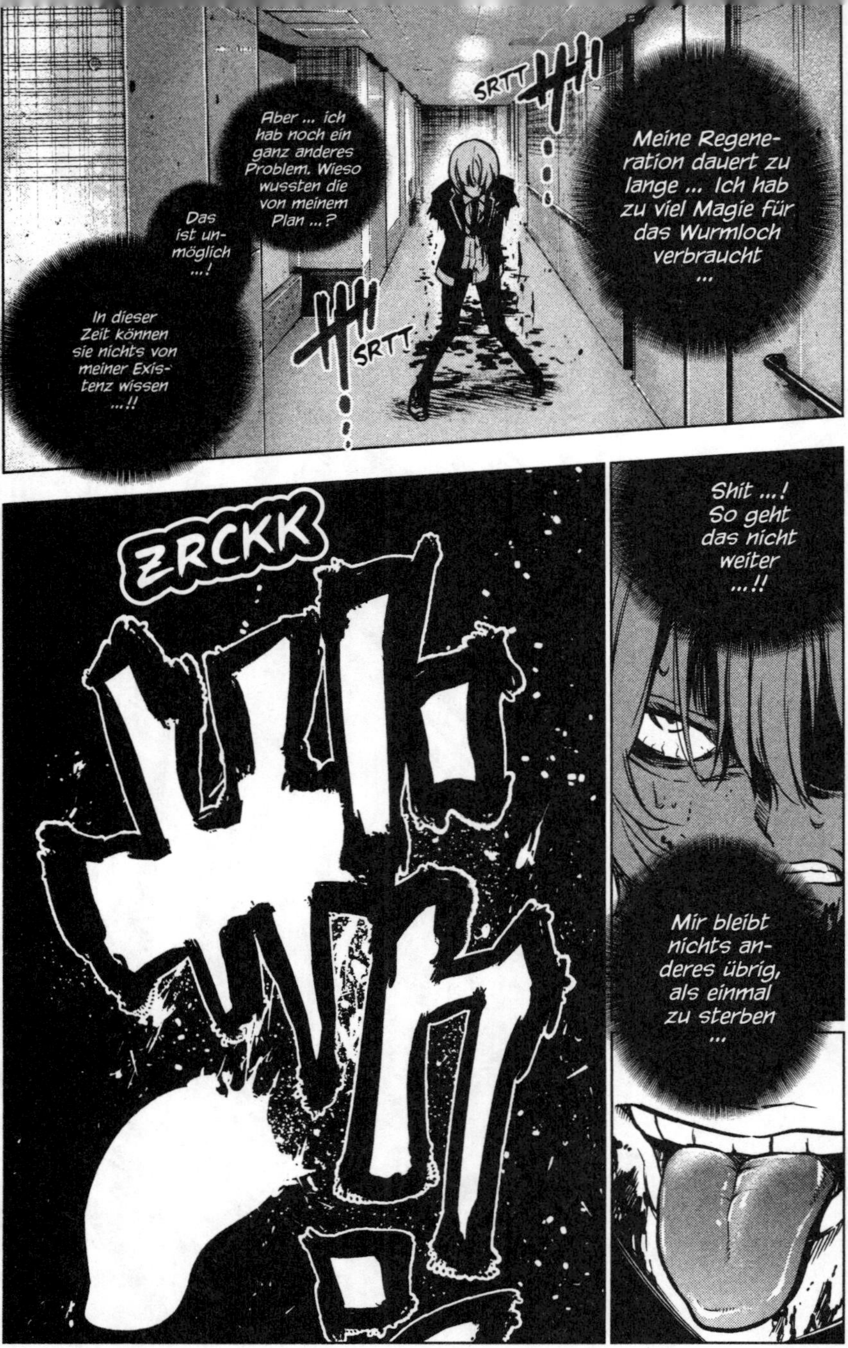

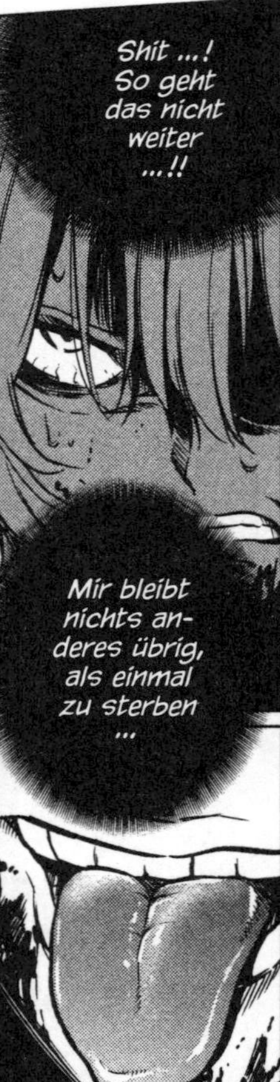
Shit ...! So geht das nicht weiter ...!!
Mir bleibt nichts anderes übrig, als einmal zu sterben ...

ZRCKK

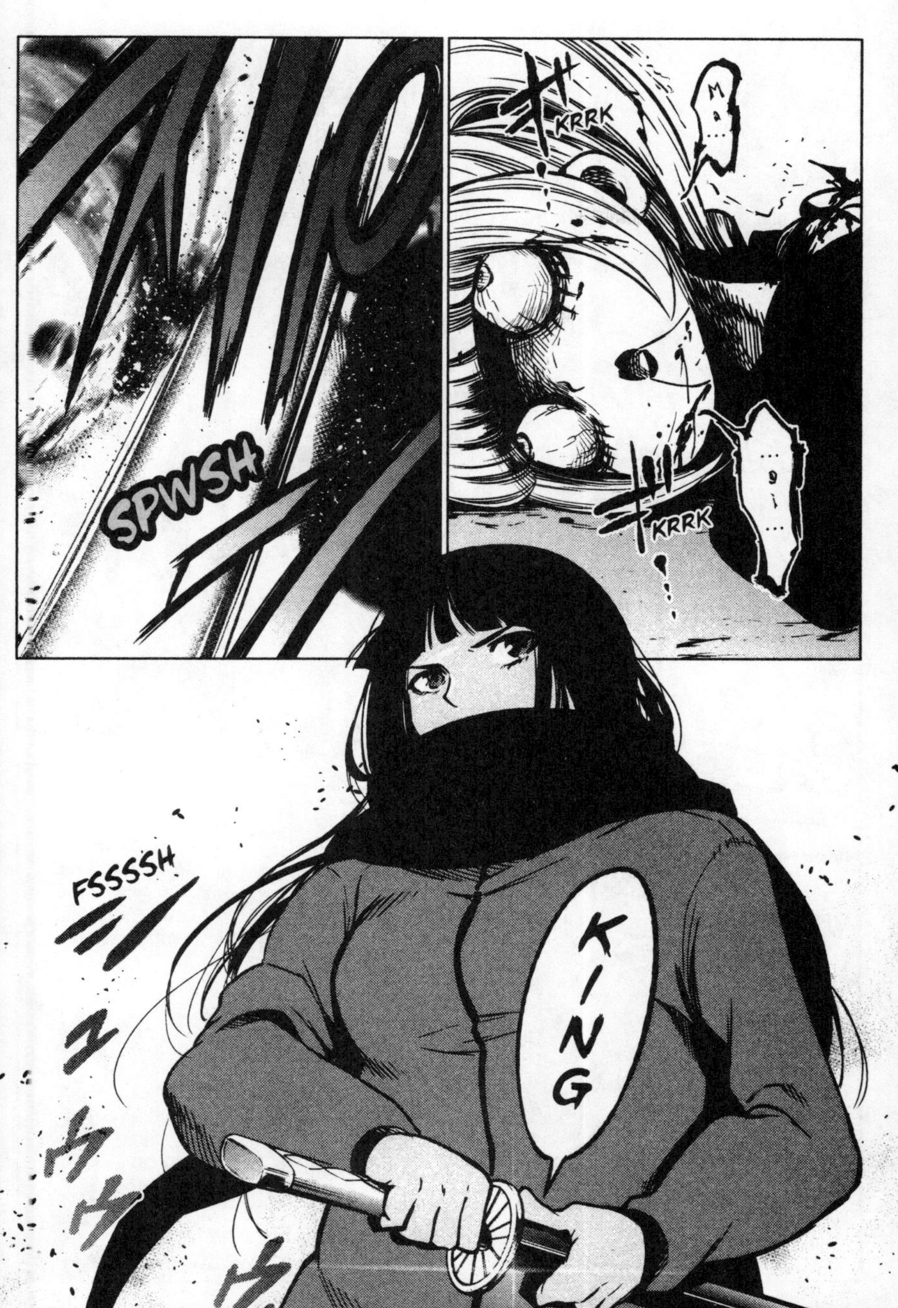

Ma...
KRRK
KRRK
SPWSH
KING
FSSSSH

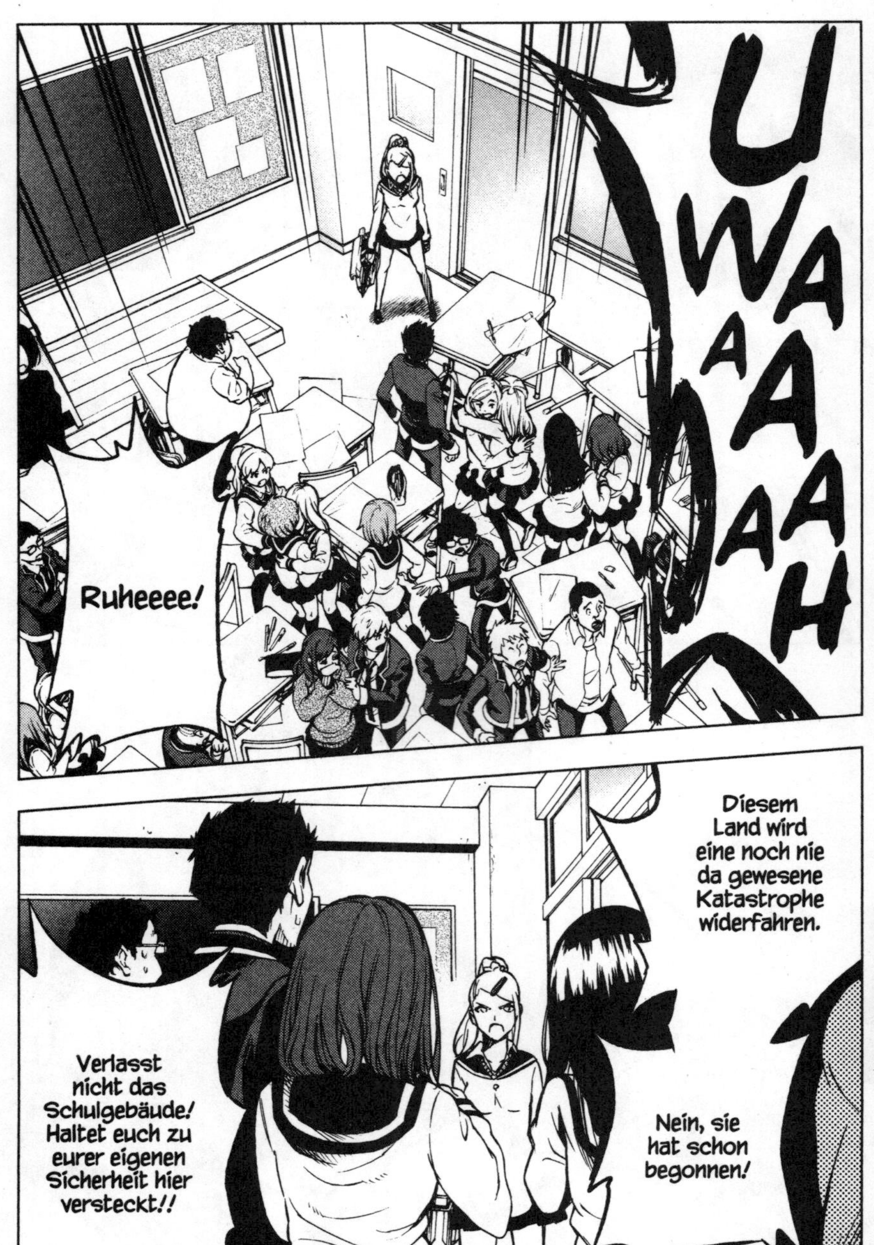
UWAAAAAAAH
Ruheeee!
Diesem Land wird eine noch nie da gewesene Katastrophe widerfahren.
Nein, sie hat schon begonnen!
Verlasst nicht das Schulgebäude! Haltet euch zu eurer eigenen Sicherheit hier versteckt!!

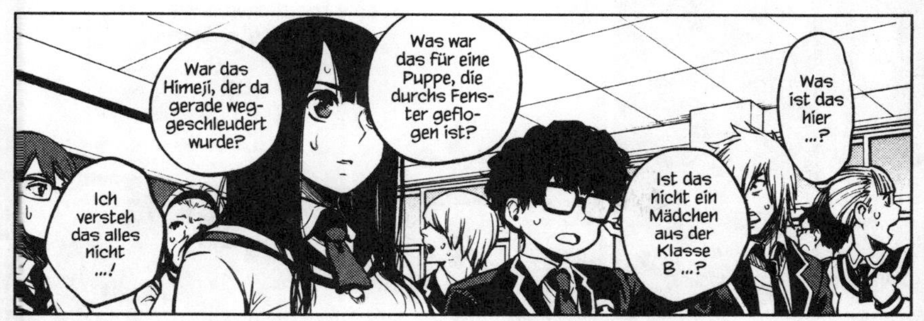

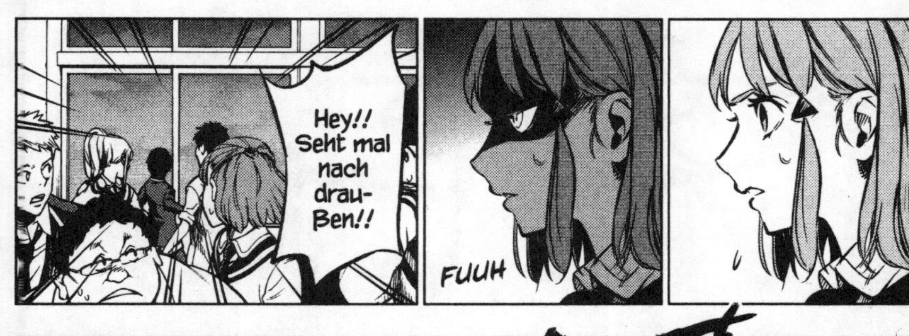

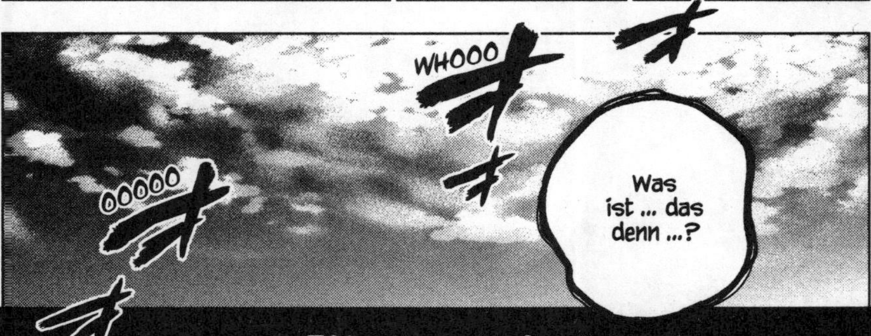

Magical Girl of the End

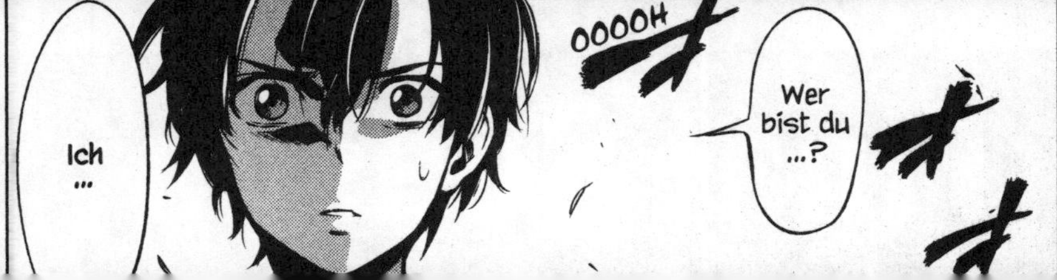

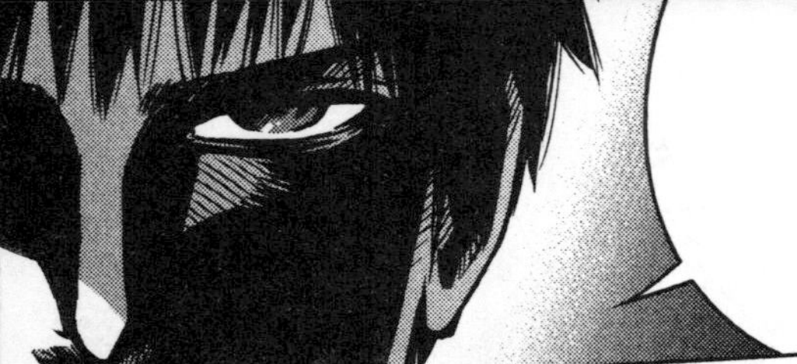

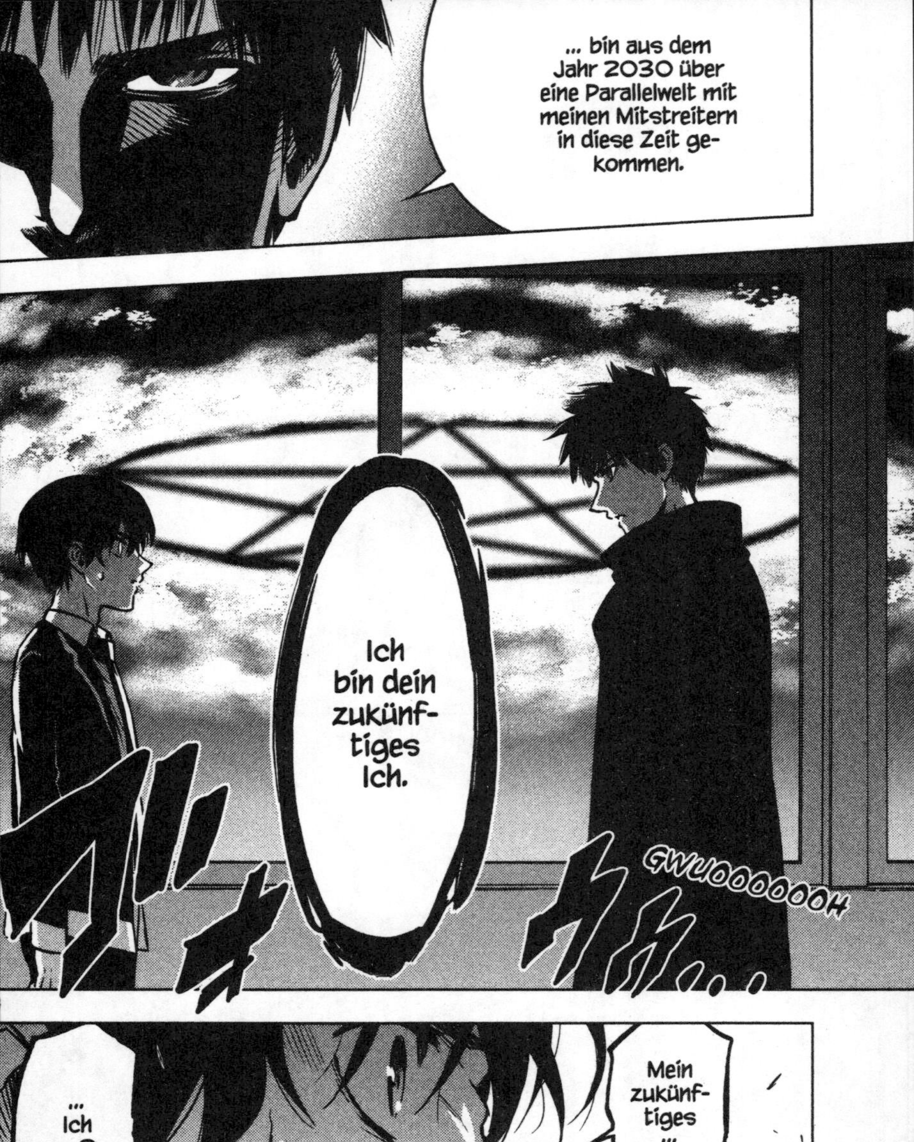

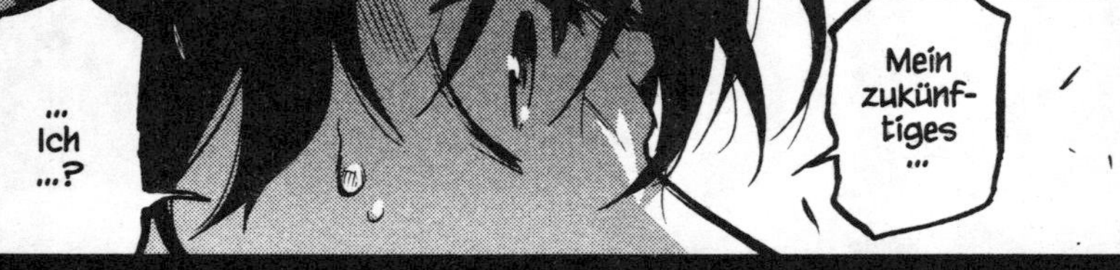

Final Season

045. DUAL SAVIOR

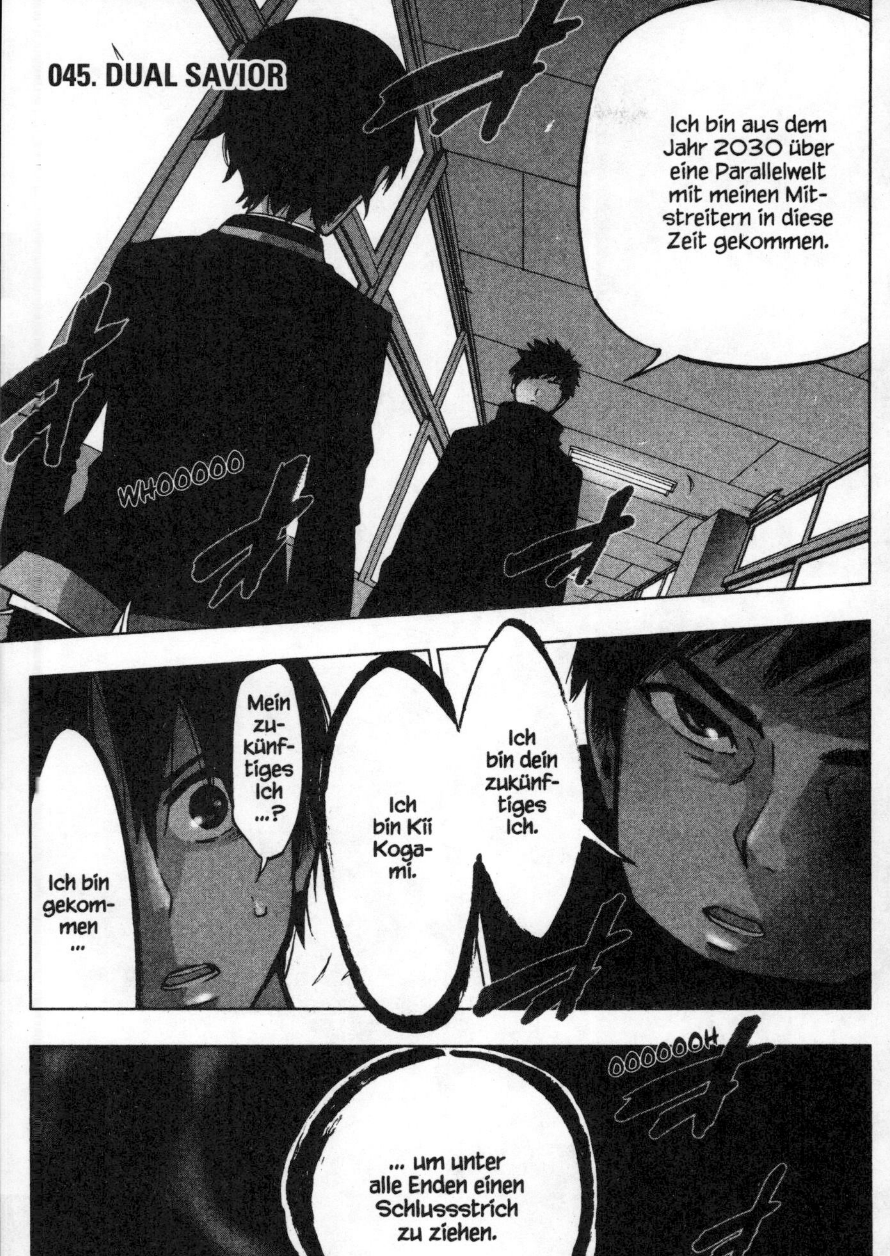

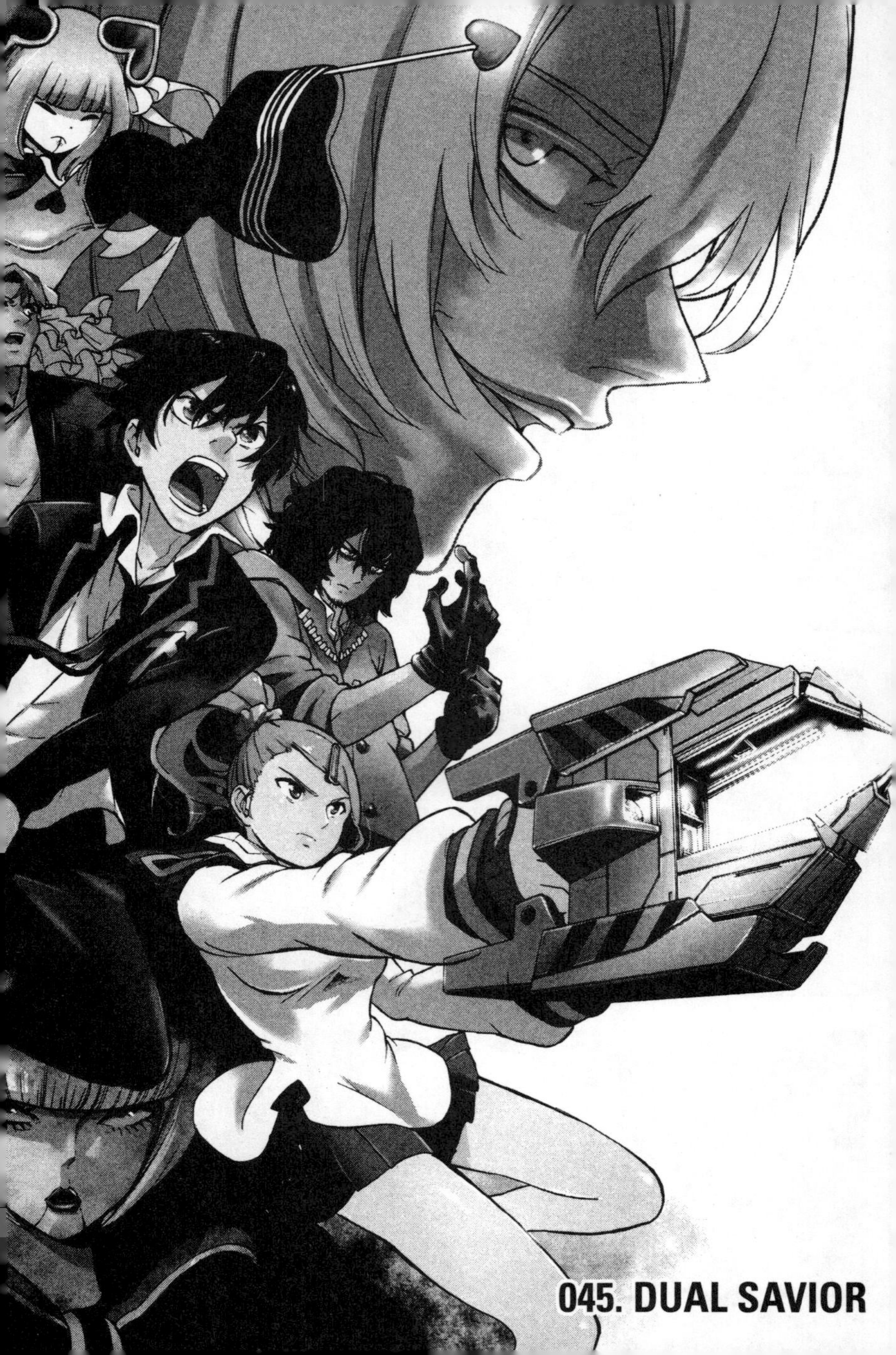
045. DUAL SAVIOR

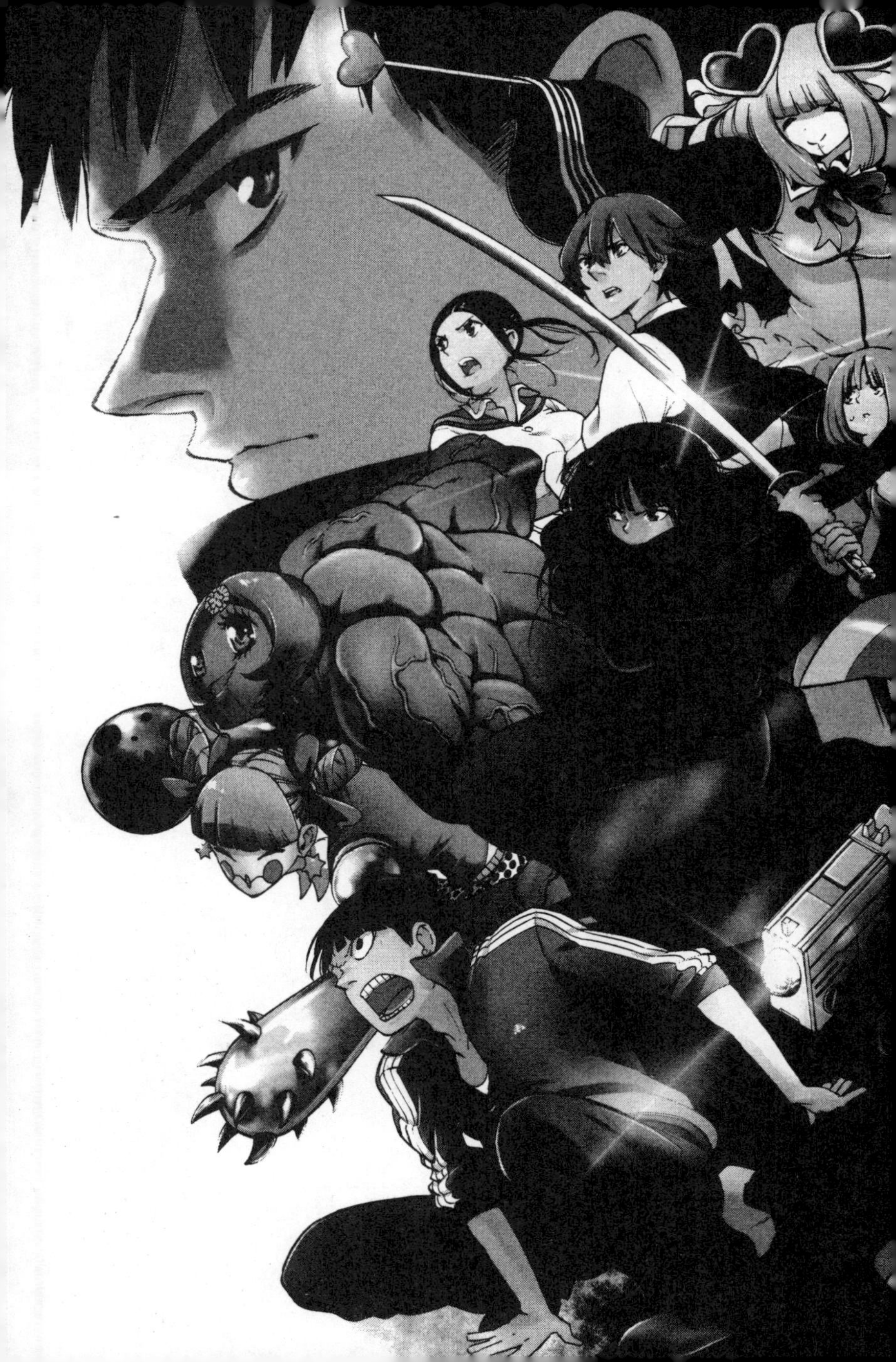

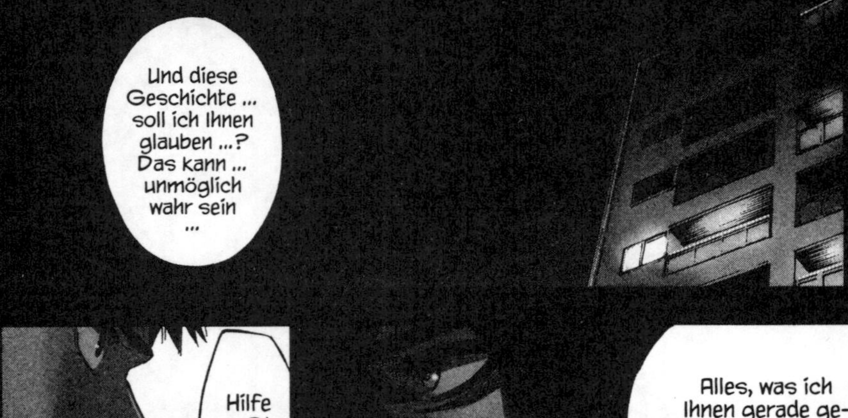

Alles, was ich Ihnen gerade gesagt habe, geschieht wirklich und entspricht der Wahrheit.

Und deshalb brauche ich Ihre Hilfe.

Hilfe ...?!

Kogami ... Sie sind meine ... nein, unsere ...

... letzte Hoffnung.

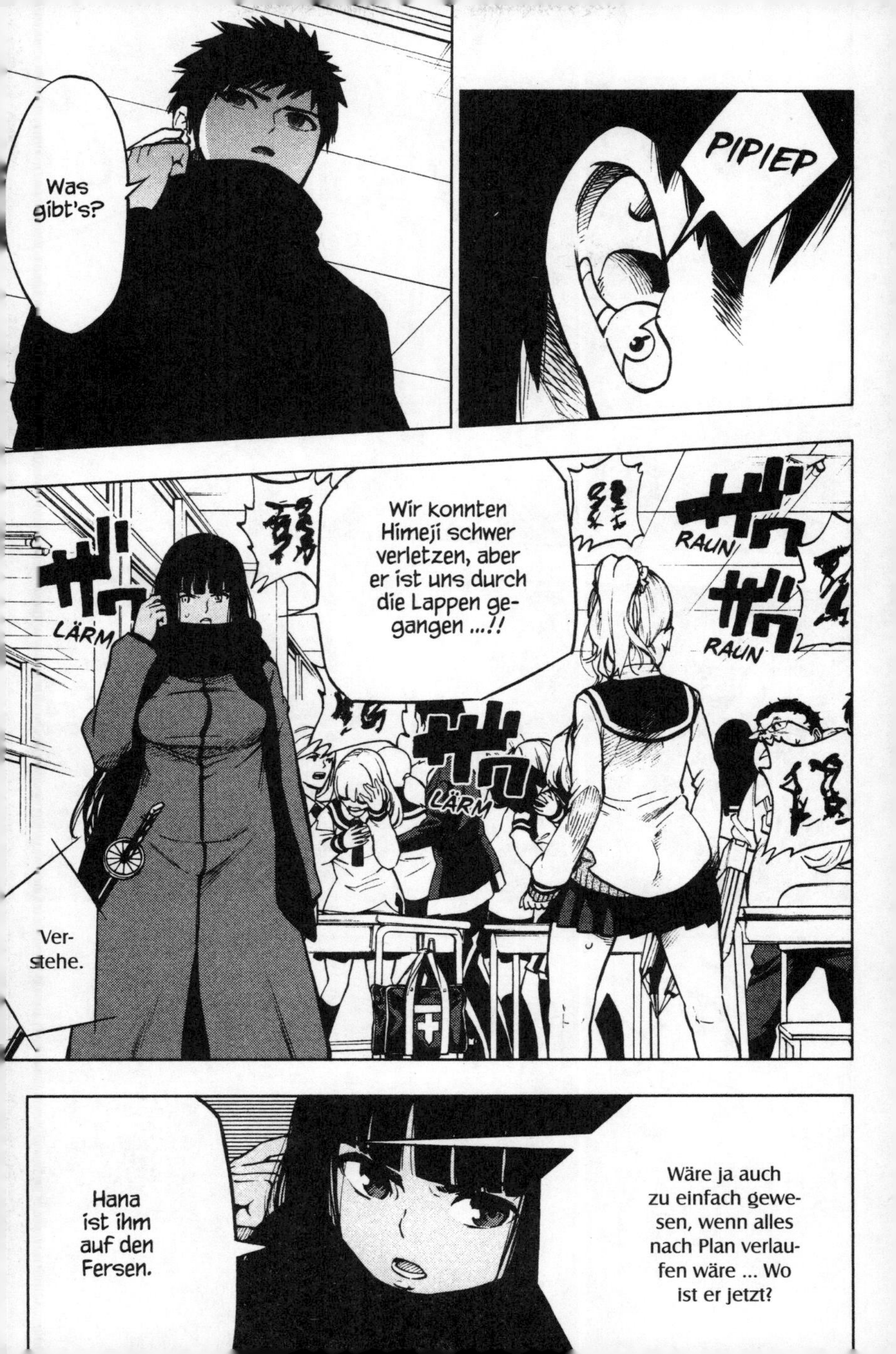

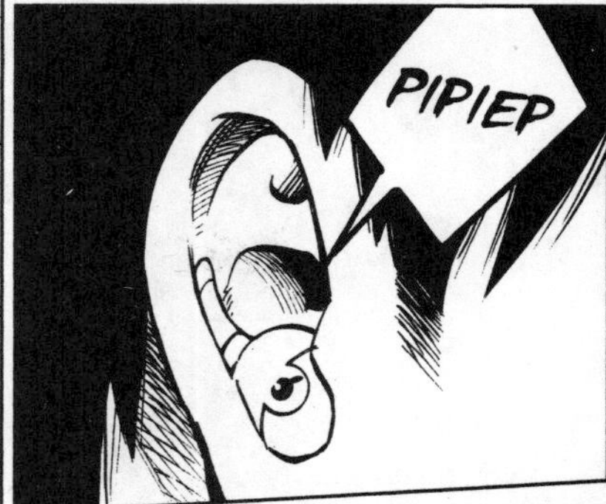

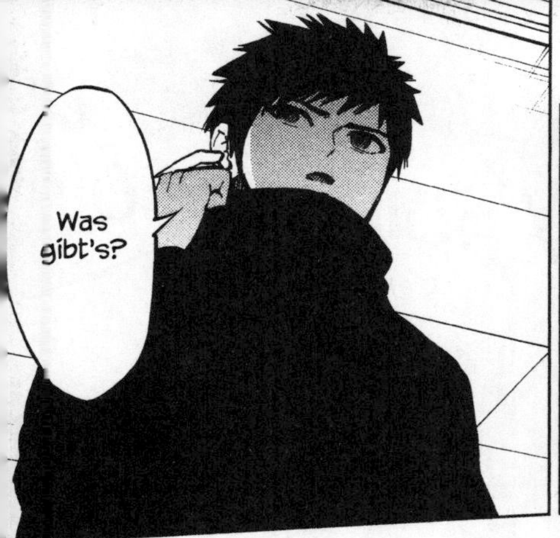

RAUN

RAUN

Wir konnten Himeji schwer verletzen, aber er ist uns durch die Lappen gegangen …!!

LÄRM

LÄRM

Verstehe.

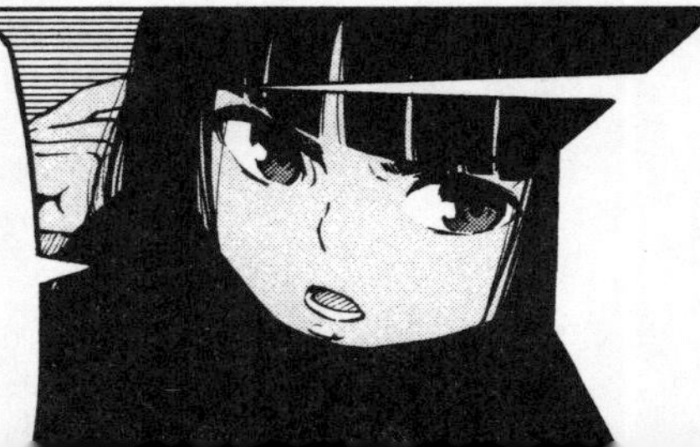

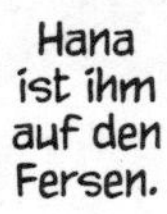

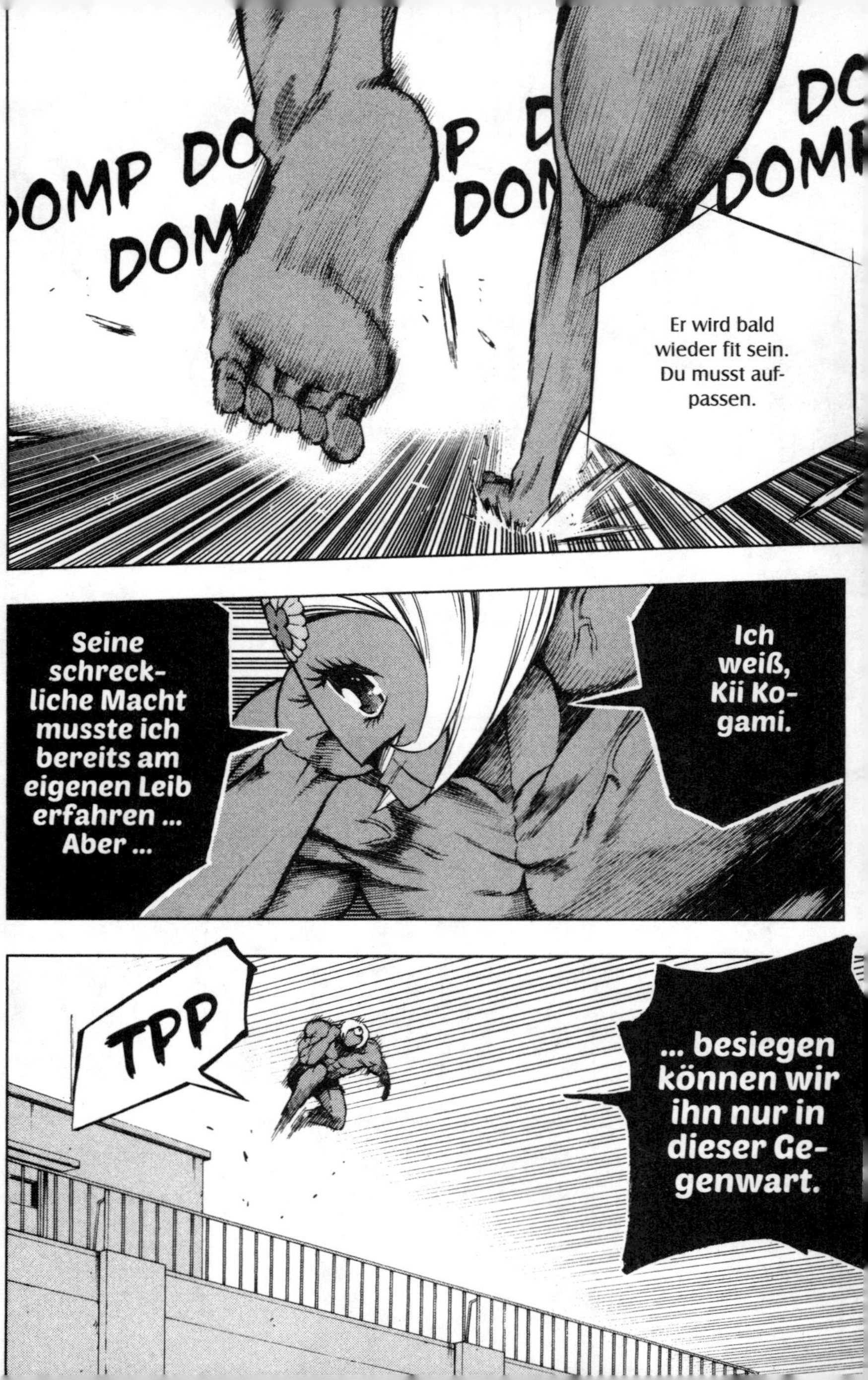

DOMP DOMP DOMP
DOMP DOMP DOMP

Er wird bald wieder fit sein. Du musst aufpassen.

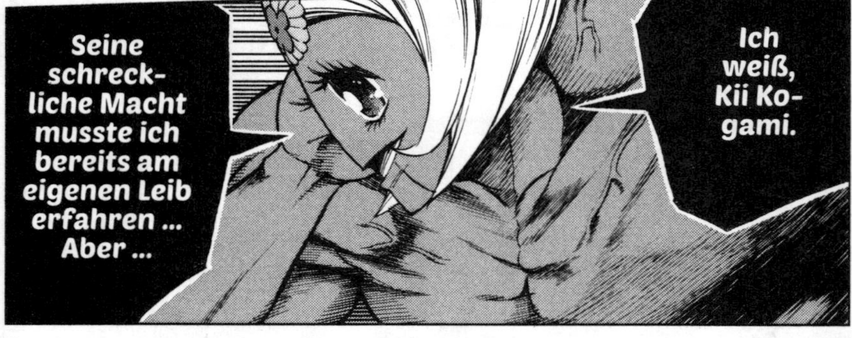

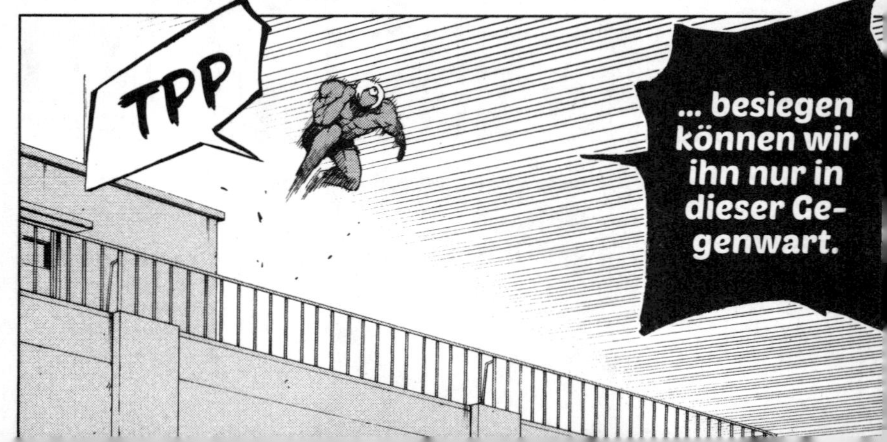

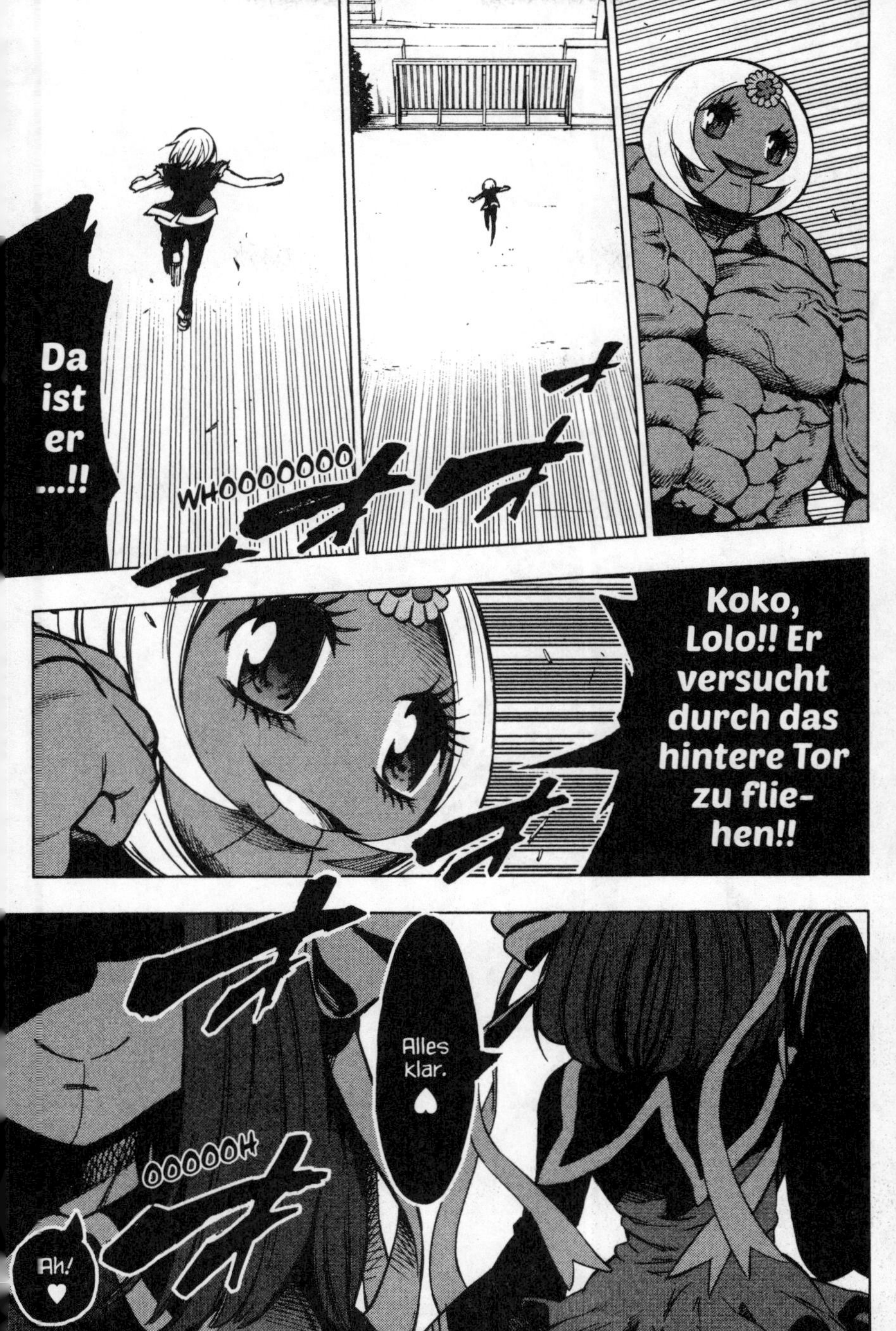
Da ist er ...!!
WHOOOOOOOO
Koko, Lolo!! Er versucht durch das hintere Tor zu flie- hen!!
Alles klar. ♥
OOOOOH
Ah! ♥

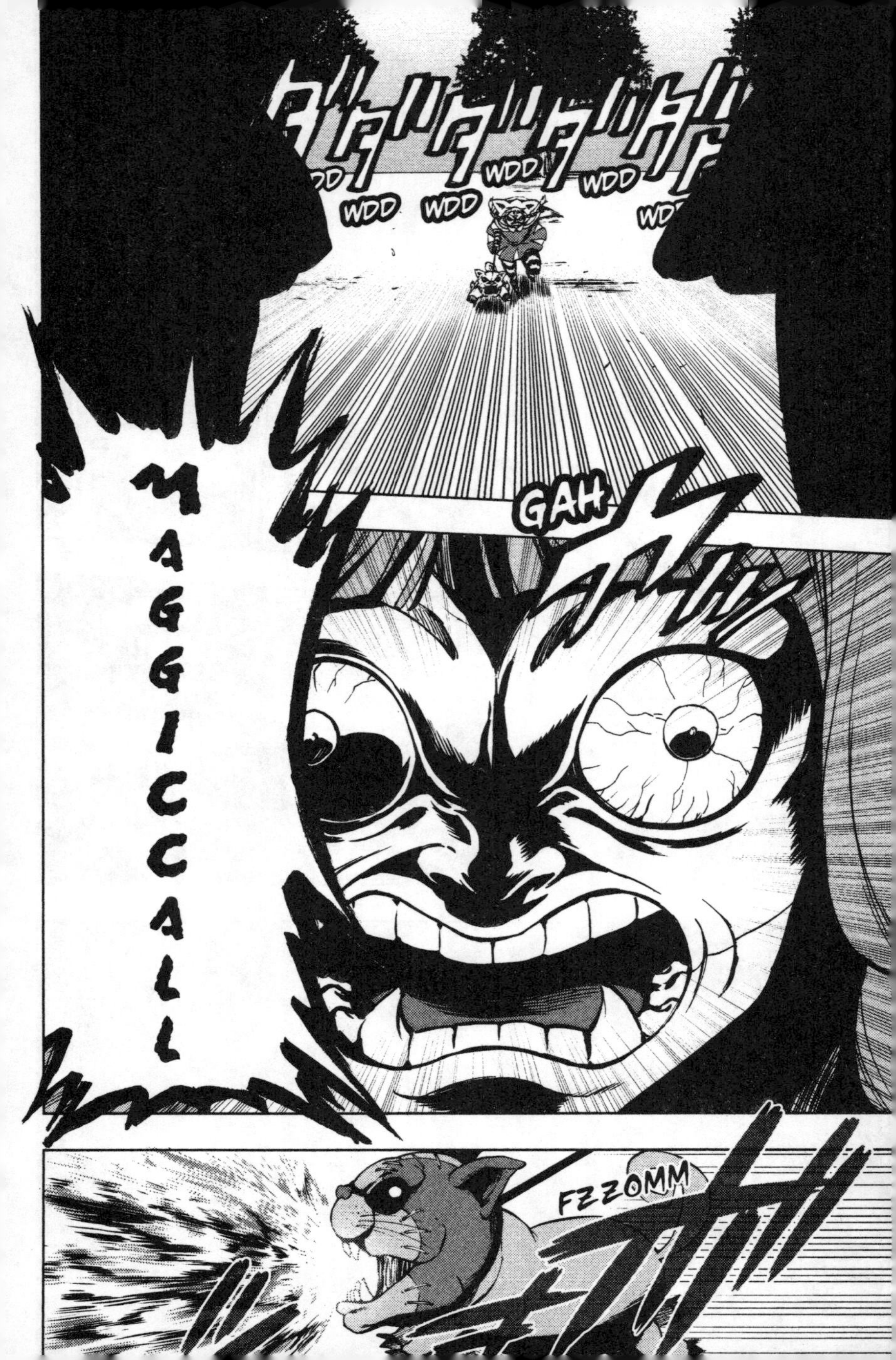
WDD
WDD
WDD
WDD
GAH
MAGGICCALL
FZZOMM

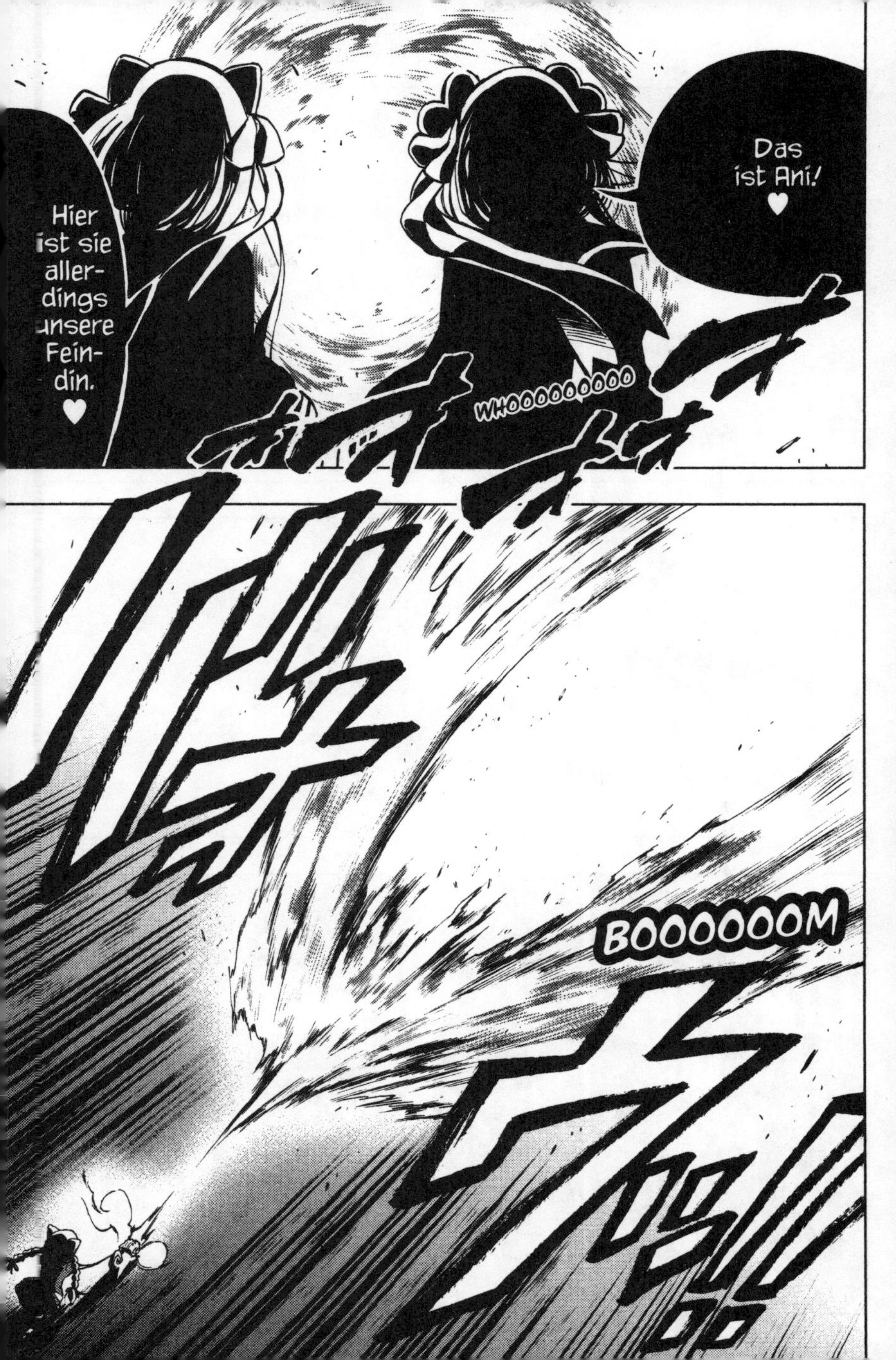
Das ist Ani! ♥
Hier ist sie aller-dings unsere Feindin. ♥
WHOOOOOOOOOO
BOOOOOOM

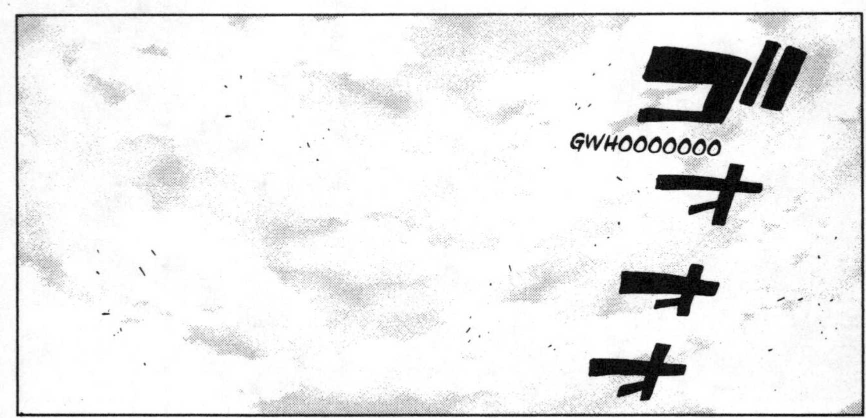
ゴオオオ
GWHOOOOOOO

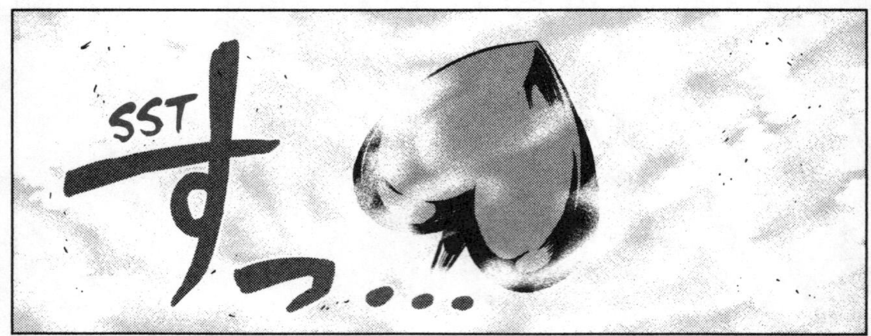
SST
すっ…

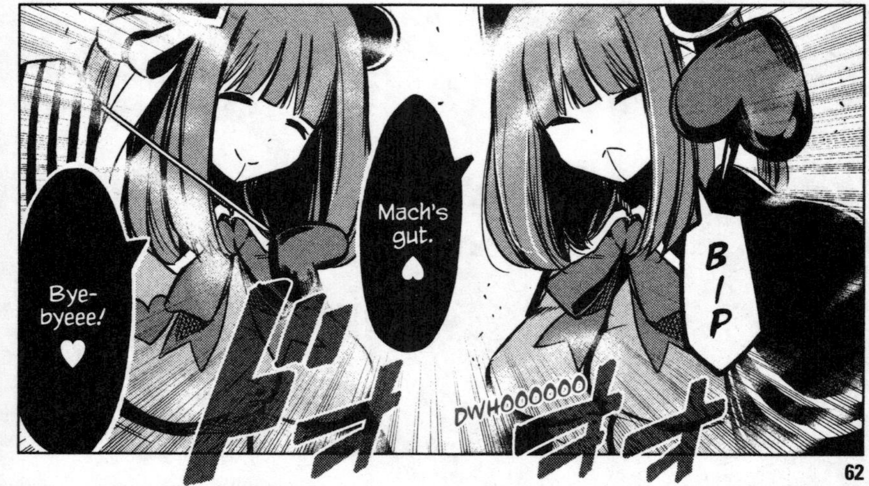
BIP
Mach's gut. ♥
Bye-byeee! ♥
ドオオオ
DWHOOOOOO

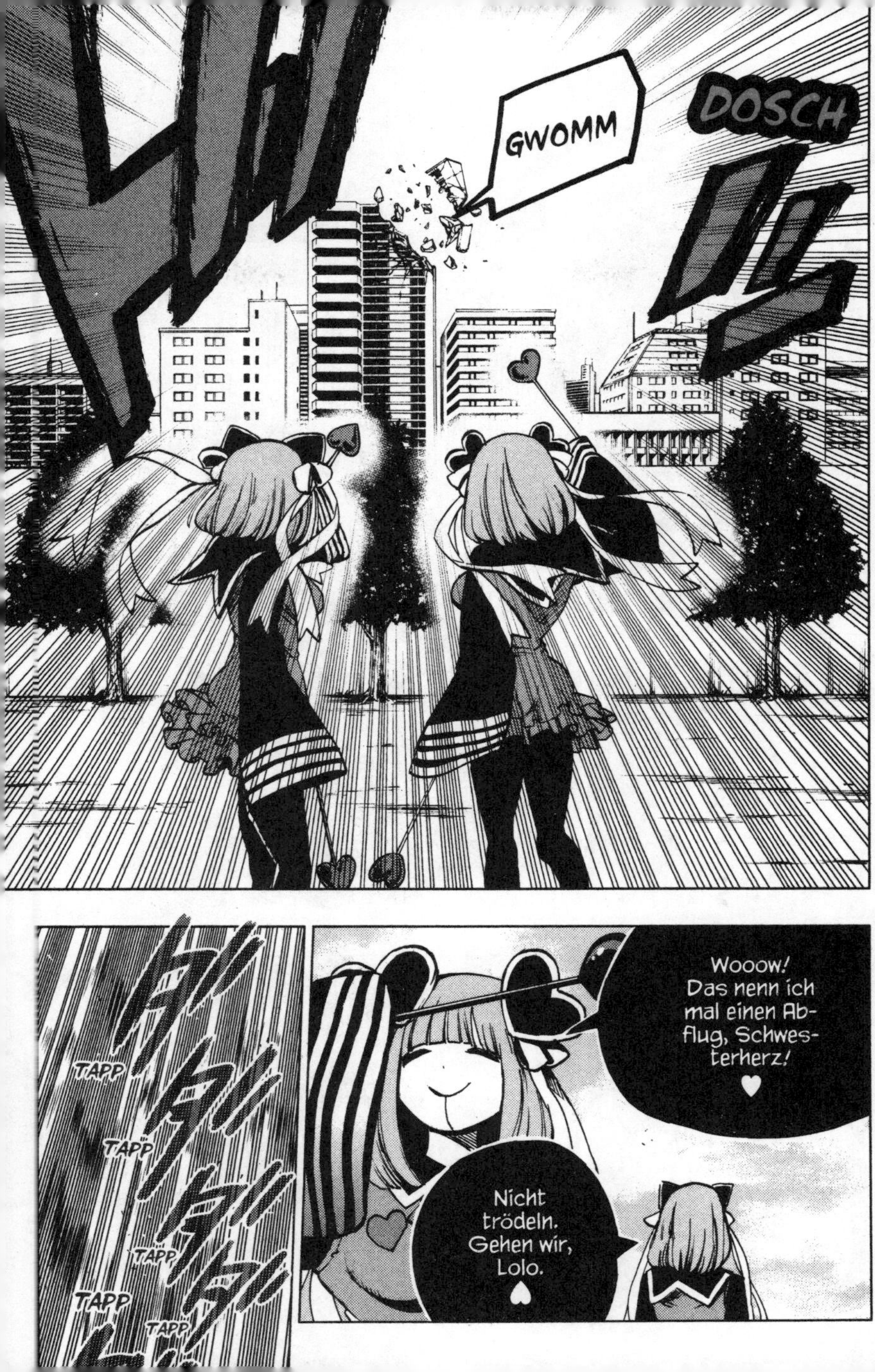

GWOMM
DOSCH

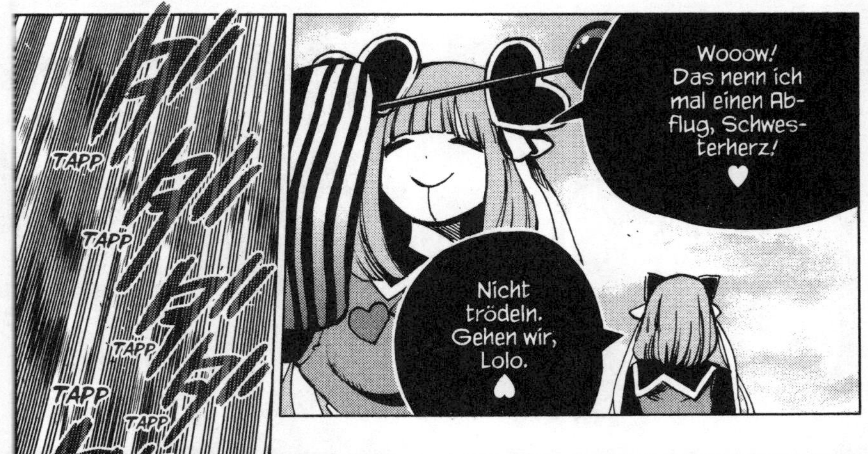
Wooow! Das nenn ich mal einen Abflug, Schwesterherz! ♥
Nicht trödeln. Gehen wir, Lolo. ♥
TAPP
TAPP
TAPP
TAPP
TAPP

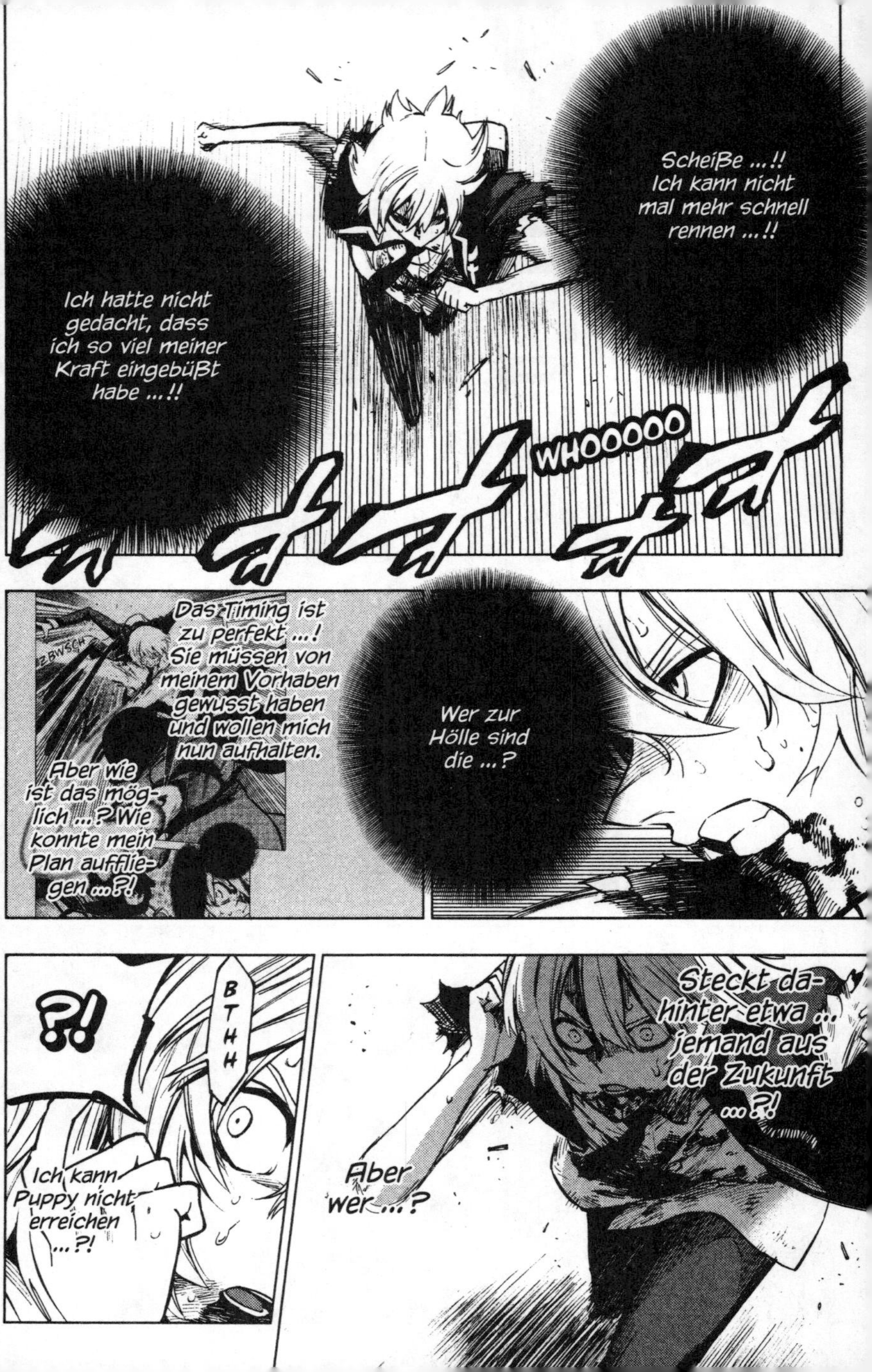

Scheiße ...!! Ich kann nicht mal mehr schnell rennen ...!!

Ich hatte nicht gedacht, dass ich so viel meiner Kraft eingebüßt habe ...!!

WHOOOOO

Wer zur Hölle sind die ...?

Das Timing ist zu perfekt ...! Sie müssen von meinem Vorhaben gewusst haben und wollen mich nun aufhalten.

Aber wie ist das mög-lich ...? Wie konnte mein Plan auffliegen ...?!

ZBWSCH

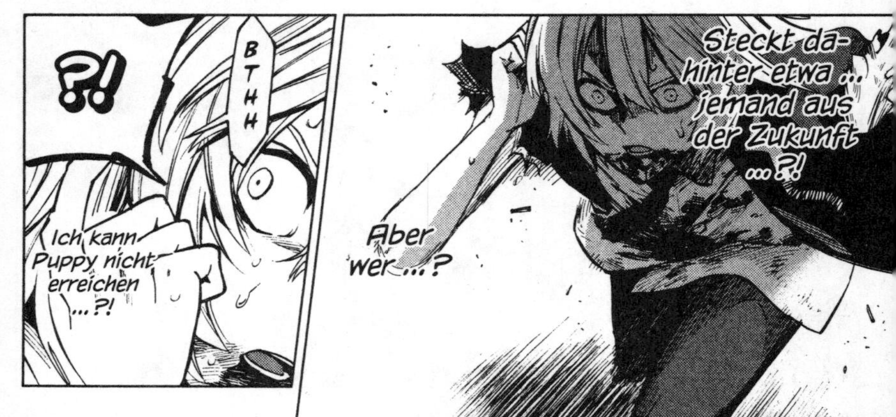

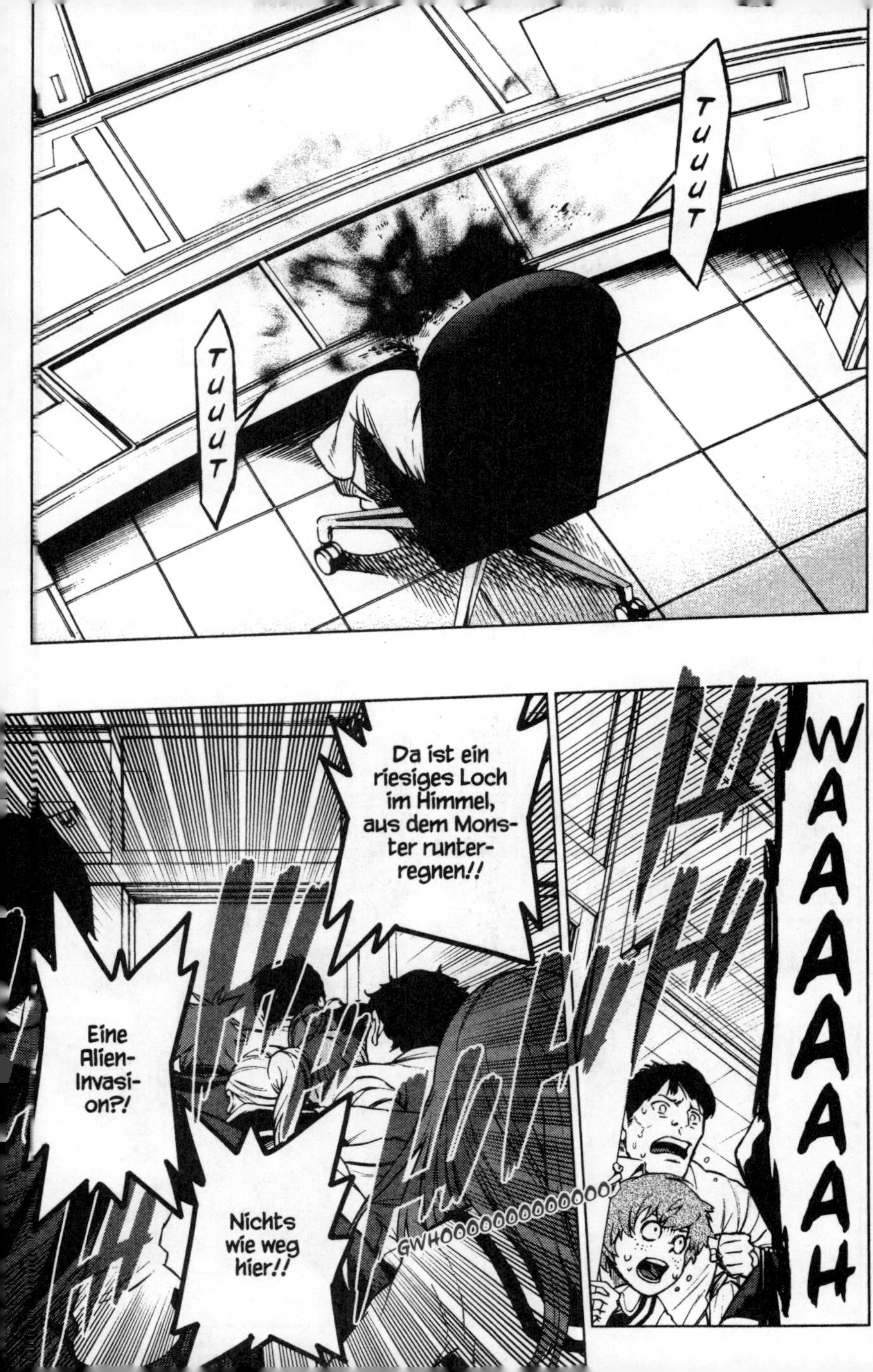

TUUUT
TUUUT
WAAAAAAH
Da ist ein riesiges Loch im Himmel, aus dem Monster runterregnen!!
GWHOOOOOOOOOOOOOO
Eine Alien-Invasion?!
Nichts wie weg hier!!

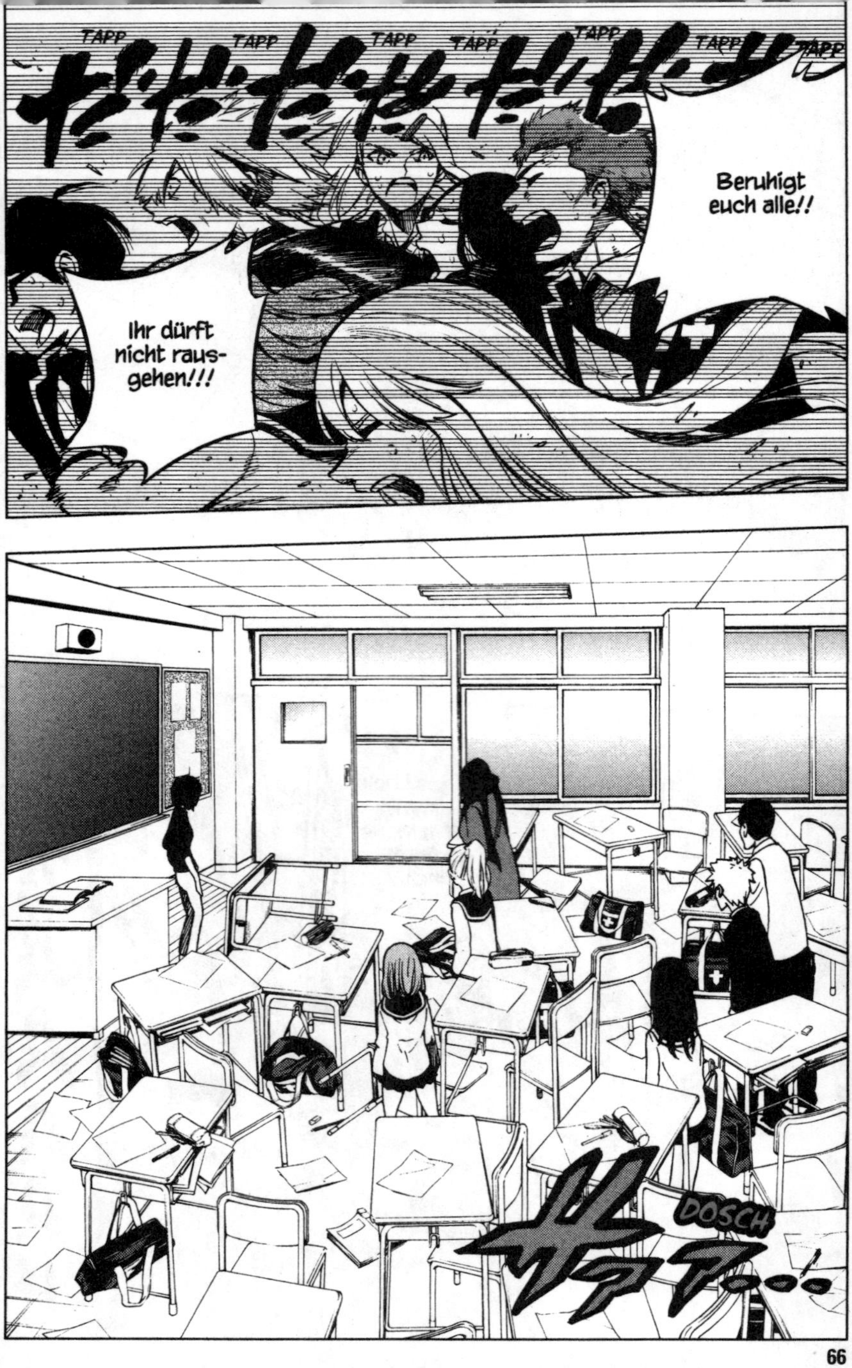

TAPP
TAPP
TAPP
TAPP
TAPP
TAPP
TAPP
Beruhigt euch alle!!
Ihr dürft nicht raus-gehen!!!
DOSCH

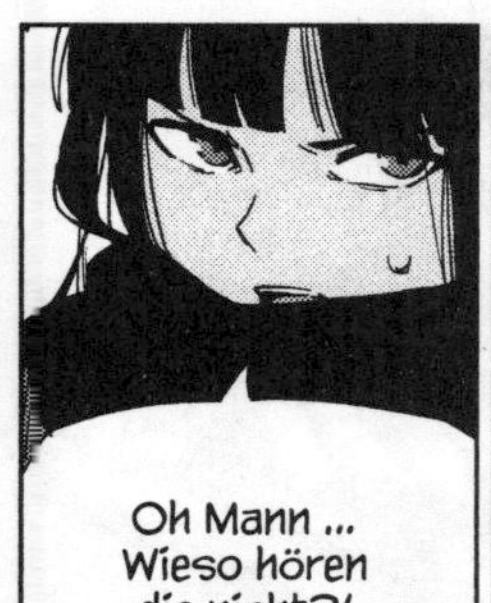
Oh Mann ...
Wieso hören die nicht?!

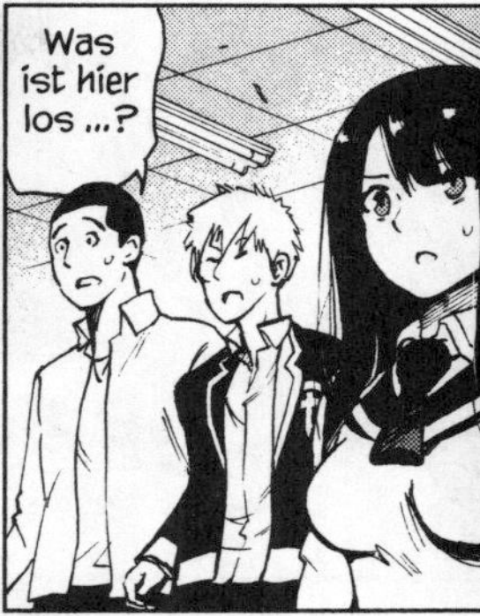
Was ist hier los ...?

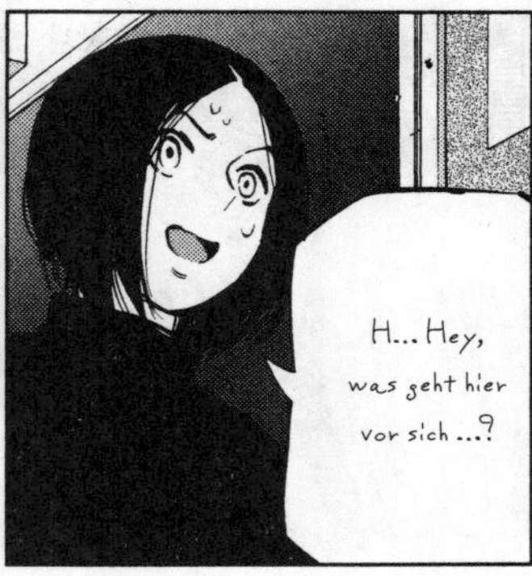
H... Hey, was geht hier vor sich ...?

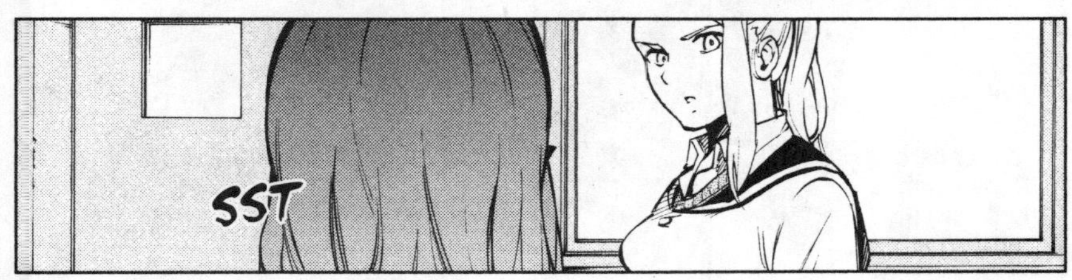
SST

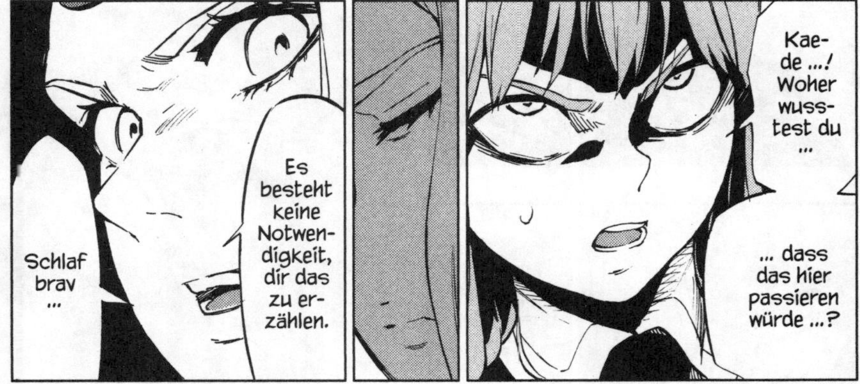
Kaede ...! Woher wusstest du ...
... dass das hier passieren würde ...?
Es besteht keine Notwendigkeit, dir das zu erzählen.
Schlaf brav ...

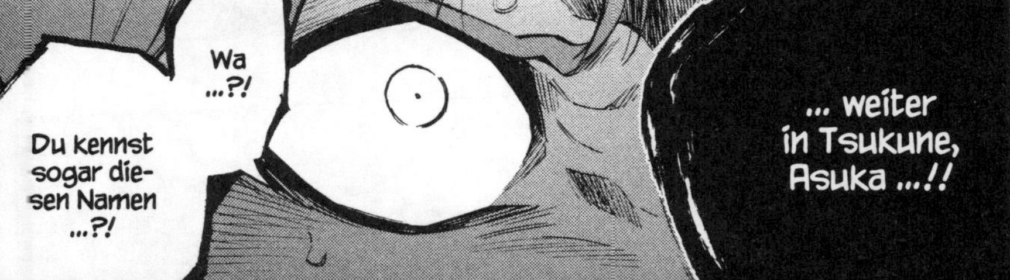
Wa ...?!
Du kennst sogar diesen Namen ...?!
... weiter in Tsukune, Asuka ...!!

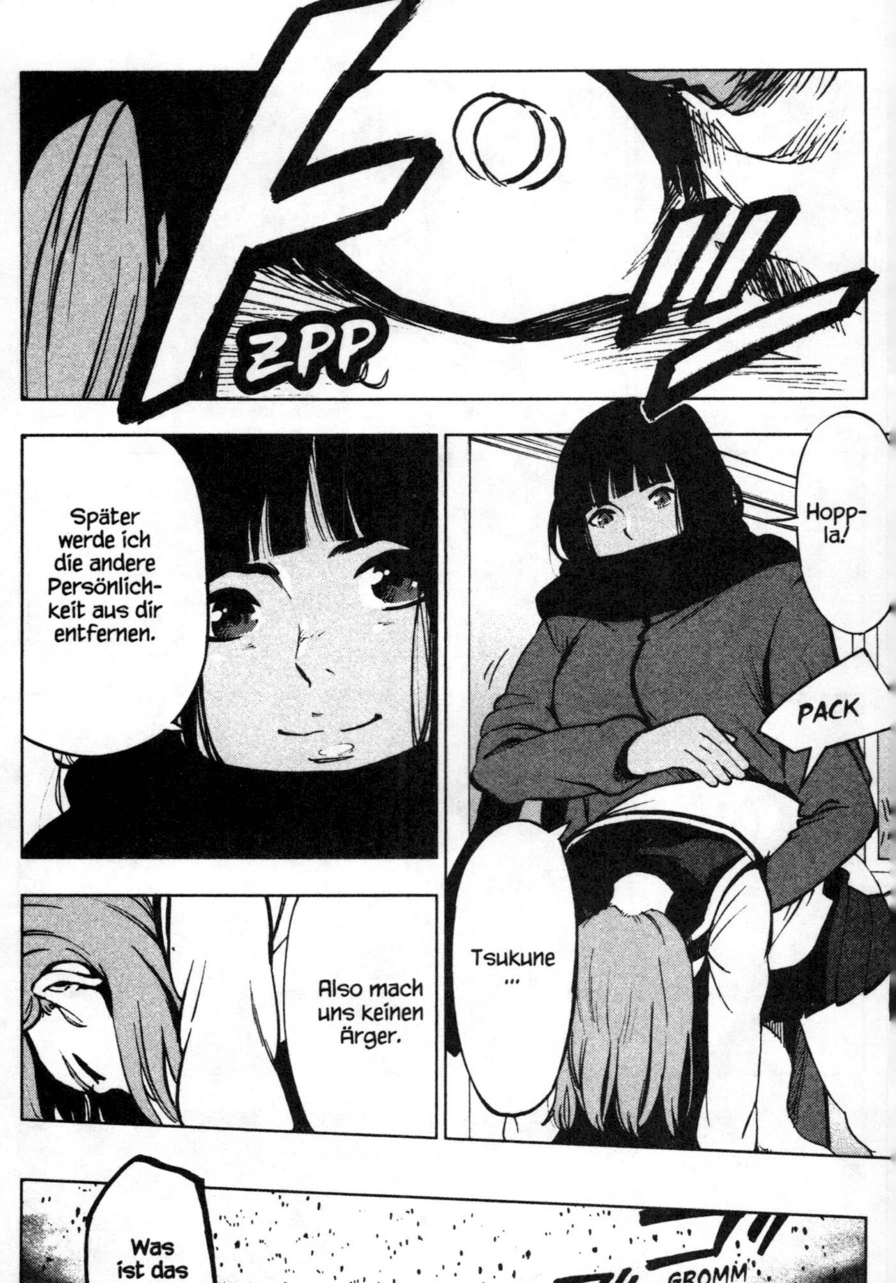
ZPP
Hopp-
la!
PACK
Tsukune
...
Später
werde ich
die andere
Persönlich-
keit aus dir
entfernen.
Also mach
uns keinen
Ärger.
Was
ist das
...?
GROMM
GROMM
GROMM

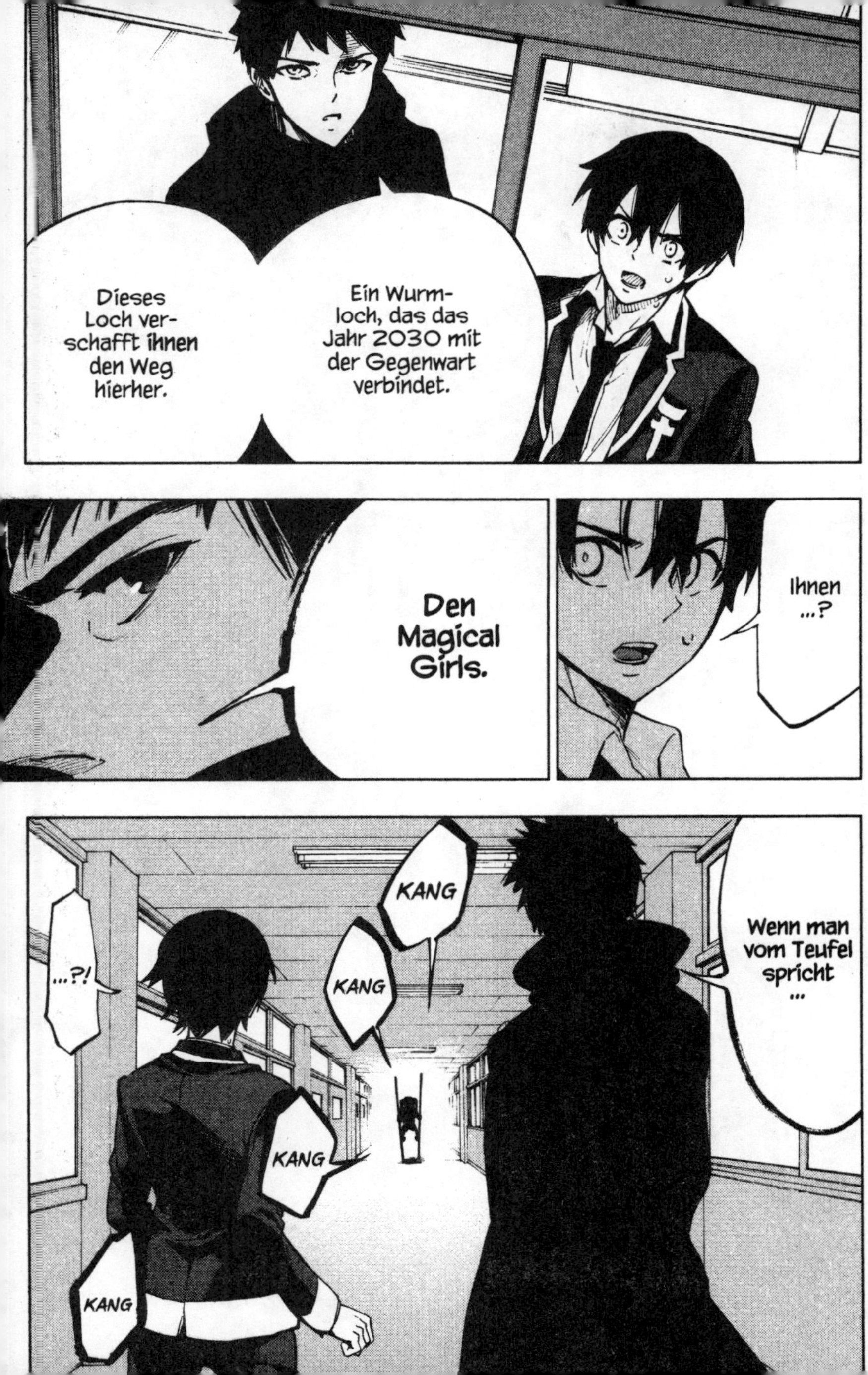

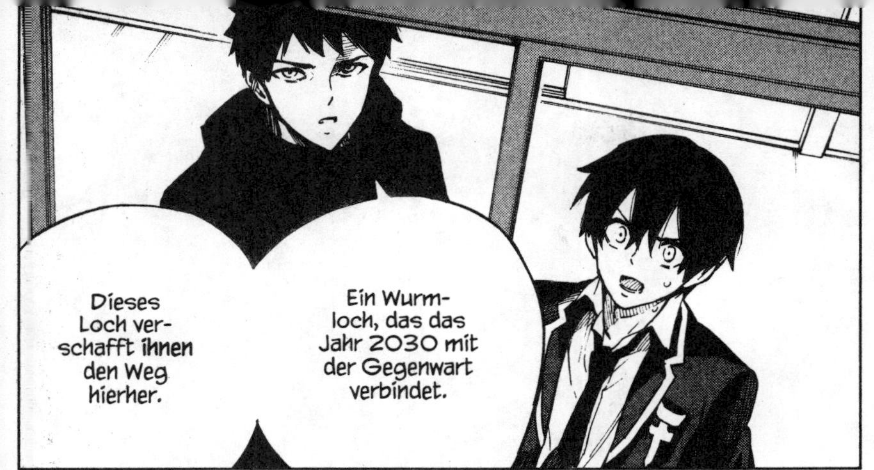

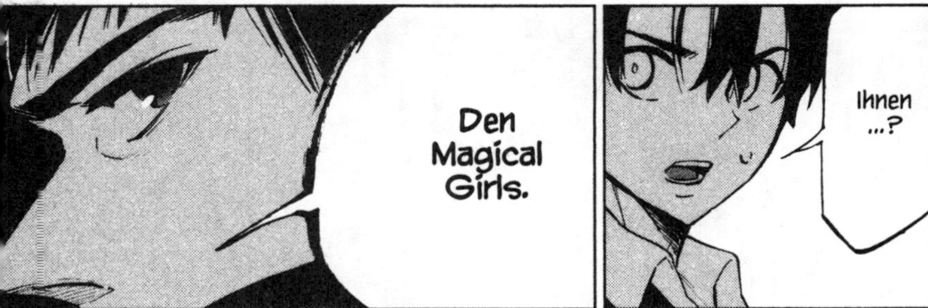

Wenn man vom Teufel spricht ...

KANG

KANG

...?!

KANG

KANG

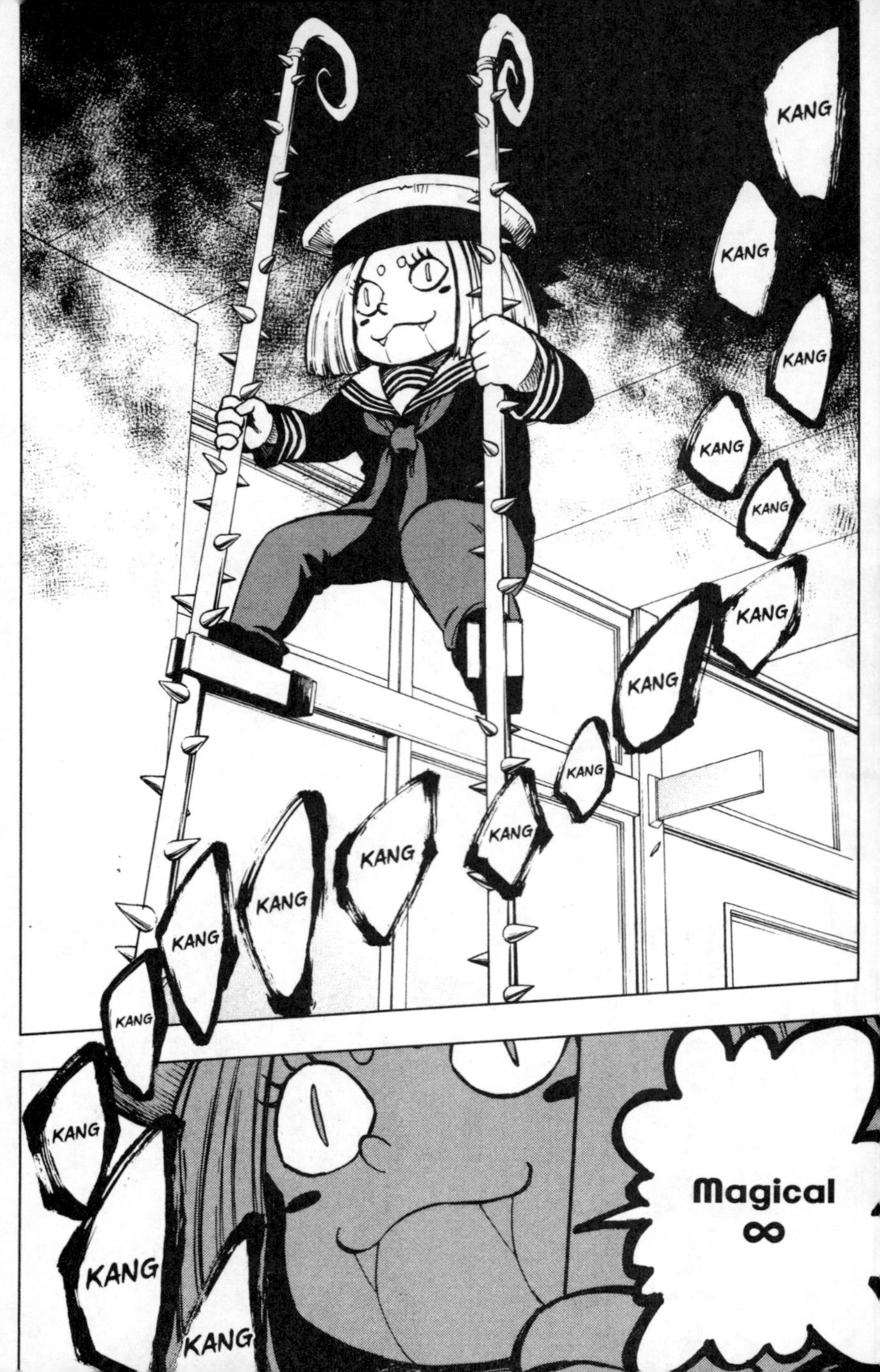
KANG
KANG
KANG
KANG
KANG
KANG
KANG
KANG
KANG
KANG
KANG
KANG
KANG
Magical ∞
KANG
KANG
KANG

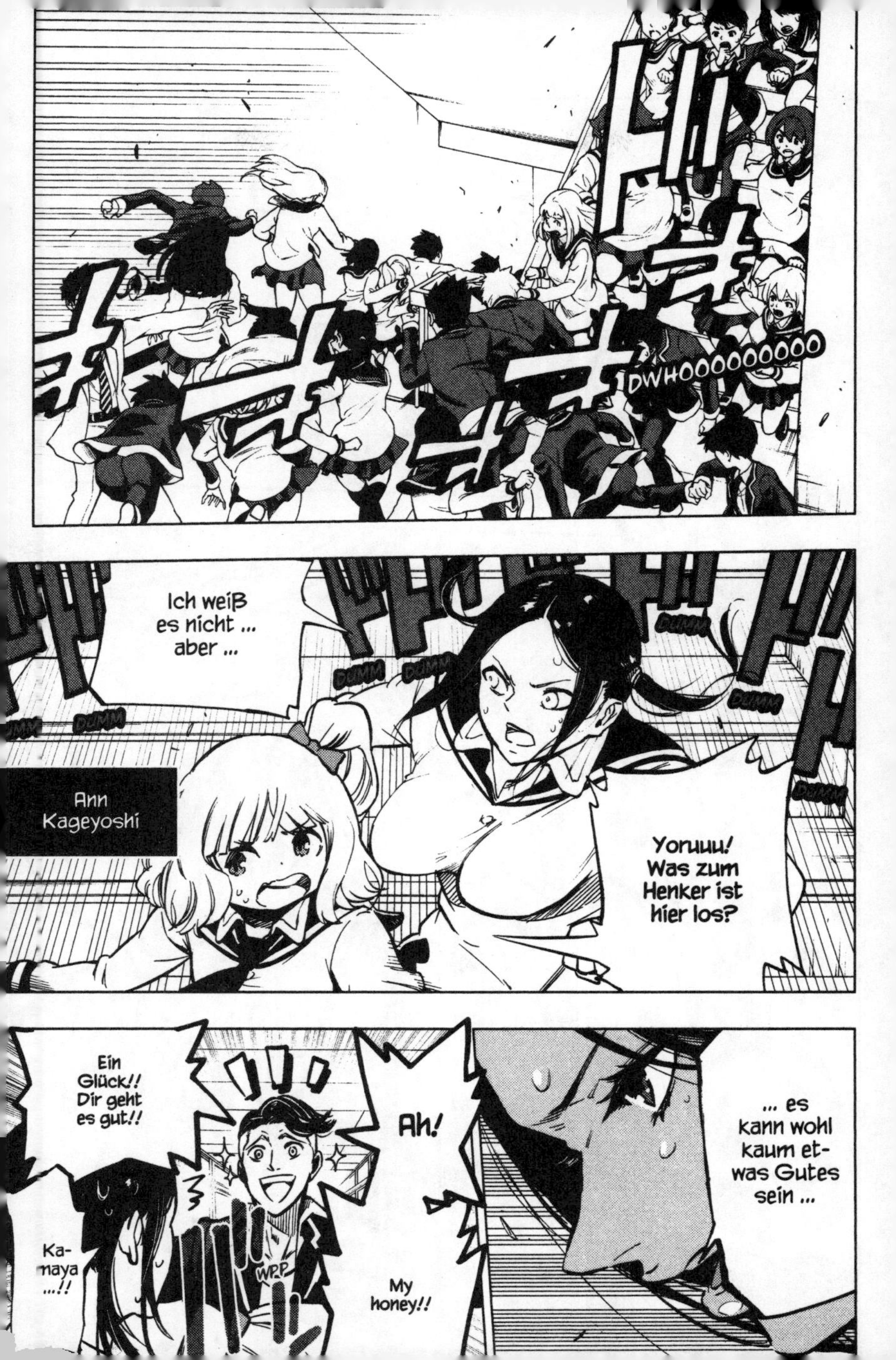

DWHOOOOOOOOO

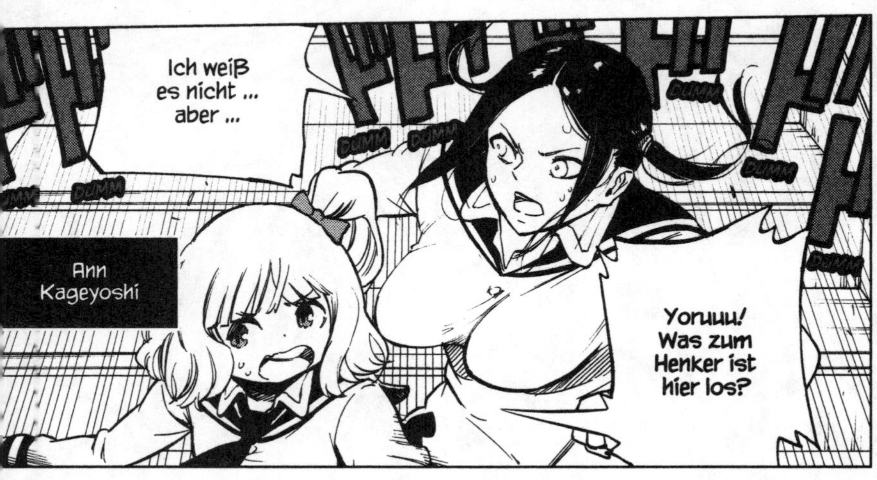

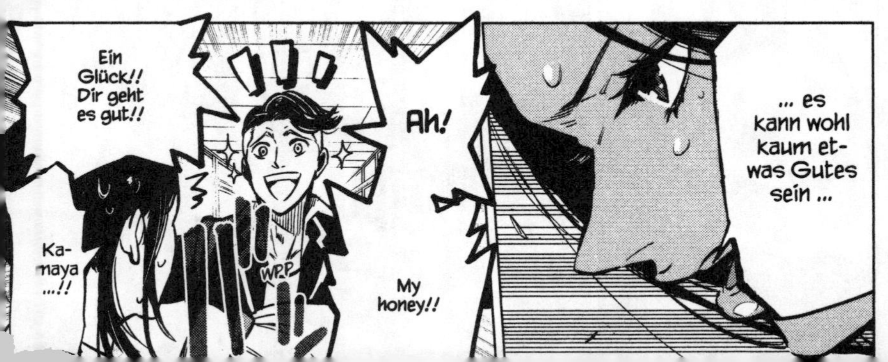

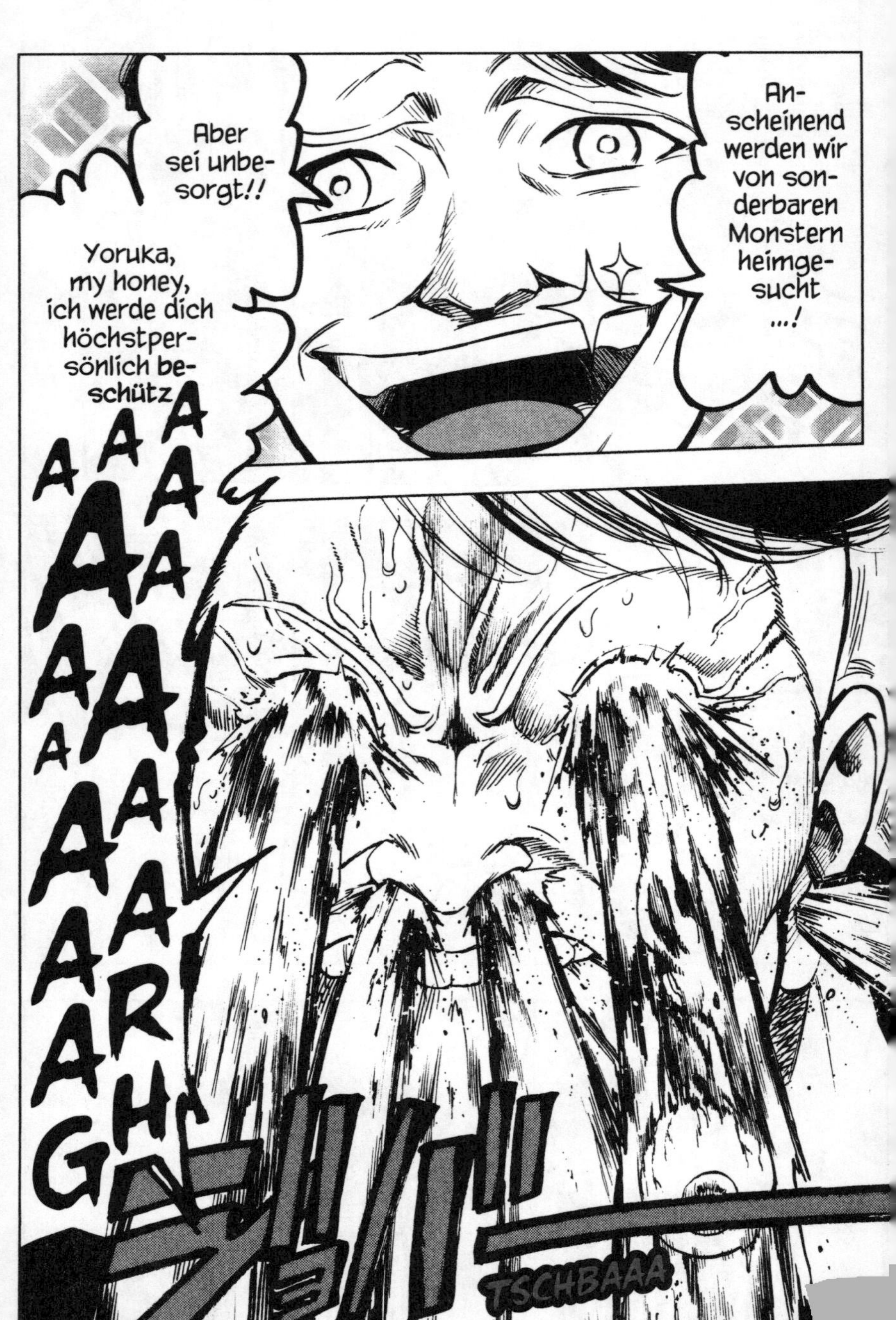

Anscheinend werden wir von sonderbaren Monstern heimgesucht ...!
Aber sei unbesorgt!!
Yoruka, my honey, ich werde dich höchstpersönlich beschütz
AAAAAAAAAAAAAAAAAAARAHGH
TSCHBAAA

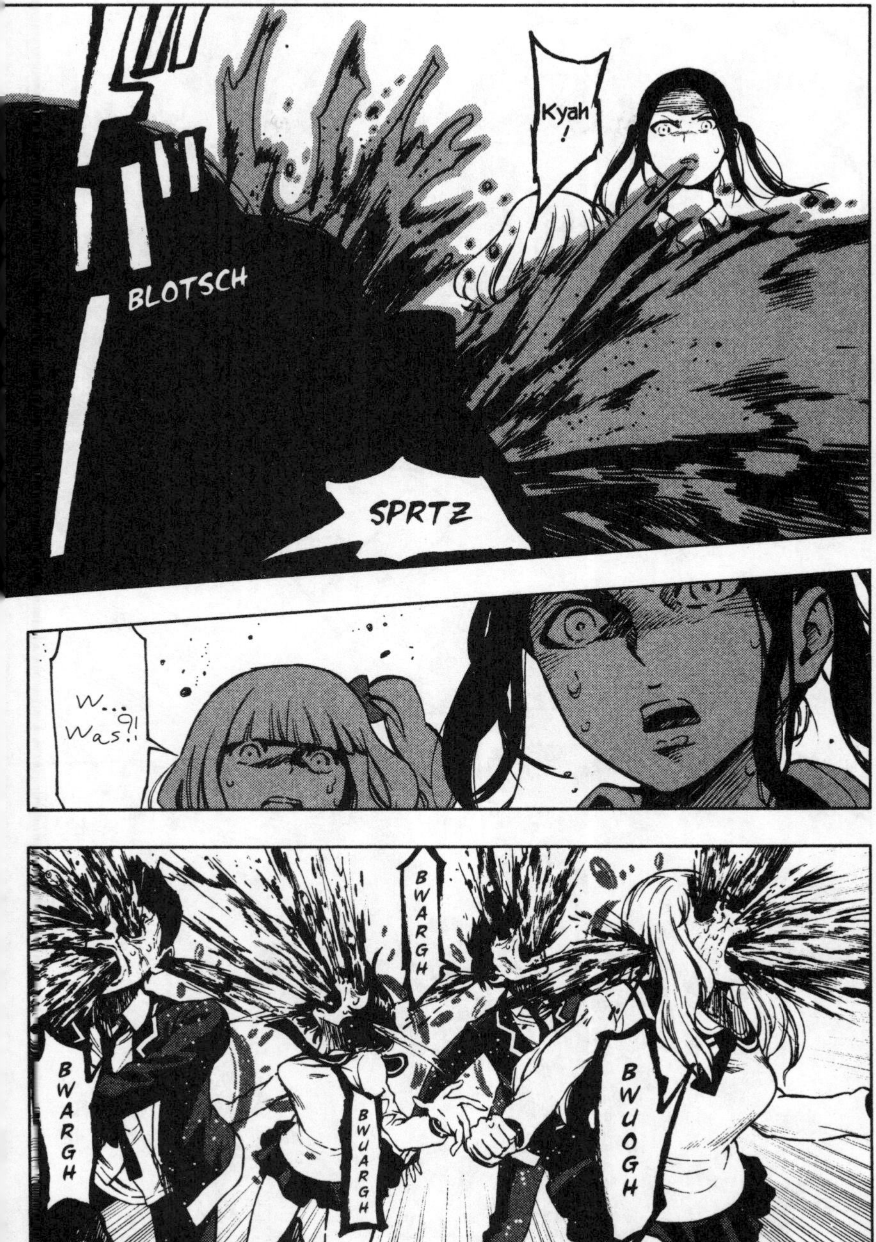

Kyah!
BLOTSCH
SPRTZ

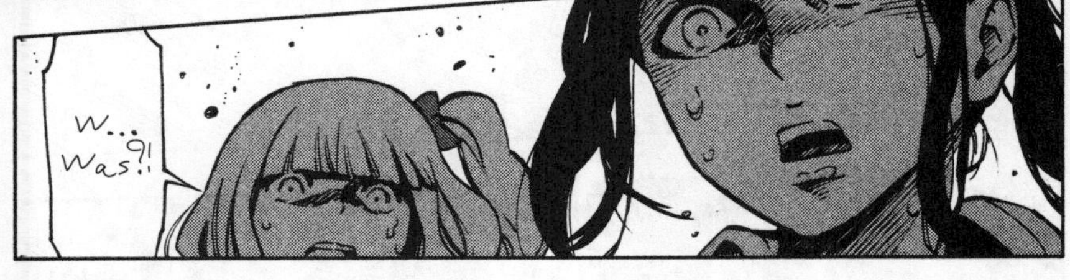

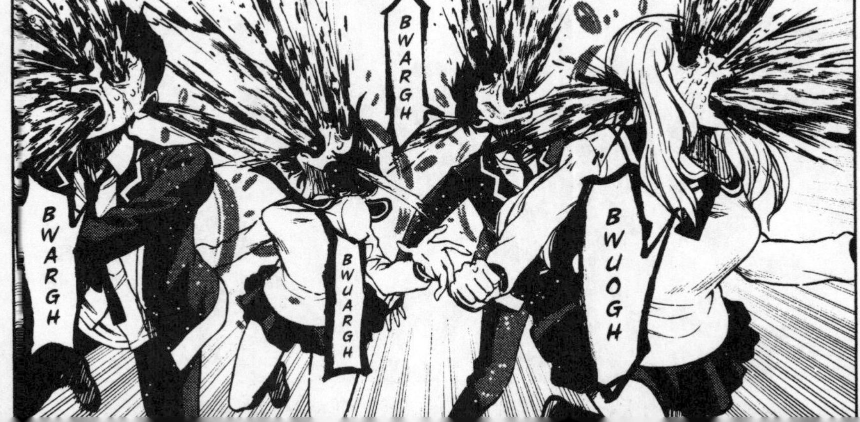

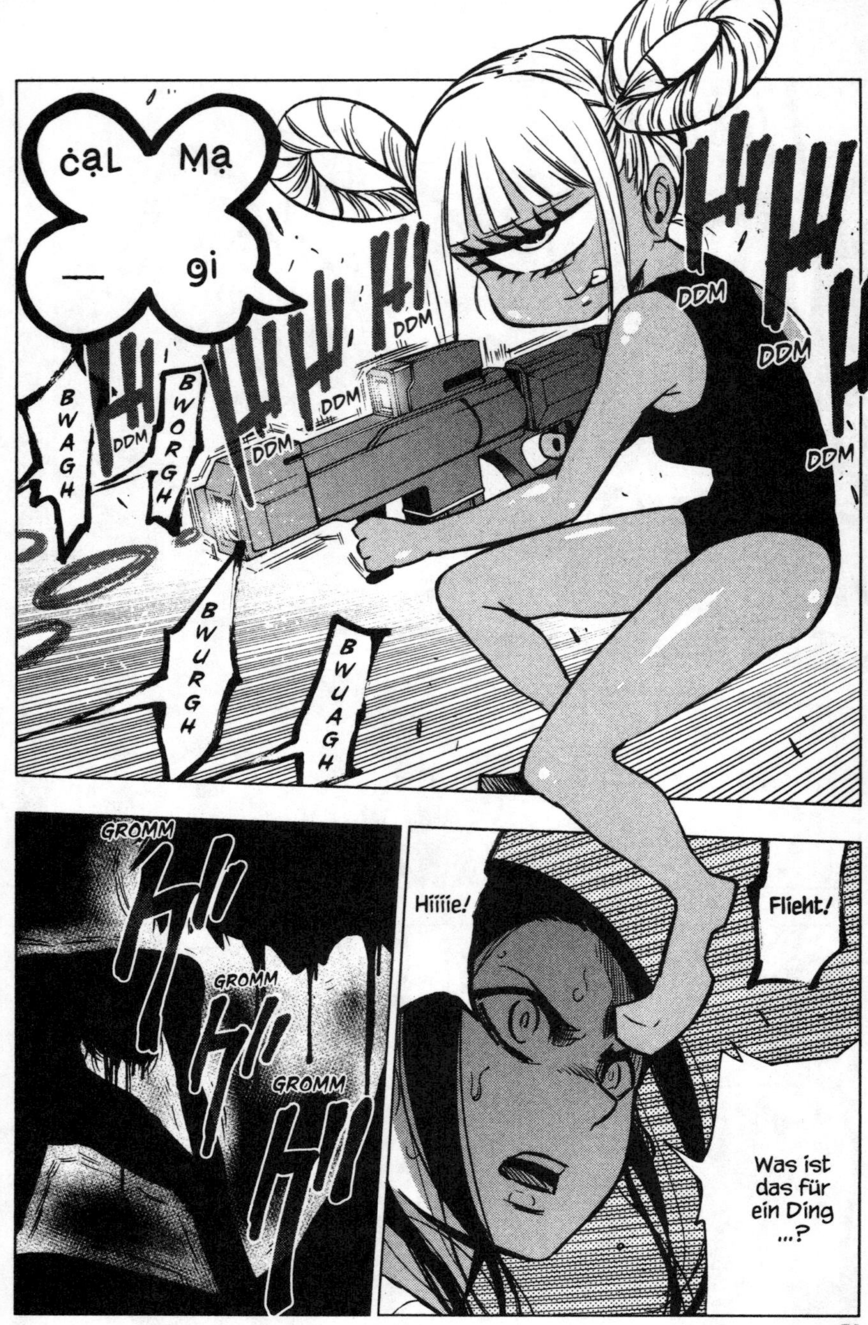
cạL Mạ
— gi
DDM
DDM
DDM
DDM
DDM
DDM
DDM
BWAGH
BWORGH
BWURGH
BWUAGH
Flieht!
Hiiiie!
Was ist das für ein Ding ...?
GROMM
GROMM
GROMM

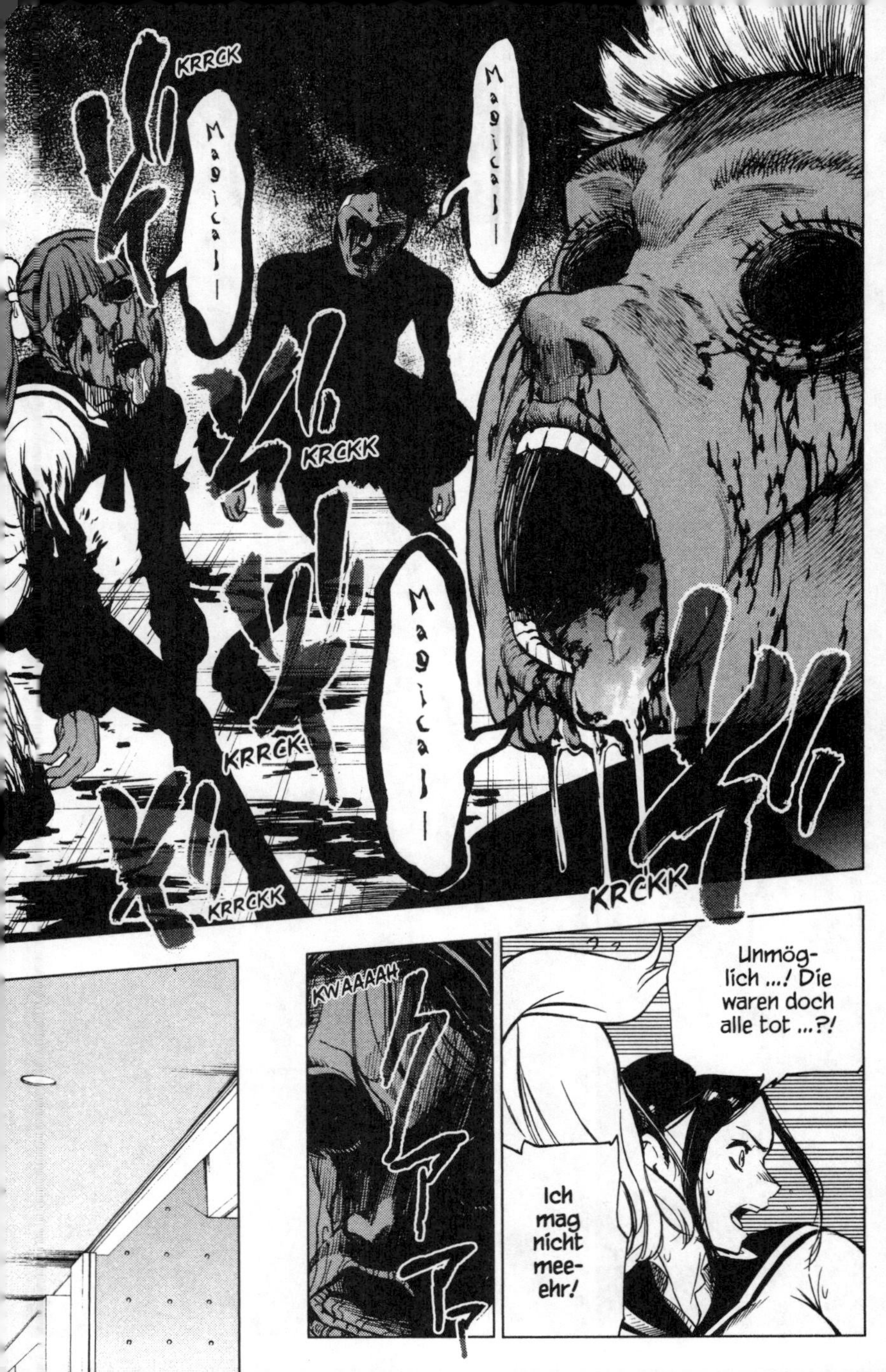
Magical—
KRRCK
Magical—
KRCKK
Magical—
KRCKK
KRRCK
KRRCKK
Unmög-
lich ...! Die
waren doch
alle tot ...?!
Ich
mag
nicht
mee-
ehr!
KWAAAAH

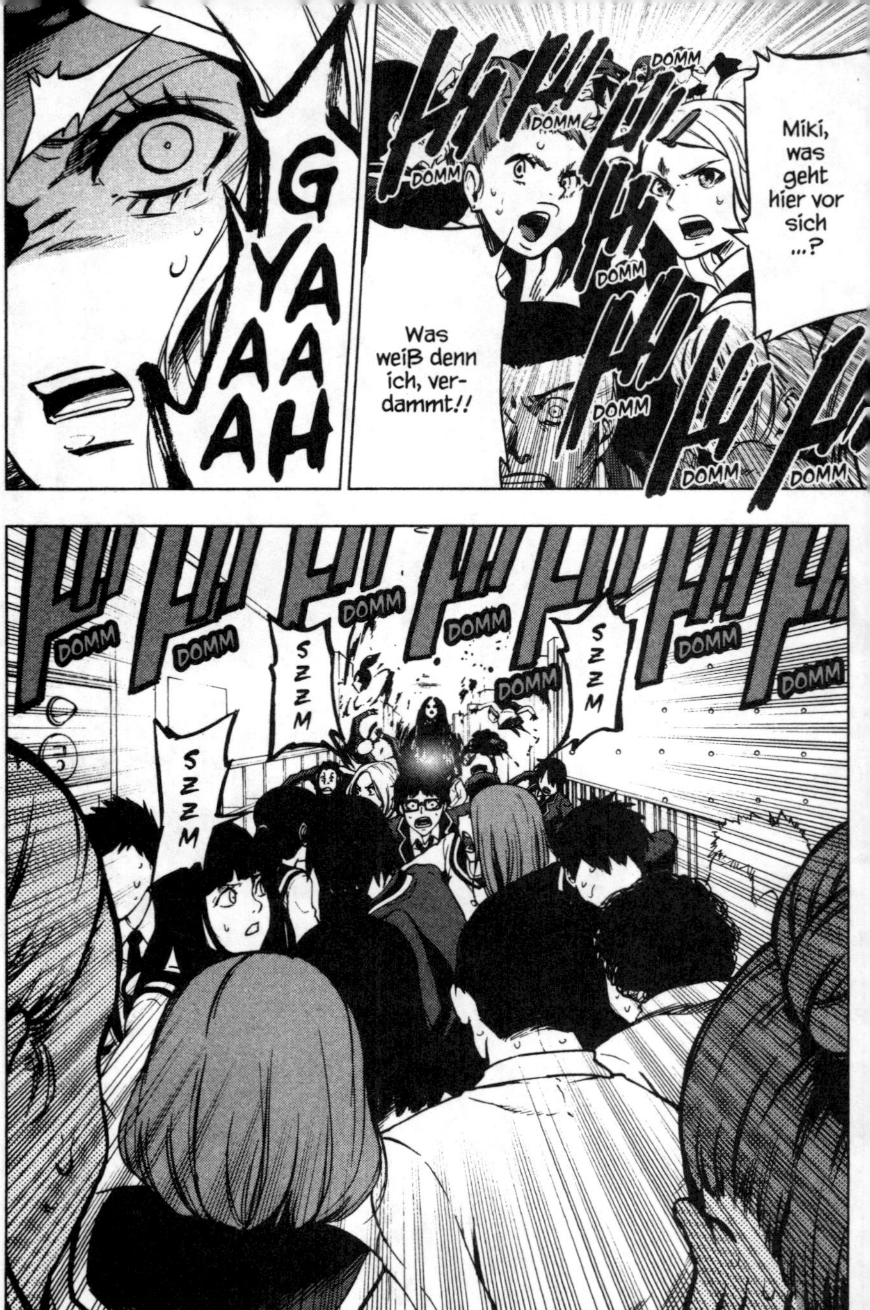

DOMM
DOMM
DOMM
Miki, was geht hier vor sich ...?
DOMM
Was weiß denn ich, verdammt!!
DOMM
DOMM
DOMM
GYAAAAH
DOMM
DOMM
SZZM
DOMM
DOMM
DOMM
SZZM
DOMM
DOMM
SZZM

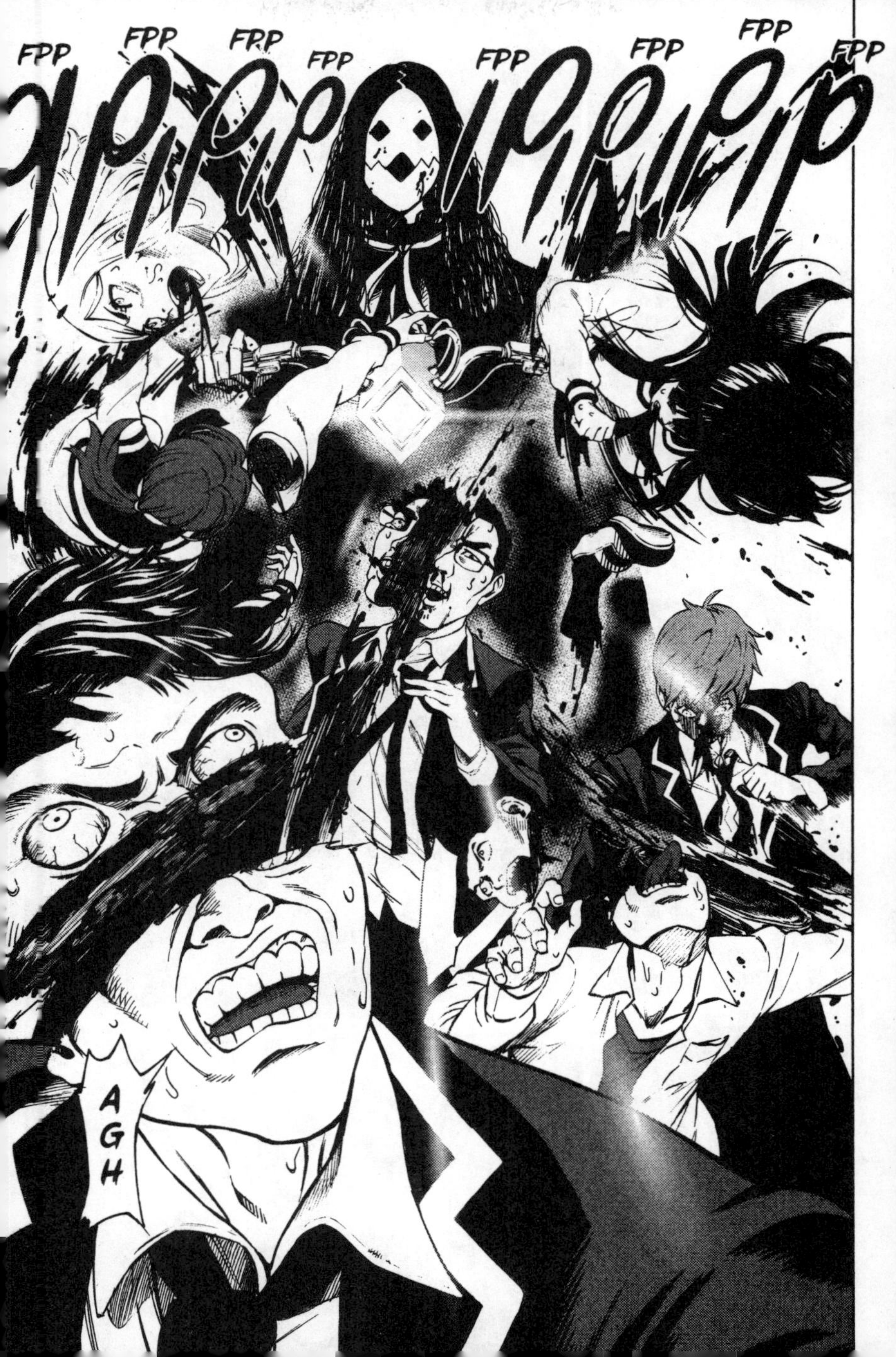
FPP
FPP
FPP
FPP
FPP
FPP
FPP
FPP
AGH

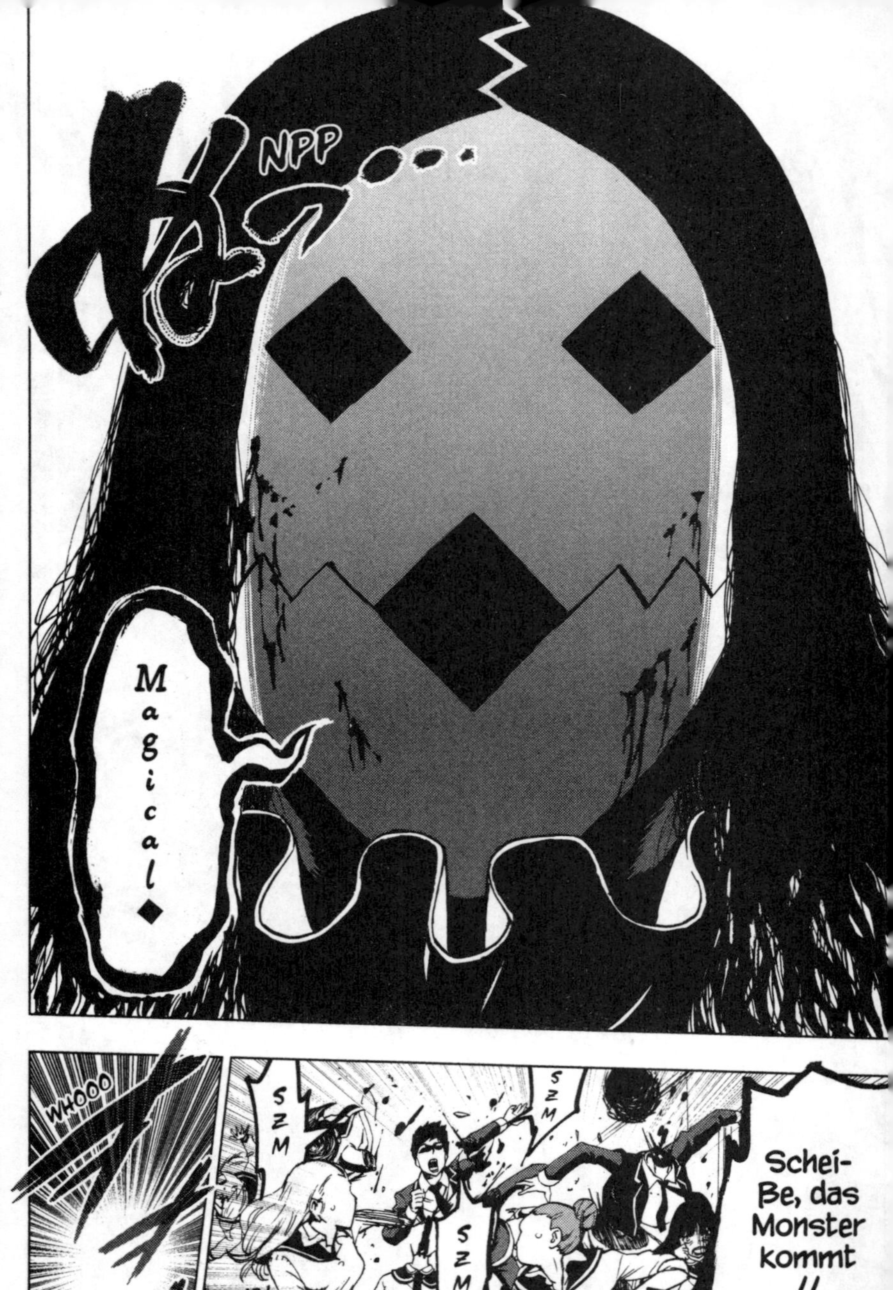
NPP
Magical◆
Schei-
ße, das
Monster
kommt
!!
SZM
SZM
SZM
WHOOO

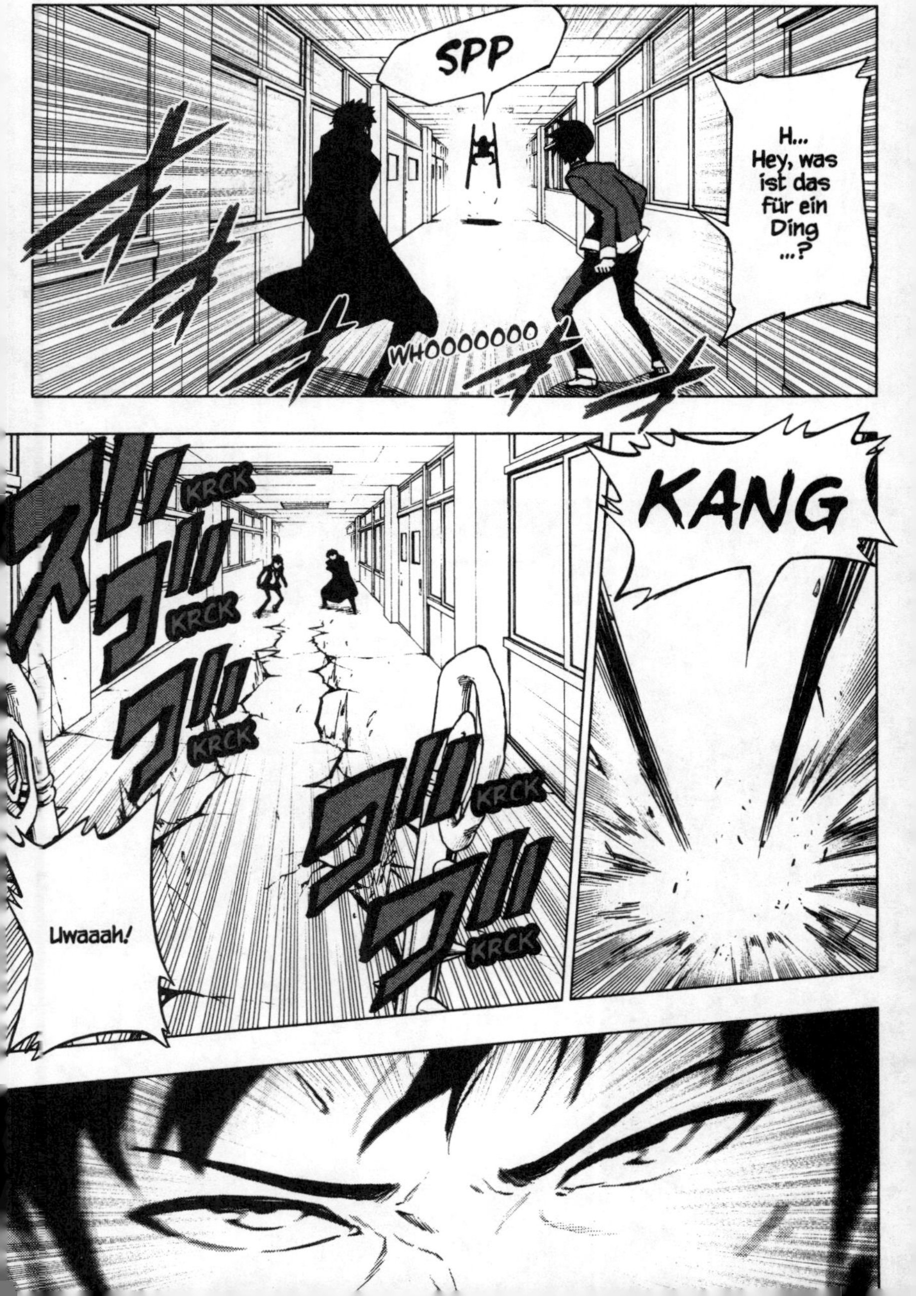

H...
Hey, was ist das für ein Ding ...?
SPP
WHOOOOOOO
KANG
KRCK
KRCK
KRCK
KRCK
KRCK
Uwaaah!

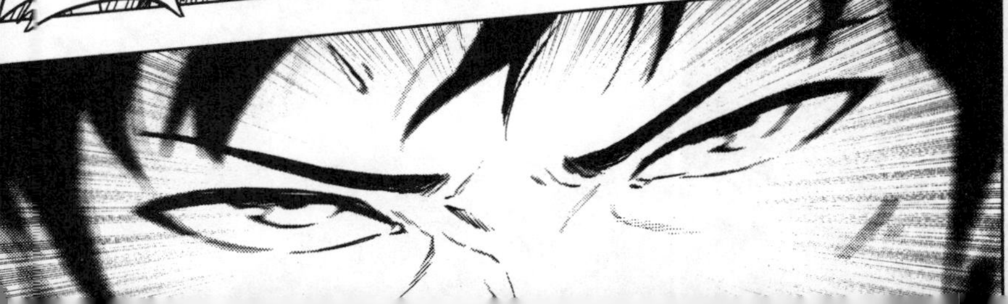

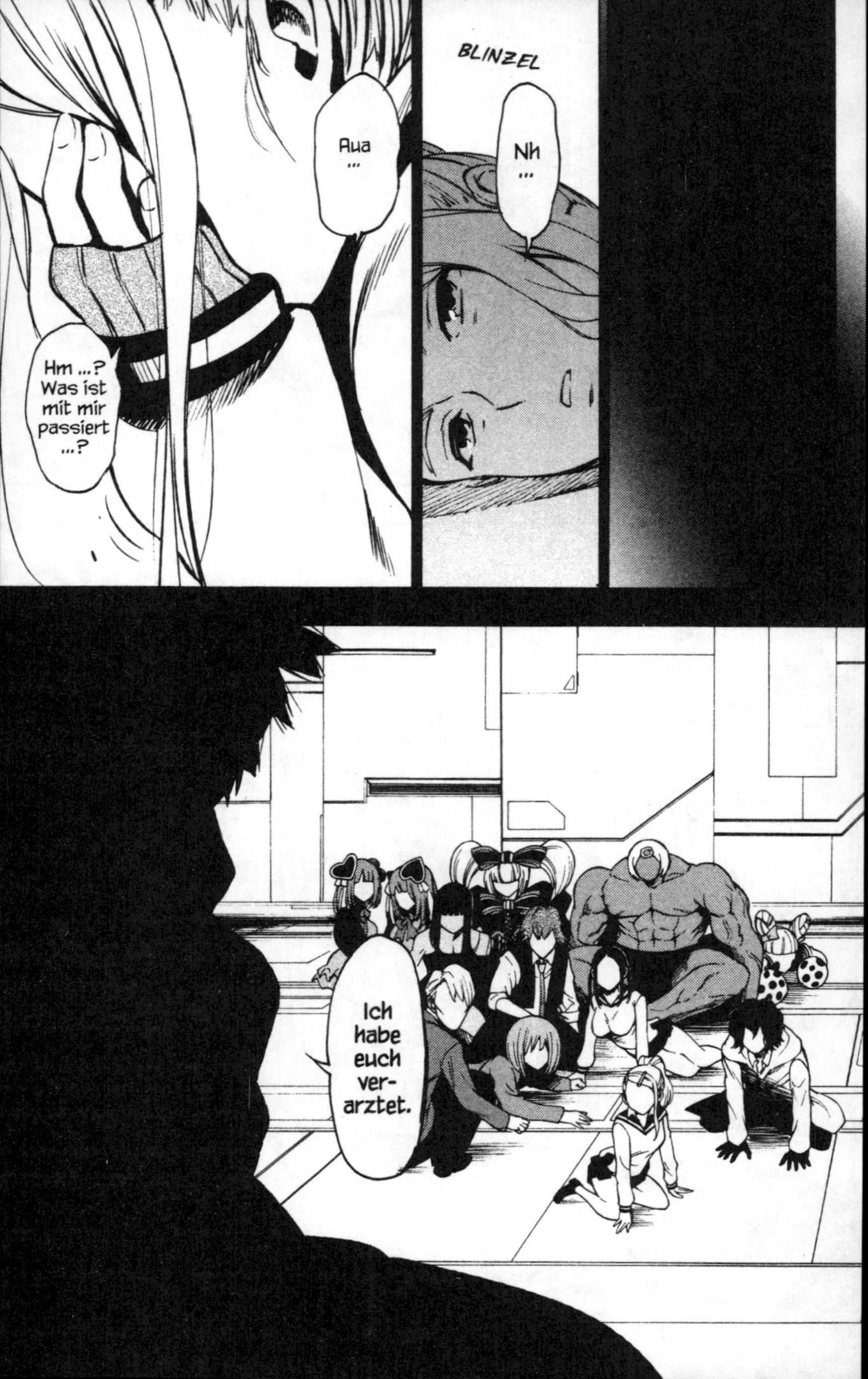
BLINZEL
Nh …
Aua …
Hm …? Was ist mit mir passiert …?
Ich habe euch ver- arztet.

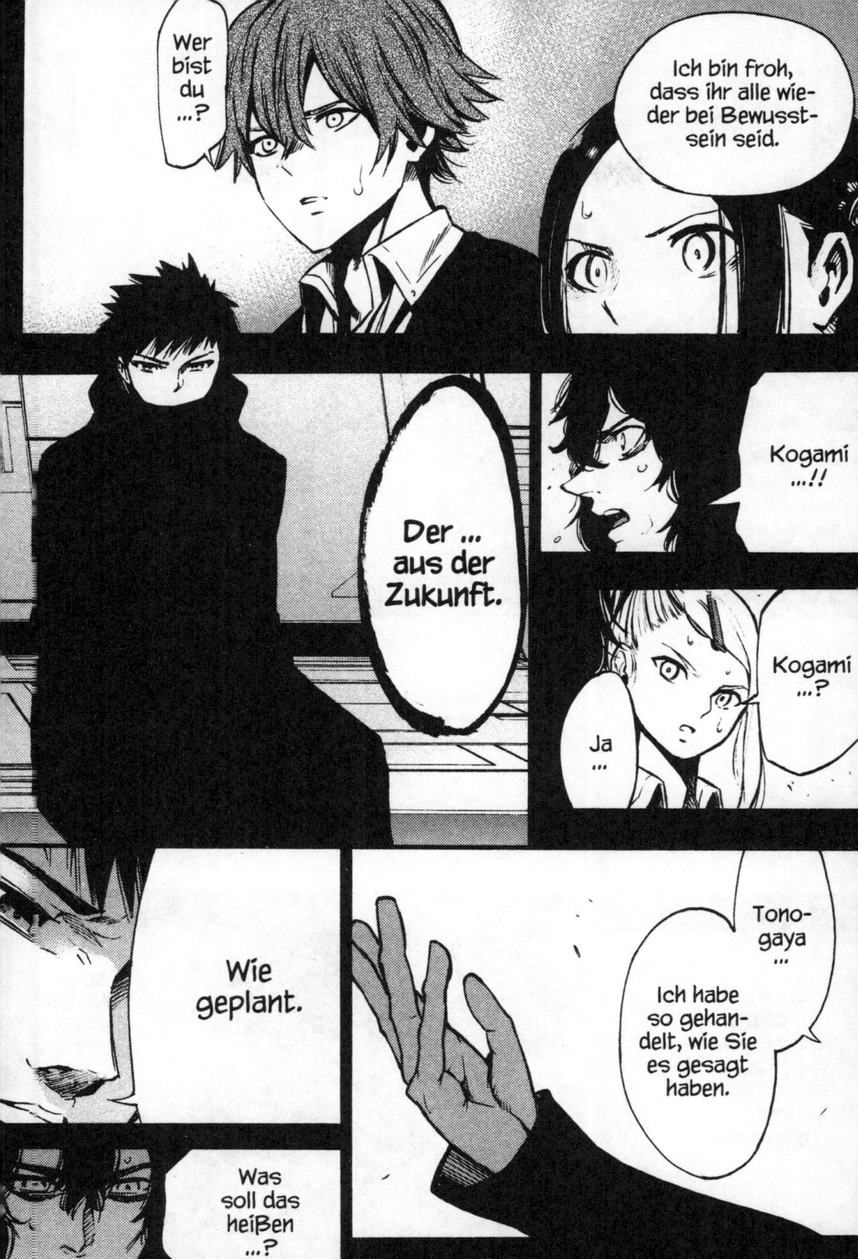

Ich bin froh, dass ihr alle wieder bei Bewusstsein seid.
Wer bist du ...?
Kogami ...!!
Kogami ...?
Ja ...
Der ... aus der Zukunft.
Tonogaya ...
Ich habe so gehandelt, wie Sie es gesagt haben.
Wie geplant.
Was soll das heißen ...?

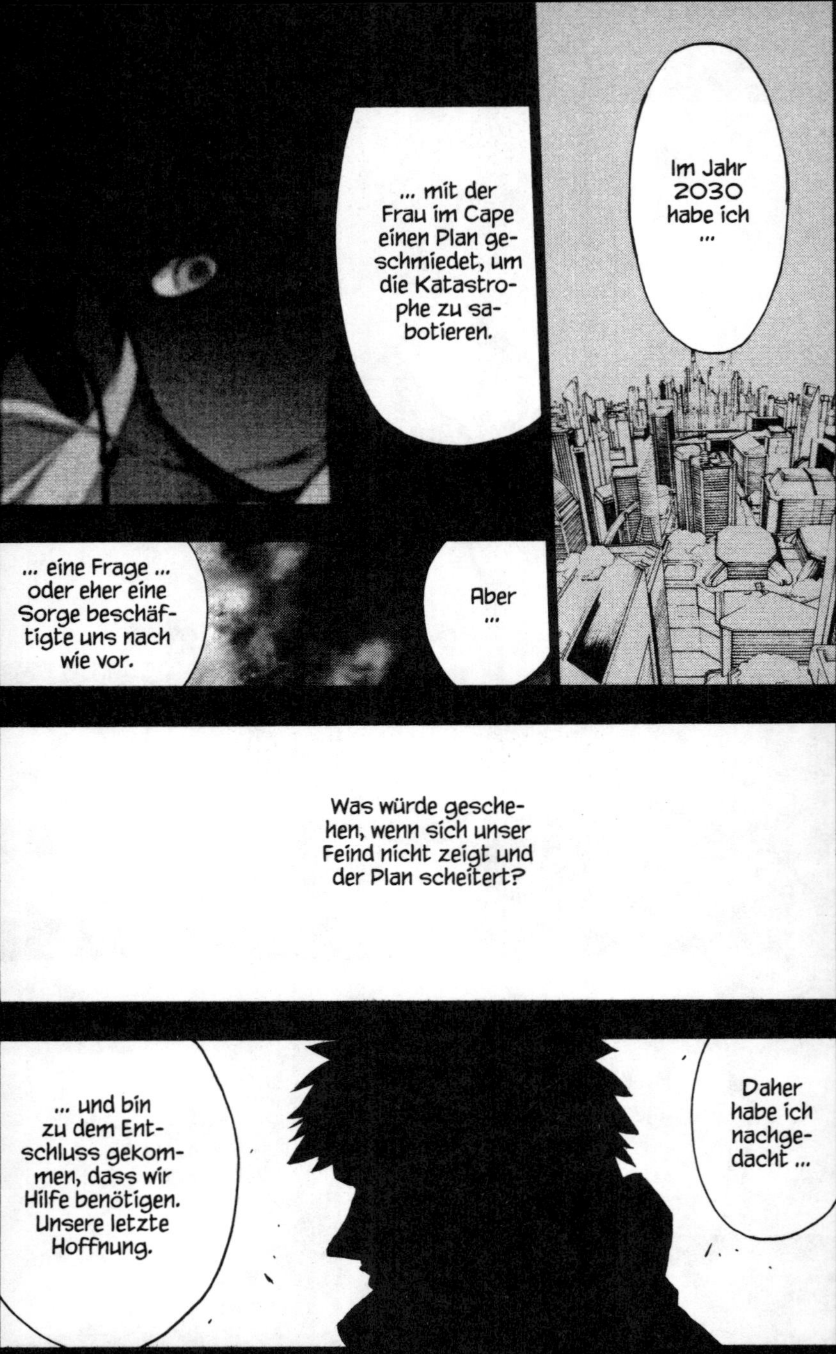

Im Jahr 2030 habe ich ...

... mit der Frau im Cape einen Plan geschmiedet, um die Katastrophe zu sabotieren.

Aber ...

... eine Frage ... oder eher eine Sorge beschäftigte uns nach wie vor.

Was würde geschehen, wenn sich unser Feind nicht zeigt und der Plan scheitert?

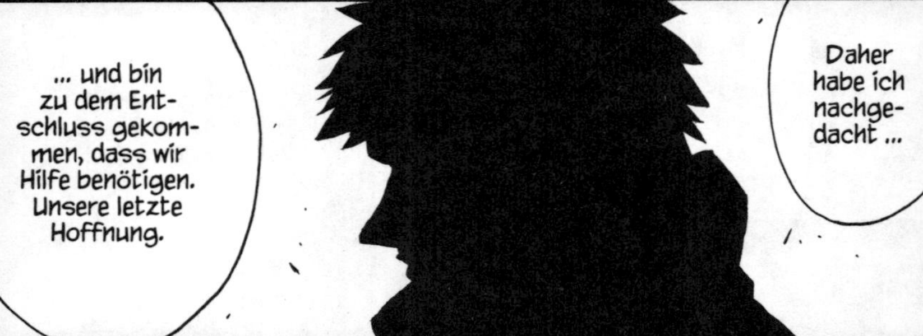

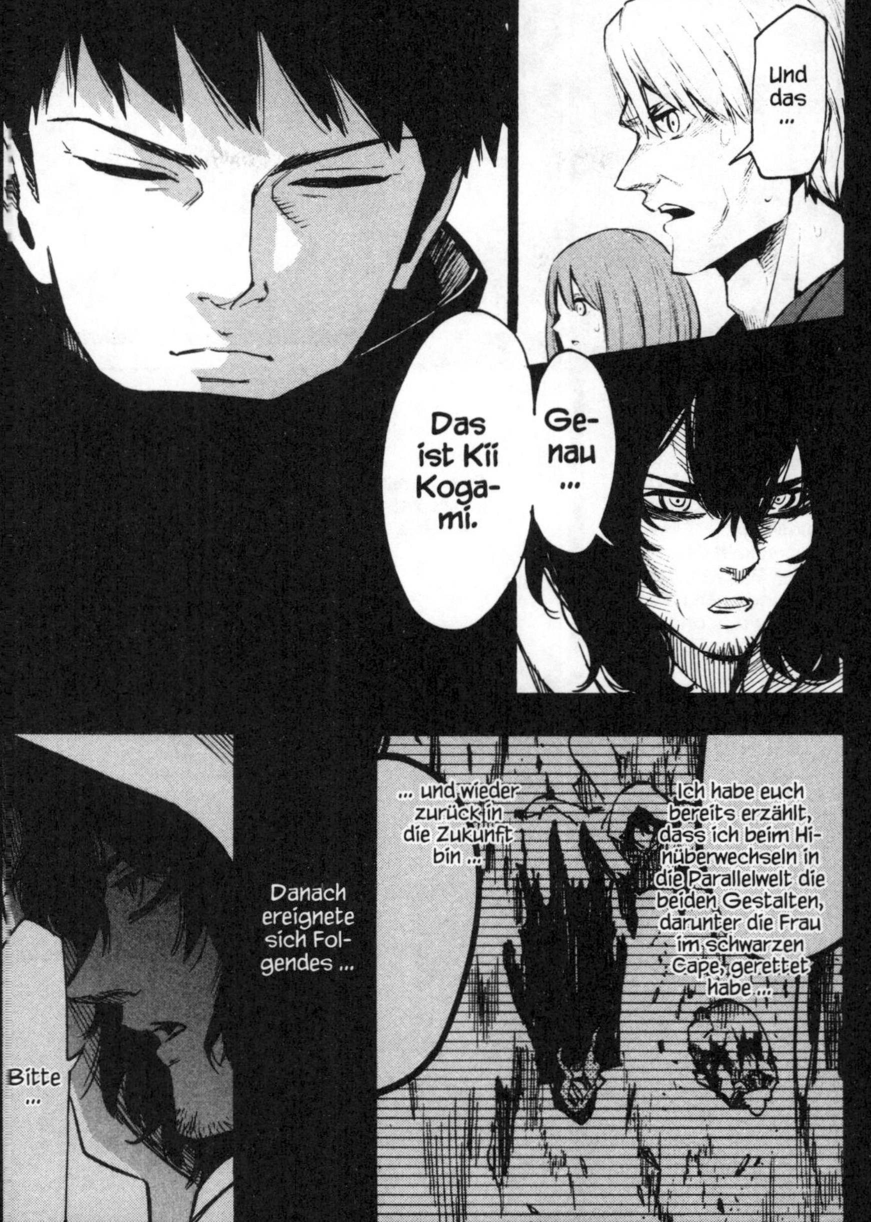

Und das ...

Ge-nau ...

Das ist Kii Koga-mi.

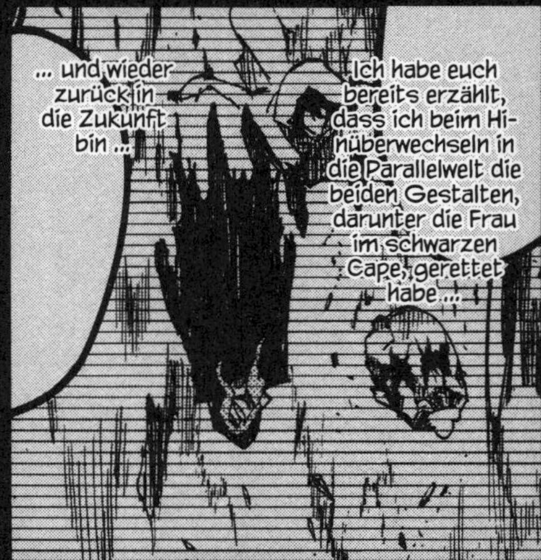

Danach ereignete sich Folgendes ...

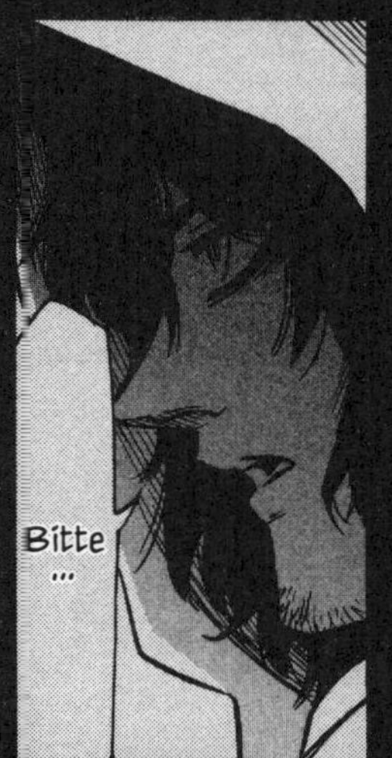

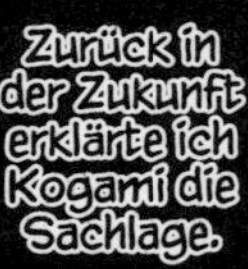
Zurück in der Zukunft erklärte ich Kogami die Sachlage.

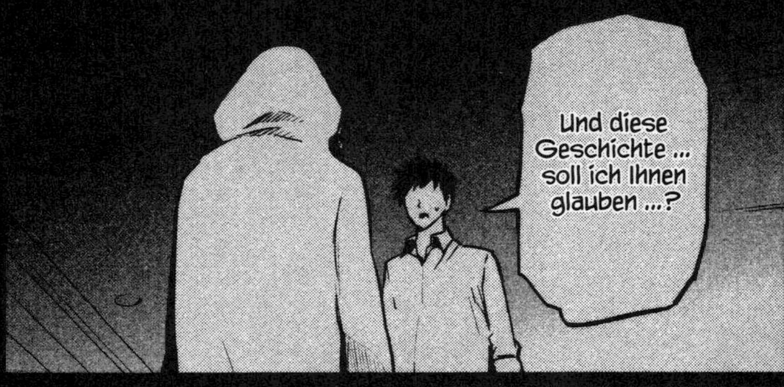
Und diese Geschichte ... soll ich Ihnen glauben ...?

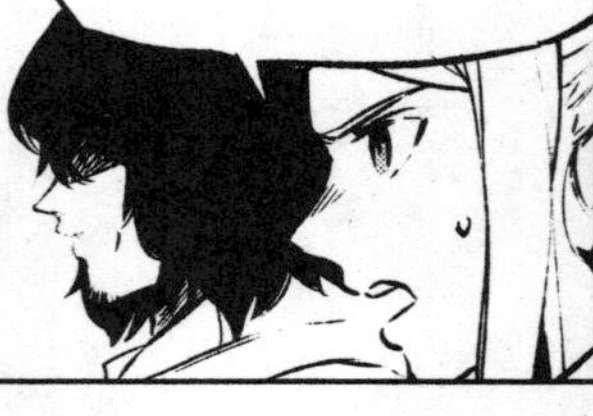
Moment mal ...! Du hast ihn um Hilfe gebeten und er hat in der Zukunft trotzdem tatenlos zugesehen, als das hier alles passierte?!

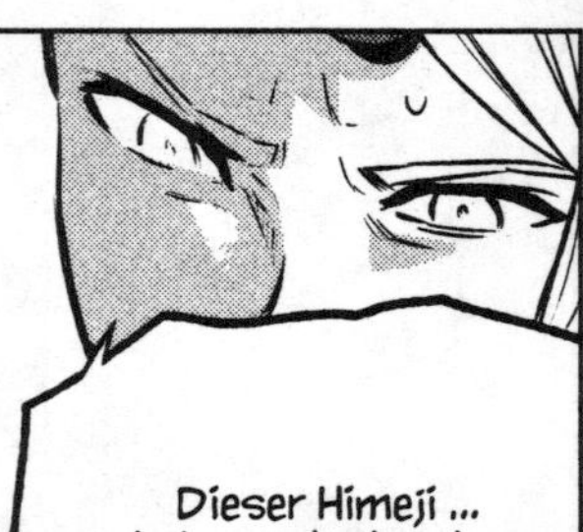
Dieser Himeji ... hat uns doch schon alles entrissen ...!! Wir können nichts mehr tun.

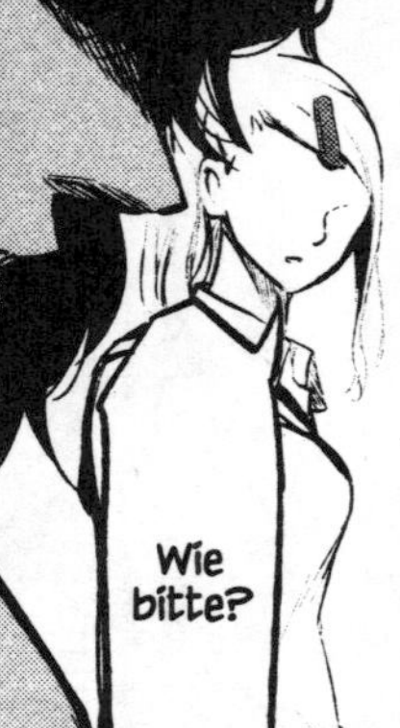
Das ... war unser letzter Ausweg.
Wie bitte?

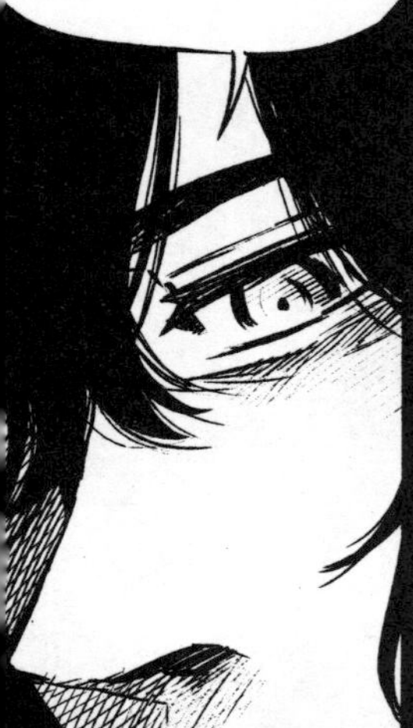
Durch das Zurückkehren in die Vergangenheit, das Kreieren der Magical Girls, das Entwickeln der mächtigen Waffen, den gemeinsamen Kampf mit Miu ... und dank euch allen ...

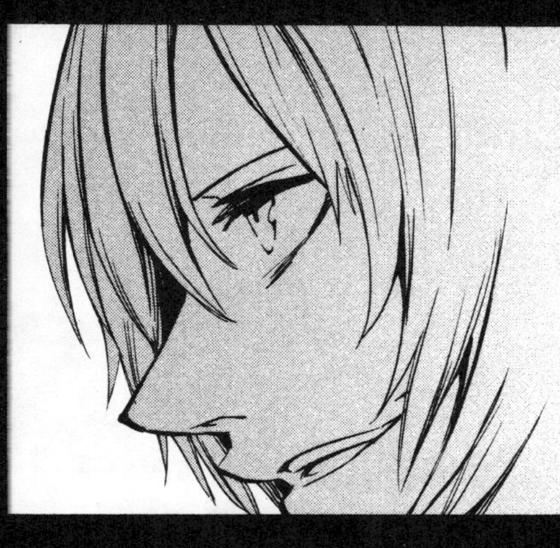
... konnten wir ihn aus der Reserve locken.

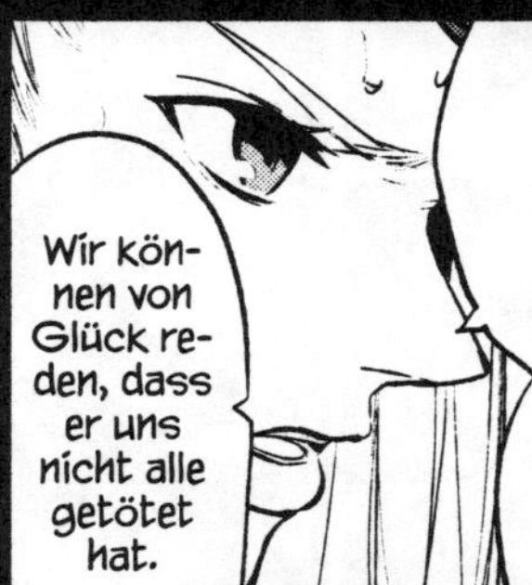
Also wolltet ihr ihn ködern ...?!
Wir kön-nen von Glück re-den, dass er uns nicht alle getötet hat.
Aber ... das hätte auch schiefgehen können ...

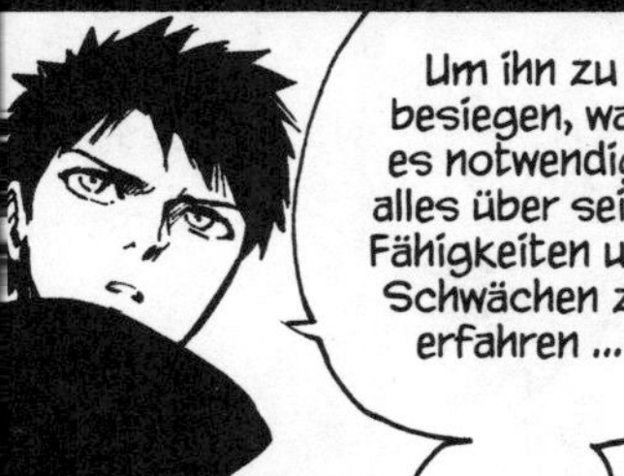
Um ihn zu besiegen, war es notwendig, alles über seine Fähigkeiten und Schwächen zu erfahren ...
Deshalb ...

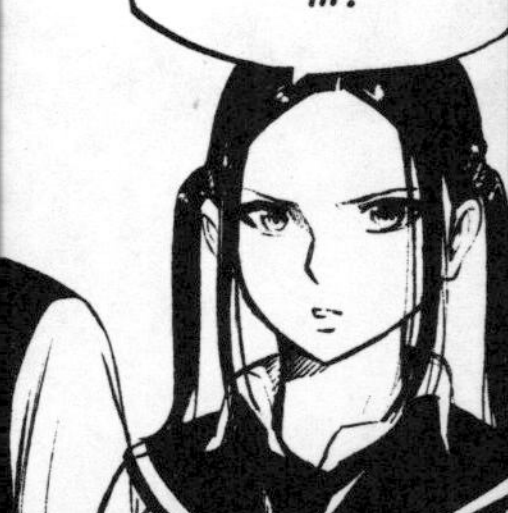
... mussten wir bereit sein, alles zu verlieren, um am Ende alles wieder zum Guten zu wenden.
Aber ... ist die Sache nicht bereits ausweglos ...?

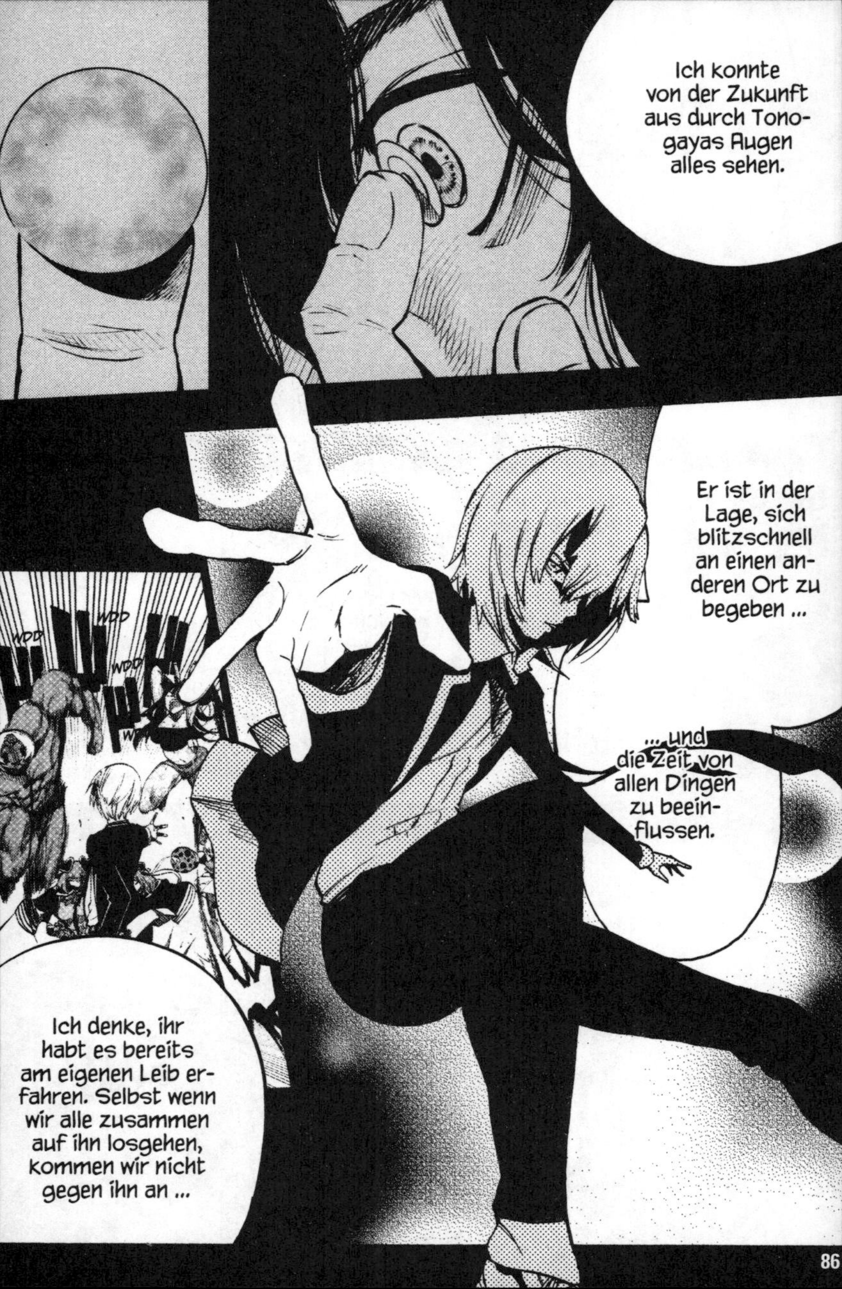
Ich konnte von der Zukunft aus durch Tonogayas Augen alles sehen.
Er ist in der Lage, sich blitzschnell an einen anderen Ort zu begeben ...
... und die Zeit von allen Dingen zu beeinflussen.
WOO
WOO
WOO
Ich denke, ihr habt es bereits am eigenen Leib erfahren. Selbst wenn wir alle zusammen auf ihn losgehen, kommen wir nicht gegen ihn an ...

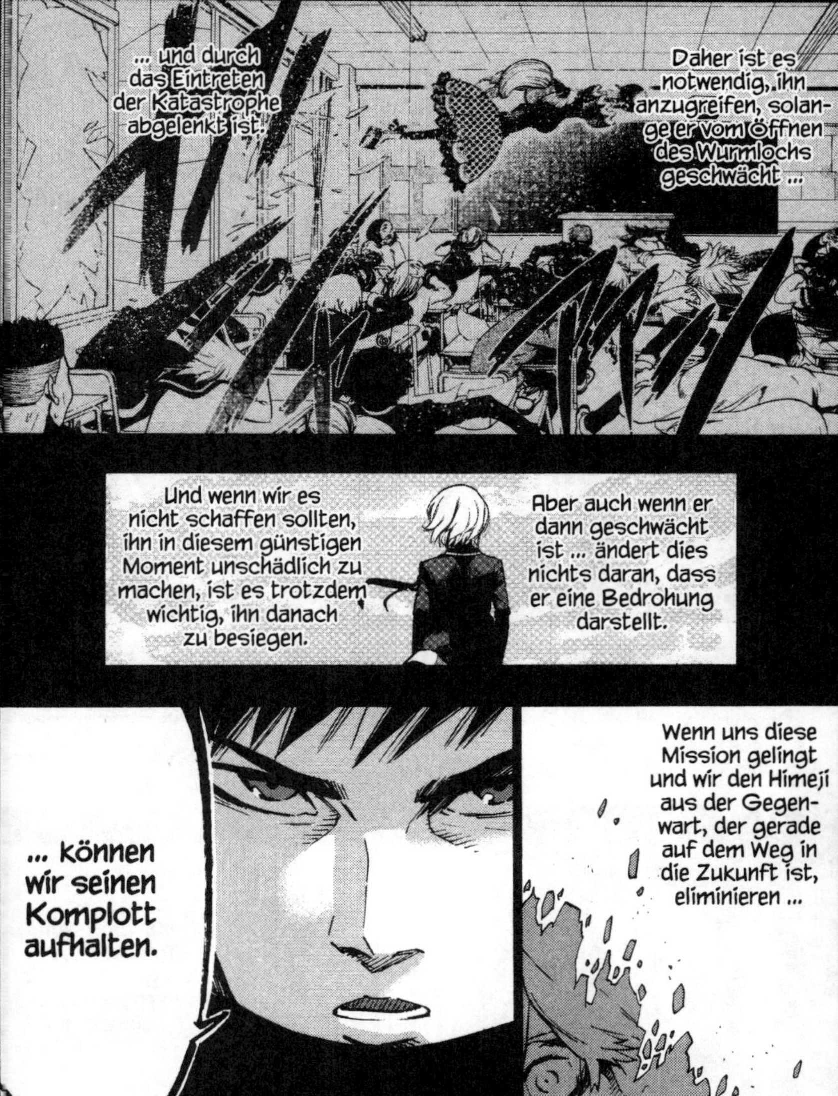
Daher ist es notwendig, ihn anzugreifen, solange er vom Öffnen des Wurmlochs geschwächt ...
... und durch das Eintreten der Katastrophe abgelenkt ist.
Aber auch wenn er dann geschwächt ist ... ändert dies nichts daran, dass er eine Bedrohung darstellt.
Und wenn wir es nicht schaffen sollten, ihn in diesem günstigen Moment unschädlich zu machen, ist es trotzdem wichtig, ihn danach zu besiegen.
Wenn uns diese Mission gelingt und wir den Himeji aus der Gegenwart, der gerade auf dem Weg in die Zukunft ist, eliminieren ...
... können wir seinen Komplott aufhalten.

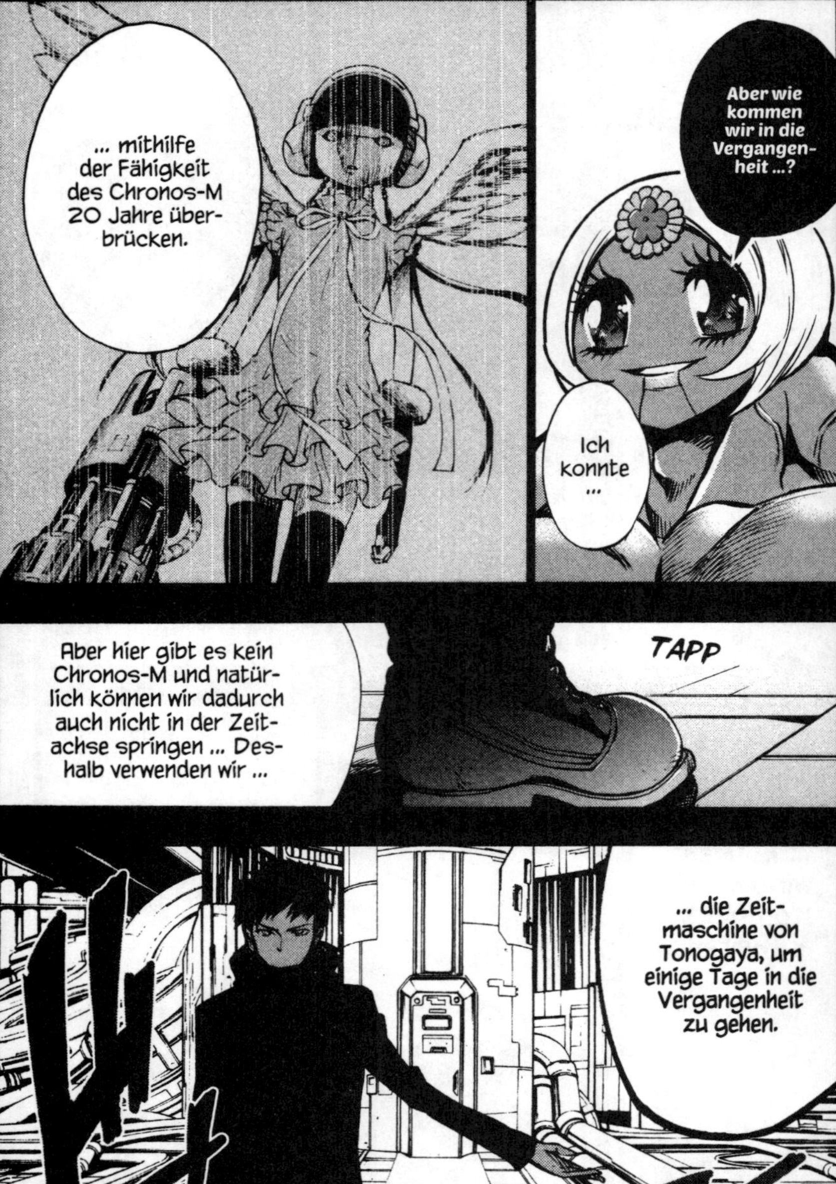
Aber wie kommen wir in die Vergangenheit ...?
Ich konnte ...
... mithilfe der Fähigkeit des Chronos-M 20 Jahre überbrücken.
TAPP
Aber hier gibt es kein Chronos-M und natürlich können wir dadurch auch nicht in der Zeitachse springen ... Deshalb verwenden wir ...
... die Zeitmaschine von Tonogaya, um einige Tage in die Vergangenheit zu gehen.
DWHOOO

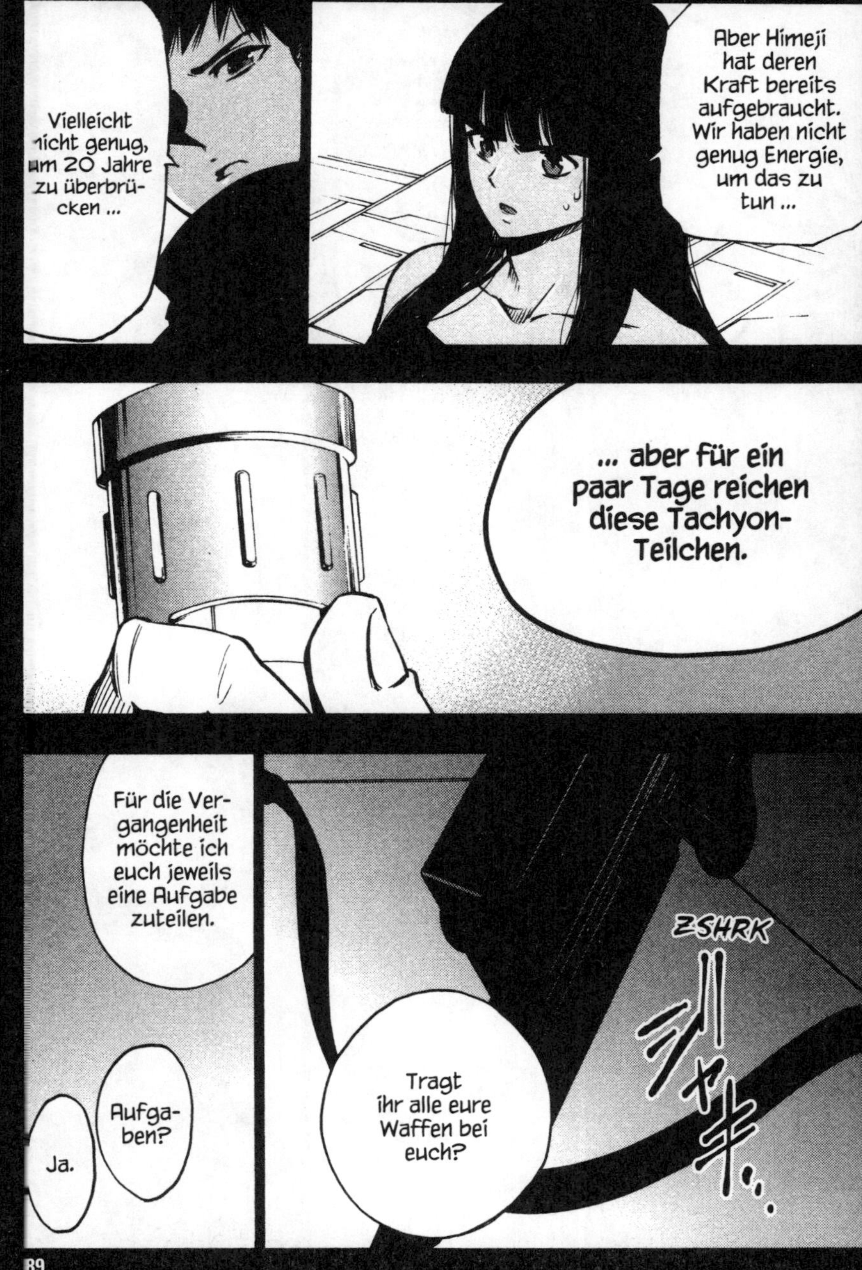
Aber Himeji hat deren Kraft bereits aufgebraucht. Wir haben nicht genug Energie, um das zu tun ...
Vielleicht nicht genug, um 20 Jahre zu überbrücken ...
... aber für ein paar Tage reichen diese Tachyon-Teilchen.
ZSHRK
シャキ...
Tragt ihr alle eure Waffen bei euch?
Für die Vergangenheit möchte ich euch jeweils eine Aufgabe zuteilen.
Aufgaben?
Ja.

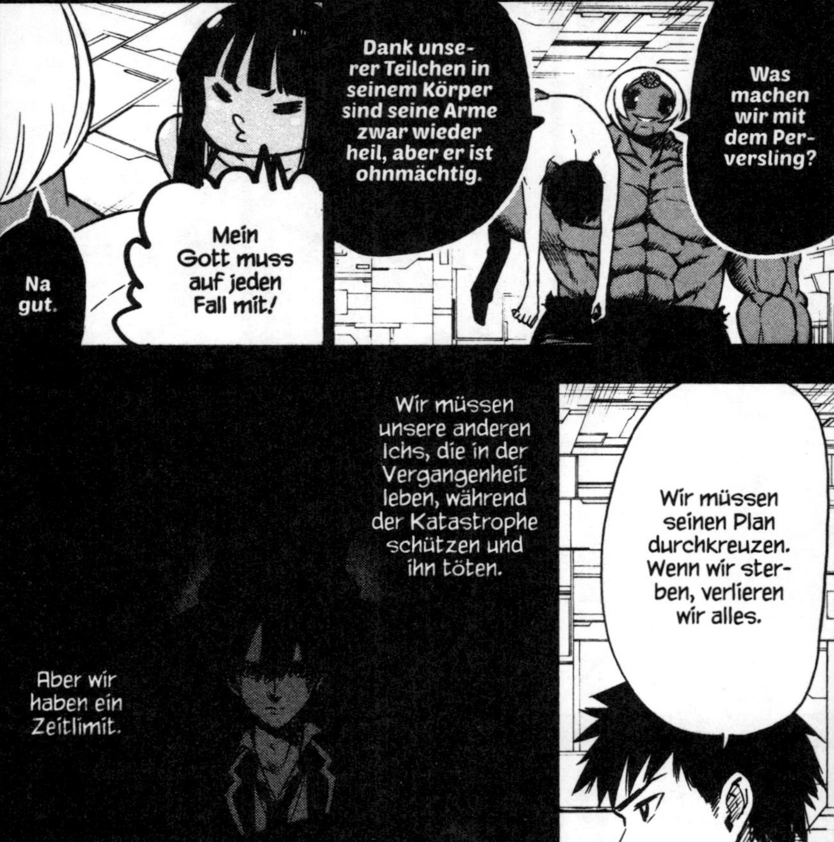
Was machen wir mit dem Perversling?
Dank unserer Teilchen in seinem Körper sind seine Arme zwar wieder heil, aber er ist ohnmächtig.
Mein Gott muss auf jeden Fall mit!
Na gut.
Wir müssen seinen Plan durchkreuzen. Wenn wir sterben, verlieren wir alles.
Wir müssen unsere anderen Ichs, die in der Vergangenheit leben, während der Katastrophe schützen und ihn töten.
Aber wir haben ein Zeitlimit.
Wenn wir diese Mission nicht beenden, bevor er in der Zukunft das Ritual abschließen kann, bedeutet das für uns Game over ...
Er würde die Vergangenheit, Gegenwart, Zukunft ... jegliche Zeitachsen und Weltlinien verändern, sodass wir nicht mehr existieren würden und das würde bedeuten ...
... dass alles endet.

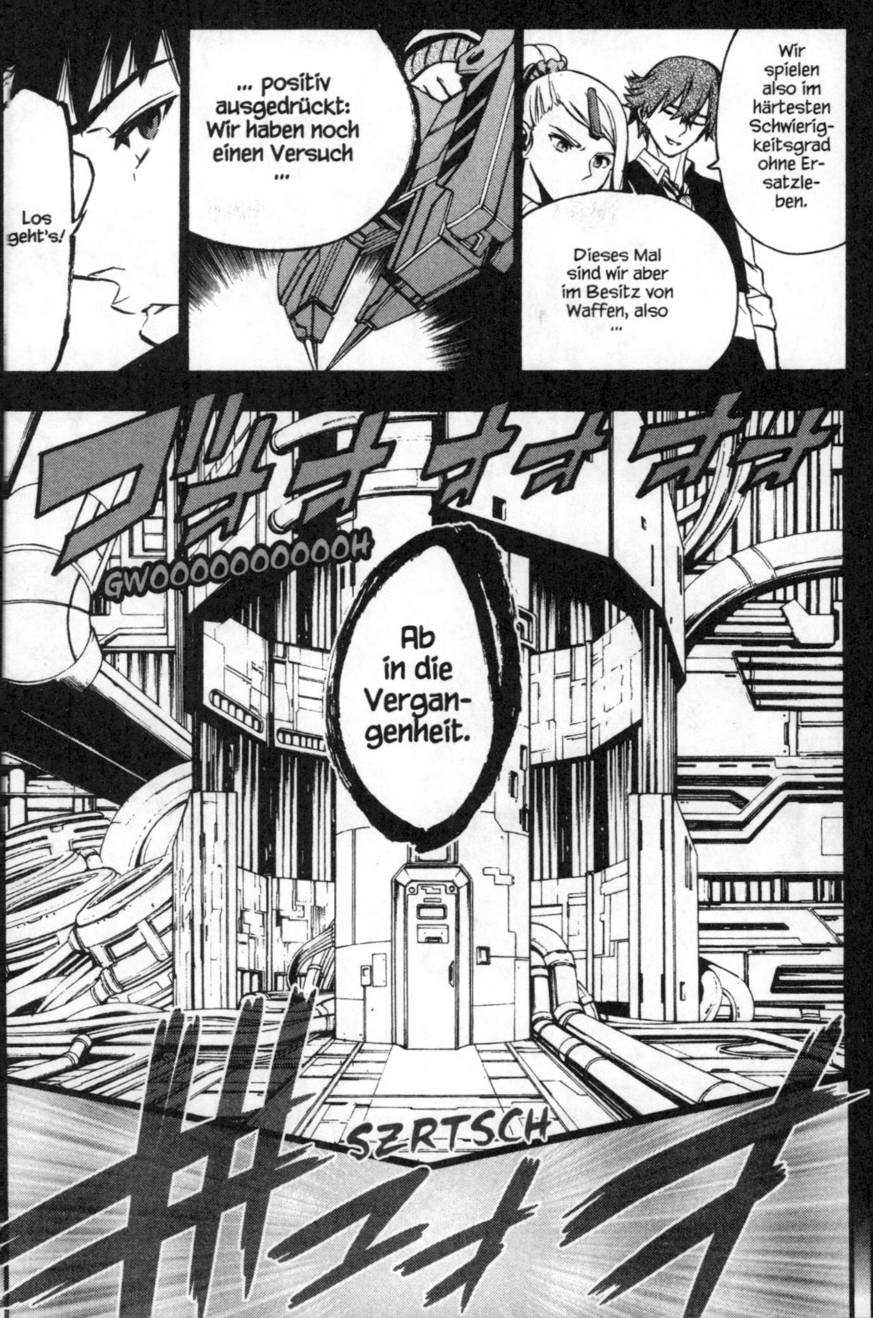

Wir spielen also im härtesten Schwierigkeitsgrad ohne Ersatzleben.

Dieses Mal sind wir aber im Besitz von Waffen, also ...

... positiv ausgedrückt: Wir haben noch einen Versuch ...

Los geht's!

GWOOOOOOOOOOOH

Ab in die Vergangenheit.

SZRTSCH

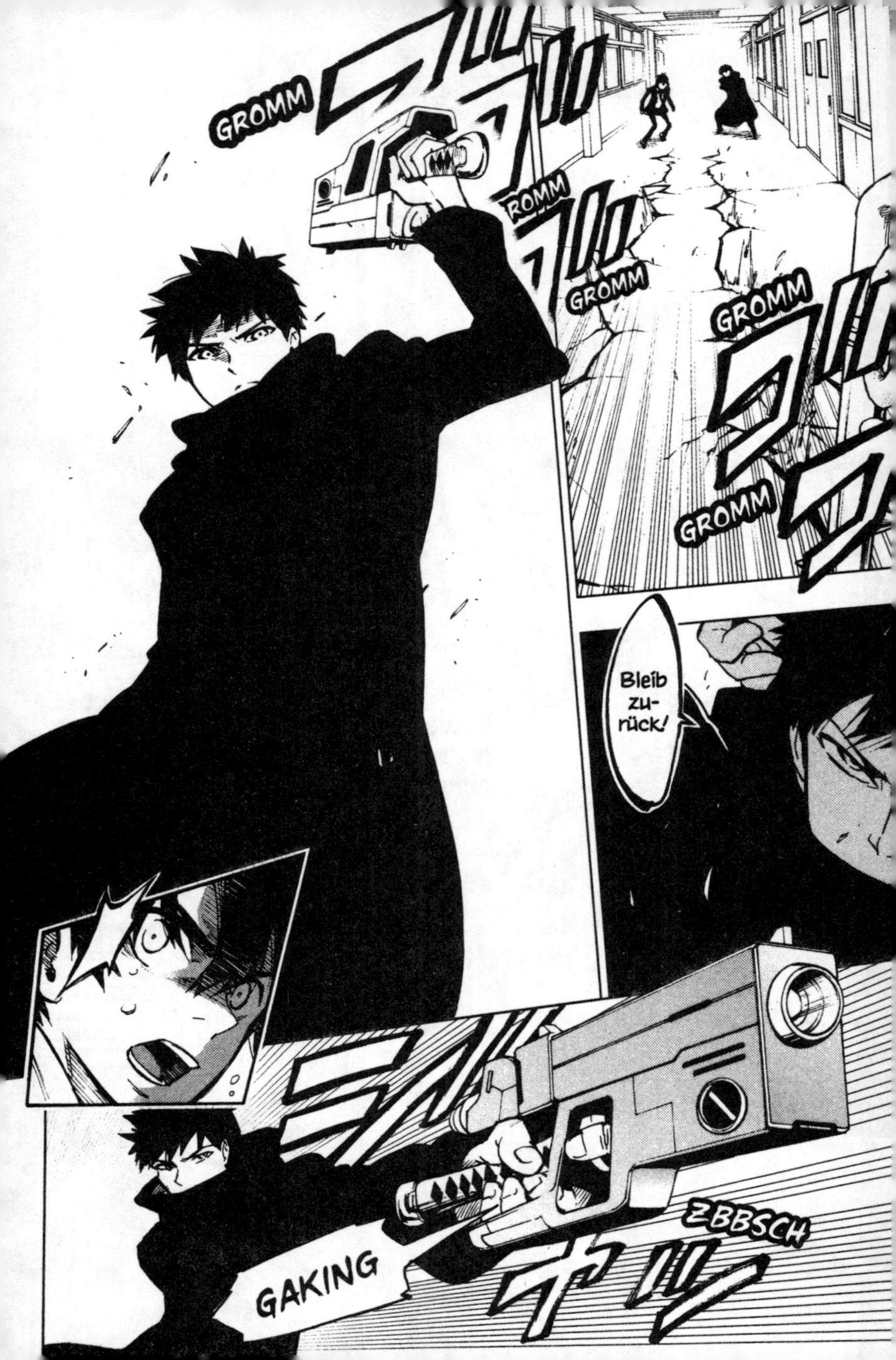
GROMM
ROMM
GROMM
GROMM
GROMM
Bleib zurück!
GAKING
ZBBSCH

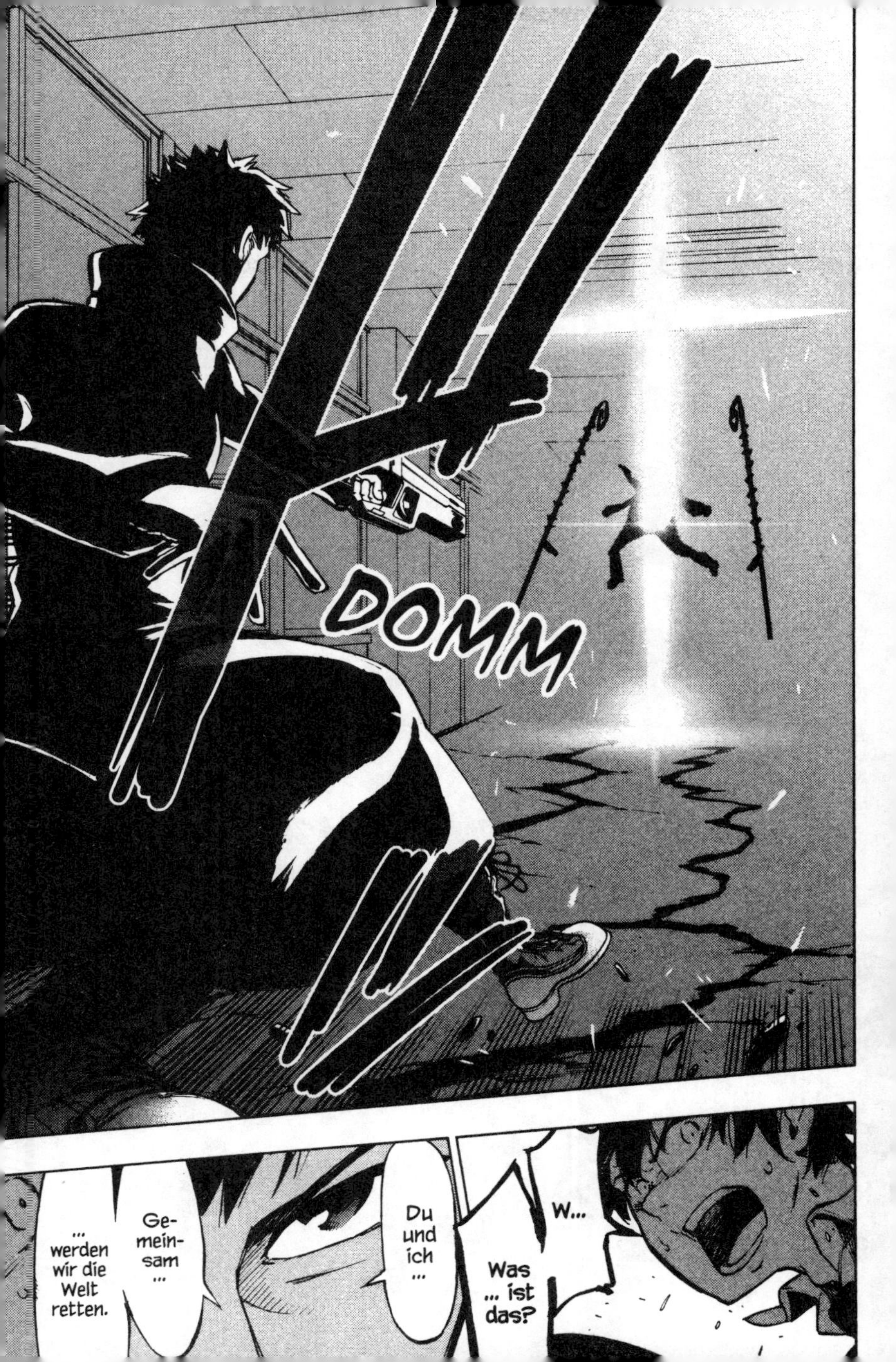

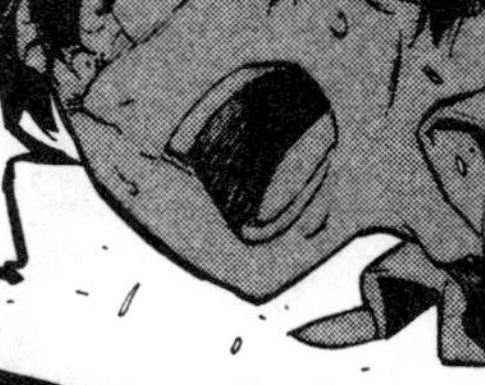
DOMM
W...
Was ... ist das?

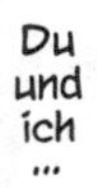
Du und ich ...
Gemeinsam ...
... werden wir die Welt retten.

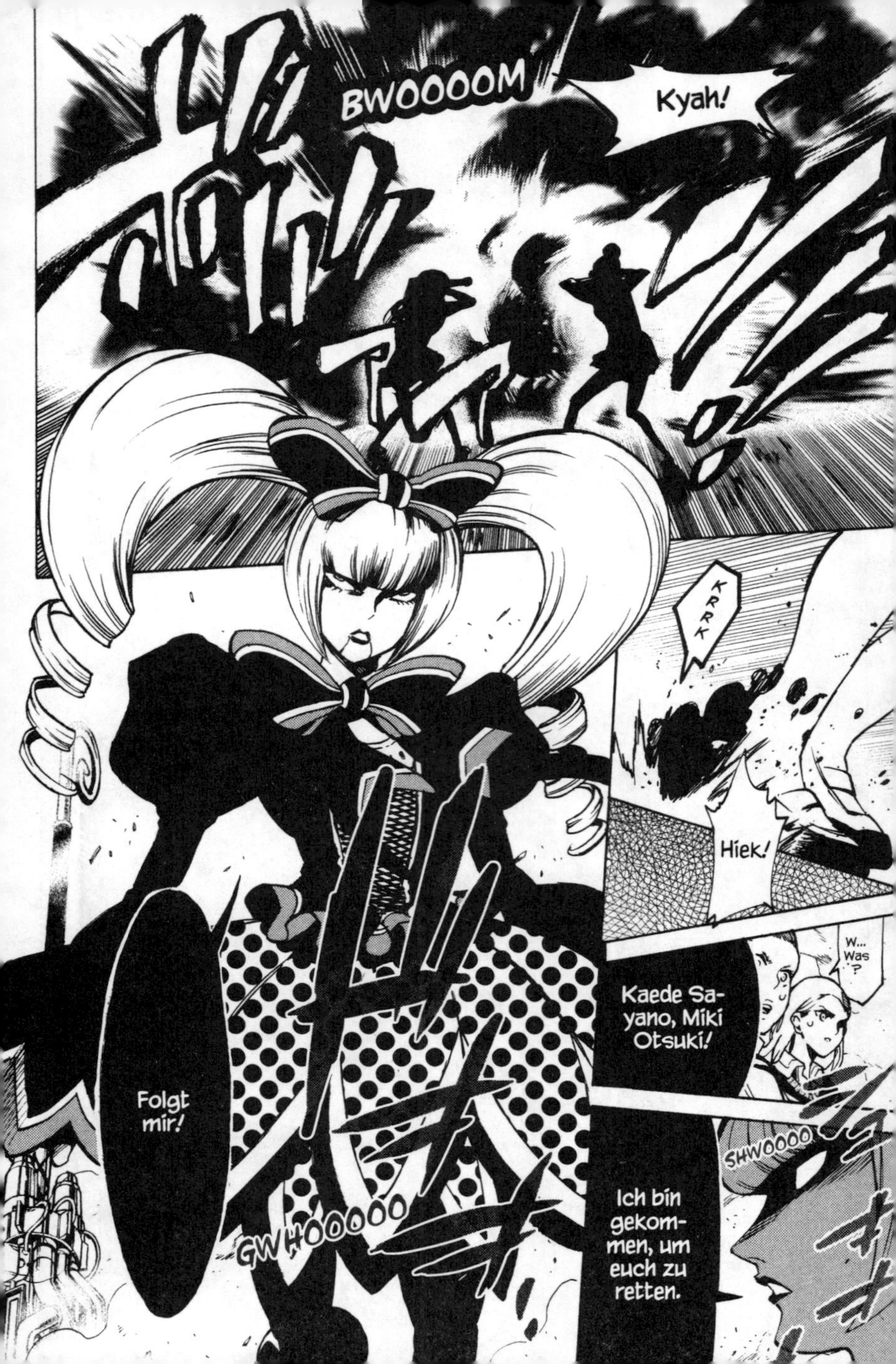
Kyah!
BWOOOOM
KRRK
Hiek!
W... Was?
Kaede Sayano, Miki Otsuki!
Ich bin gekommen, um euch zu retten.
SHWOOOO
Folgt mir!
GWHOOOOO

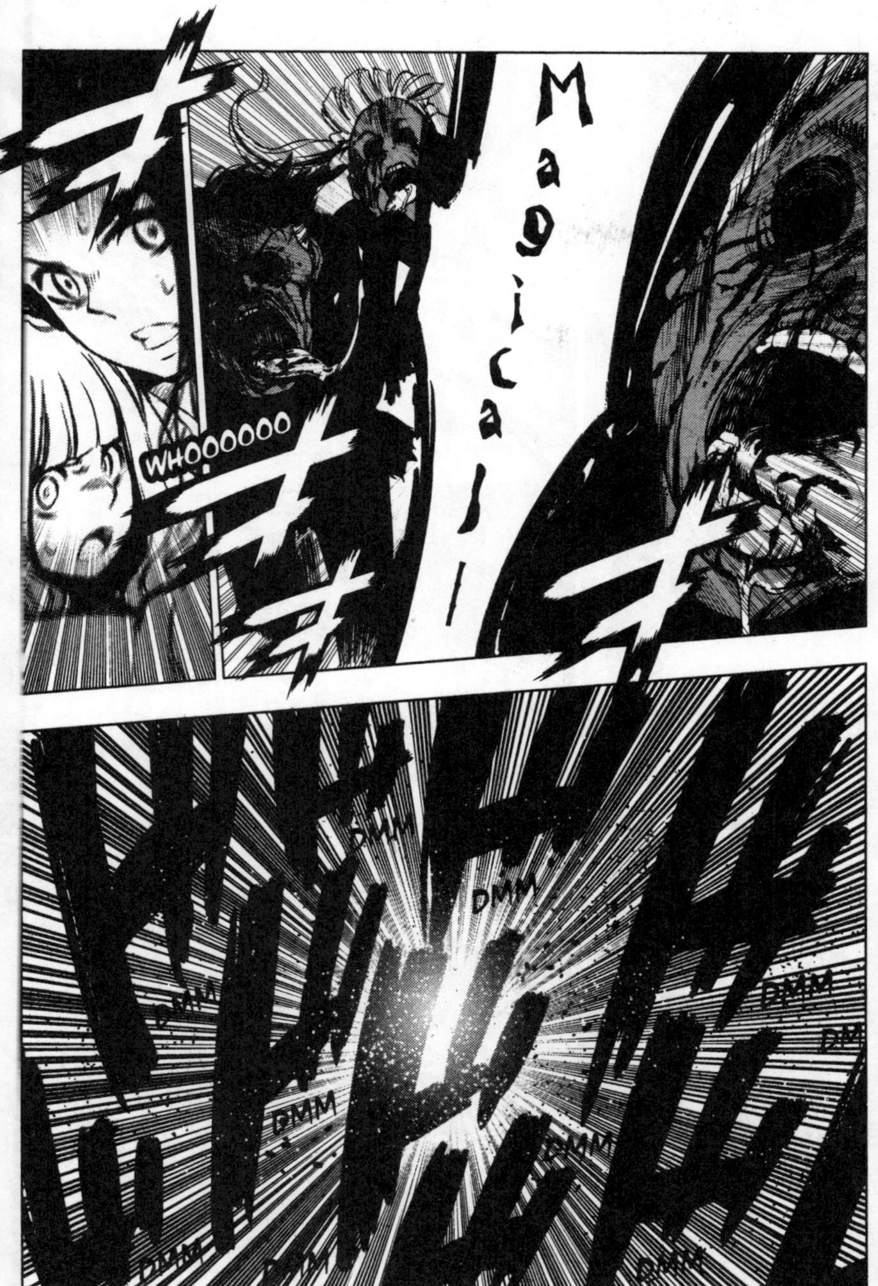

Magicall
WHOOOOOO
DMM
DMM
DMM
DMM
DM
DMM
DMM
DMM
DMM
DMM

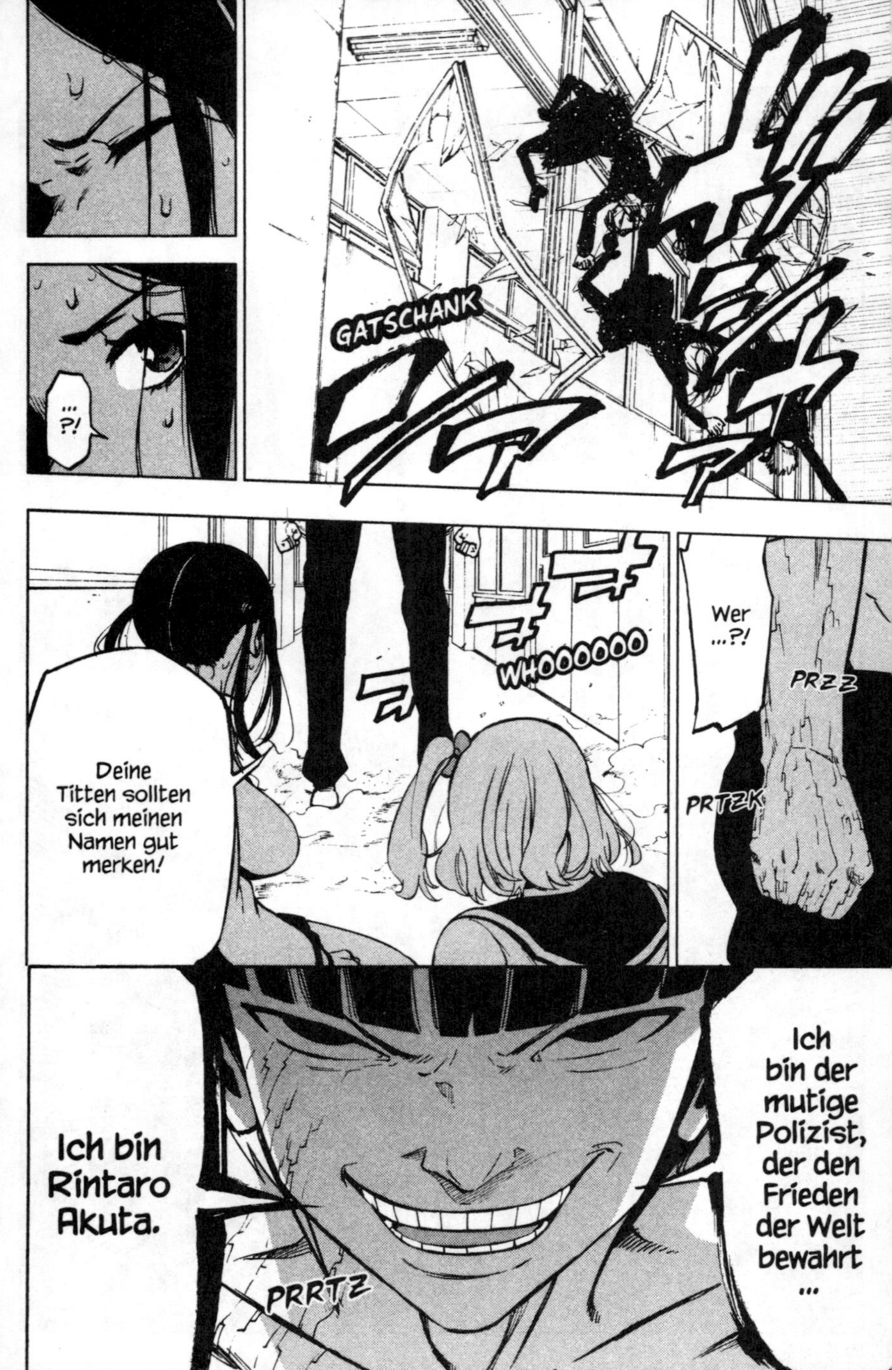

GATSCHANK
...
?!
Wer
...?!
PRZZ
WHOOOOOO
PRTZK
Deine Titten sollten sich meinen Namen gut merken!
Ich bin der mutige Polizist, der den Frieden der Welt bewahrt ...
Ich bin Rintaro Akuta.
PRRTZ

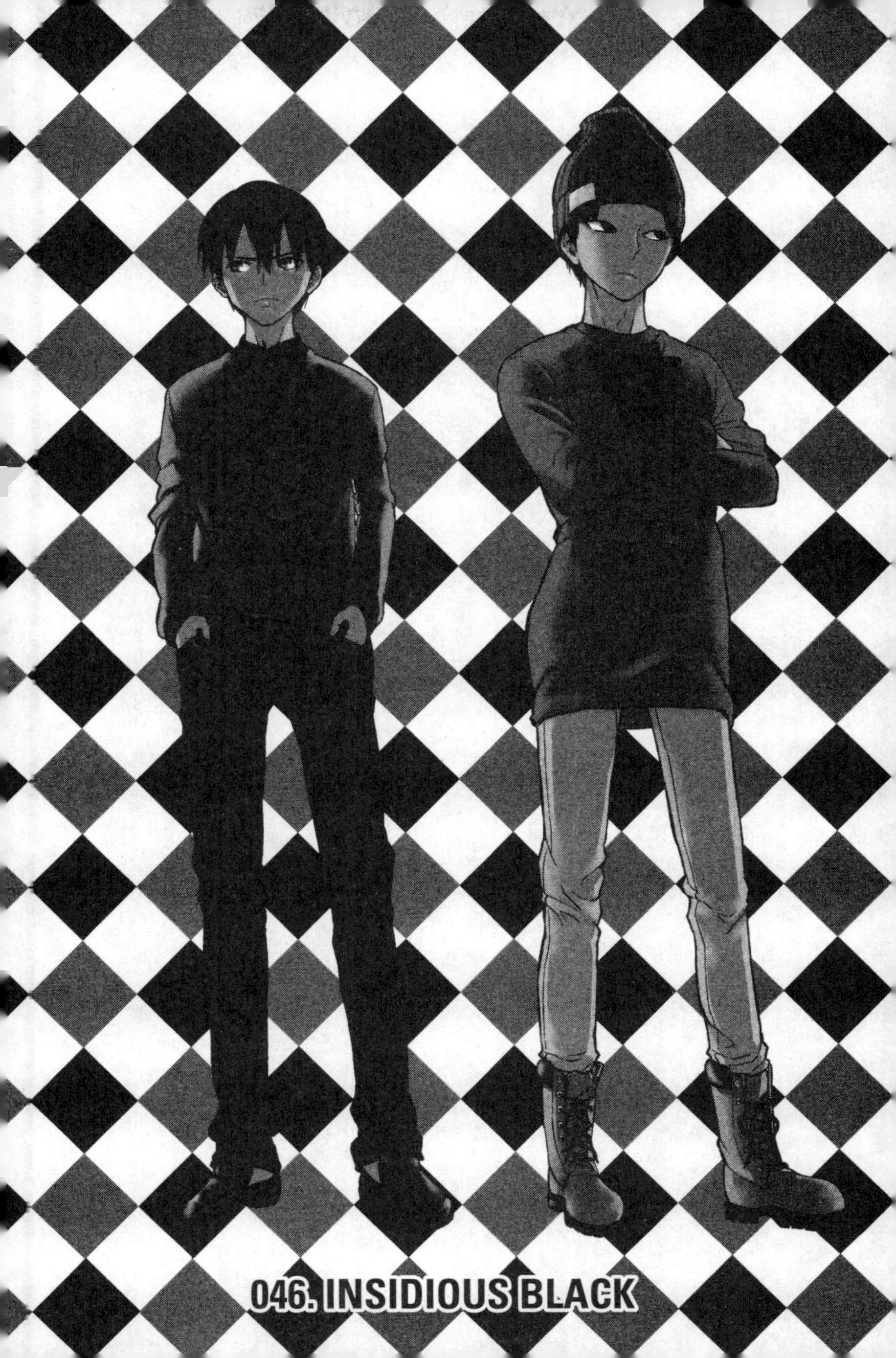
046. INSIDIOUS BLACK

Magical Girl
of the End

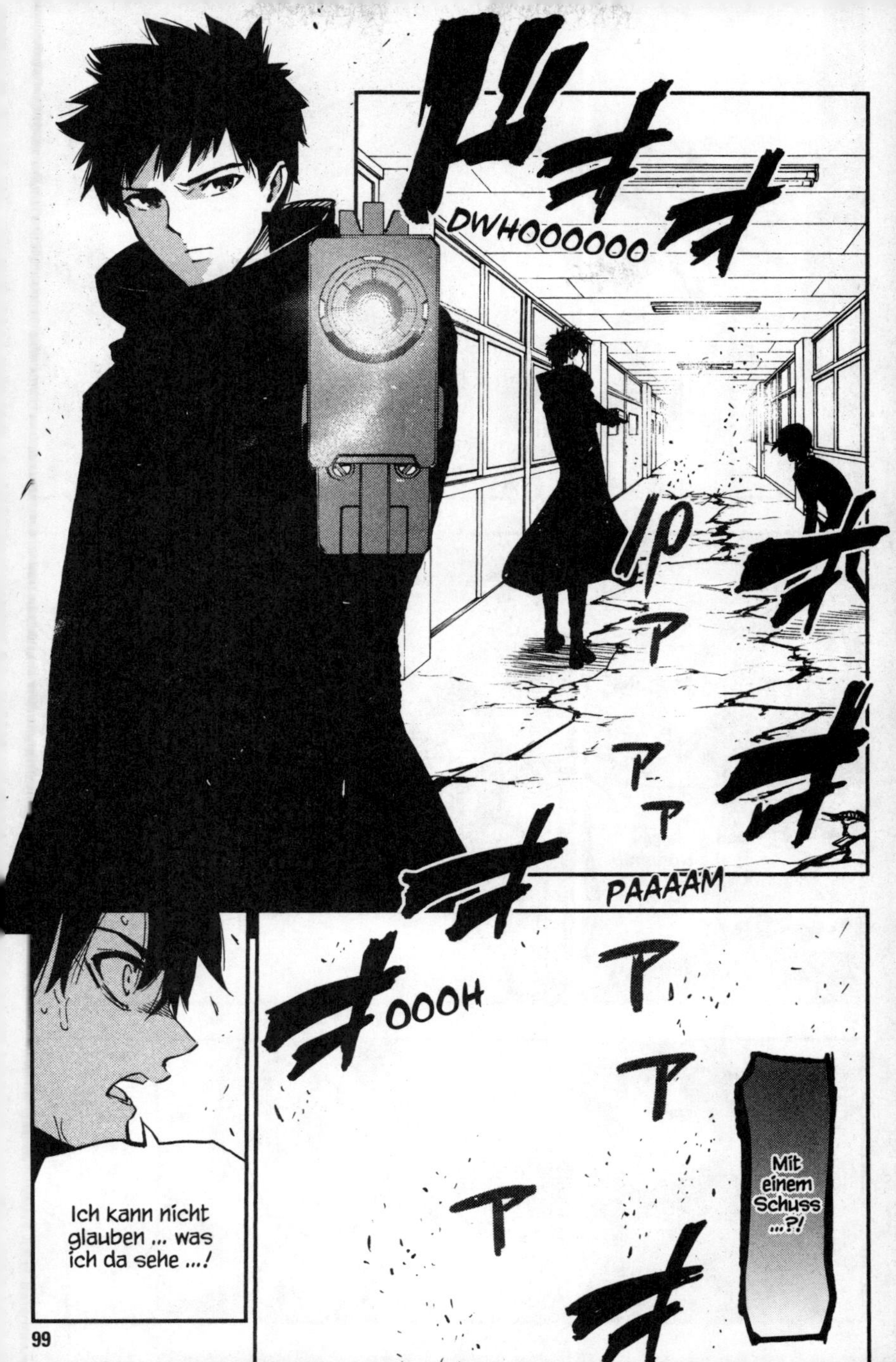
DWHOOOOOO
PAAAAM
OOOH
Ich kann nicht glauben ... was ich da sehe ...!
Mit einem Schuss ...?!

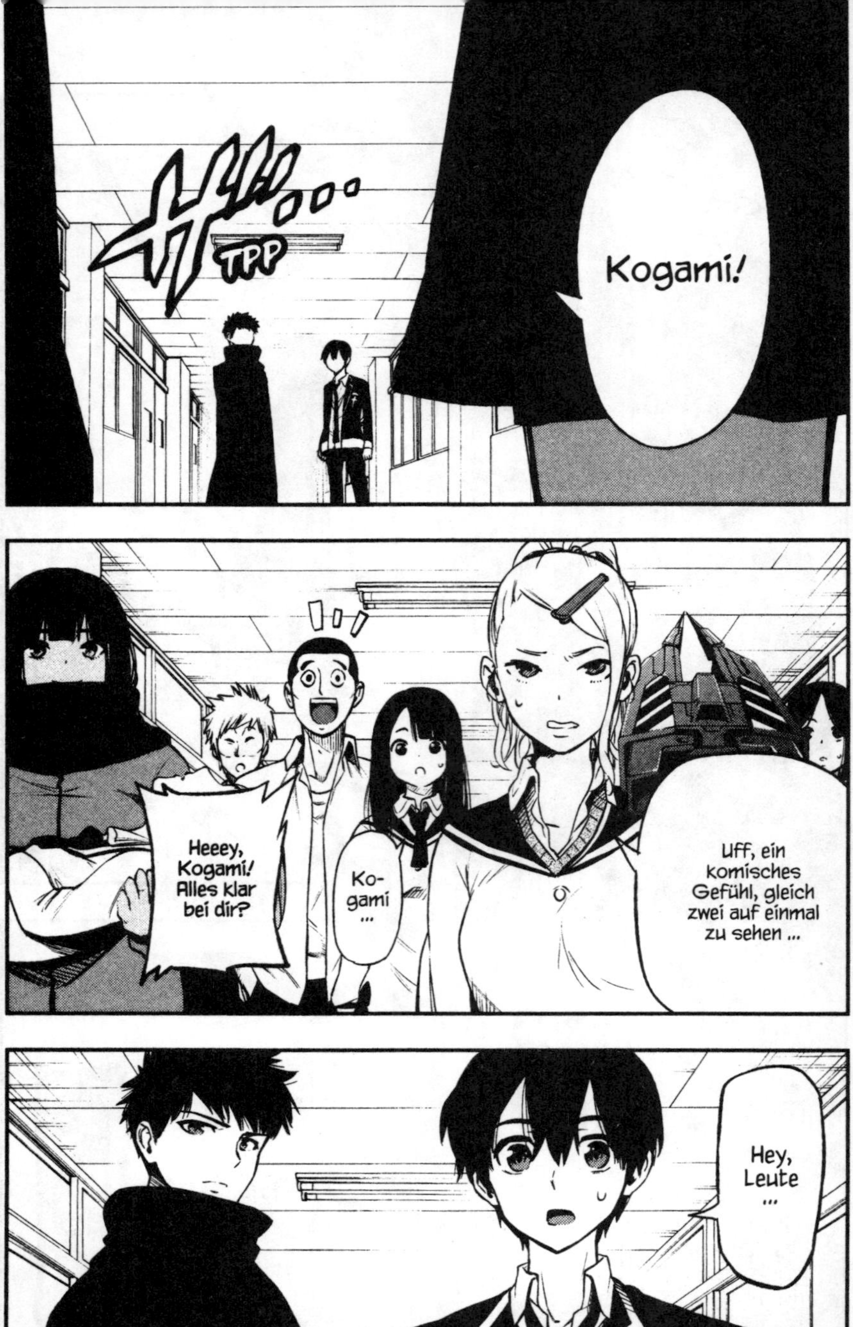

Kogami!

TPP

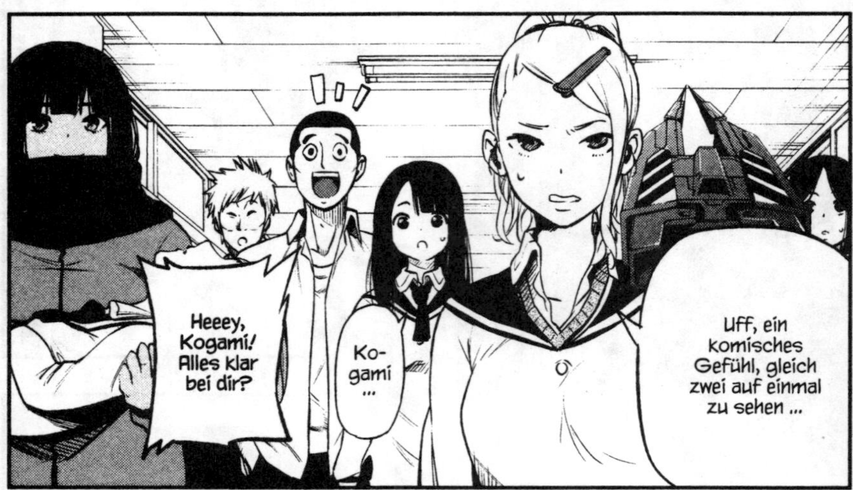

Uff, ein komisches Gefühl, gleich zwei auf einmal zu sehen ...
Ko-gami ...
Heeey, Kogami! Alles klar bei dir?

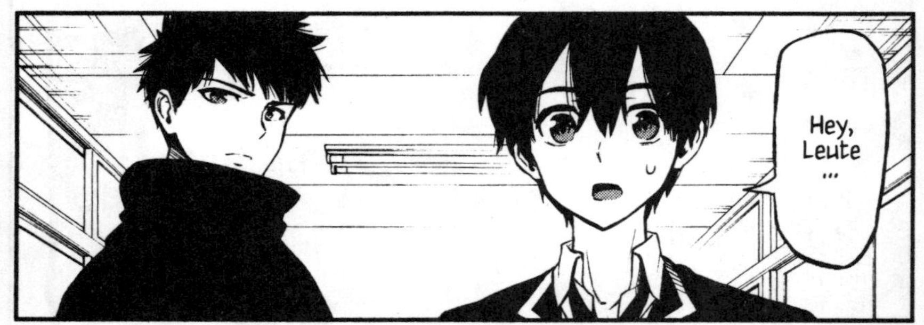

Hey, Leute ...

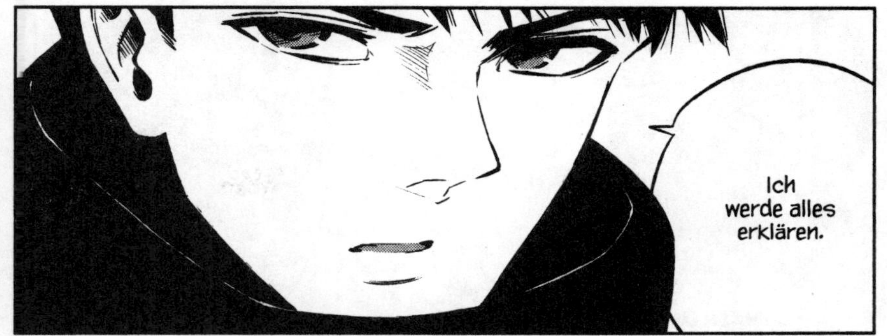

GROOOOH

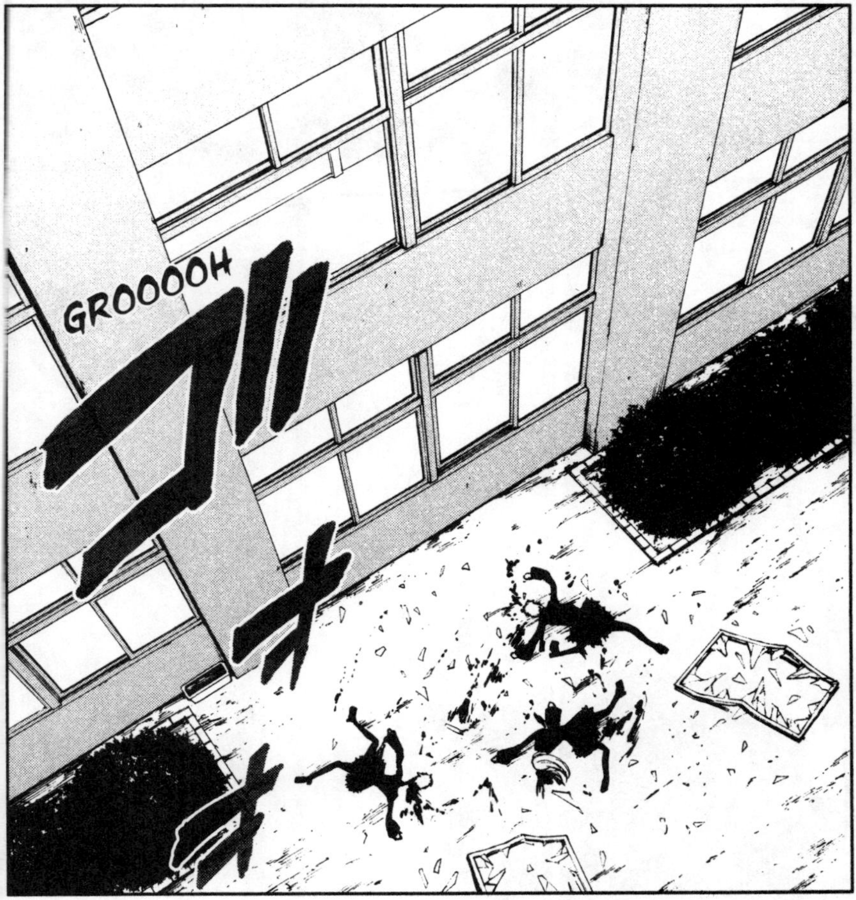

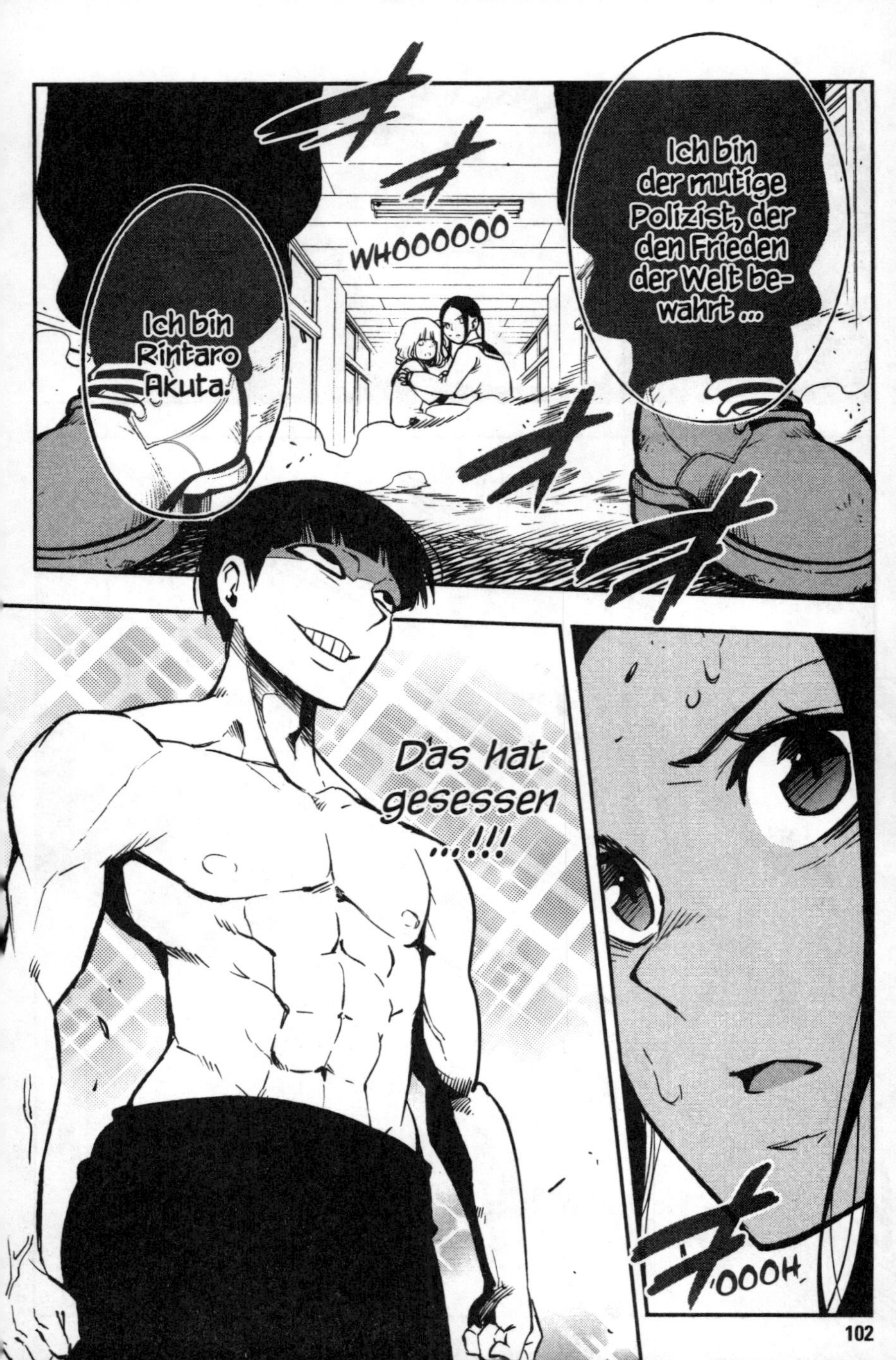
Ich bin der mutige Polizist, der den Frieden der Welt bewahrt ...
Ich bin Rintaro Akuta.
WHOOOOOO
Das hat gesessen ...!!!
OOOH

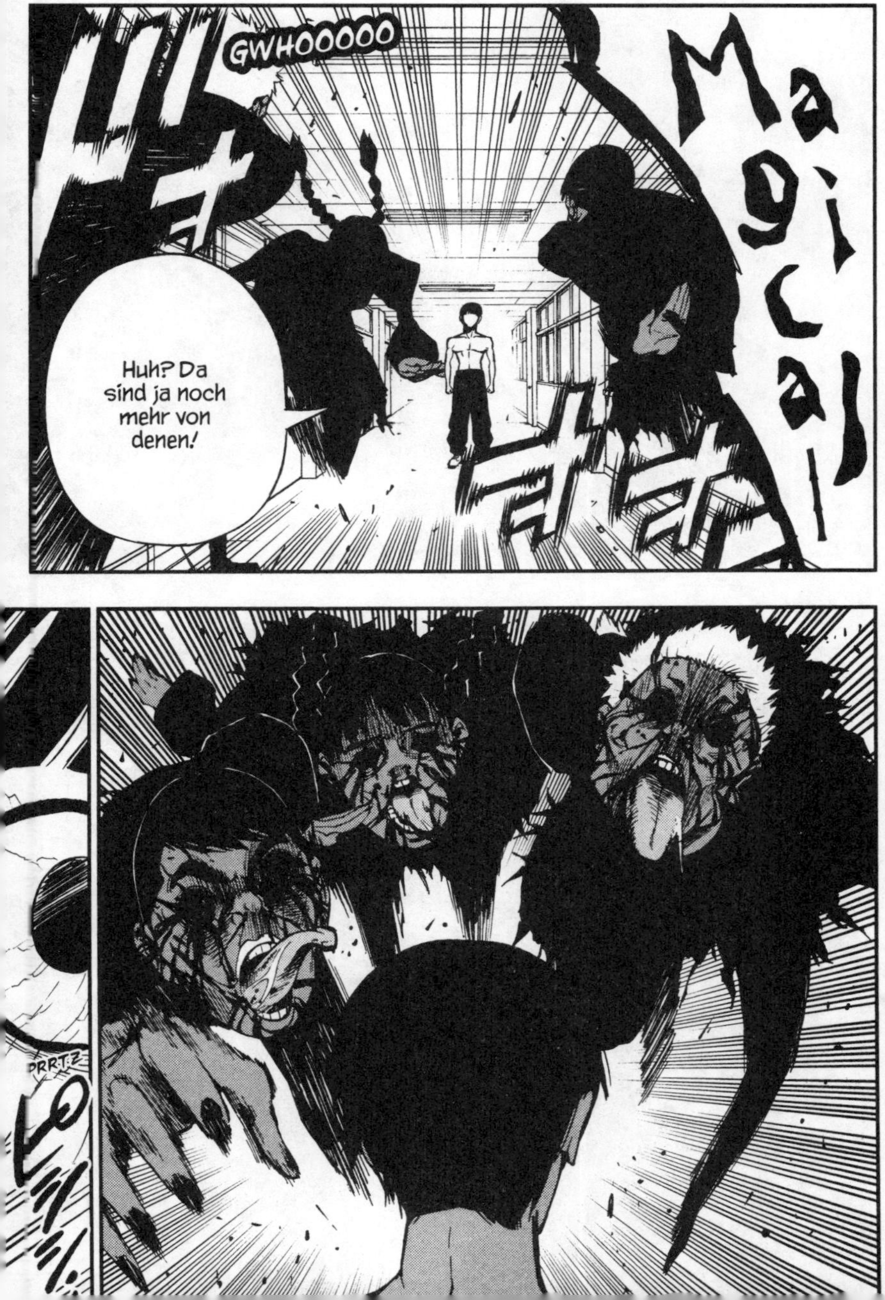

GWHOOOOO

Magical

Huh? Da sind ja noch mehr von denen!

PRRTZ

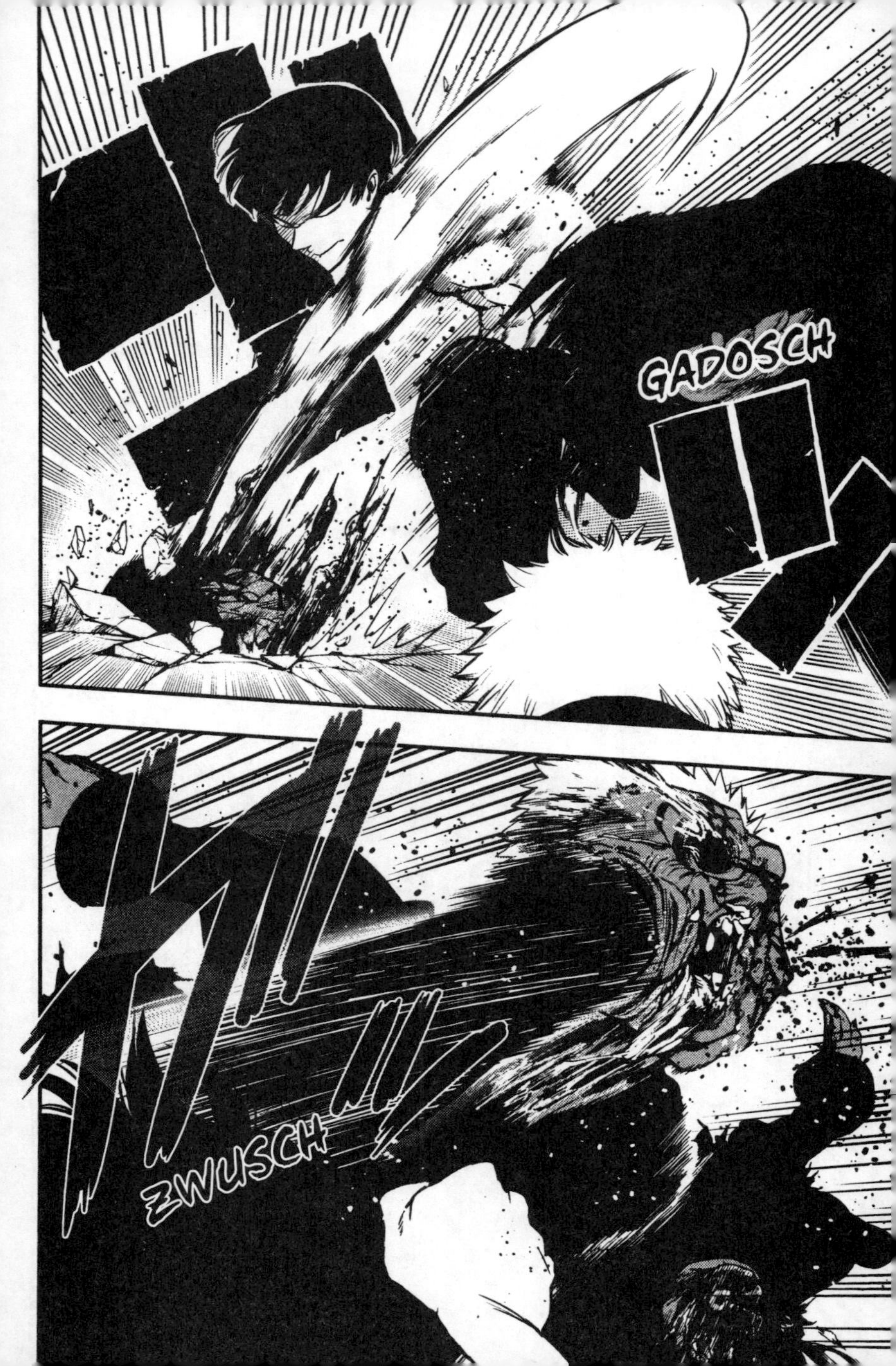
GADOSCH
ZWUSCH

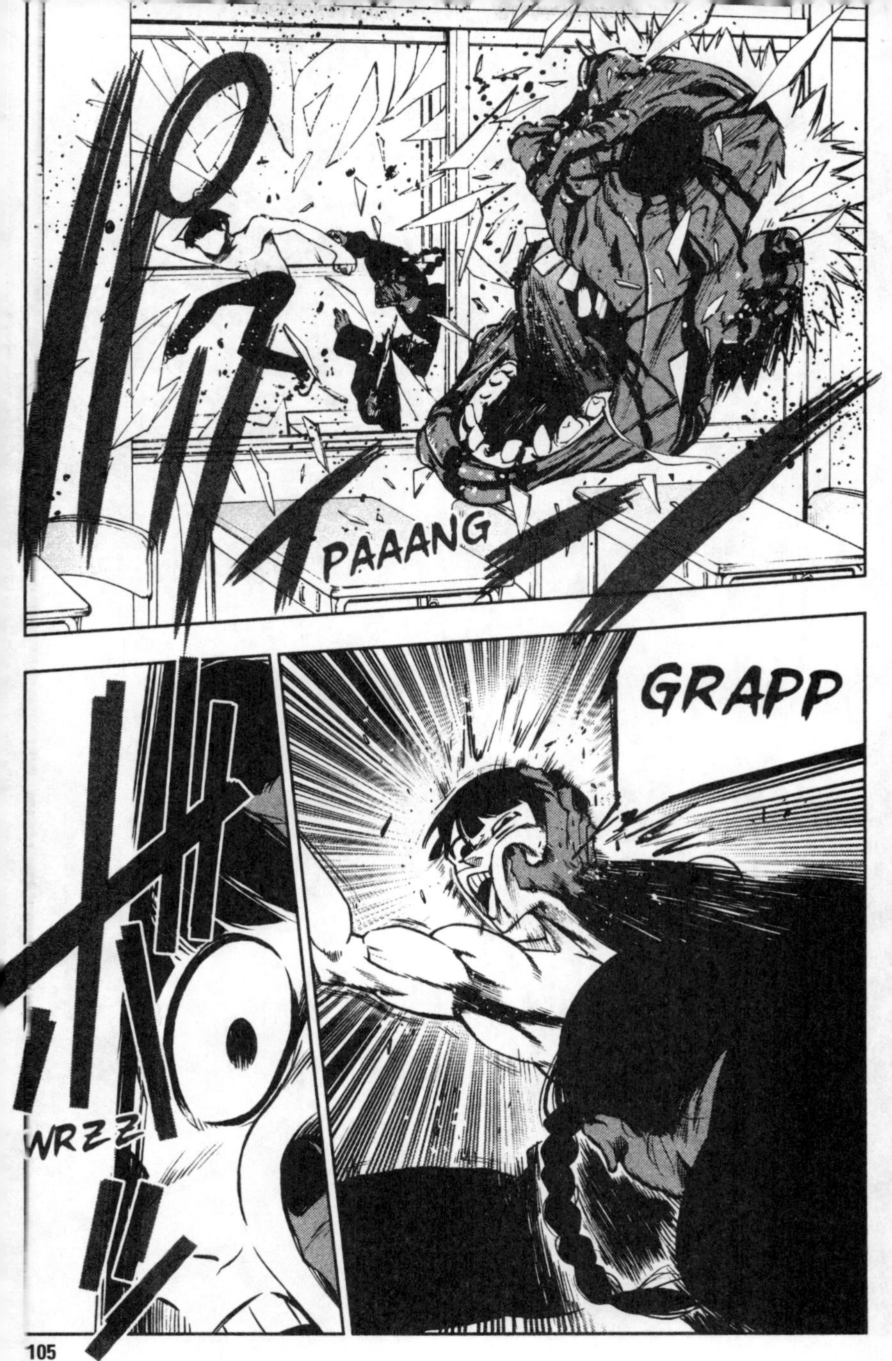
PAAANG
GRAPP
WRZZ

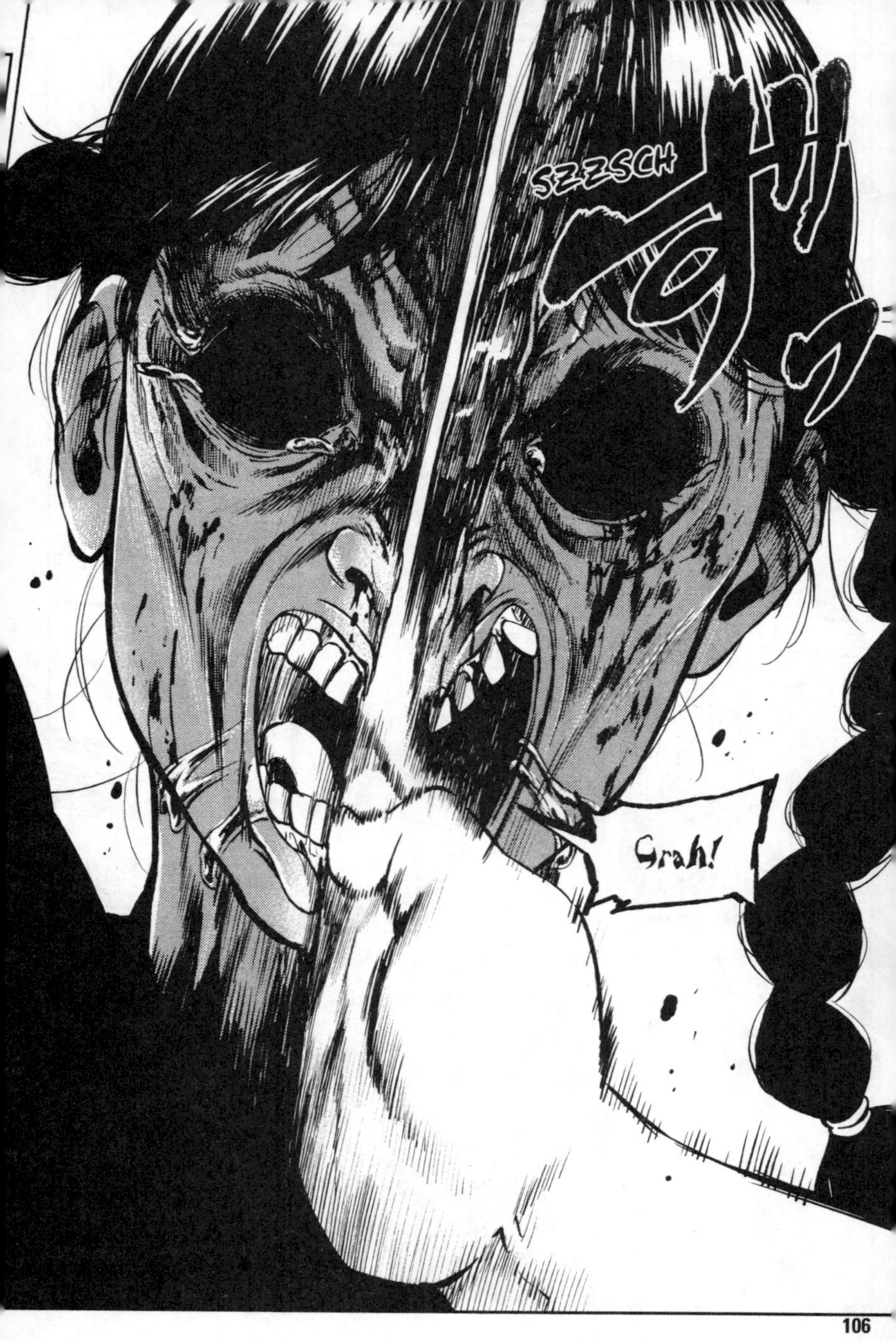
SZZSCH
Grah!

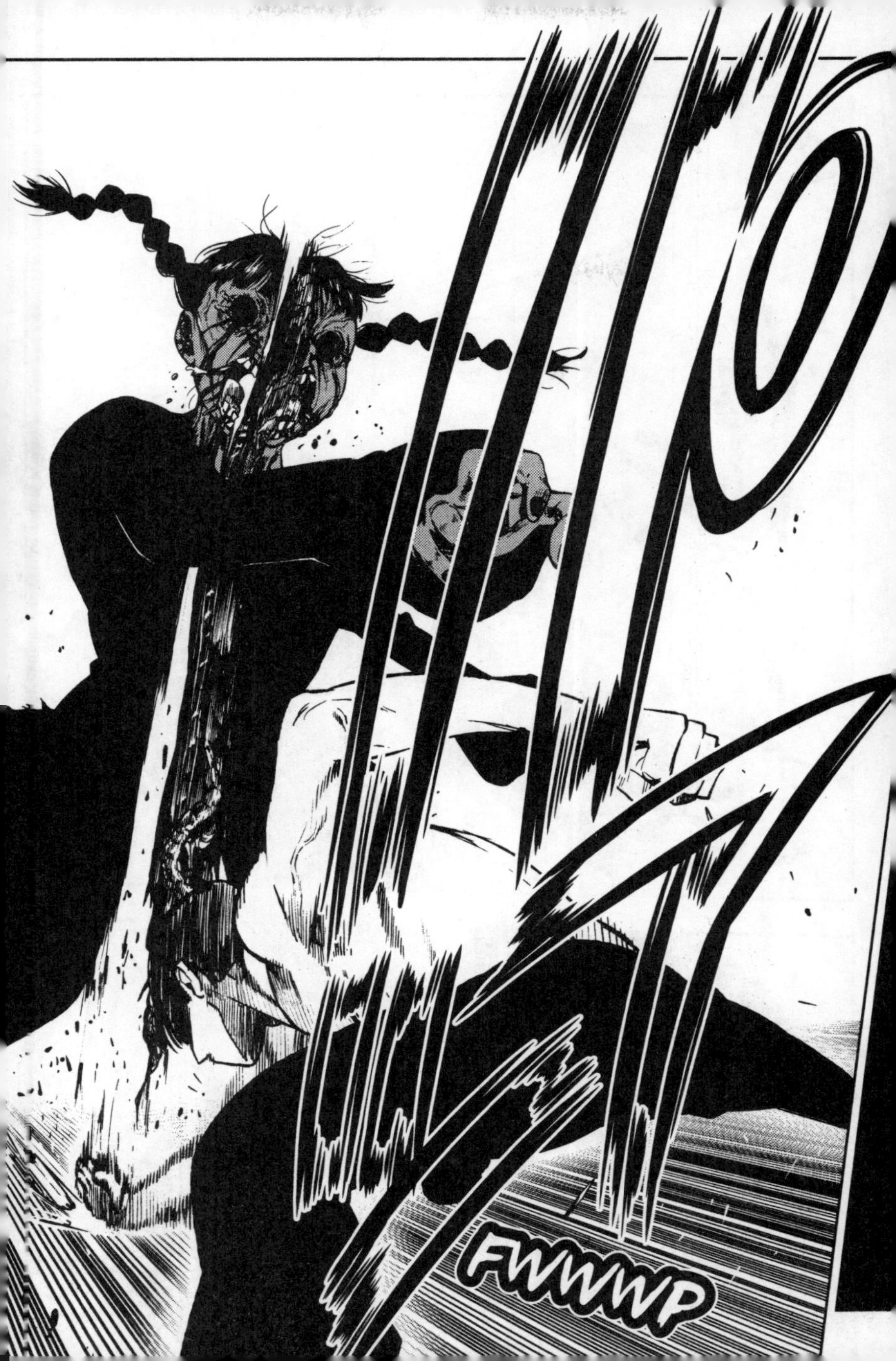
FWWWP

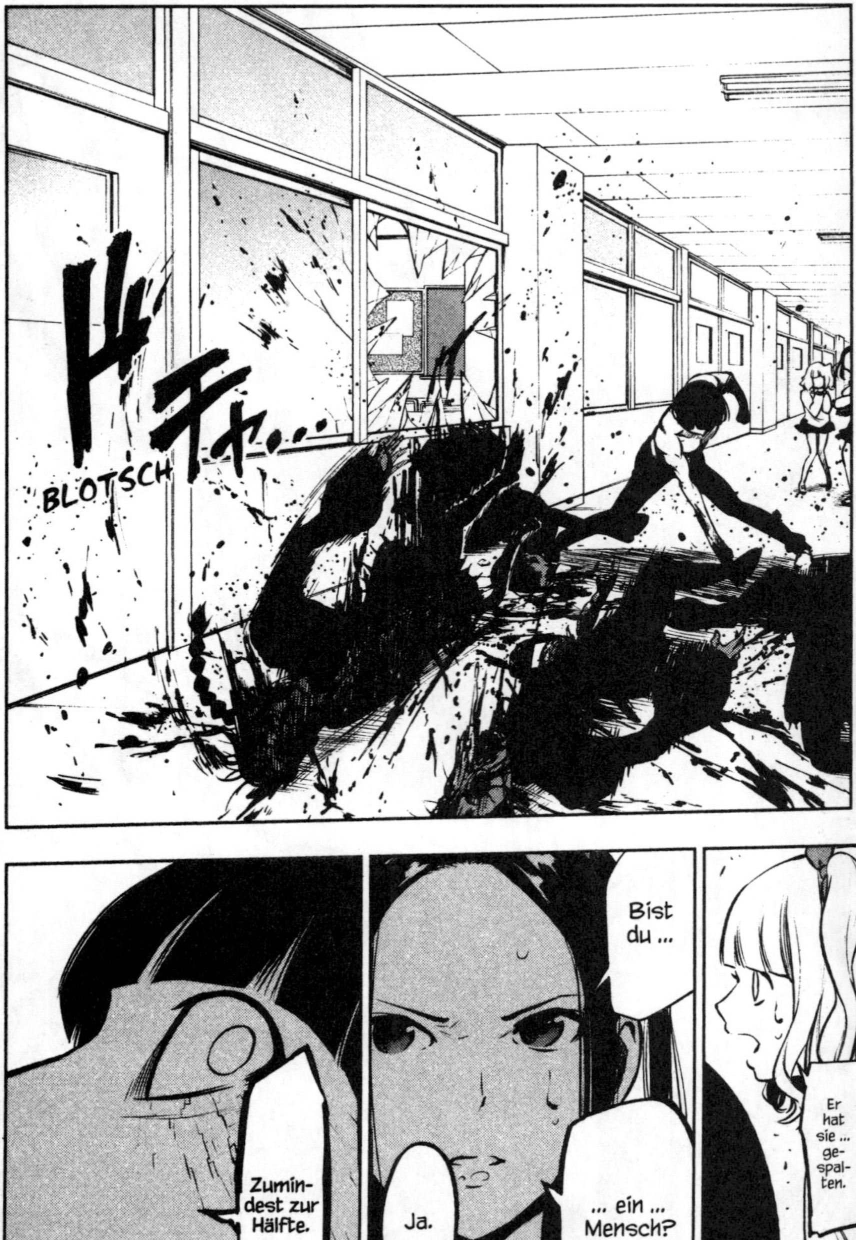

ドチャ…
BLOTSCH

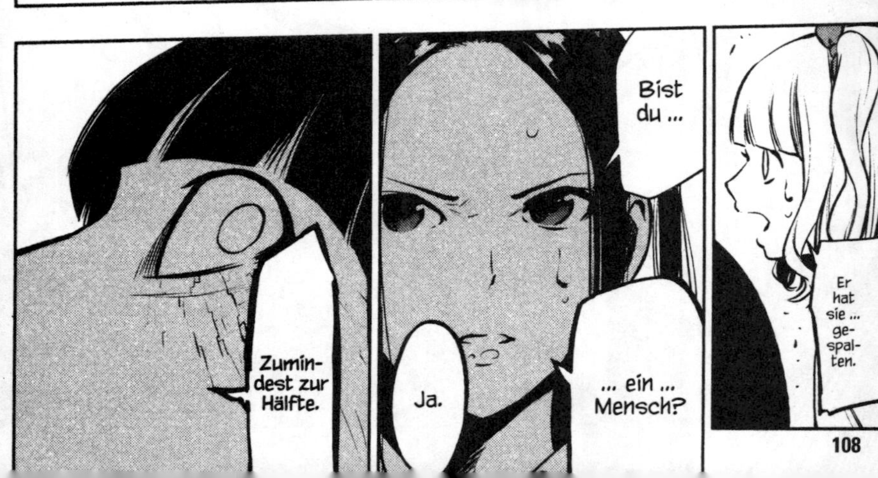
Er hat sie ... gespalten.
Bist du ...
... ein ... Mensch?
Ja.
Zumindest zur Hälfte.

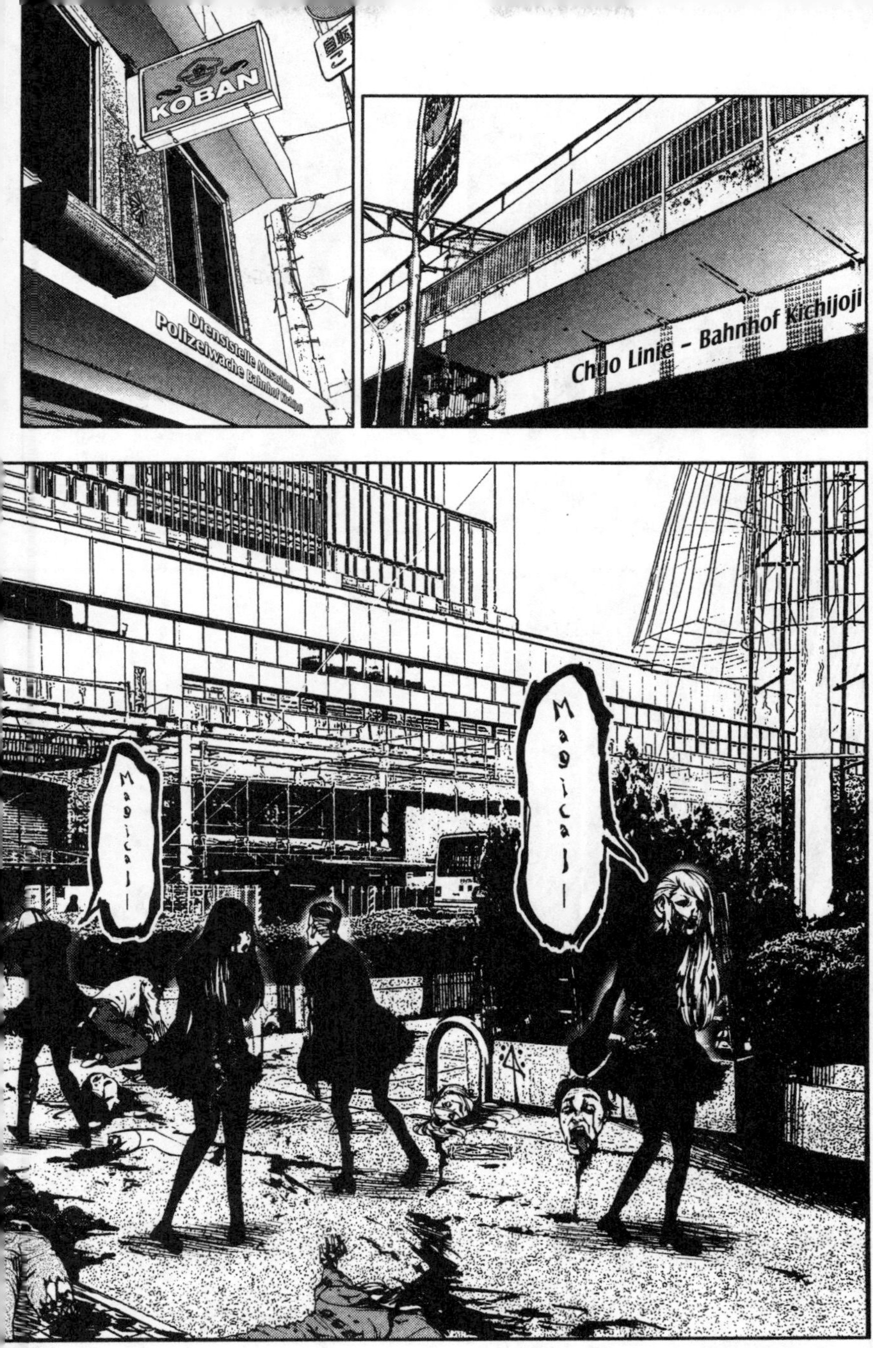

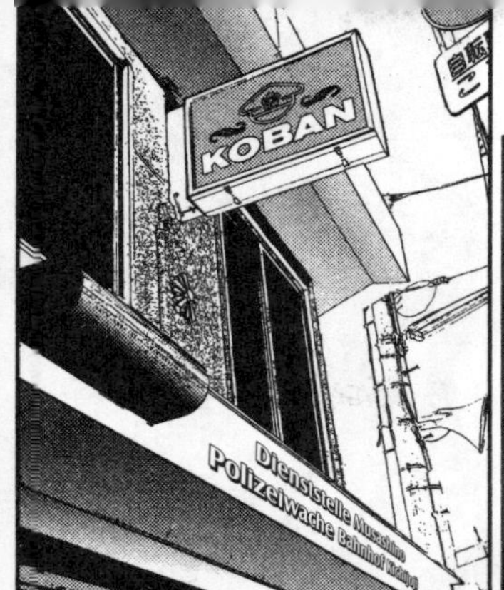

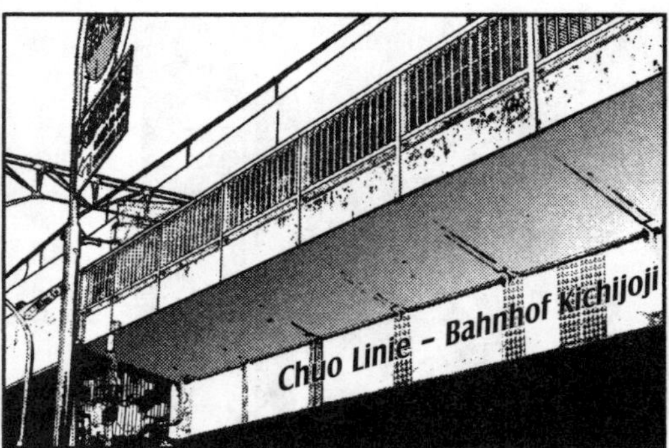

Magical——

Magical——

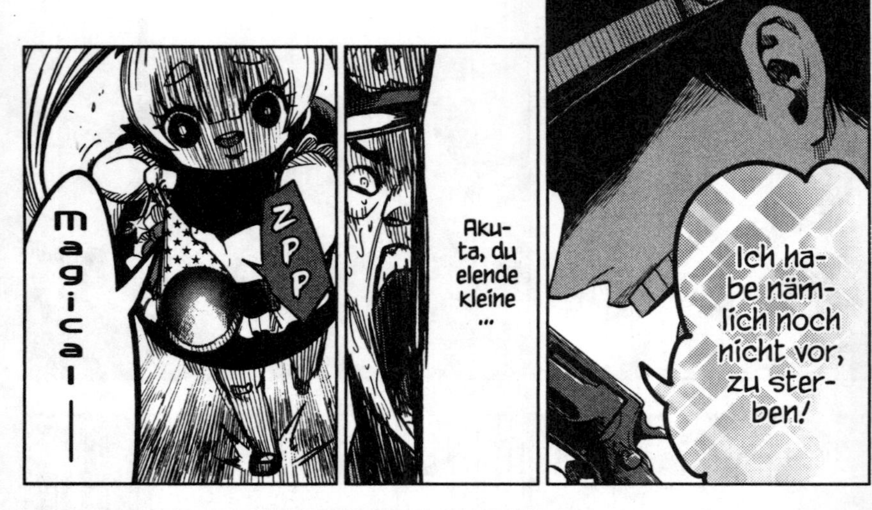

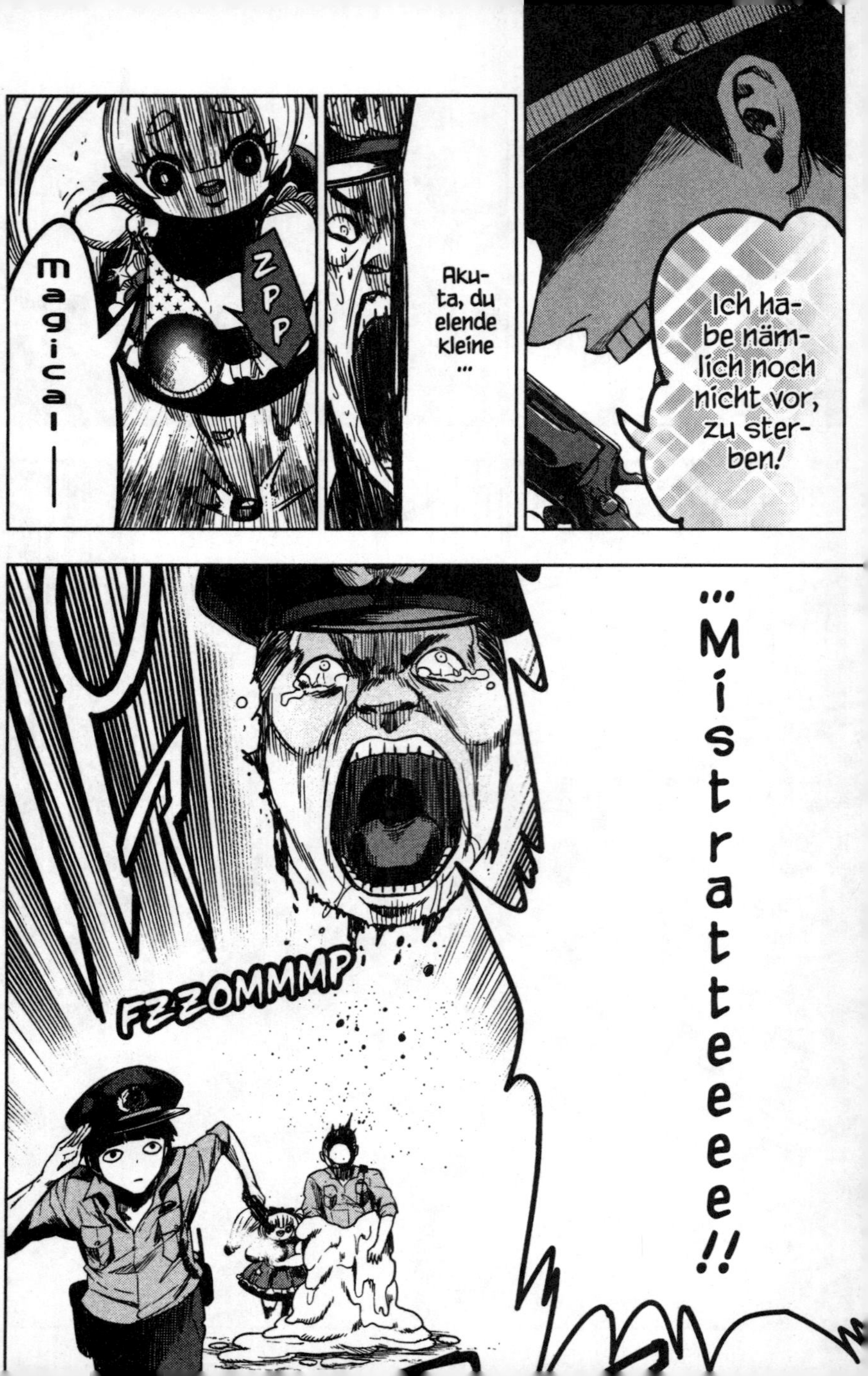

…Mistratteeeee!!

FZZOMMMP

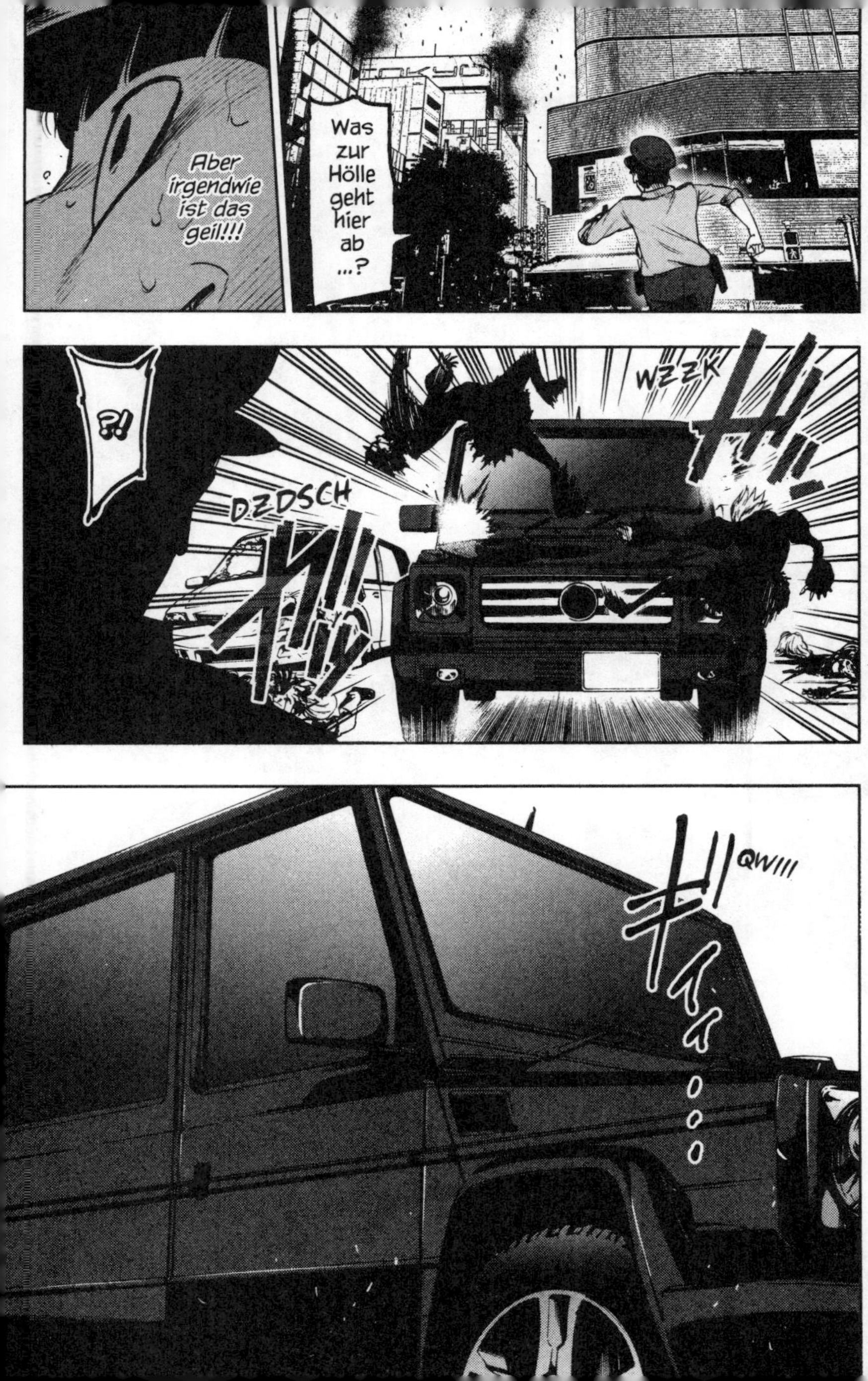

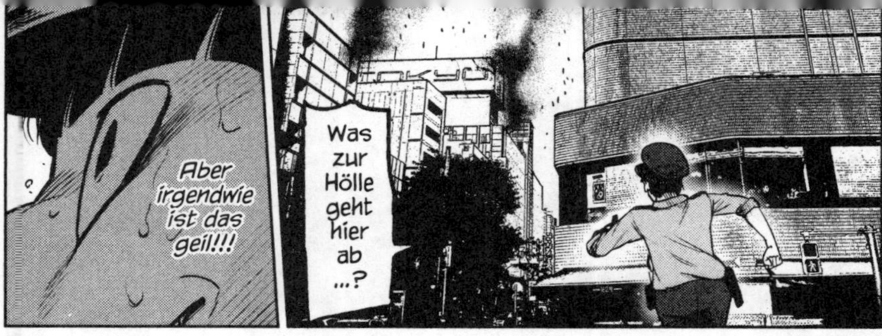
Was zur Hölle geht hier ab ...?
Aber irgendwie ist das geil!!!

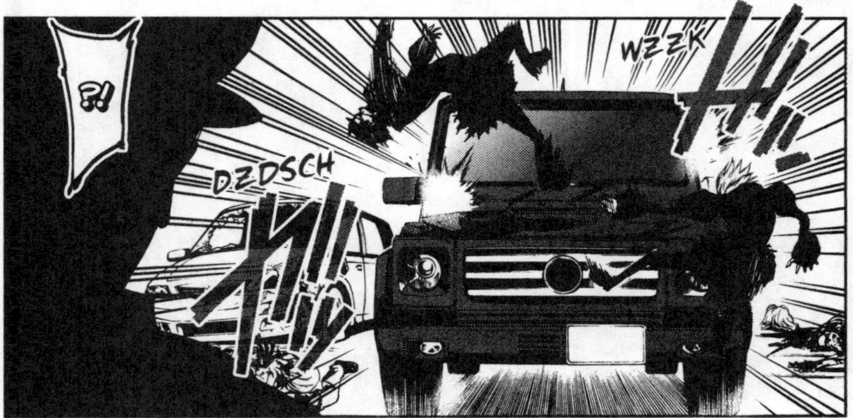
WZZK
DZDSCH
?!

QWIII

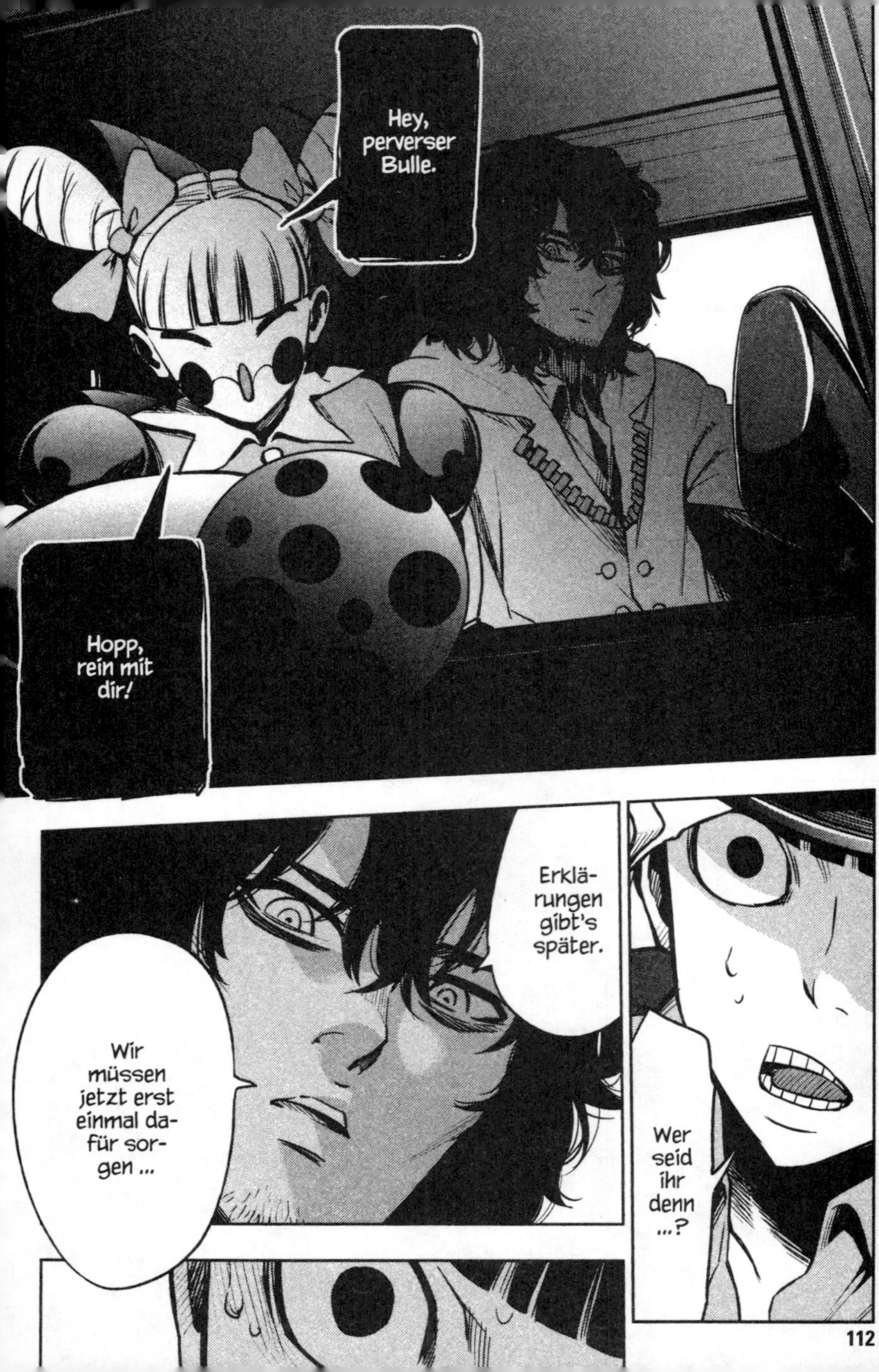

Hey, perverser Bulle.

Hopp, rein mit dir!

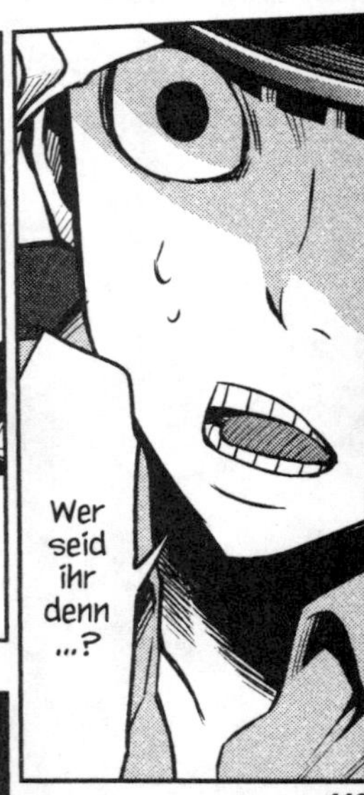

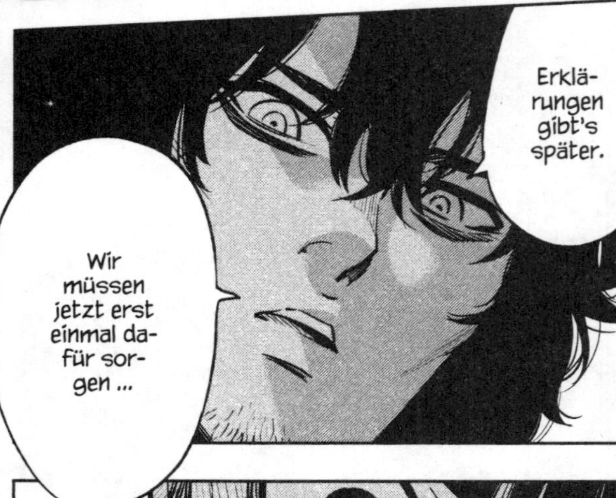

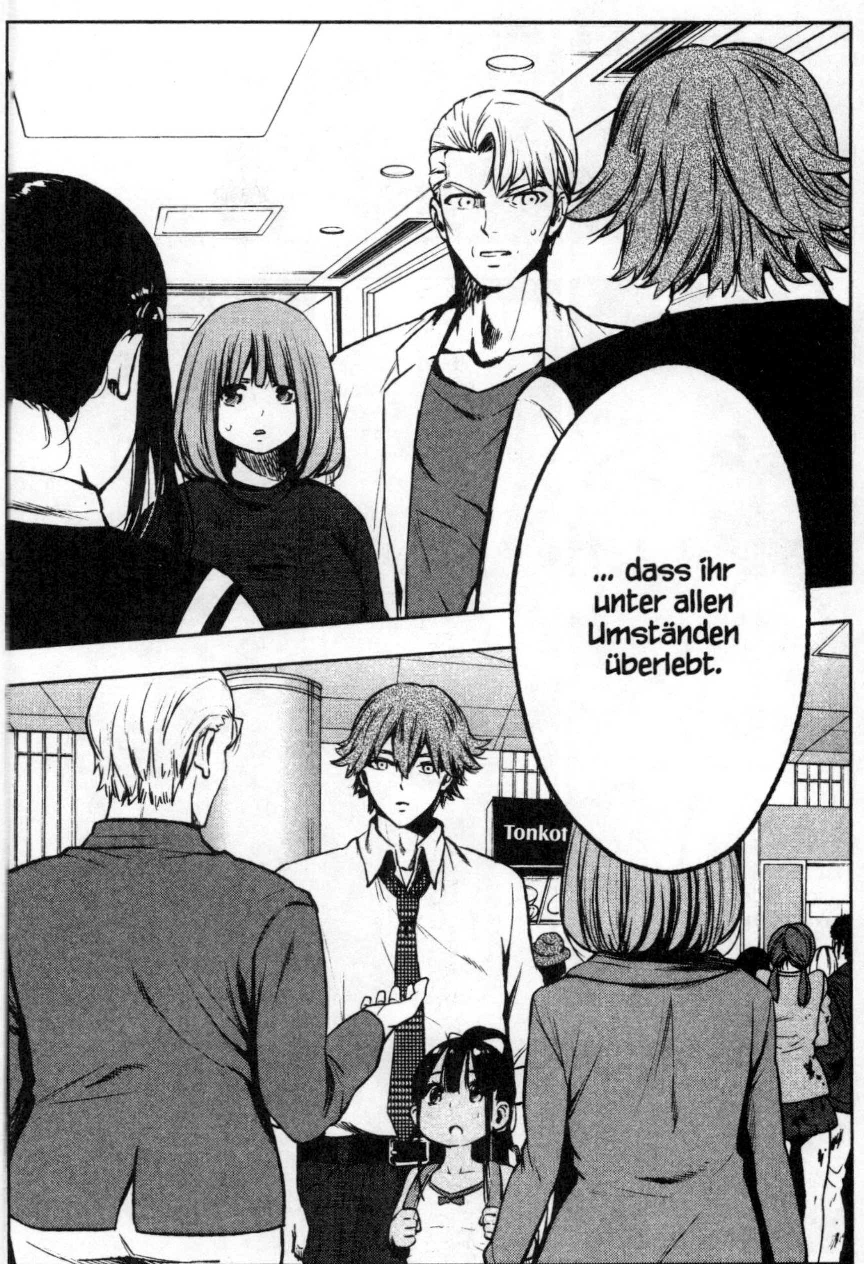
... dass ihr
unter allen
Umständen
überlebt.
Tonkot

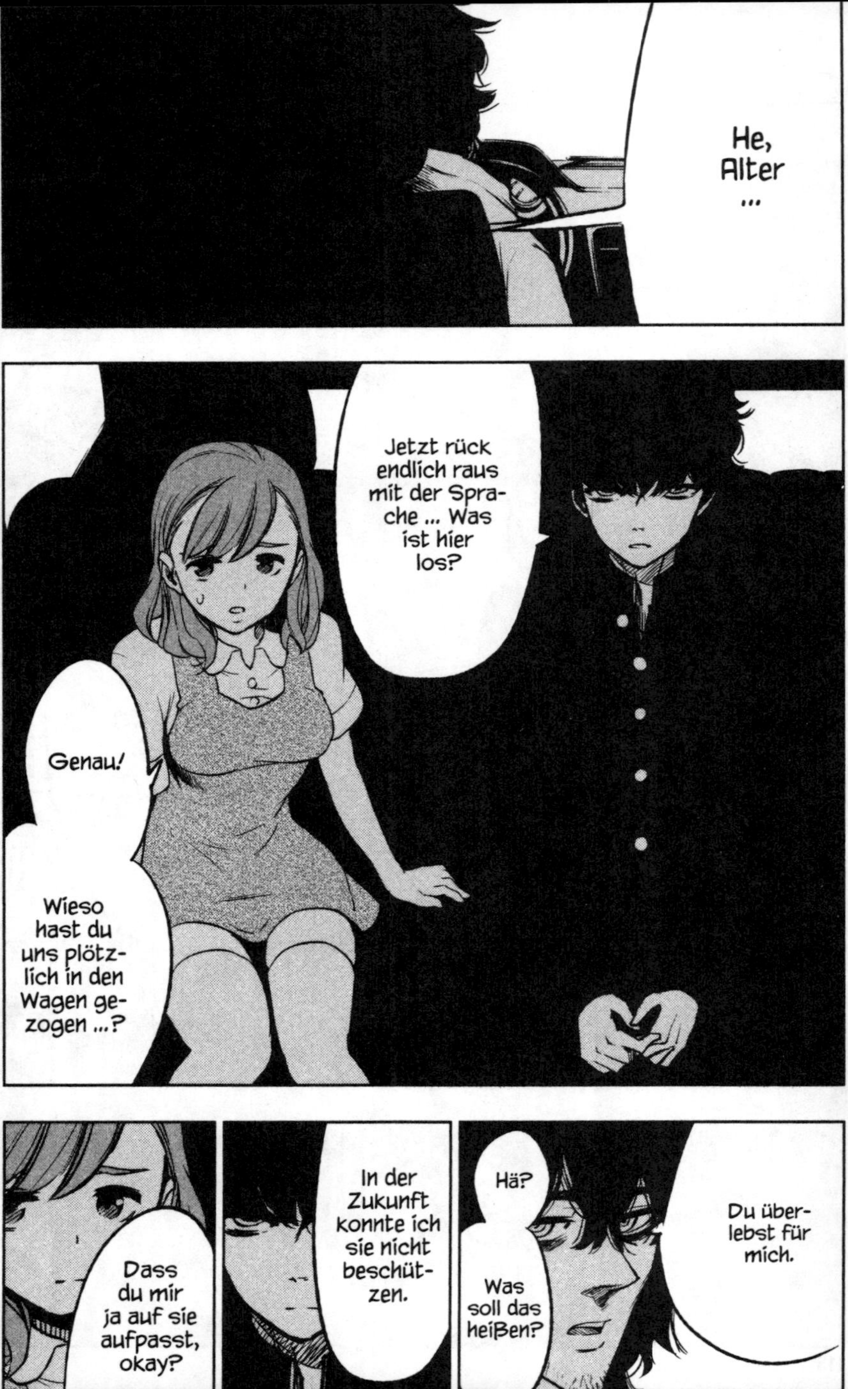

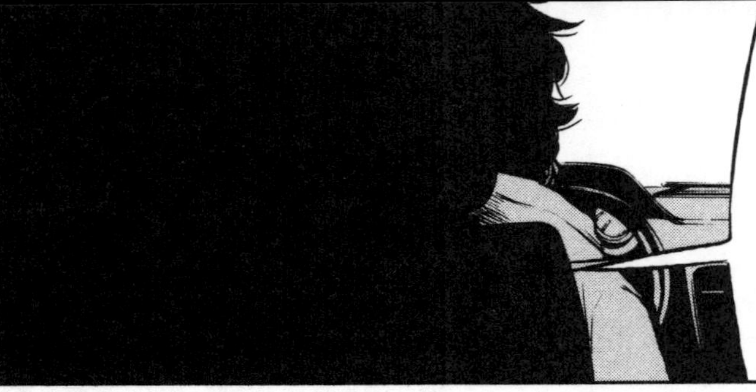
He, Alter ...

Jetzt rück endlich raus mit der Sprache ... Was ist hier los?
Genau!
Wieso hast du uns plötzlich in den Wagen gezogen ...?

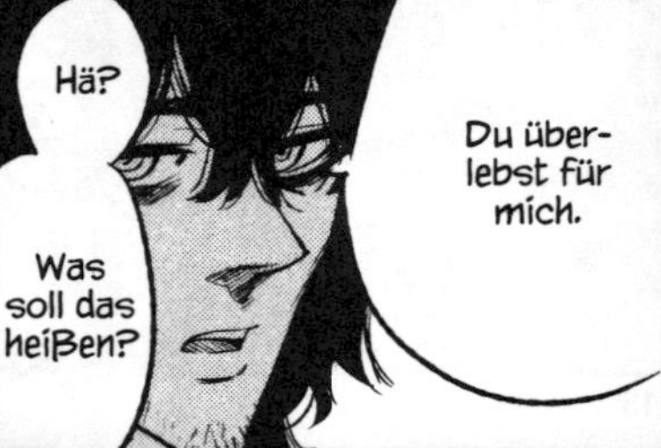
Du überlebst für mich.
Hä?
Was soll das heißen?

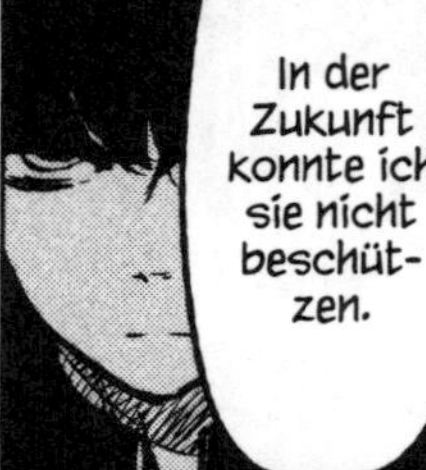
In der Zukunft konnte ich sie nicht beschützen.

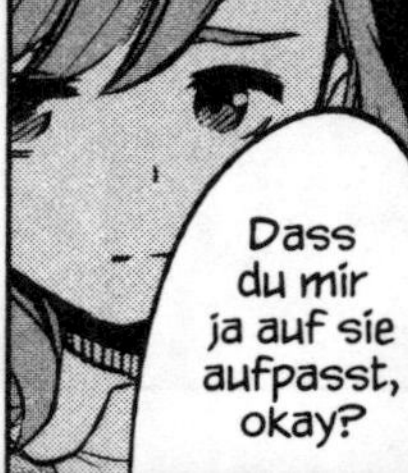
Dass du mir ja auf sie aufpasst, okay?

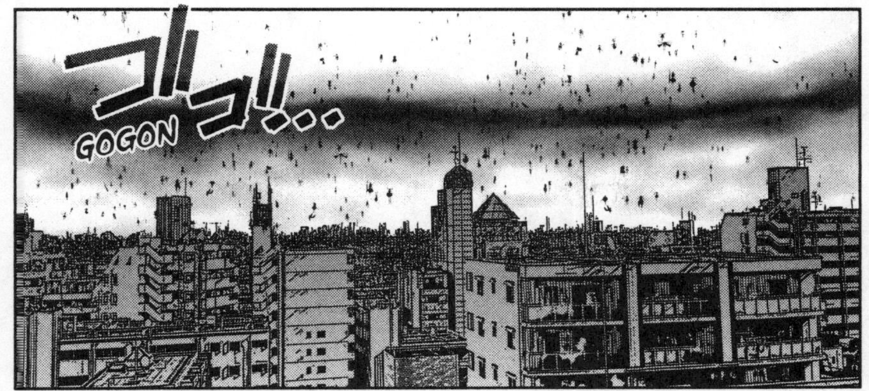
GOGON

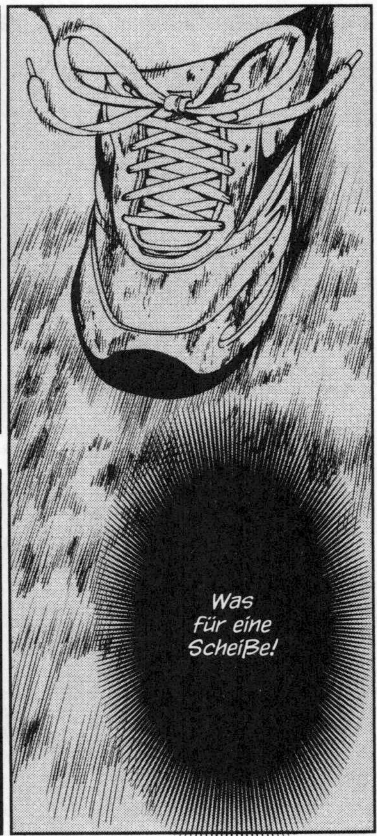
Was für eine Scheiße!

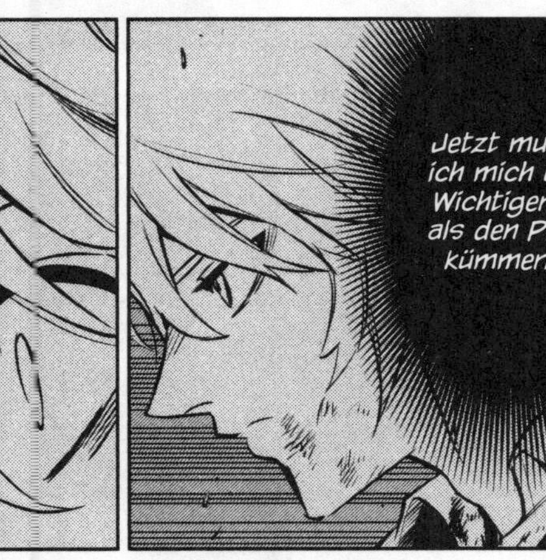
Jetzt muss ich mich um Wichtigeres als den Plan kümmern.

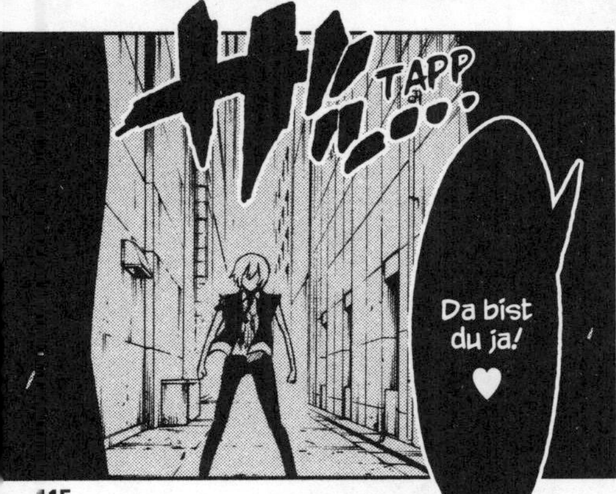
TAPP
Da bist du ja! ♥

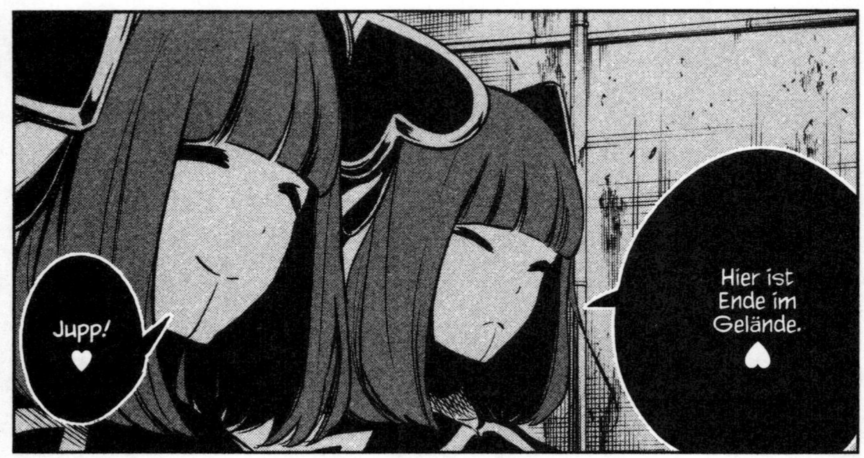
Hier ist Ende im Gelände. ♥
Jupp! ♥

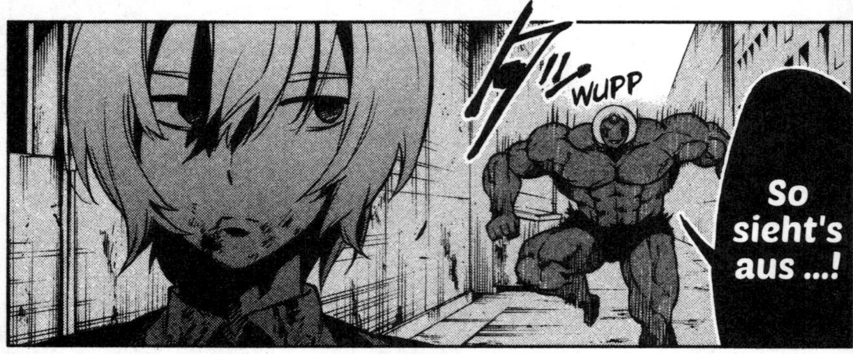
So sieht's aus ...!
WUPP

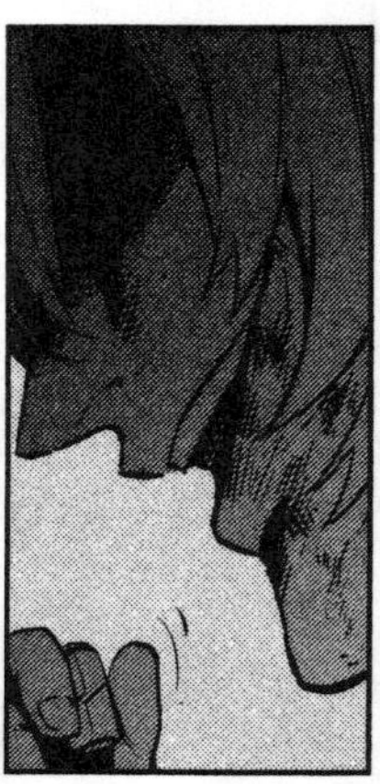

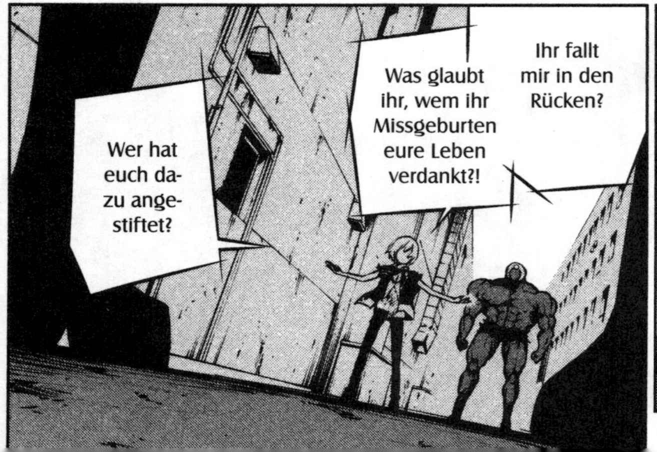
Ihr fallt mir in den Rücken?
Was glaubt ihr, wem ihr Missgeburten eure Leben verdankt?!
Wer hat euch dazu angestiftet?

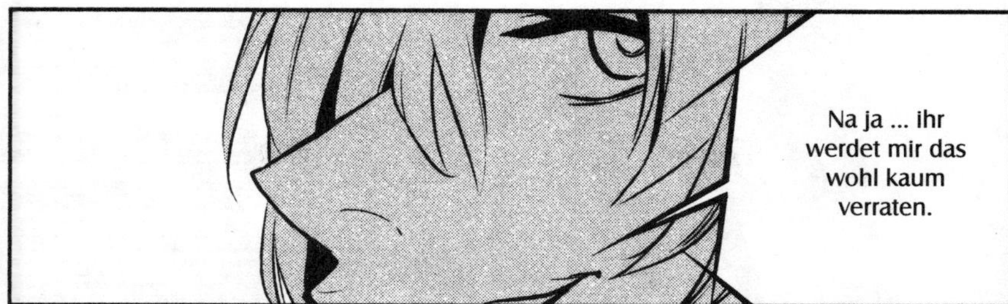
Na ja ... ihr werdet mir das wohl kaum verraten.

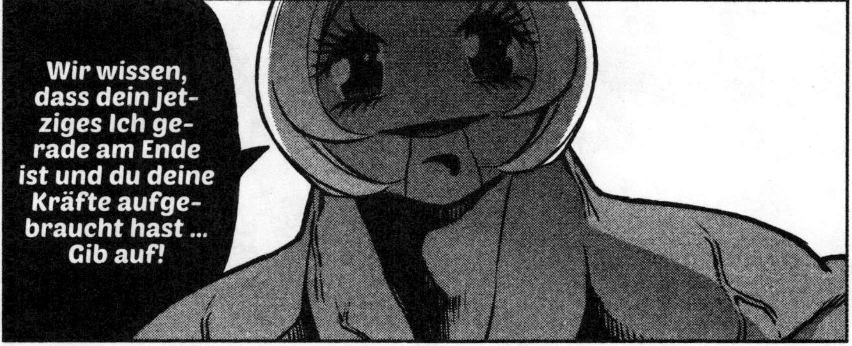
Wir wissen, dass dein jetziges Ich gerade am Ende ist und du deine Kräfte aufgebraucht hast ... Gib auf!

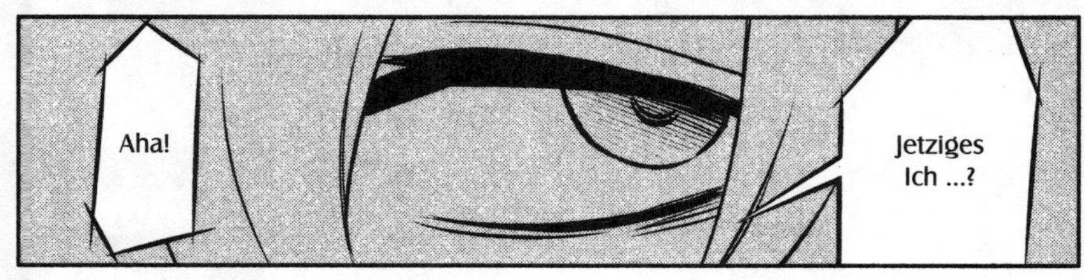
Jetziges Ich ...?
Aha!

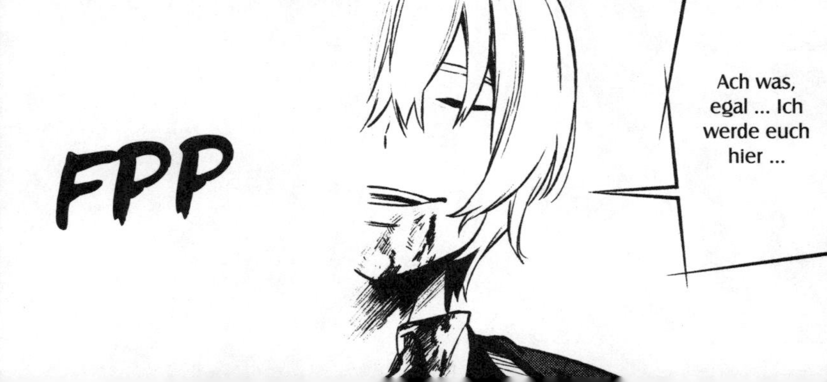
Ach was, egal ... Ich werde euch hier ...
FPP

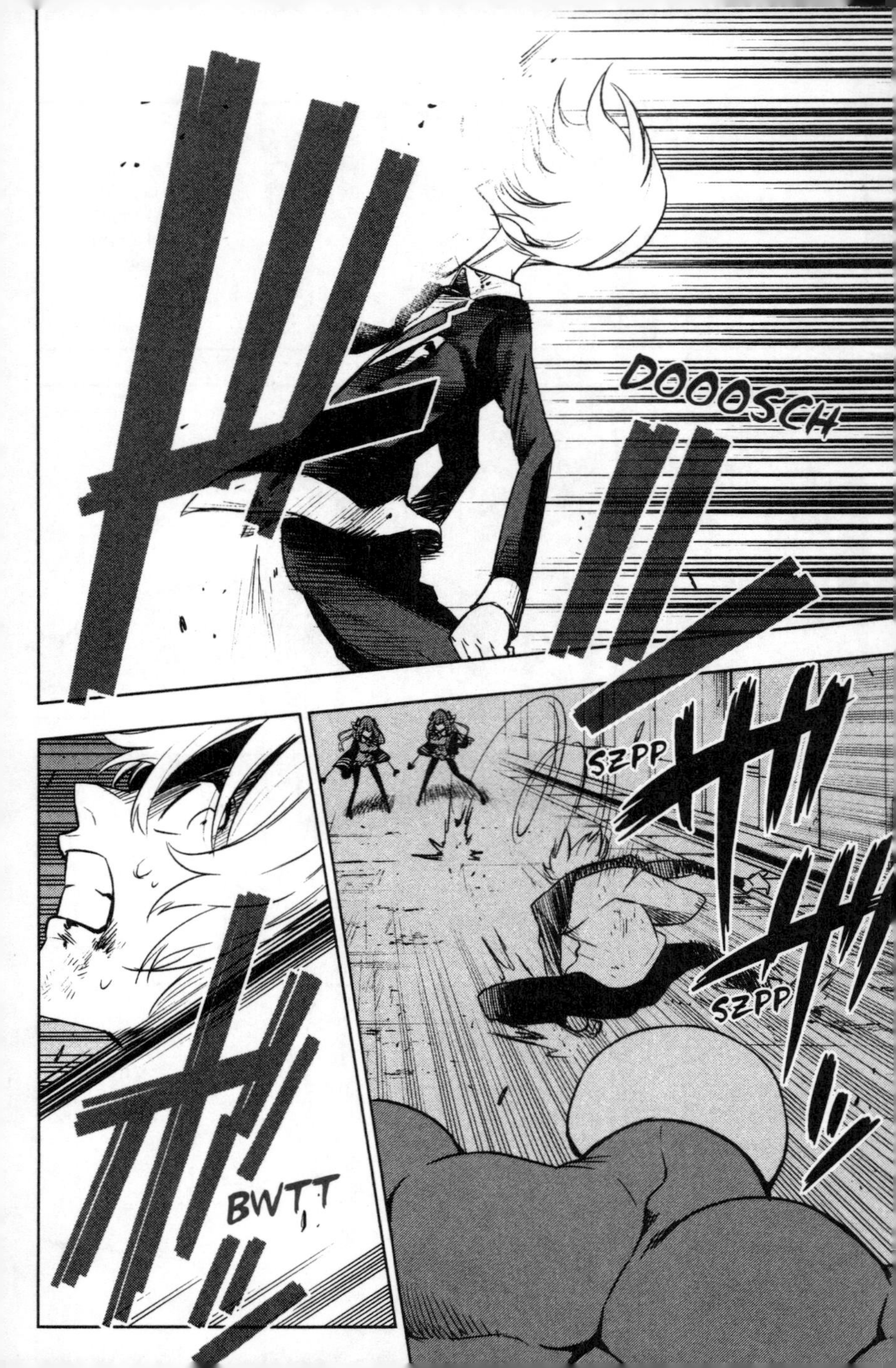
DOOOSCH
SZPP
SZPP
BWTT

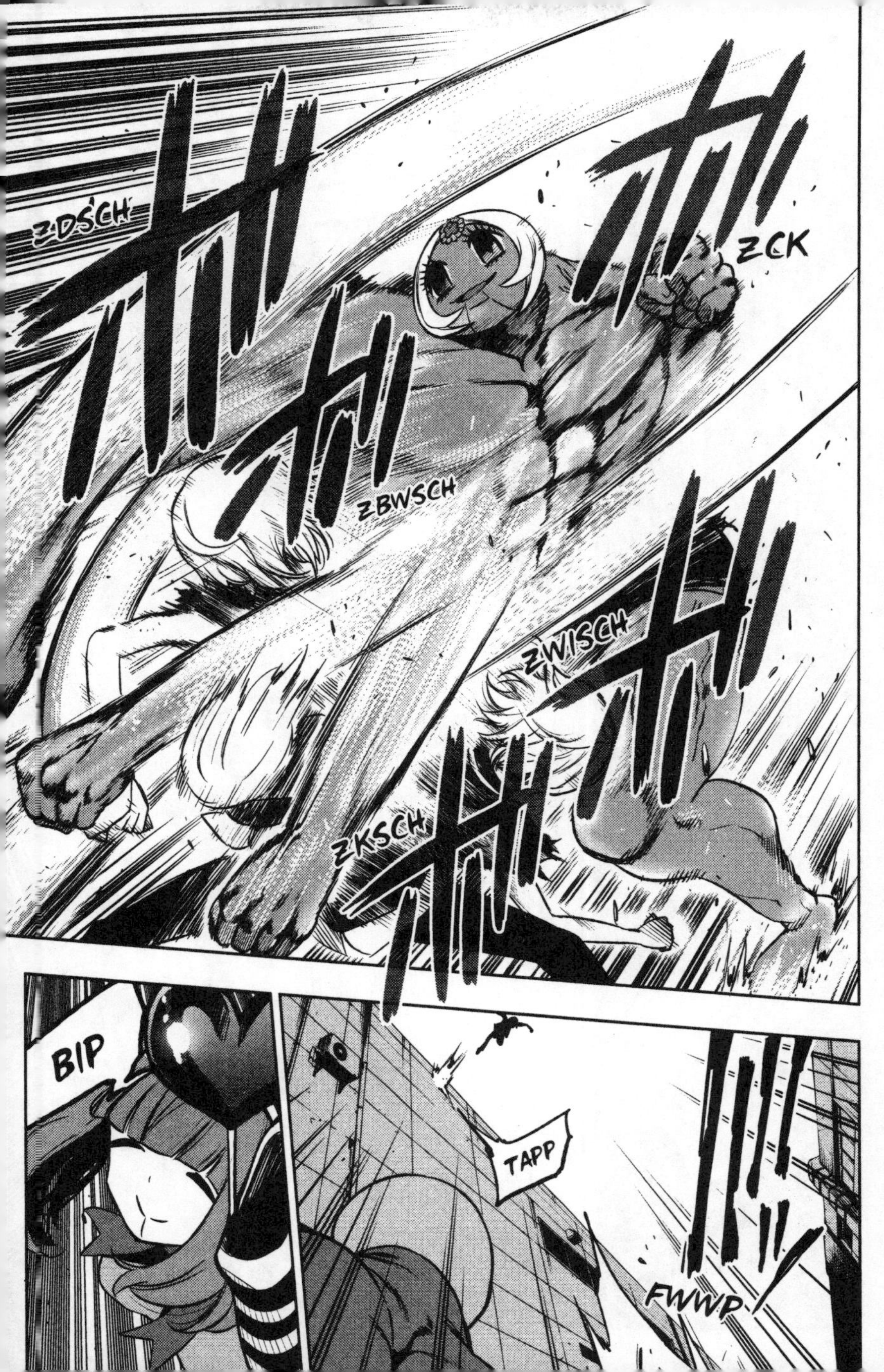
ZCK
ZDSCH
ZBWSCH
ZWISCH
ZKSCH
FWWP
TAPP
BIP

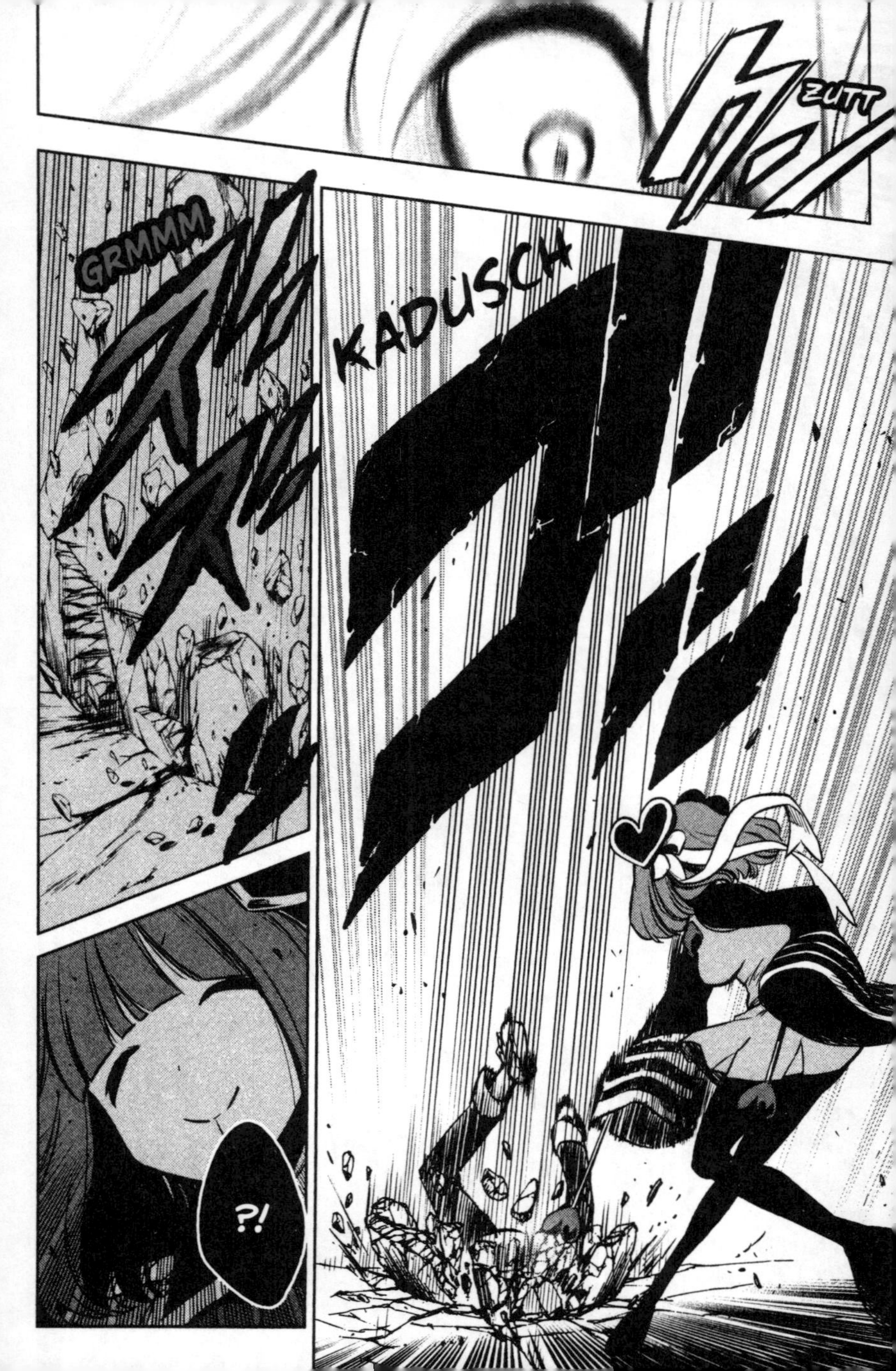
ZUTT
KADUSCH
GRMMM
?!

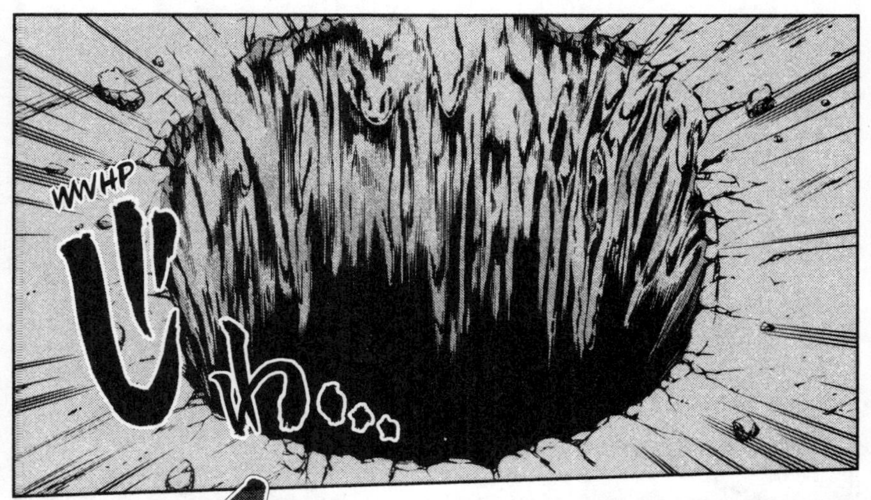

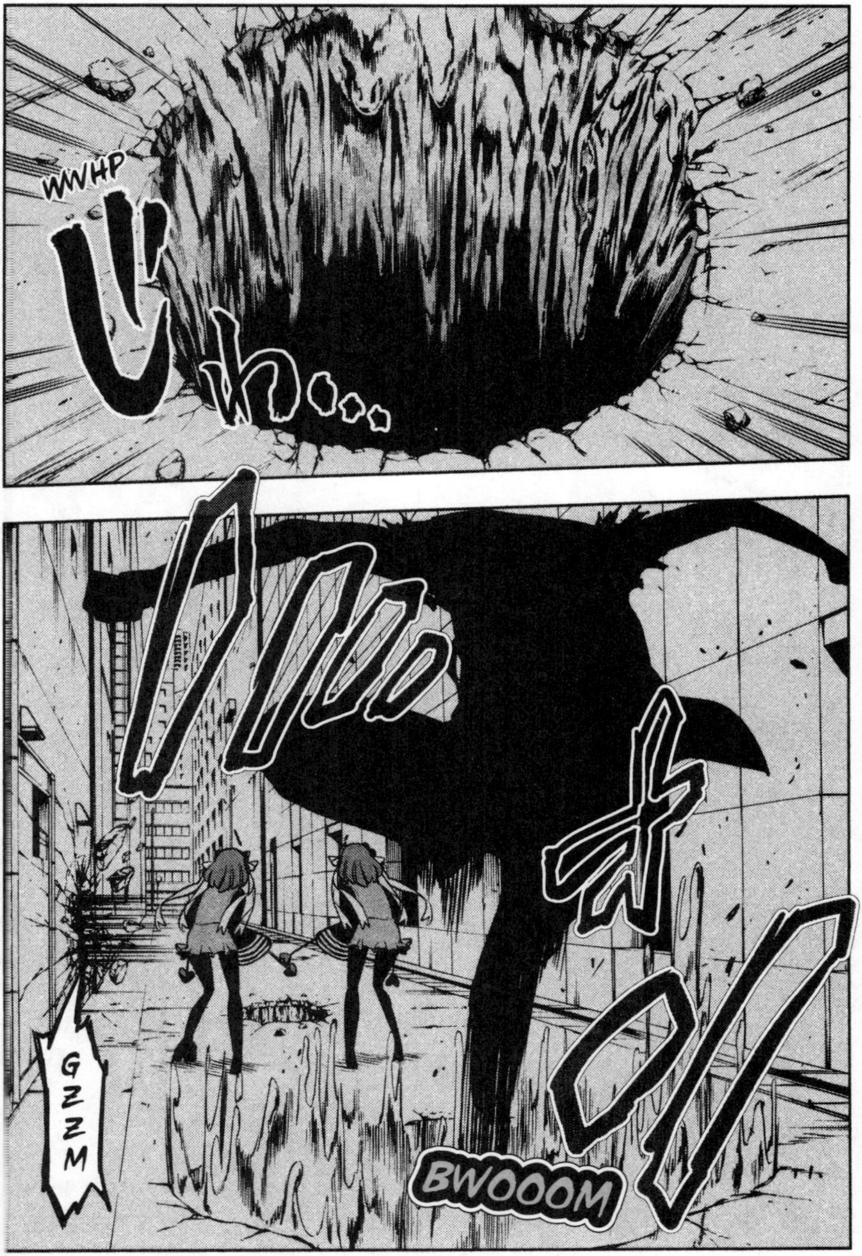

GZZM

BWOOOM

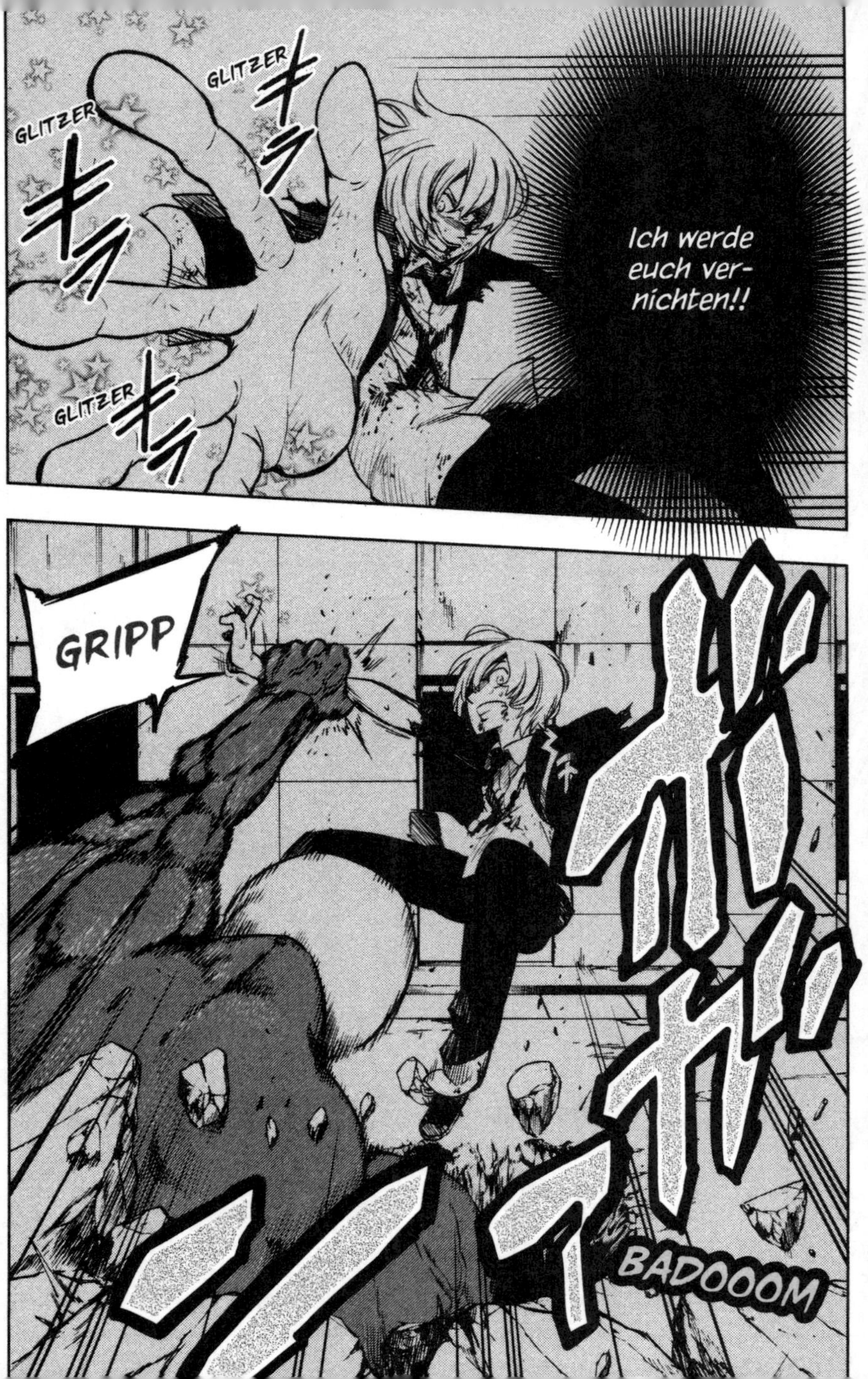

GLITZER
GLITZER
GLITZER
Ich werde euch vernichten!!
GRIPP
BADOOOM

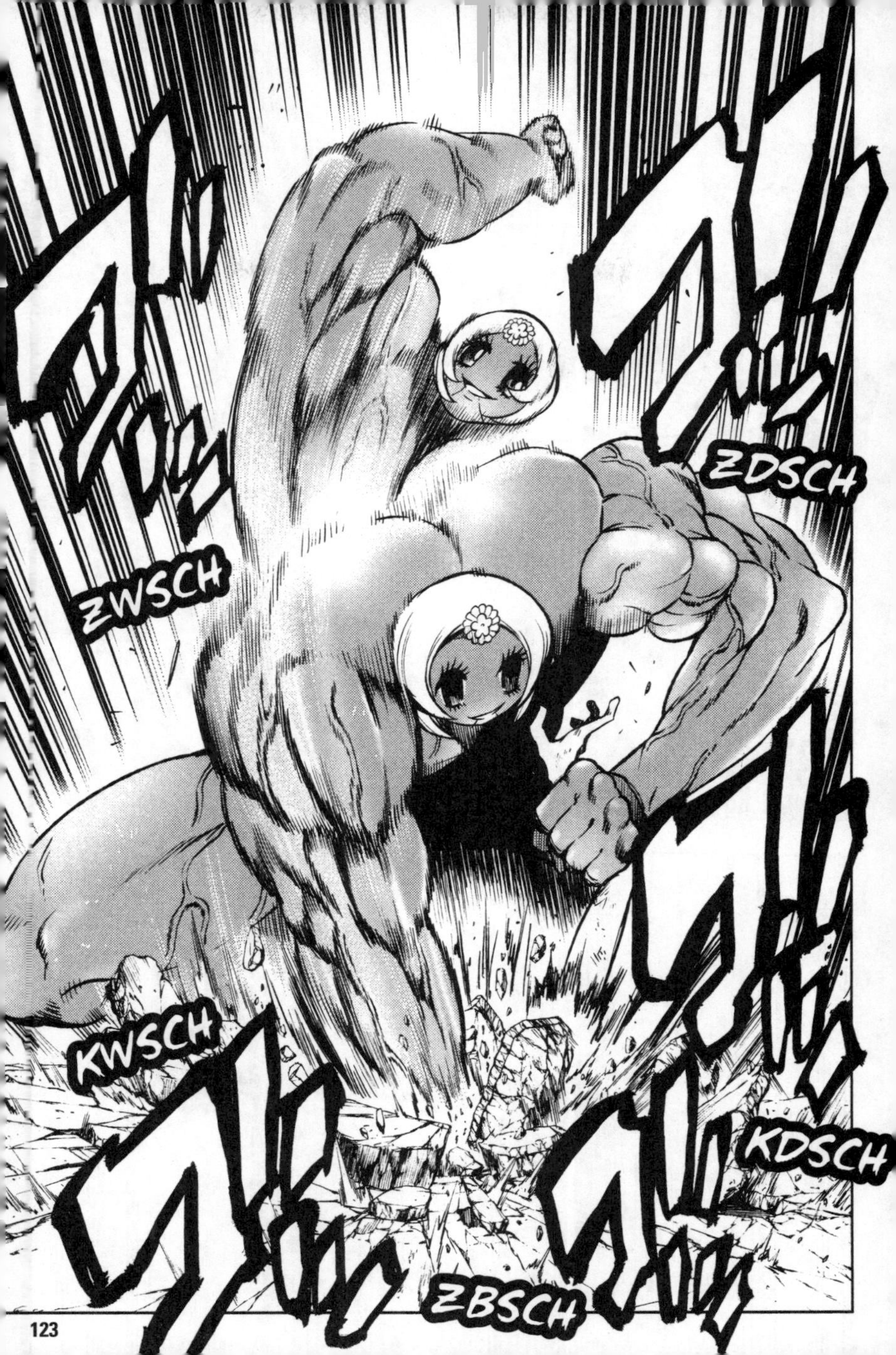
ZDSCH
ZWSCH
KDSCH
KWSCH
ZBSCH

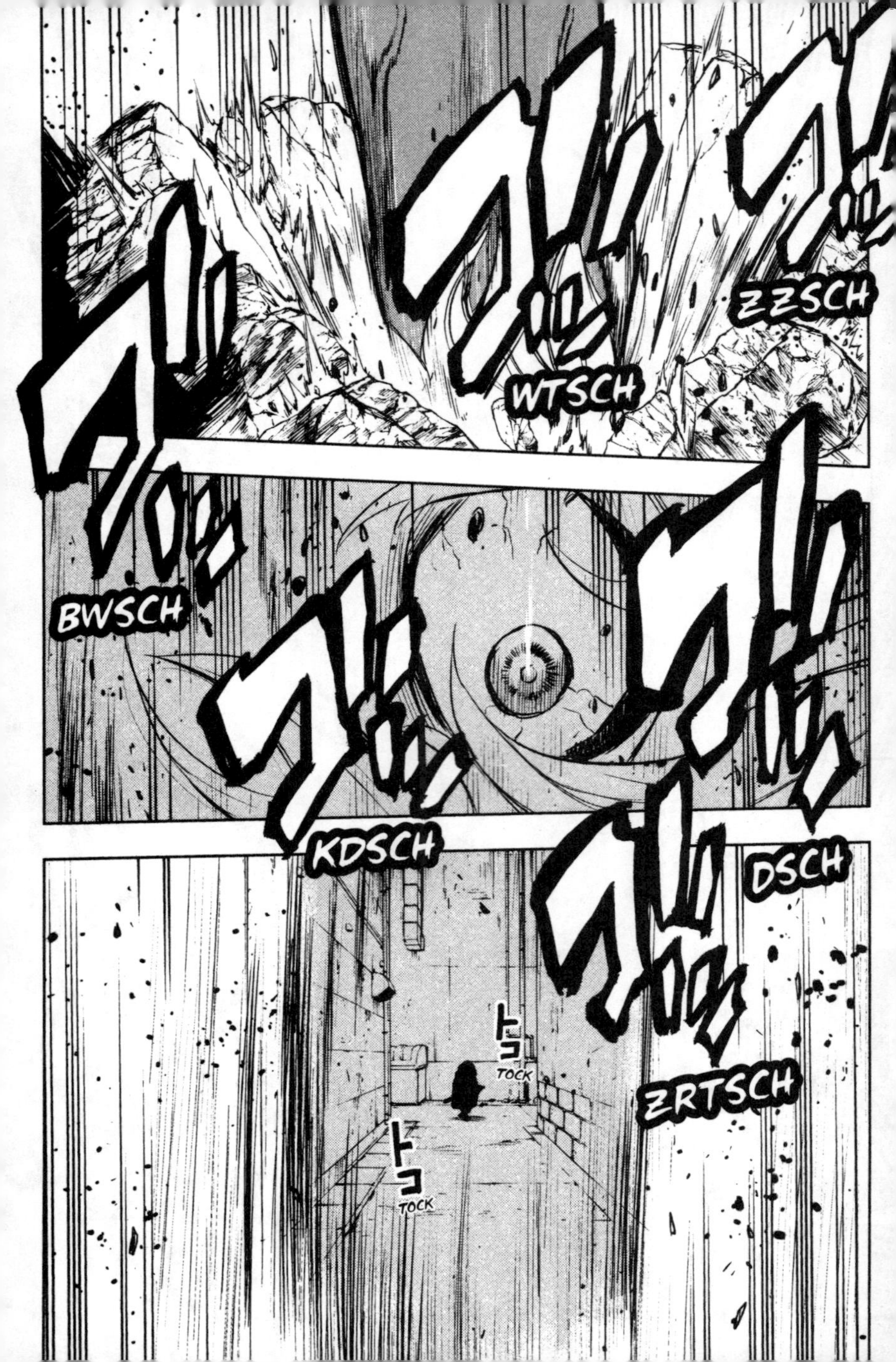
ZZSCH
WTSCH
BWSCH
DSCH
KDSCH
ZRTSCH
トコ
TOCK
トコ
TOCK

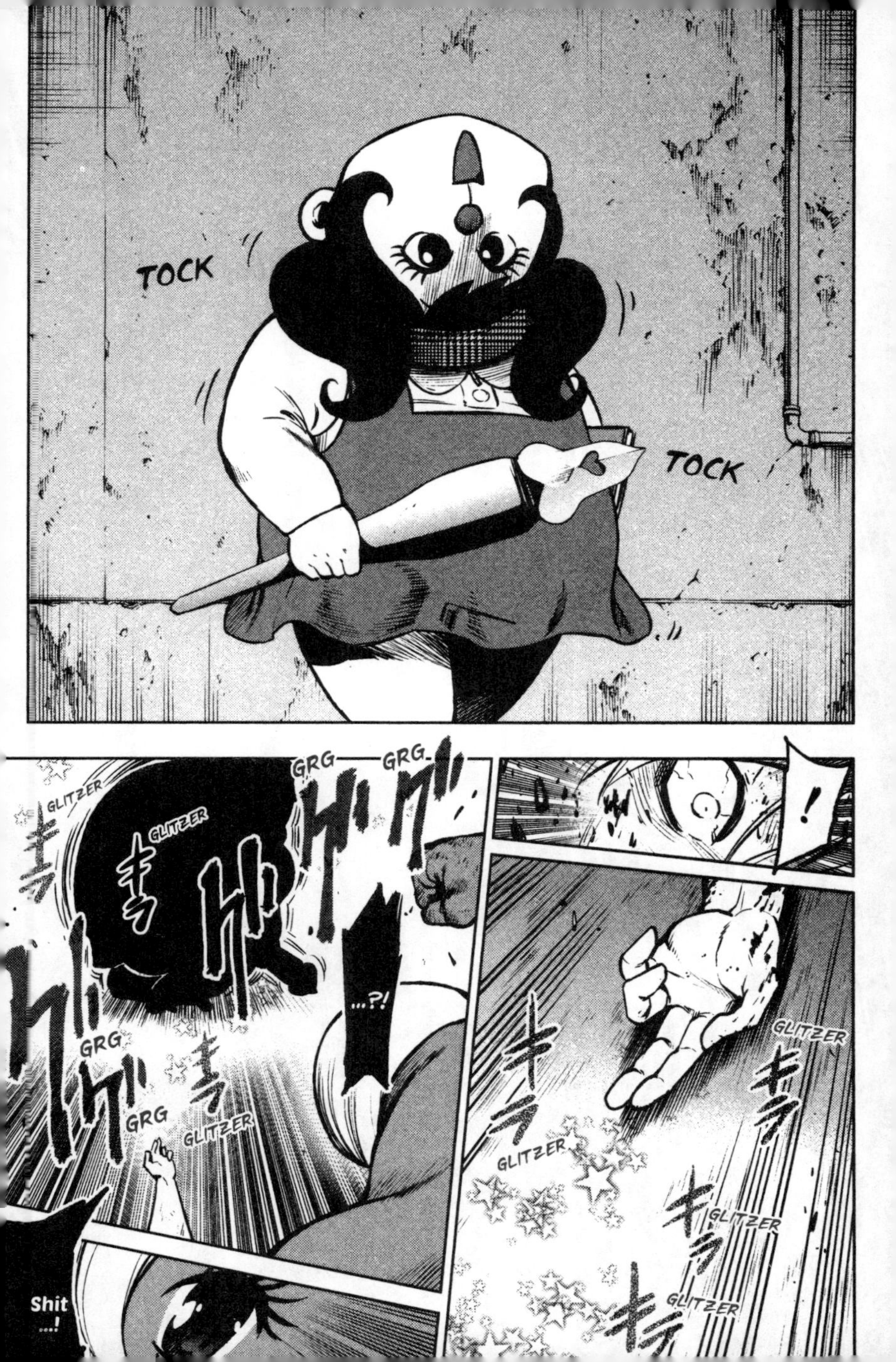

TOCK
TOCK

!
GLITZER
GLITZER
GLITZER
GLITZER

GRG GRG
GLITZER
GLITZER
...?!
GRG
GRG
GLITZER
Shit ...!

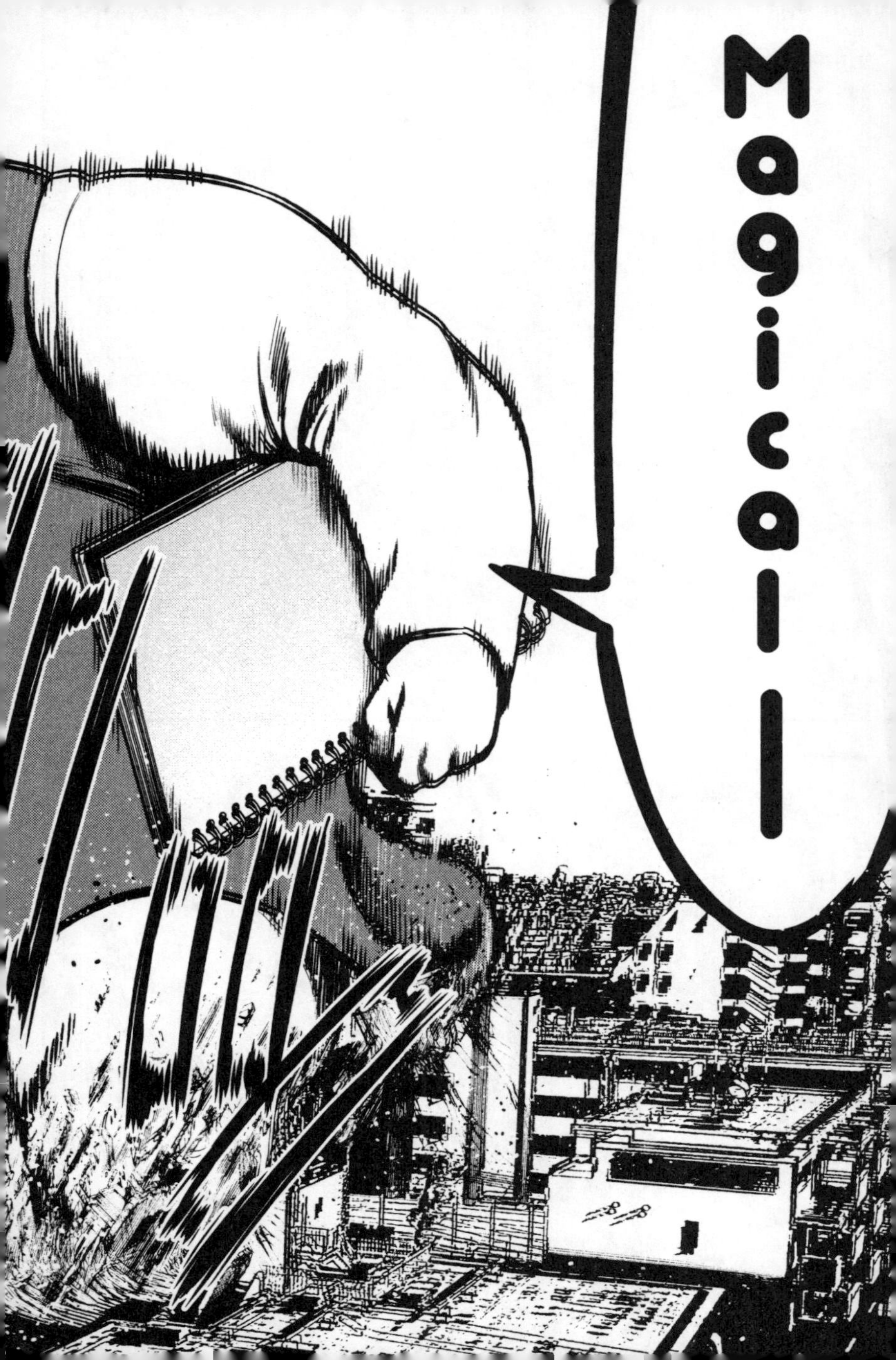
Magicall

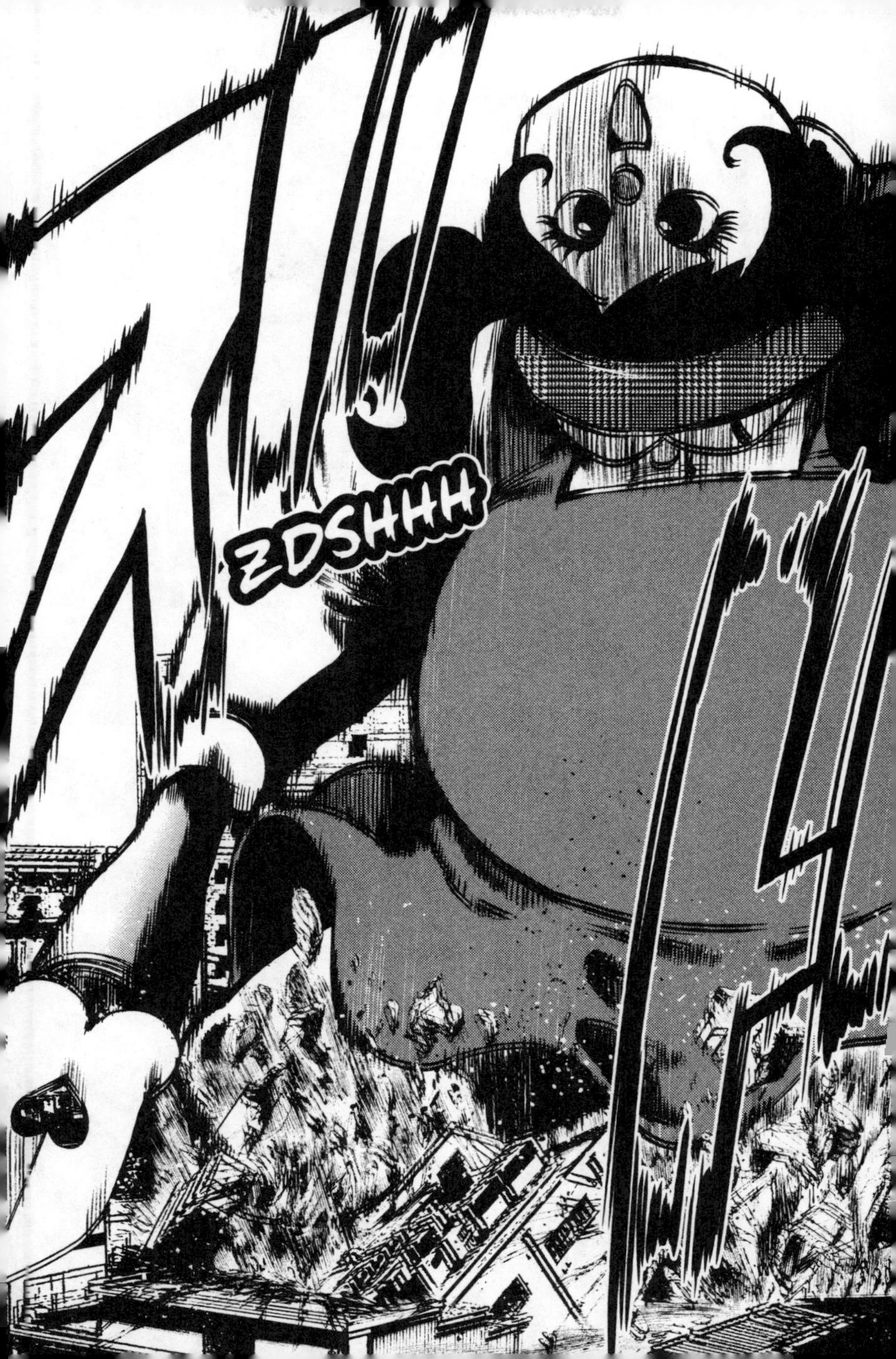
ZDSHHH

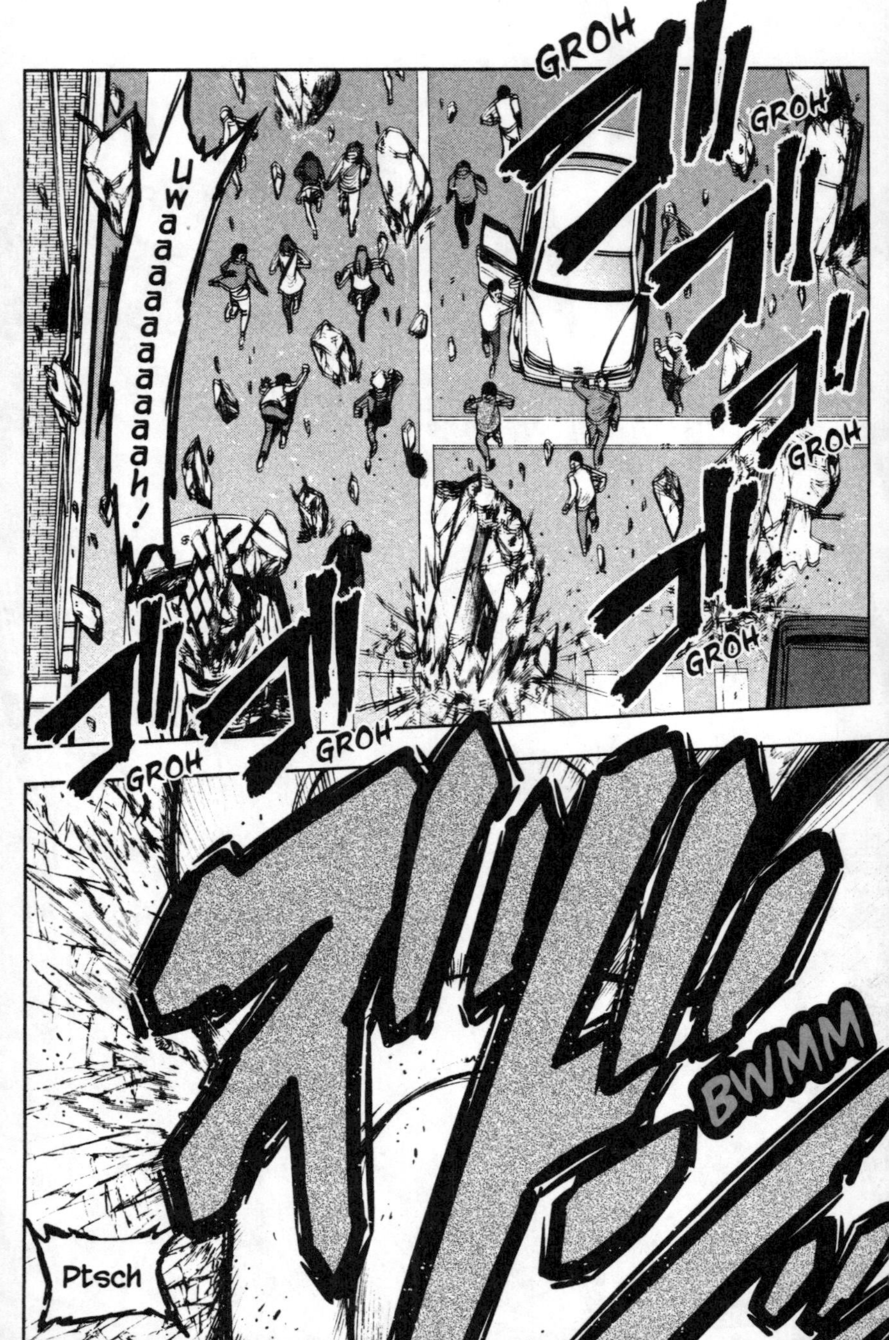
GROH
GROH
GROH
GROH
Uwaaaaaaaaaaaaah!
GROH
GROH
BWMM
Ptsch

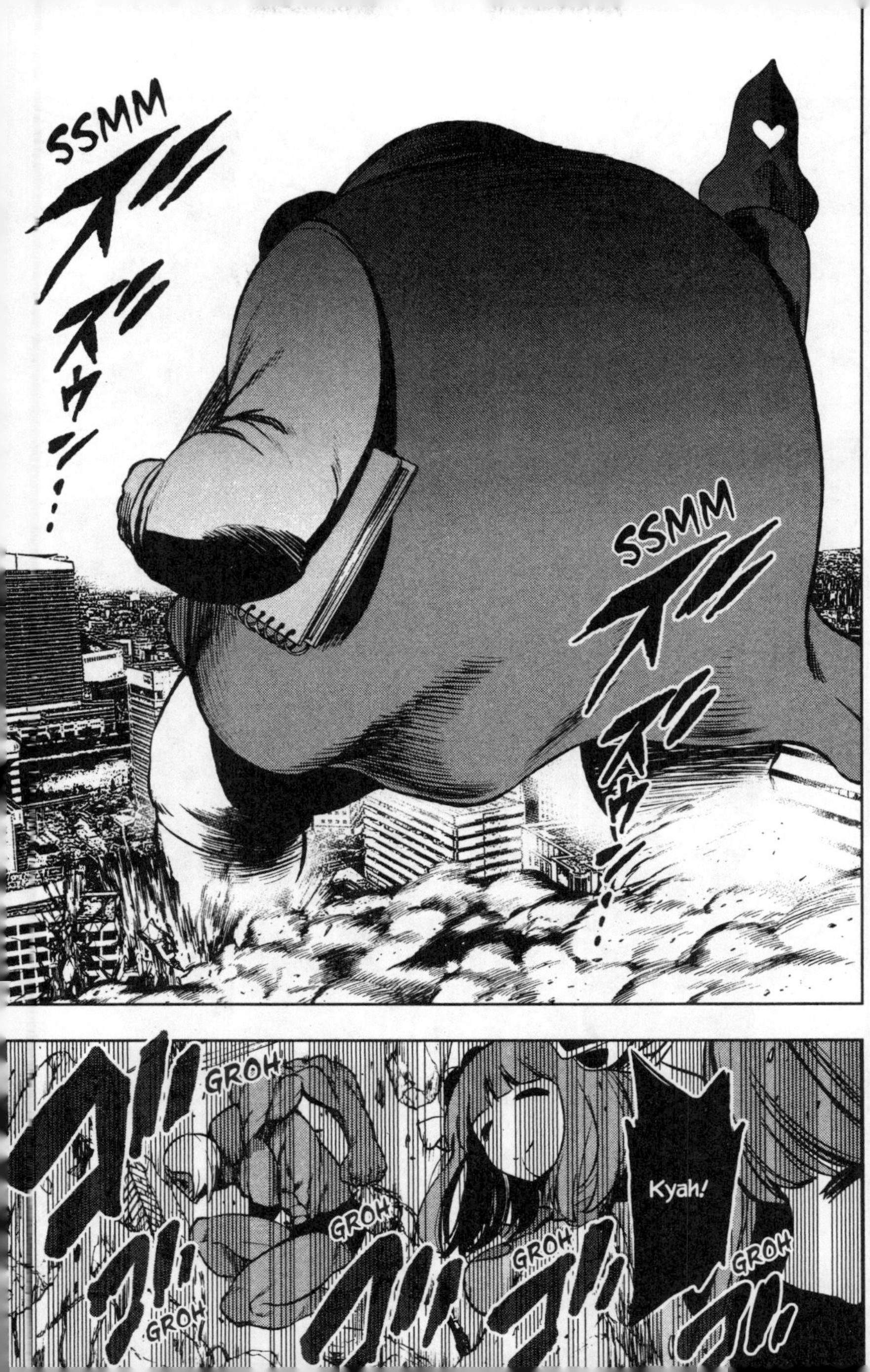

SSMM
SSMM

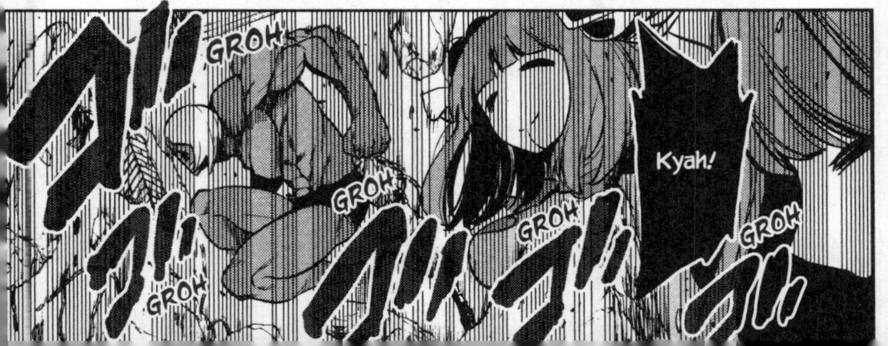
GROH
Kyah!
GROH
GROH
GROH
GROH

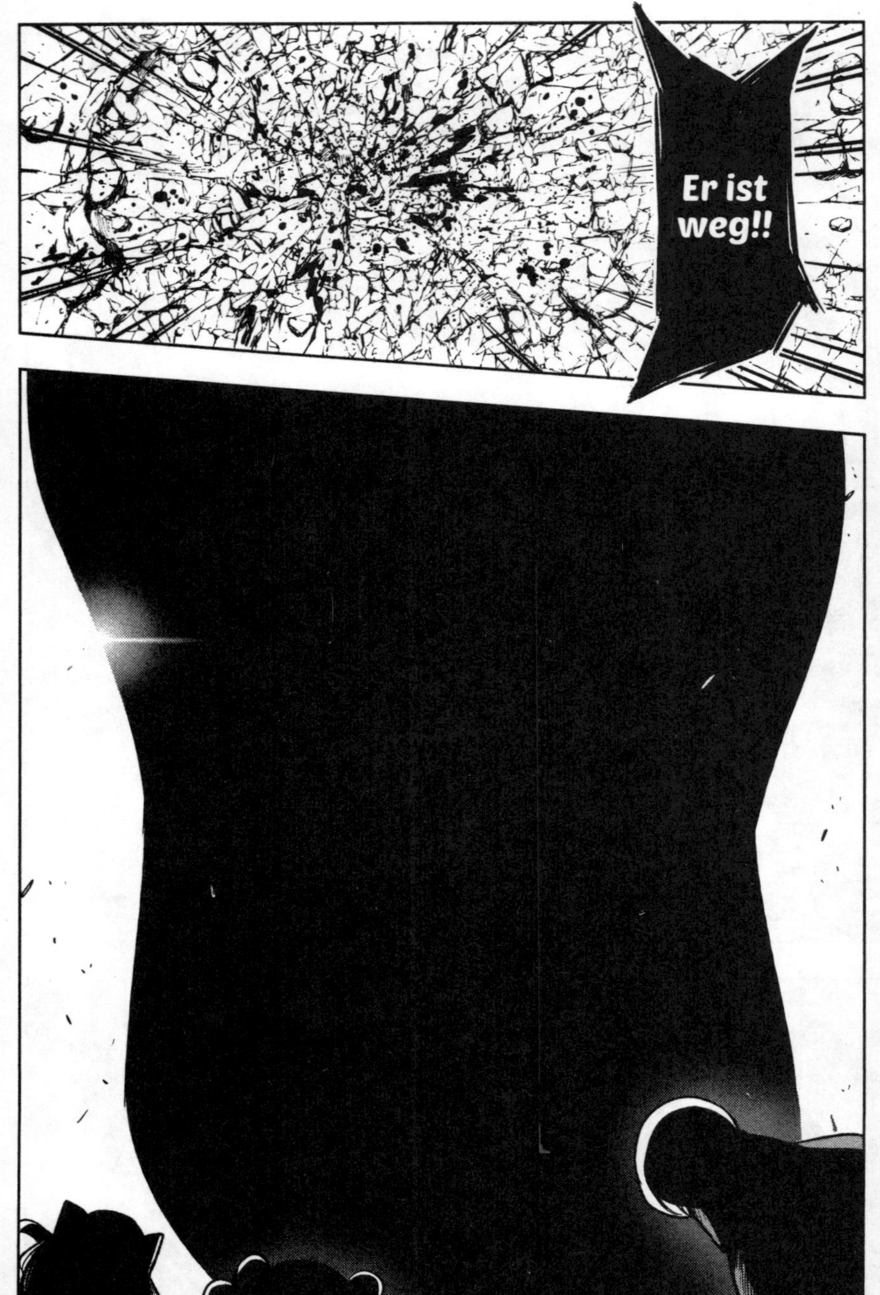
Er ist weg!!

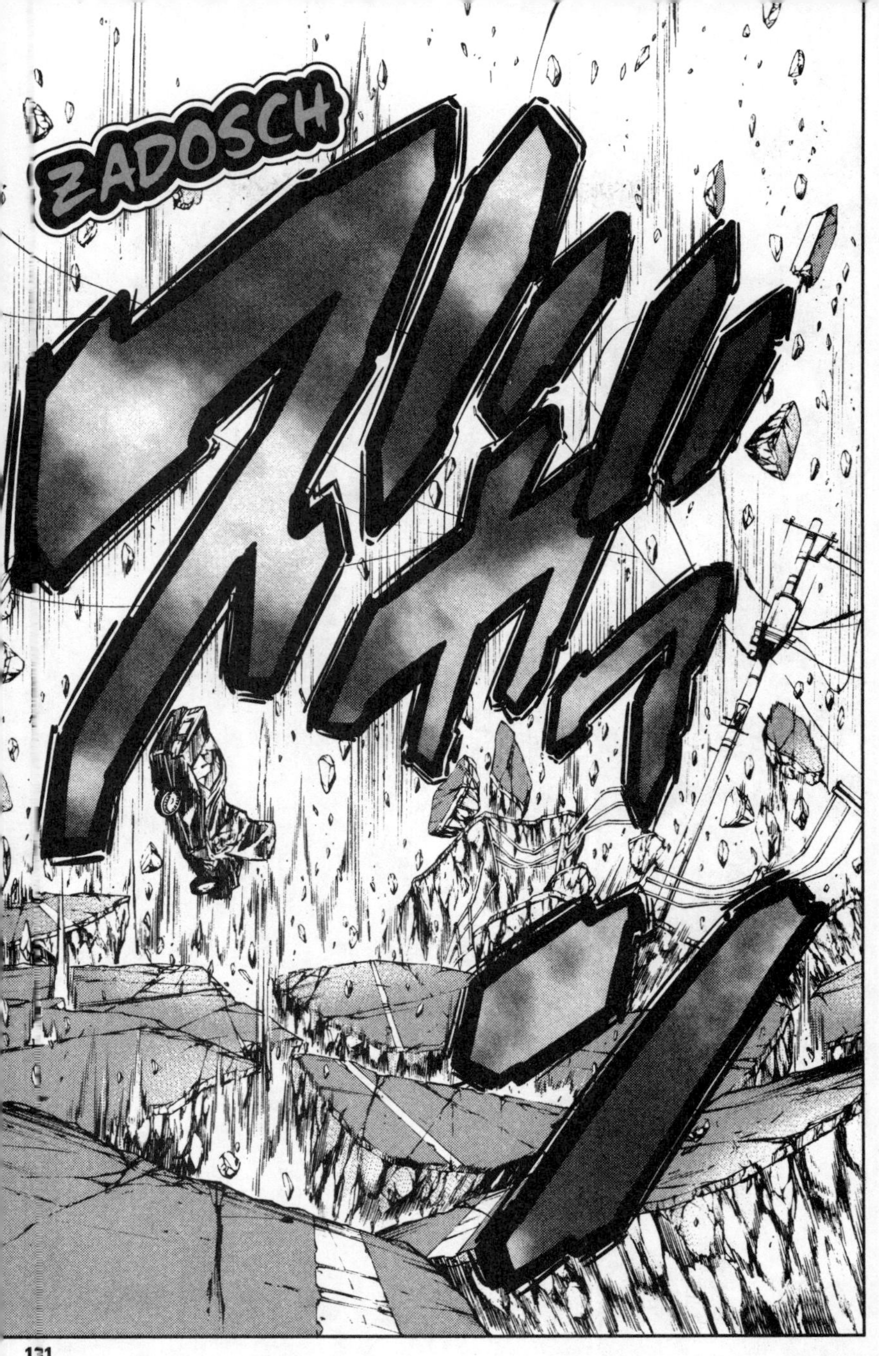
ZADOSCH

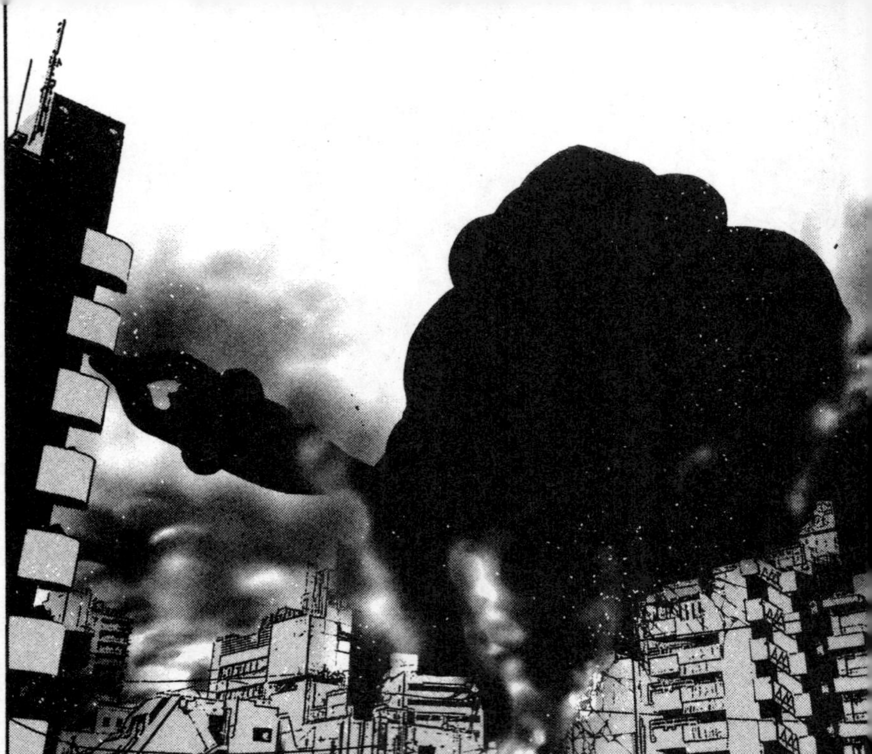

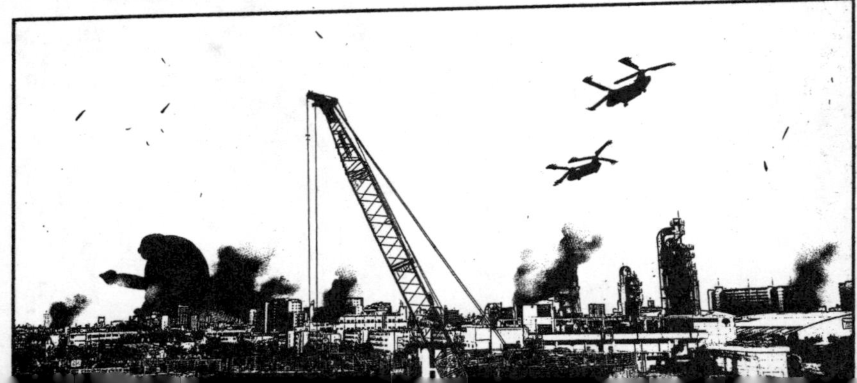

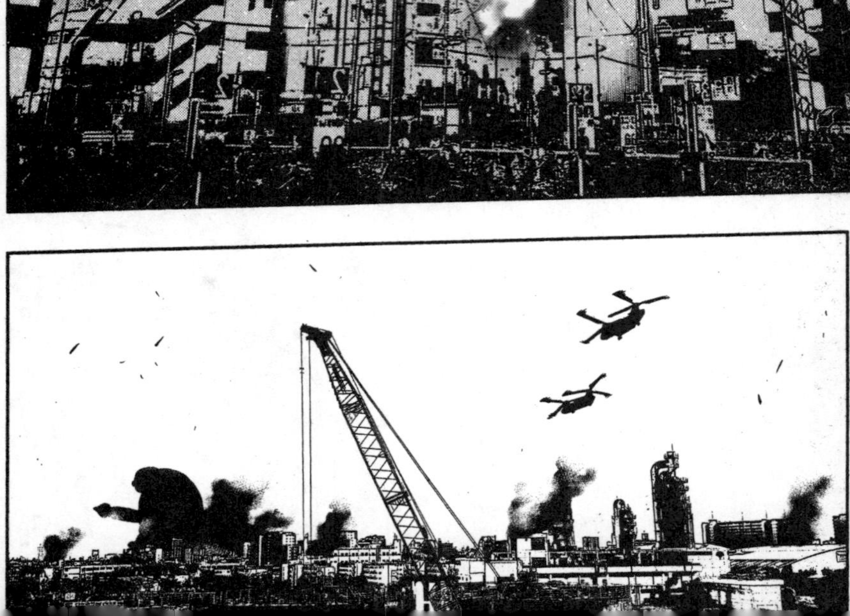

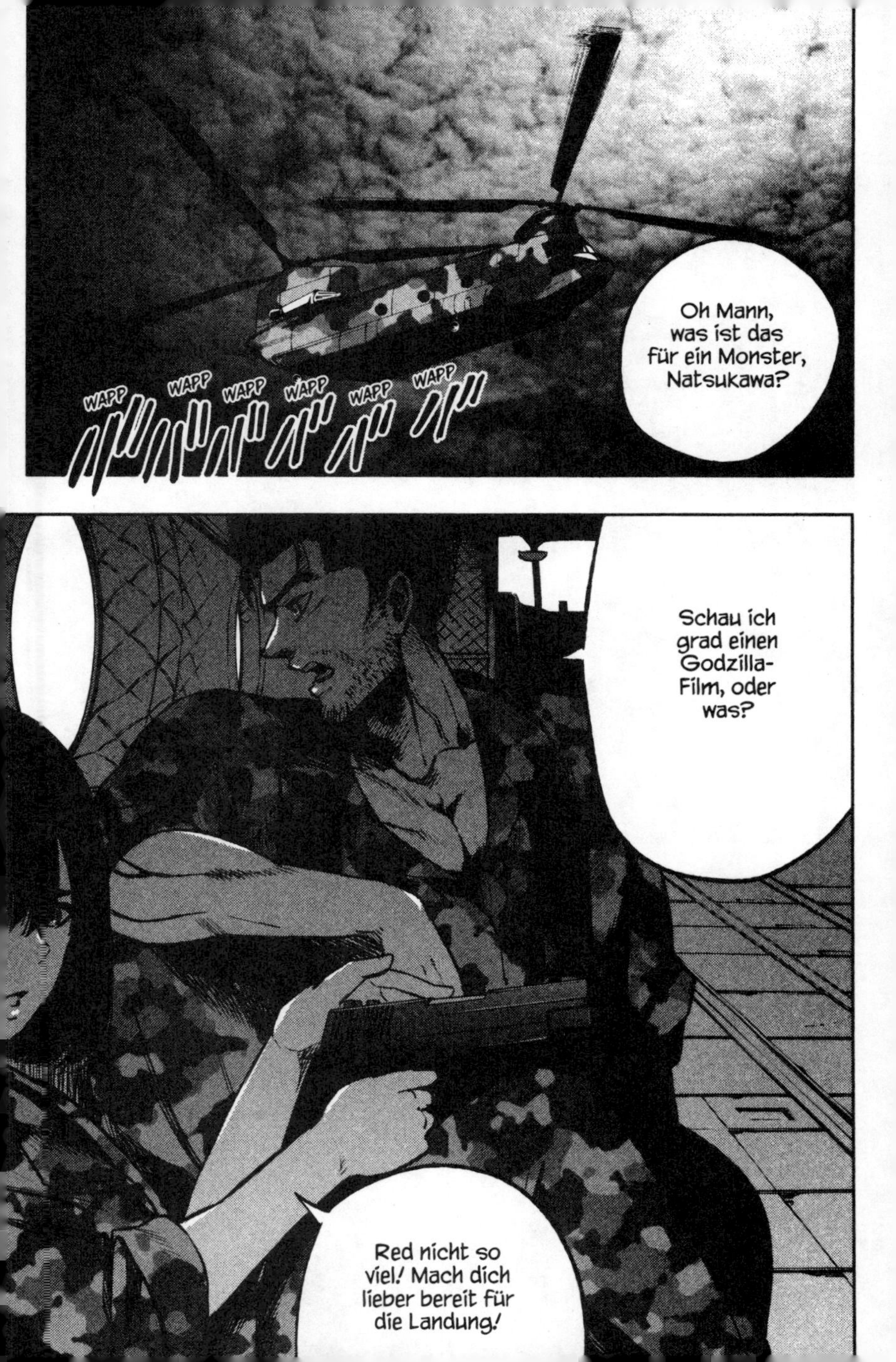

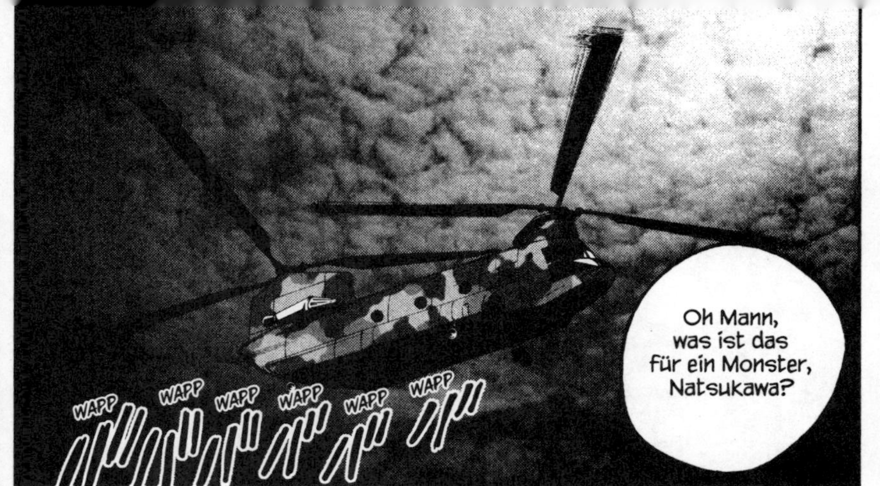

Schau ich grad einen Godzilla-Film, oder was?

Red nicht so viel! Mach dich lieber bereit für die Landung!

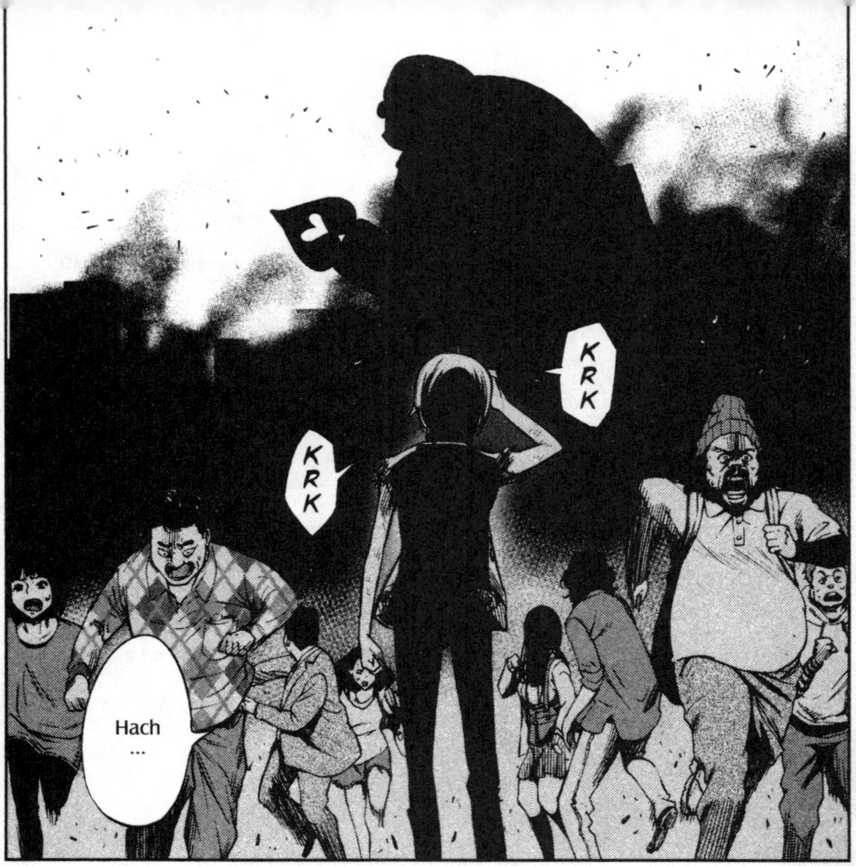

KRK
KRK
Hach ...
Tjaa ... 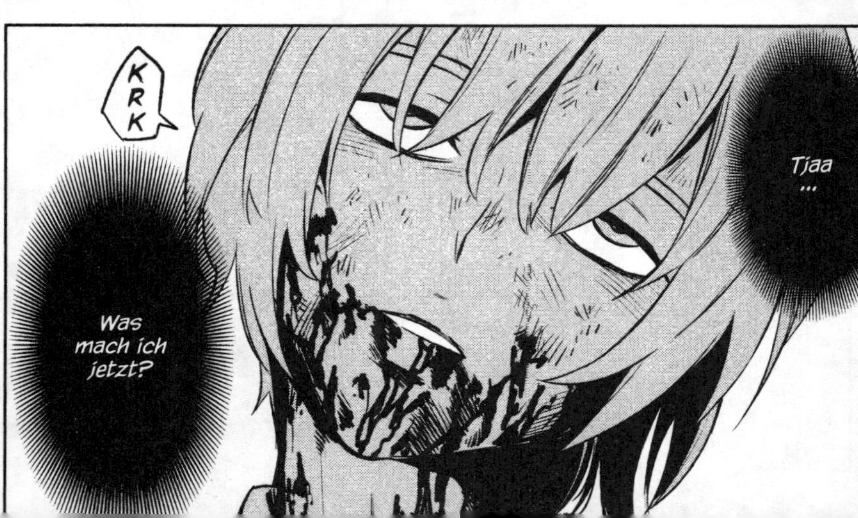
KRK
Was mach ich jetzt?

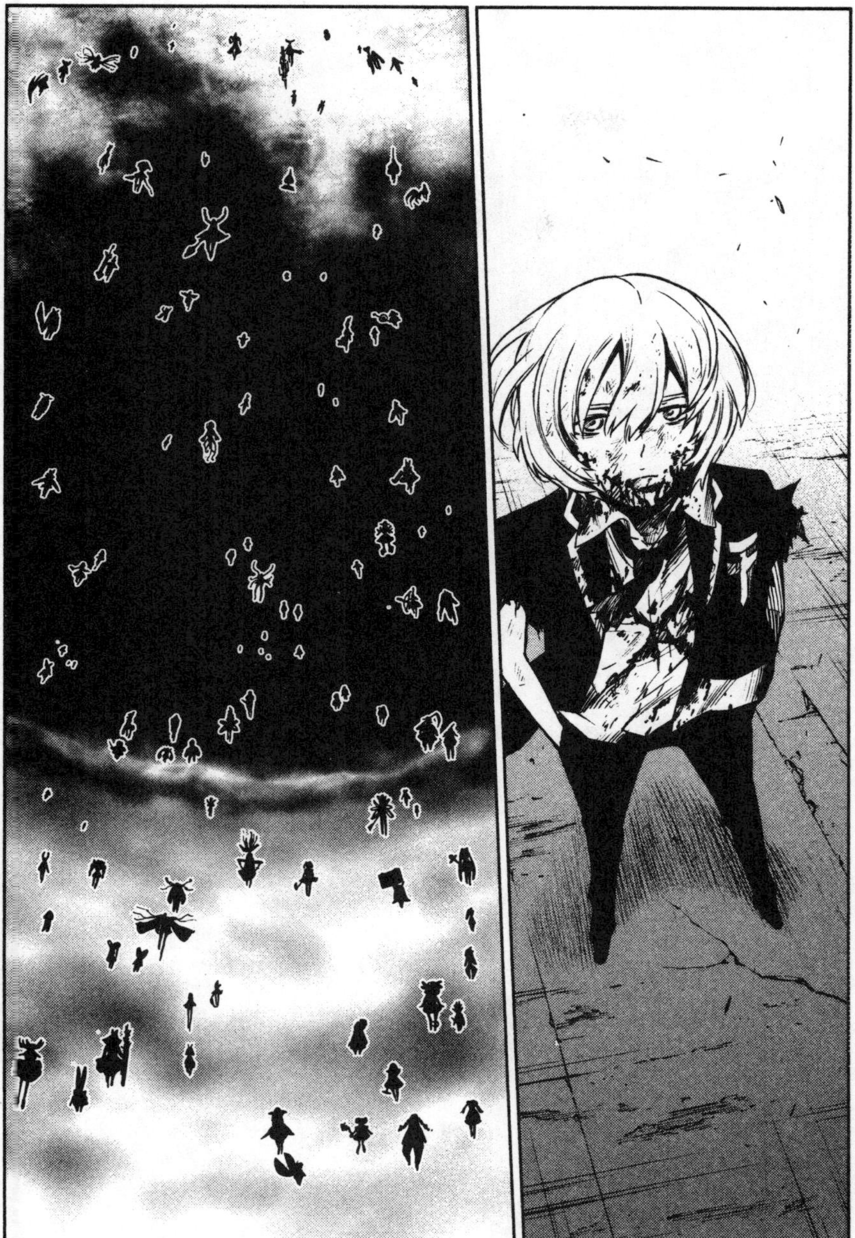

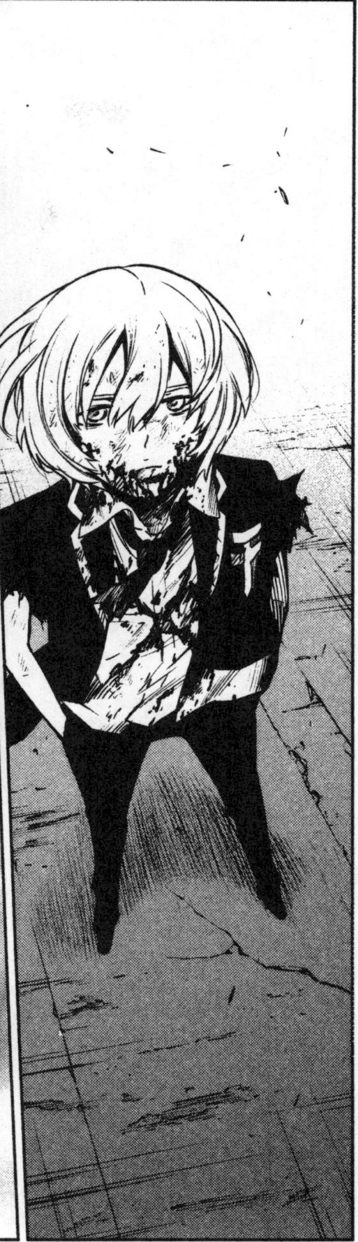

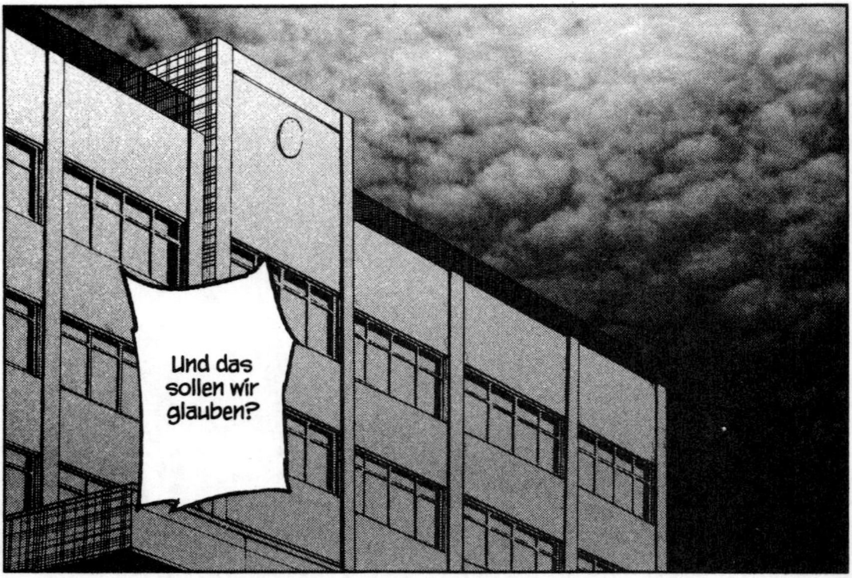

Und das sollen wir glauben?
Aus der Zukunft?! Magical Girls ...?! 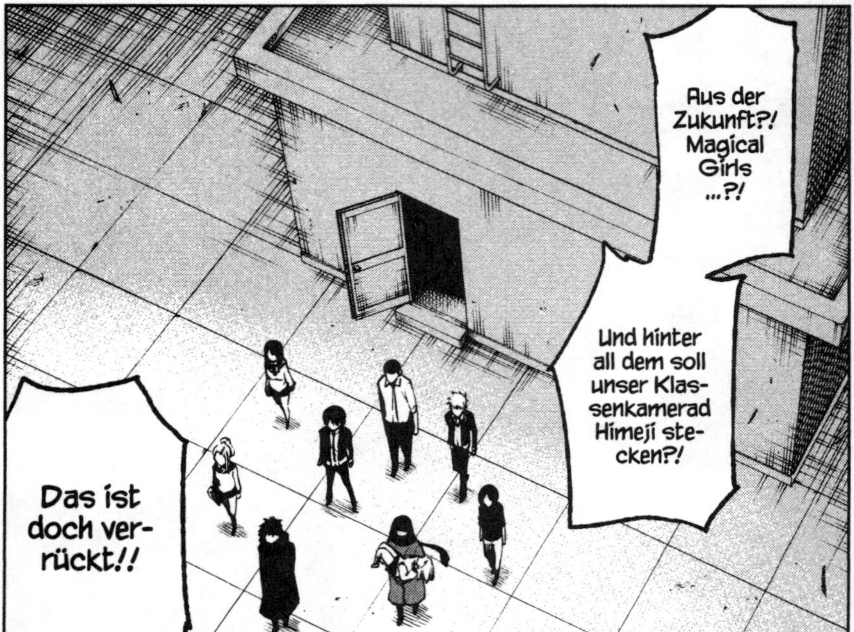
Und hinter all dem soll unser Klassenkamerad Himeji stecken?!
Das ist doch verrückt!!

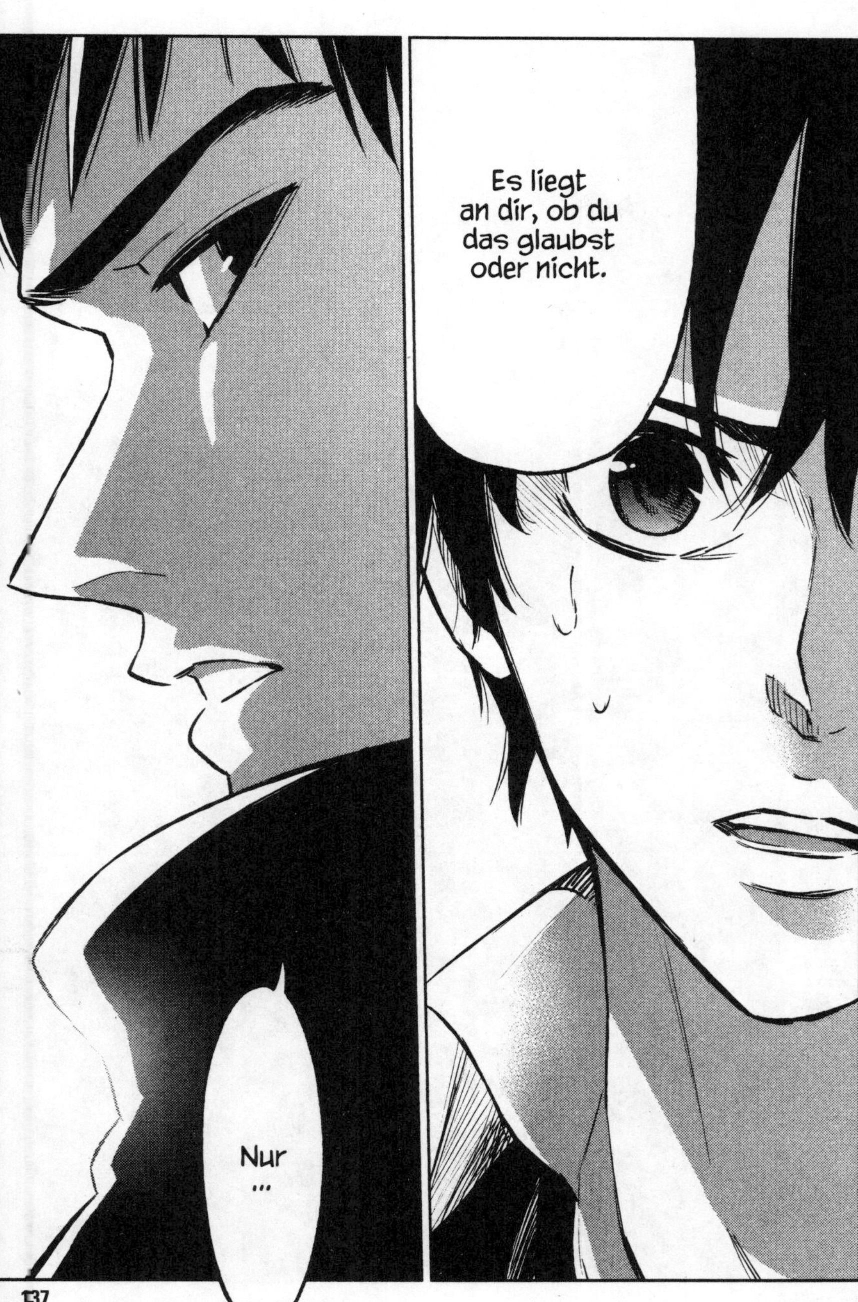
Es liegt an dir, ob du das glaubst oder nicht.
Nur ...

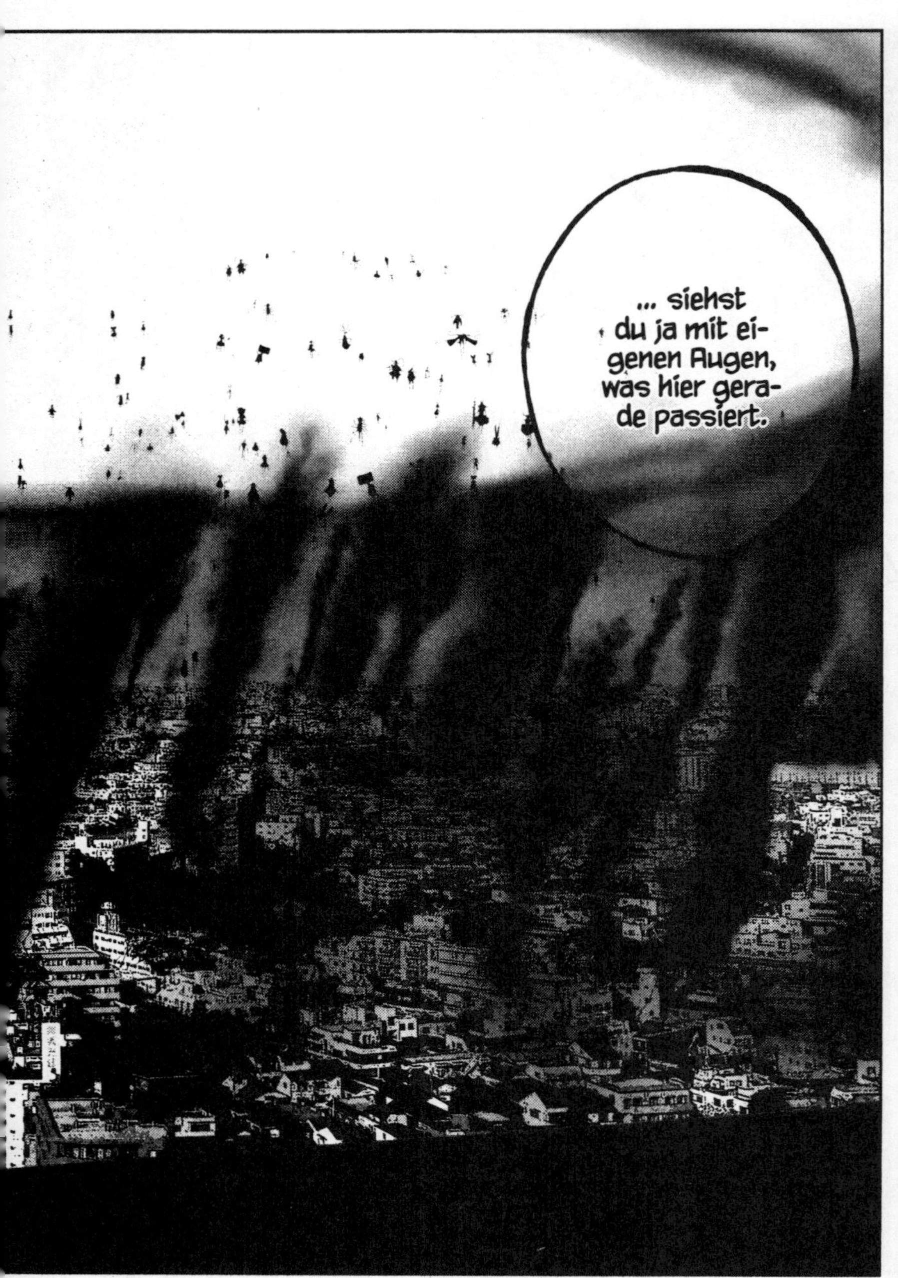
... siehst du ja mit ei- genen Augen, was hier gera- de passiert.

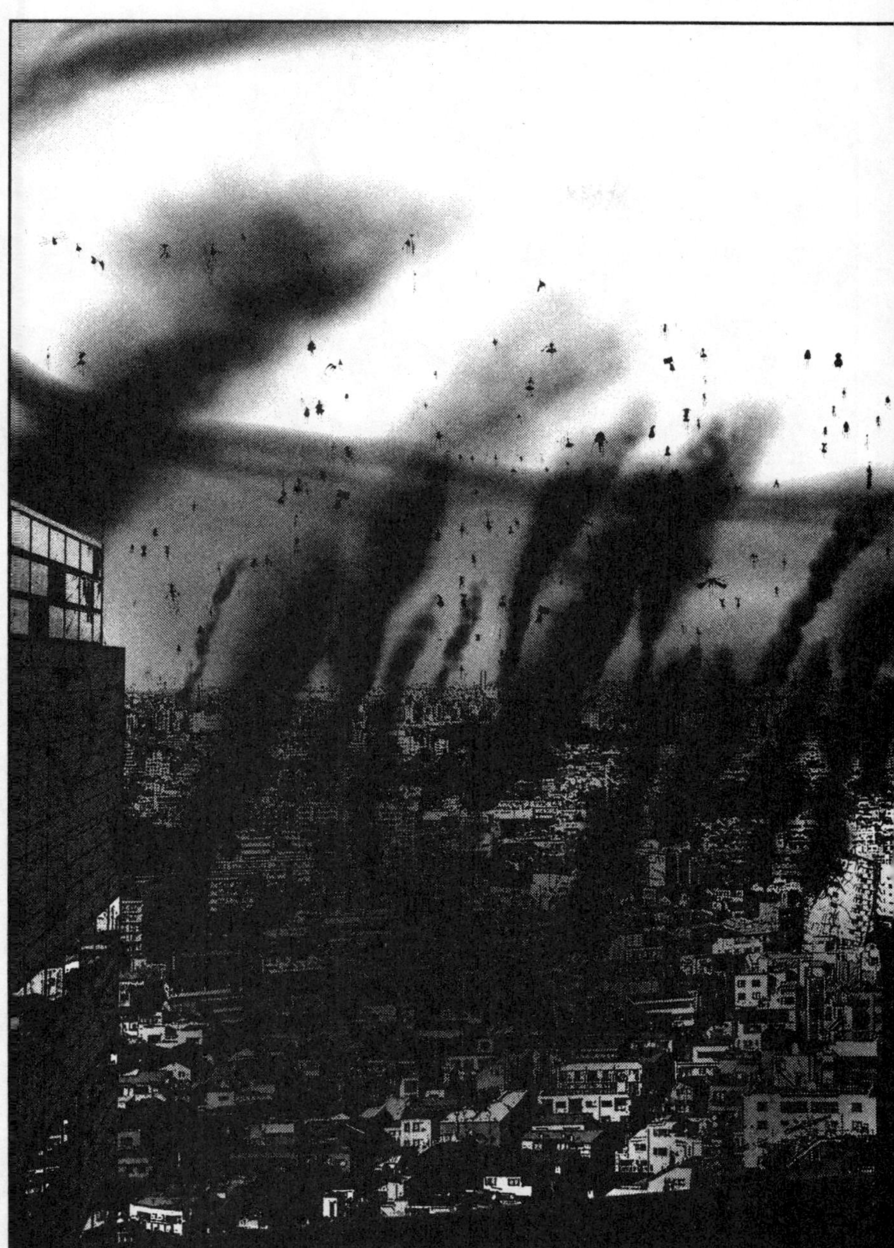

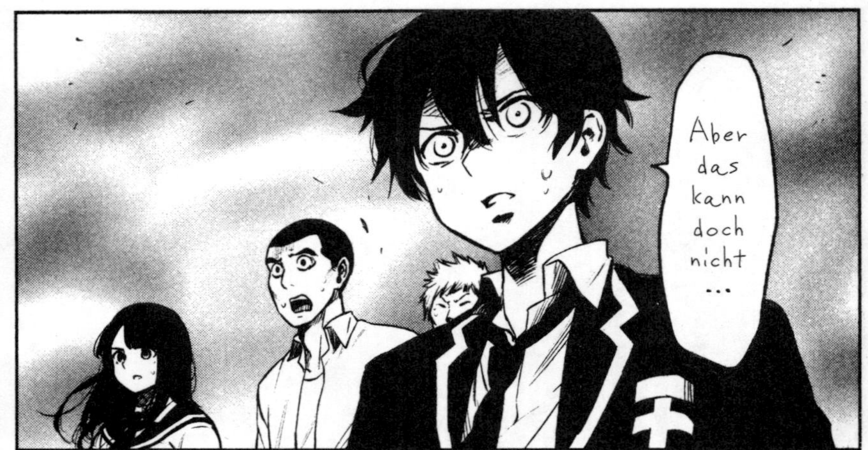

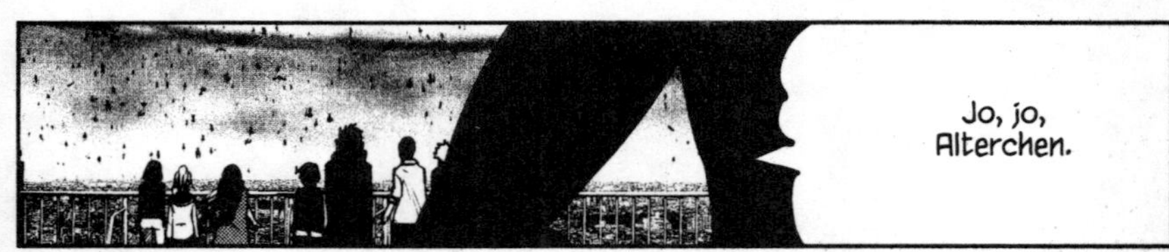

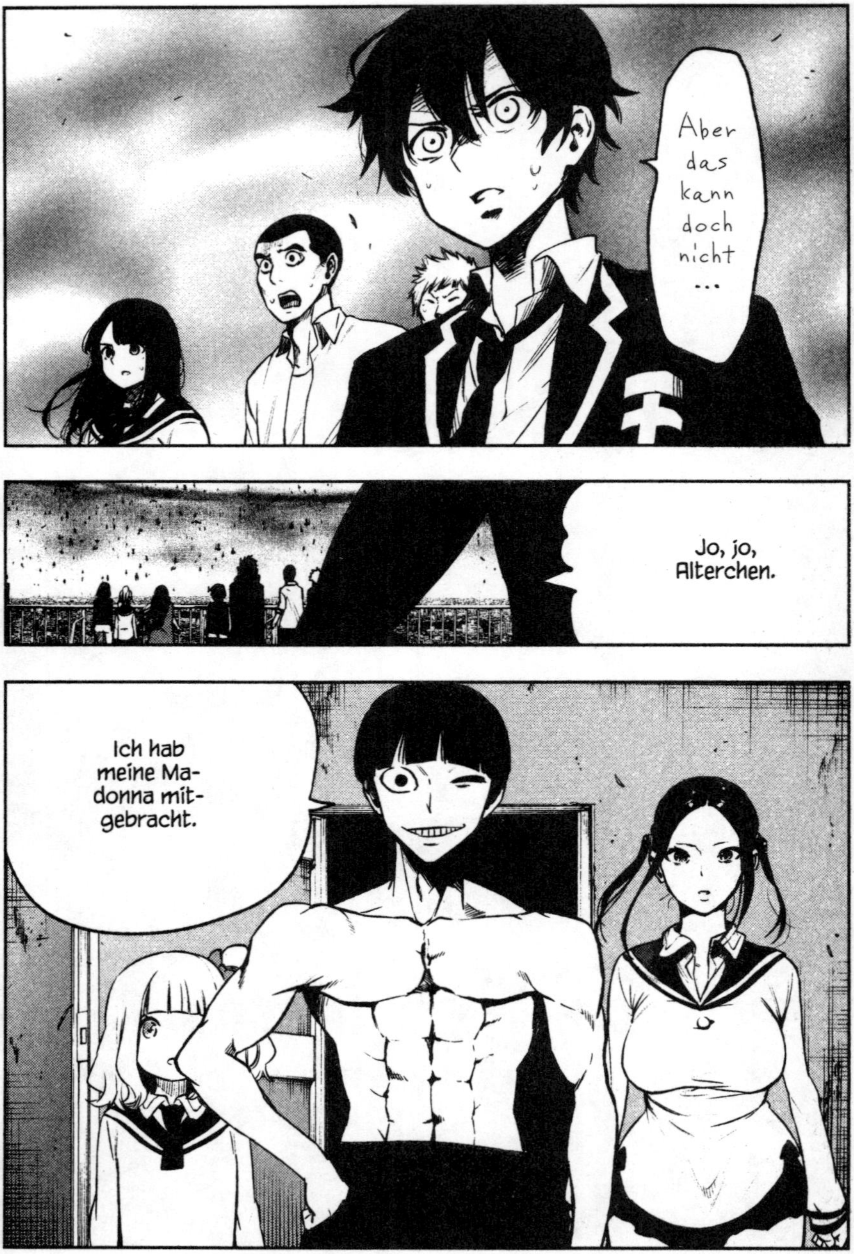

Ich hab meine Madonna mitgebracht.

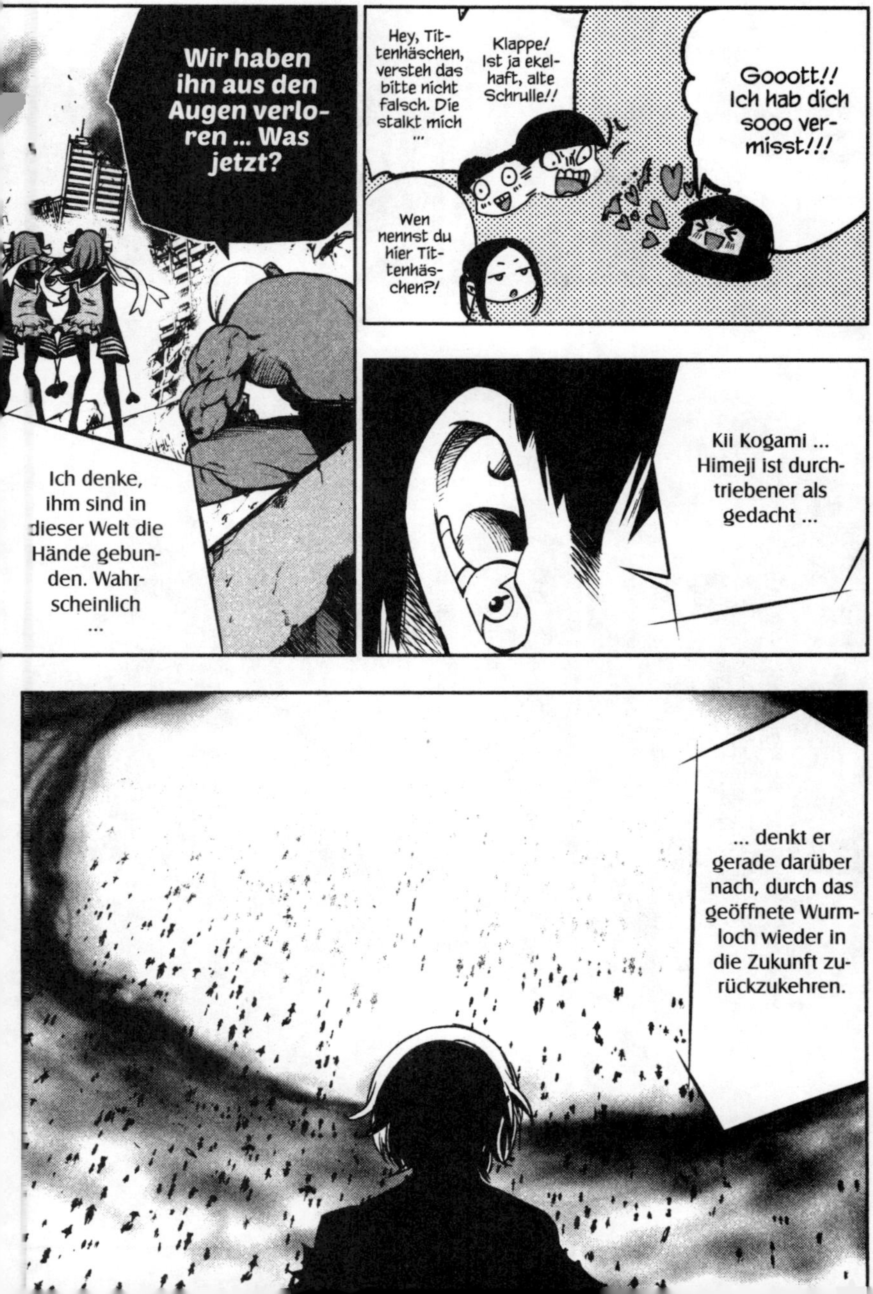

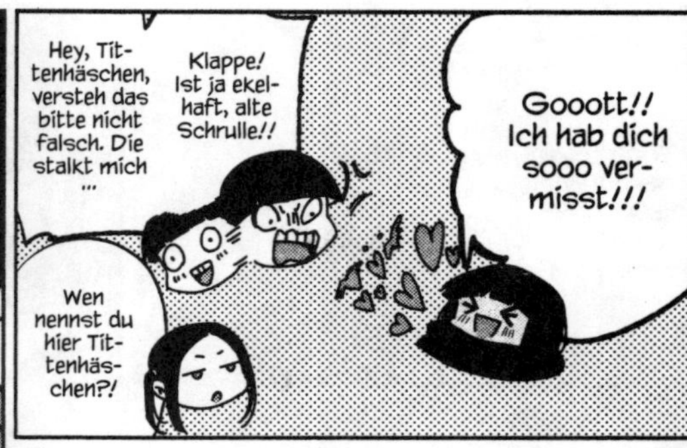

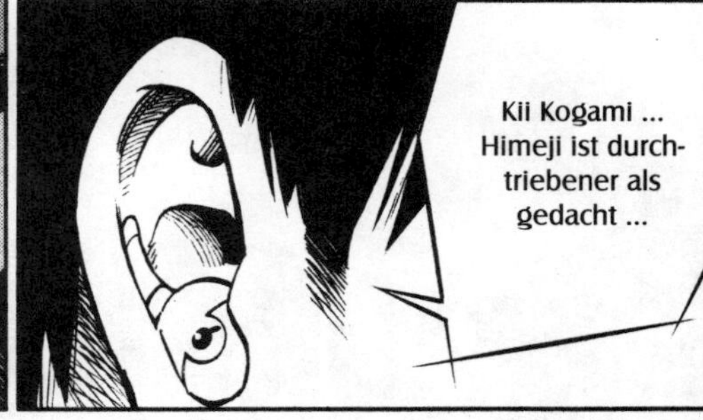

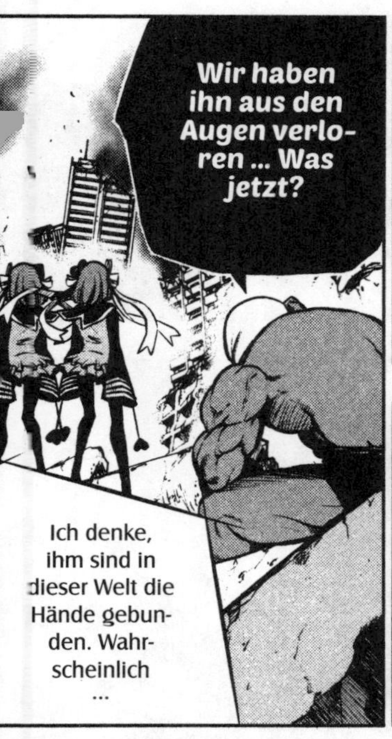

... denkt er gerade darüber nach, durch das geöffnete Wurmloch wieder in die Zukunft zurückzukehren.

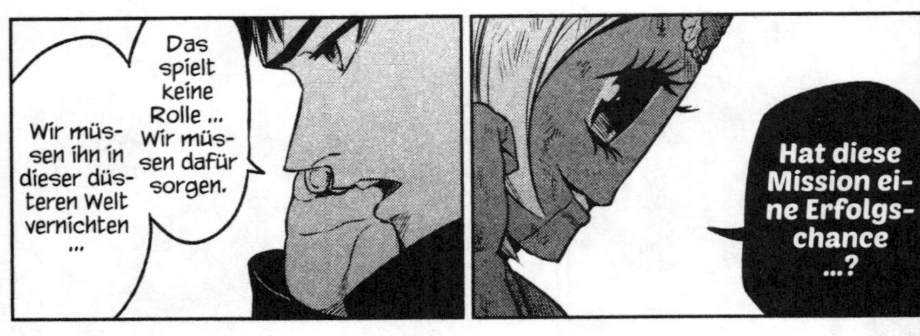

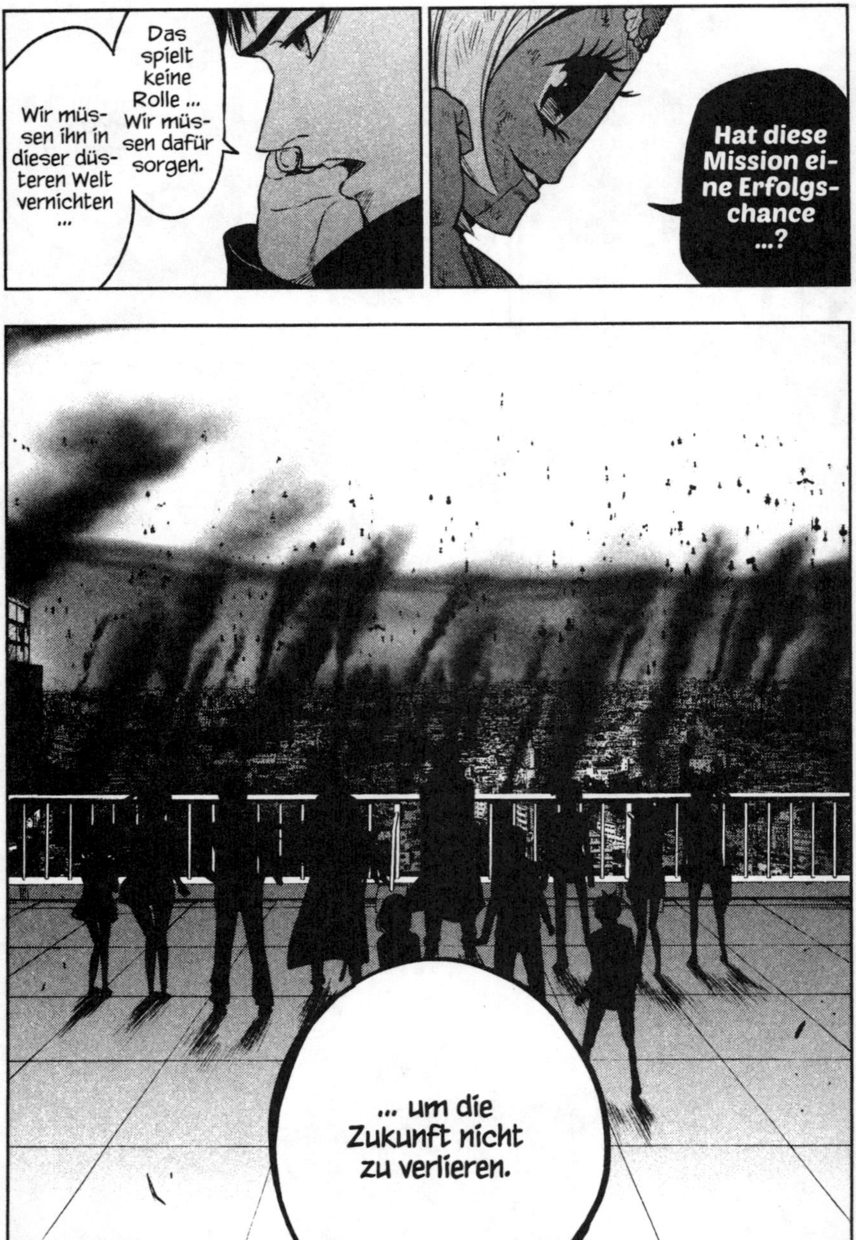

... um die Zukunft nicht zu verlieren.

047. Last mission

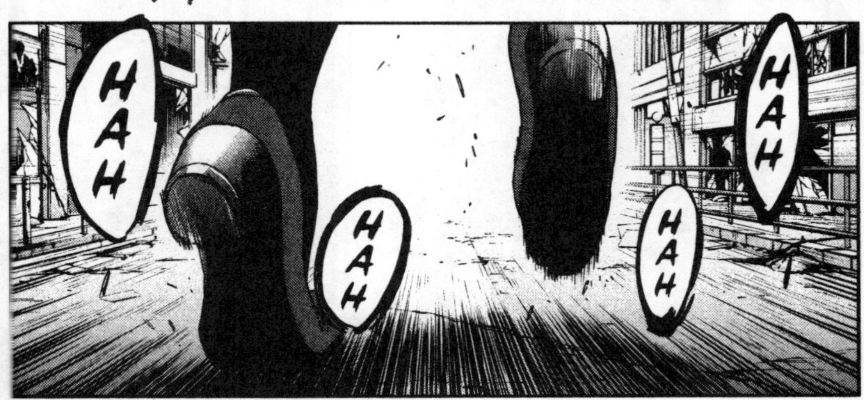

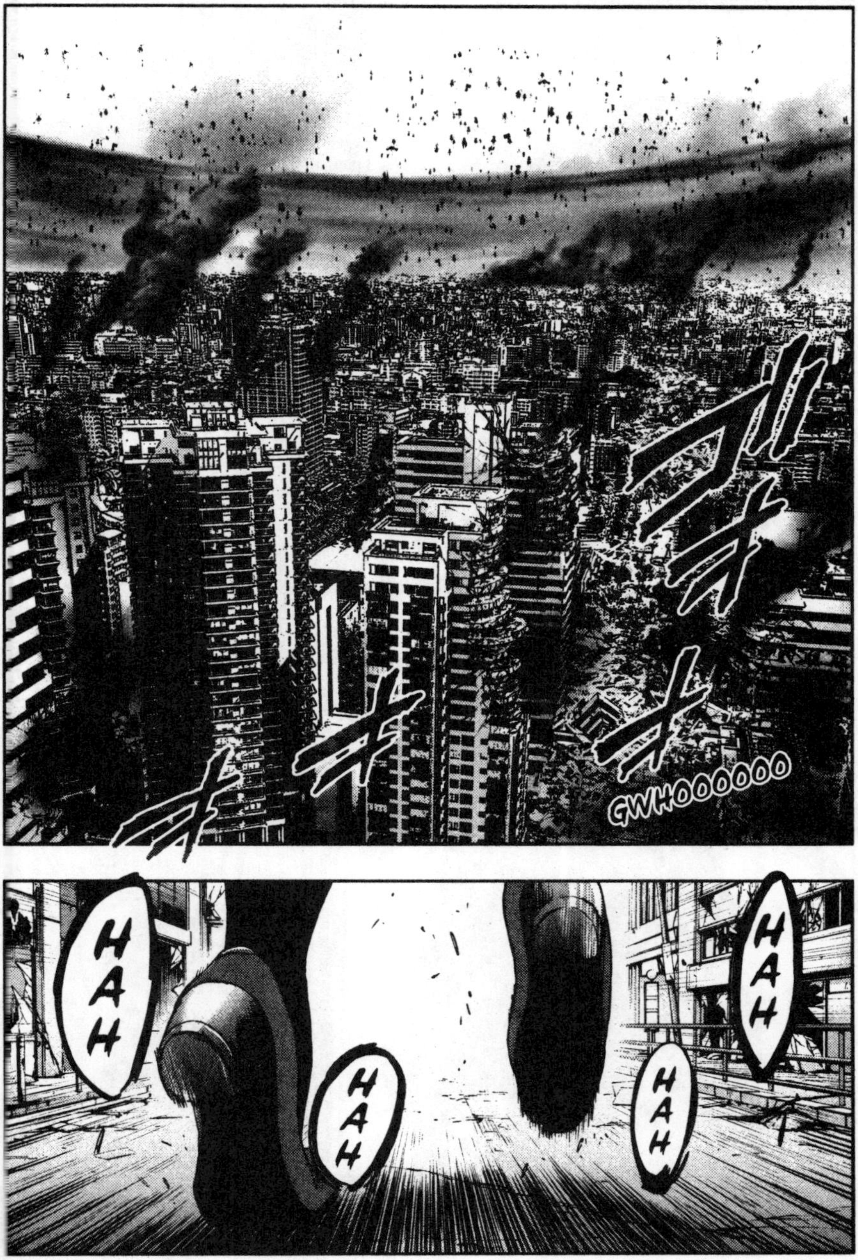

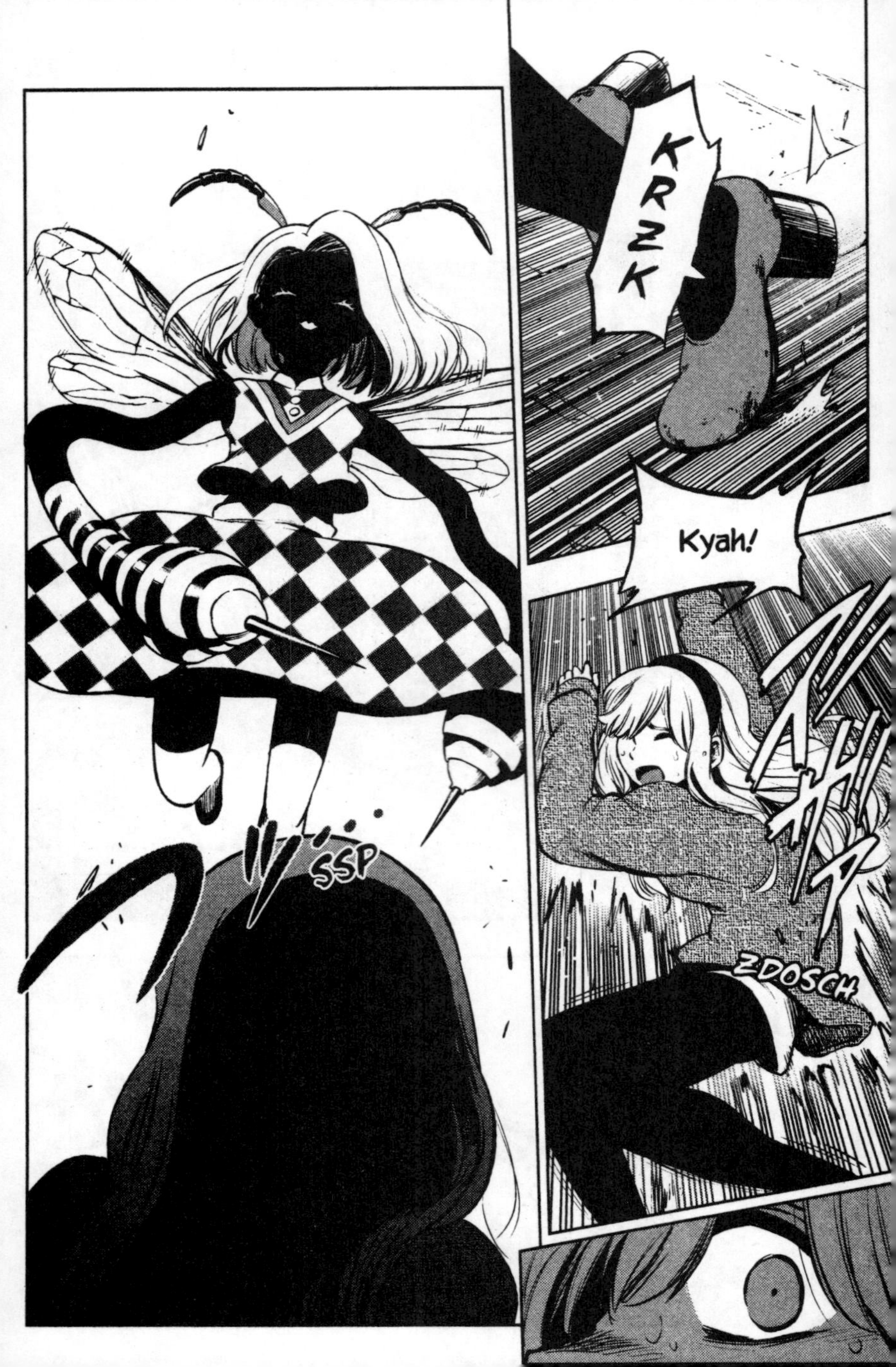
KRZK
Kyah!
AHHA
ZDOSCH
SSP

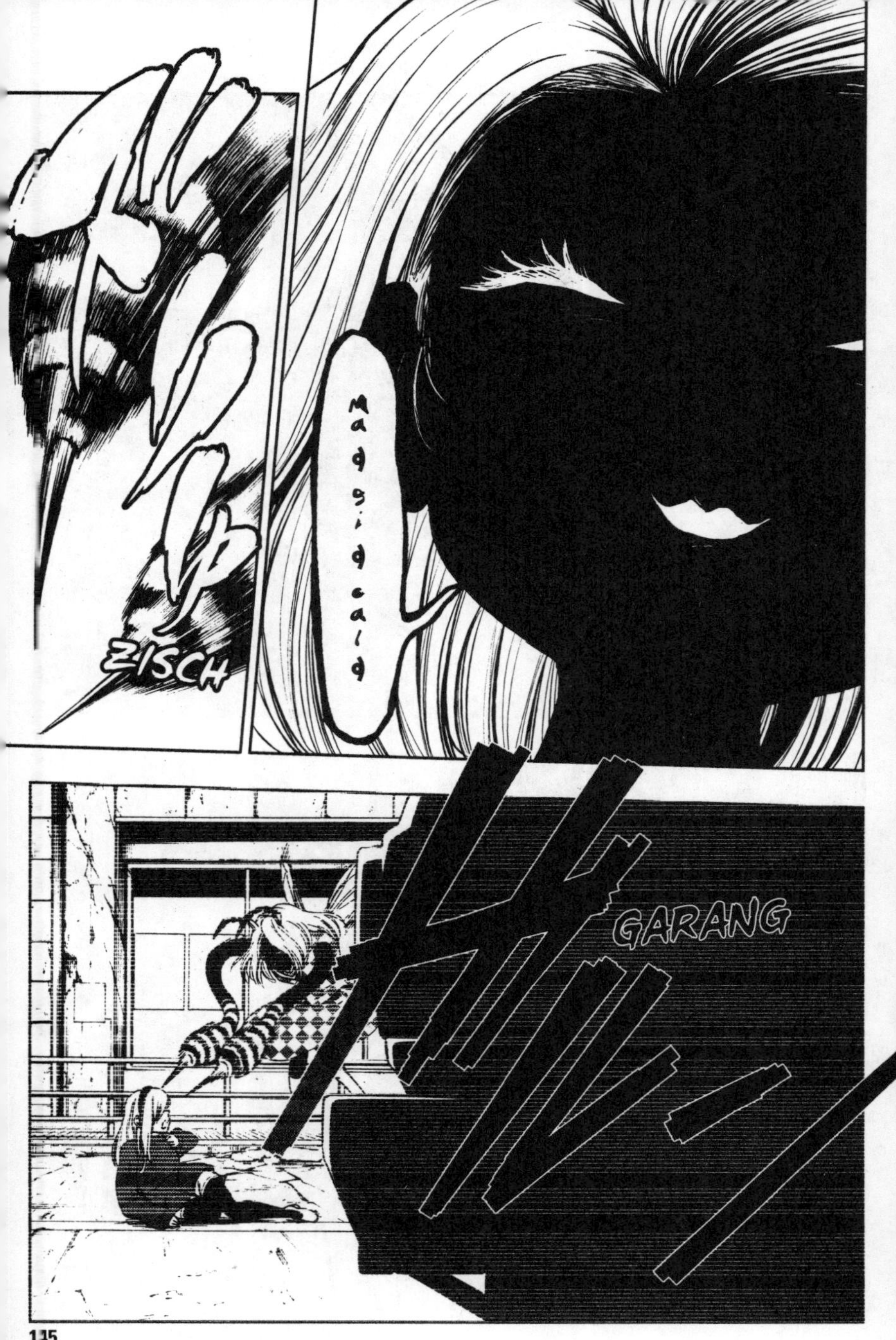
ZISCH
GARANG

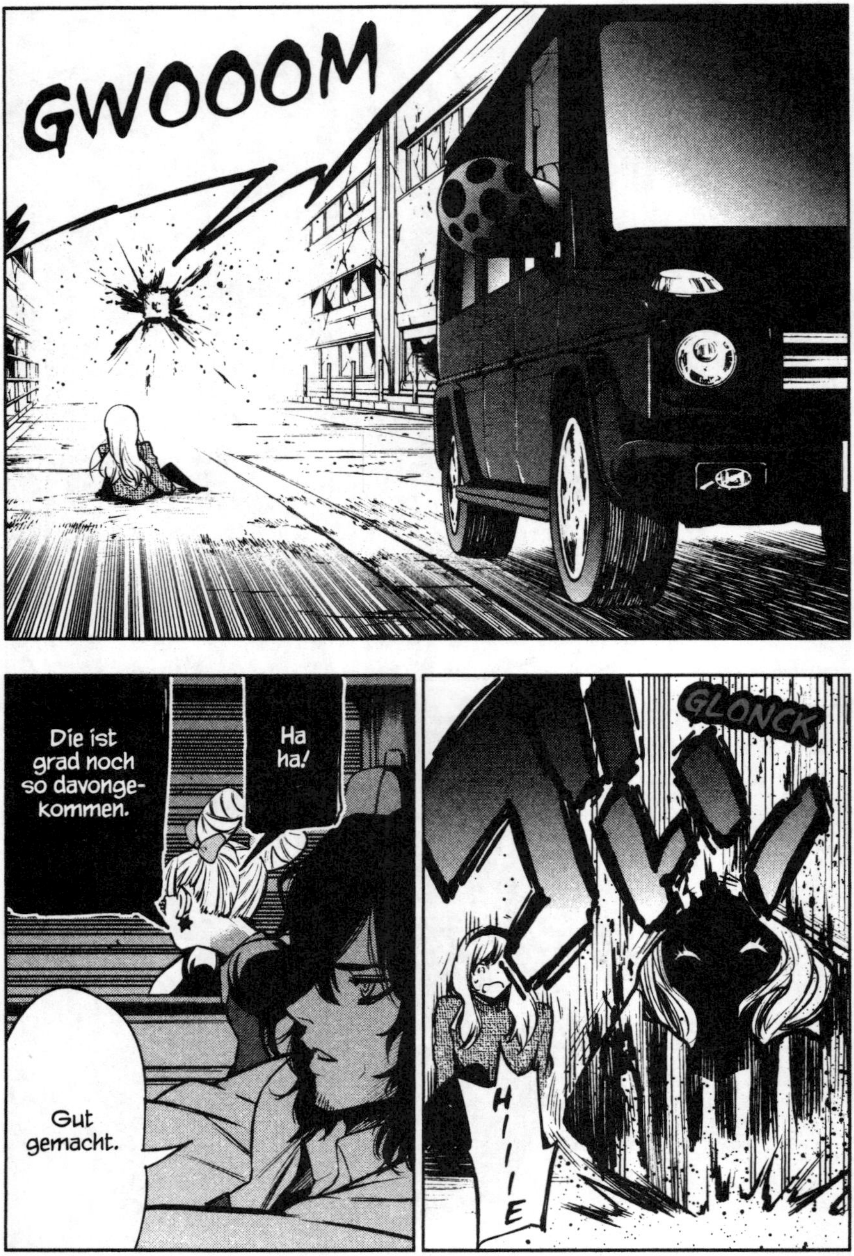

GWOOOM

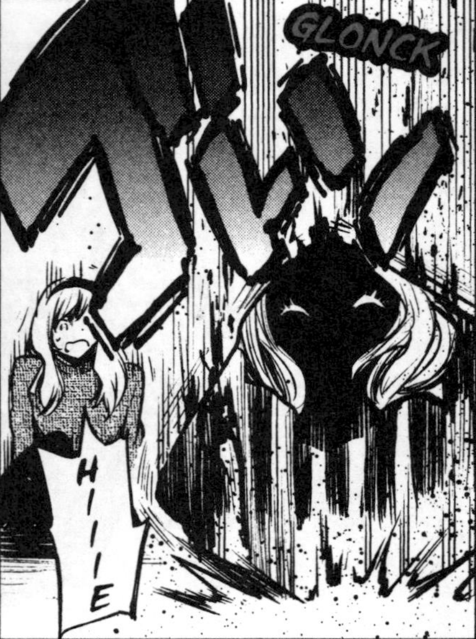
GLONCK
HIIIE

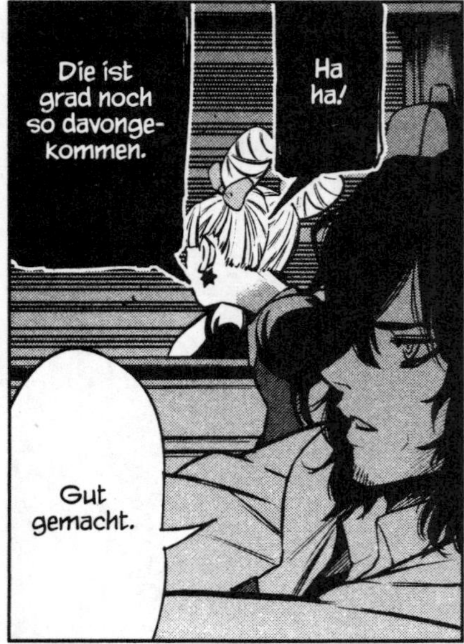
Ha ha!
Die ist grad noch so davongekommen.
Gut gemacht.

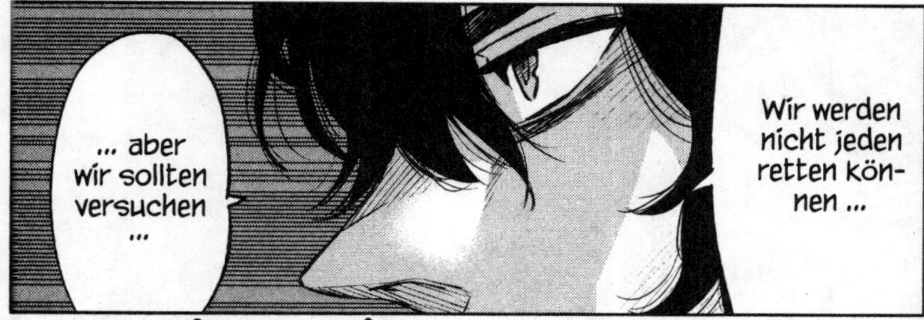

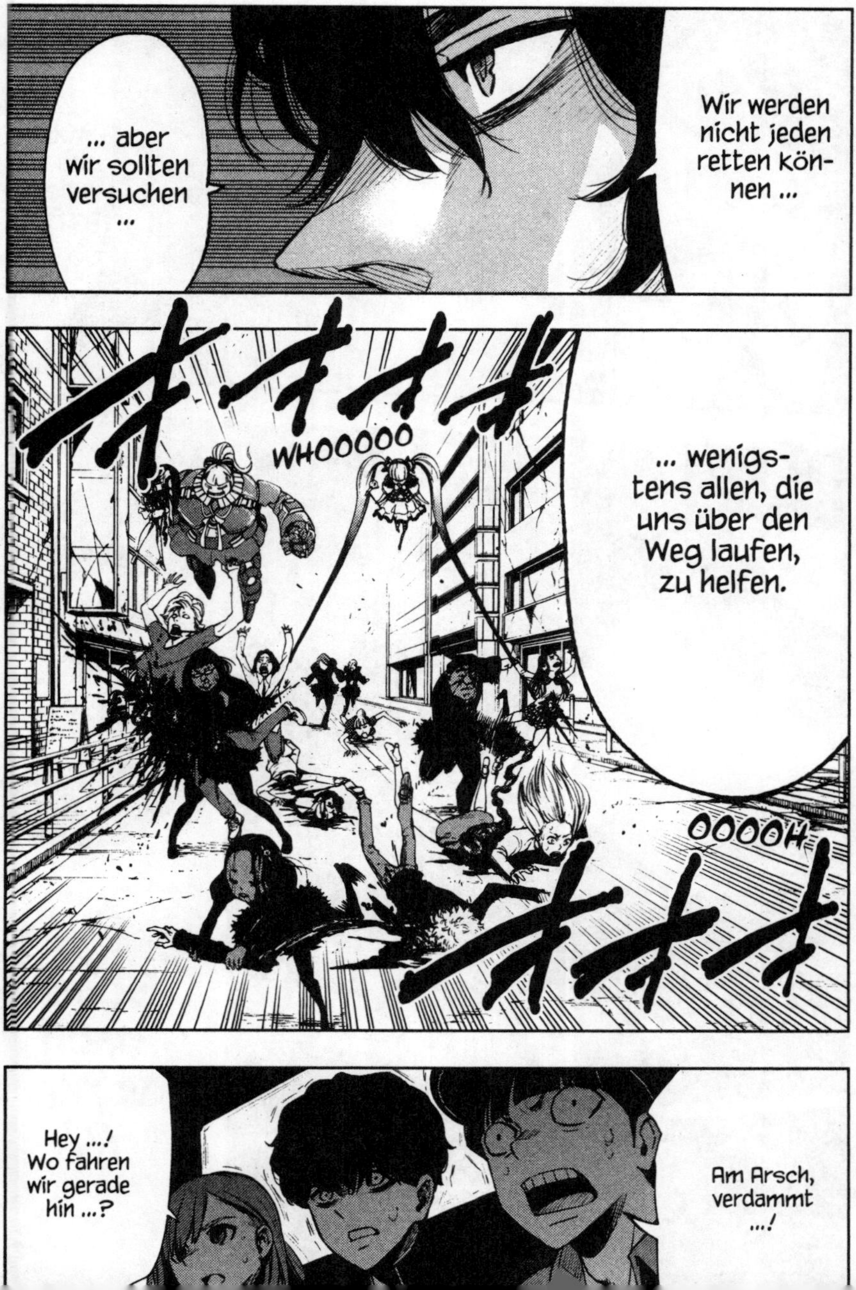

... wenigstens allen, die uns über den Weg laufen, zu helfen.

WHOOOOO

OOOOH

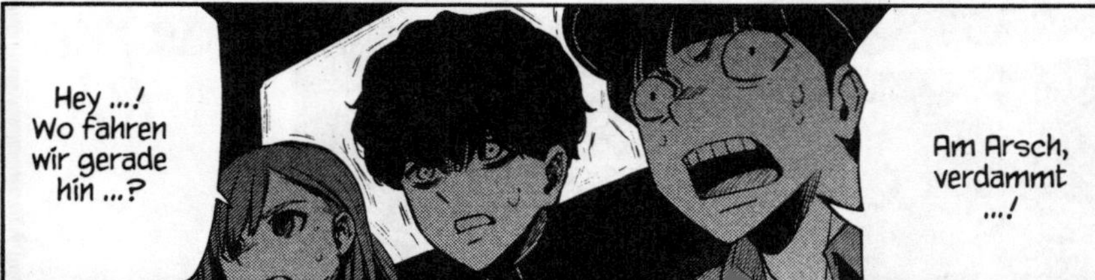

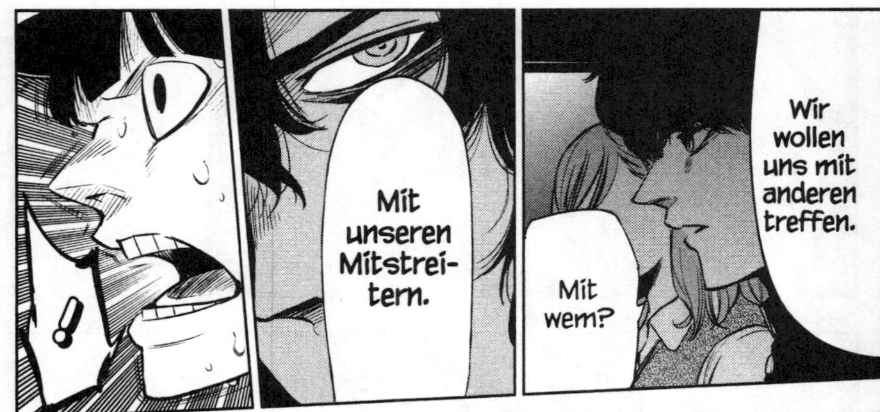

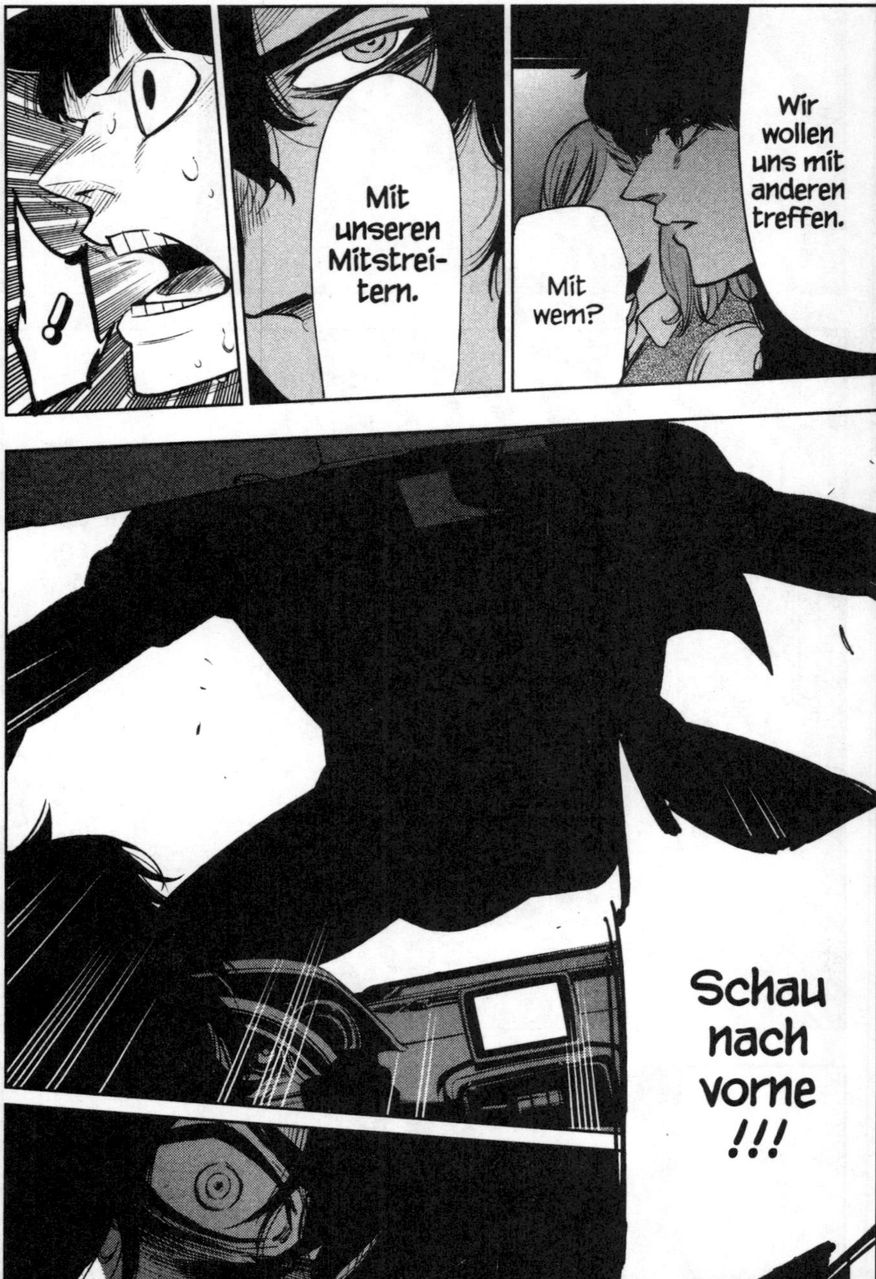

Schau nach vorne !!!

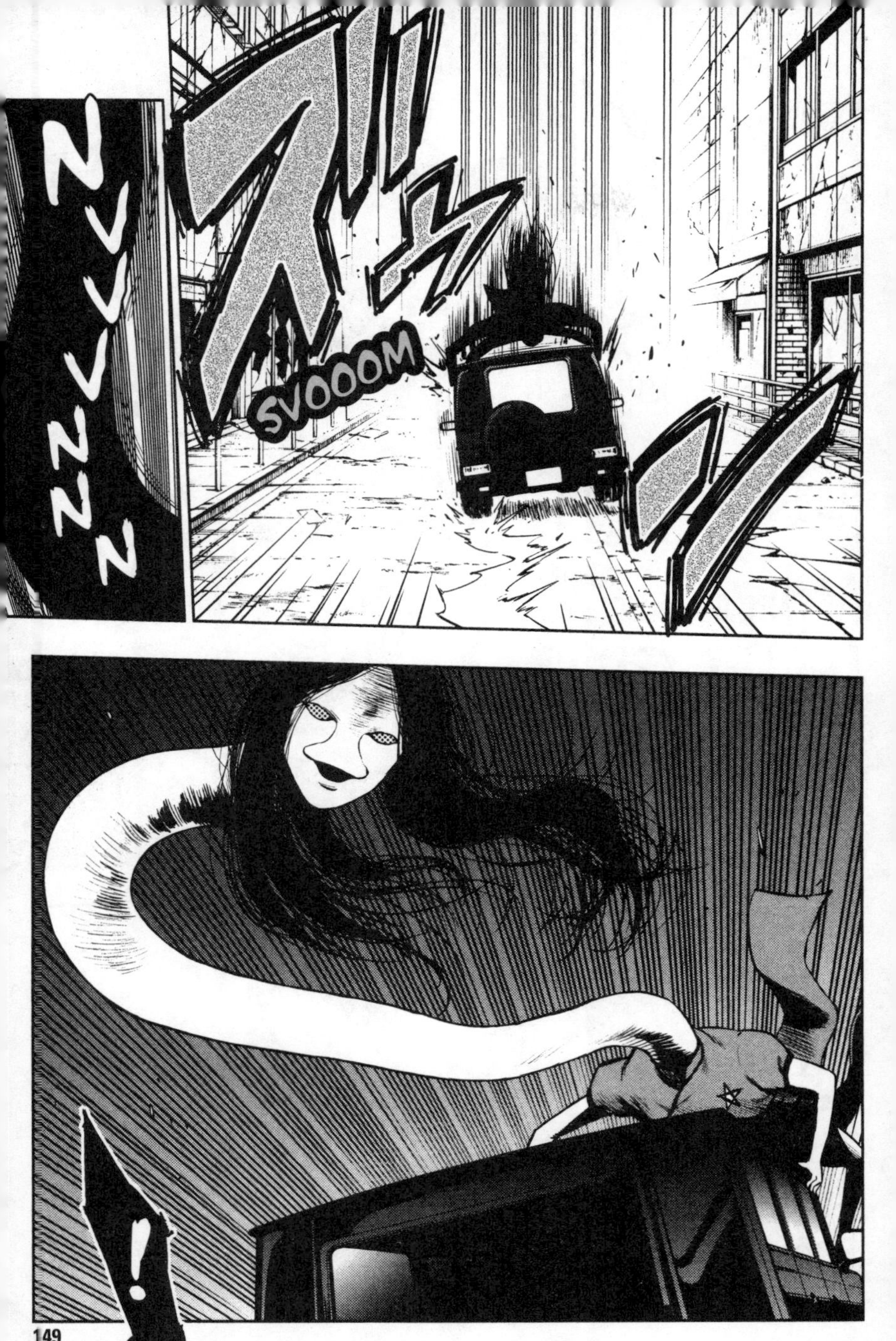

NVVVNNN
SVOOOM
!

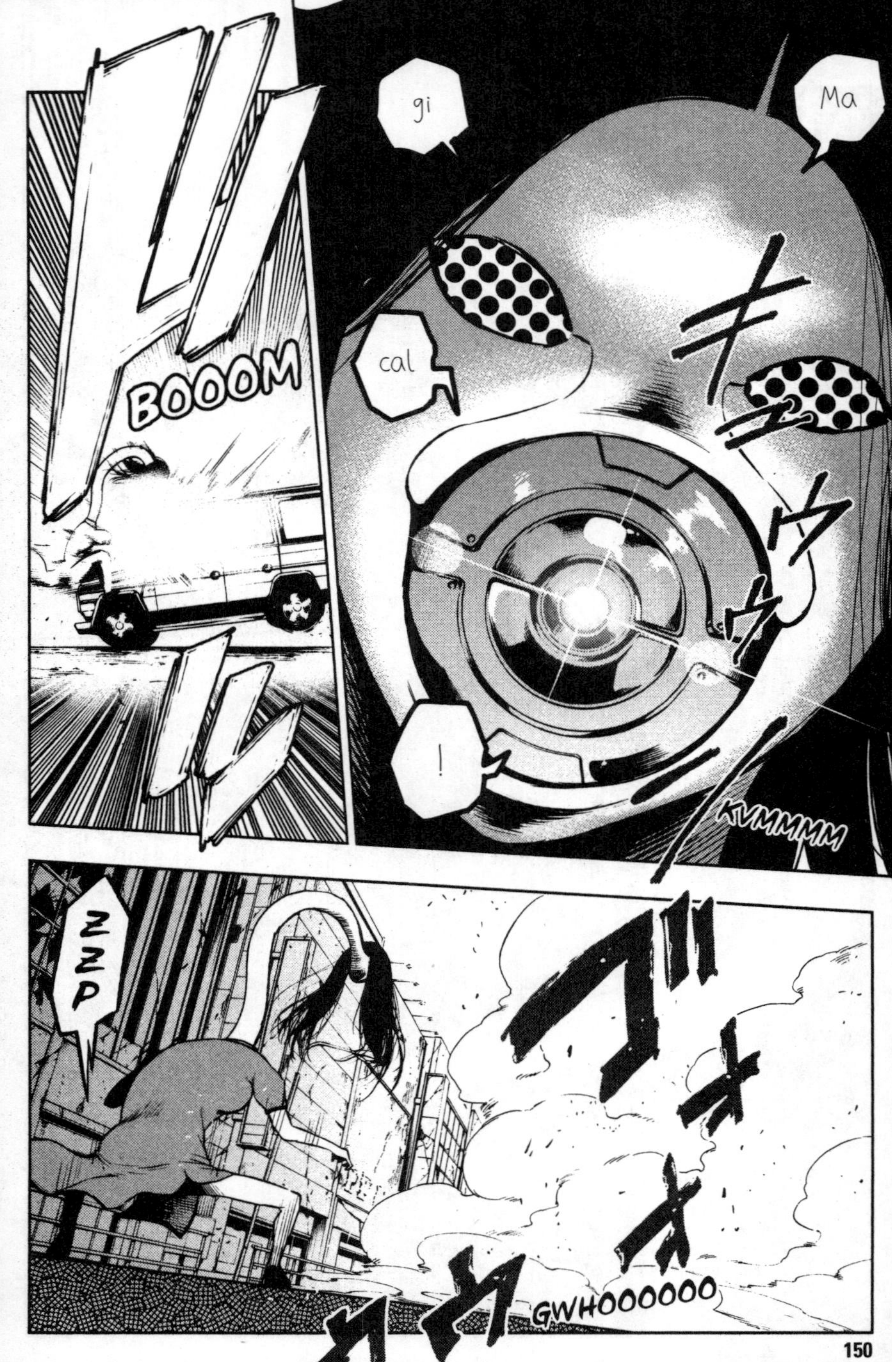
Ma
gi
cal
!
KVMMMM
BOOOM
ZZP
GWHOOOOOO

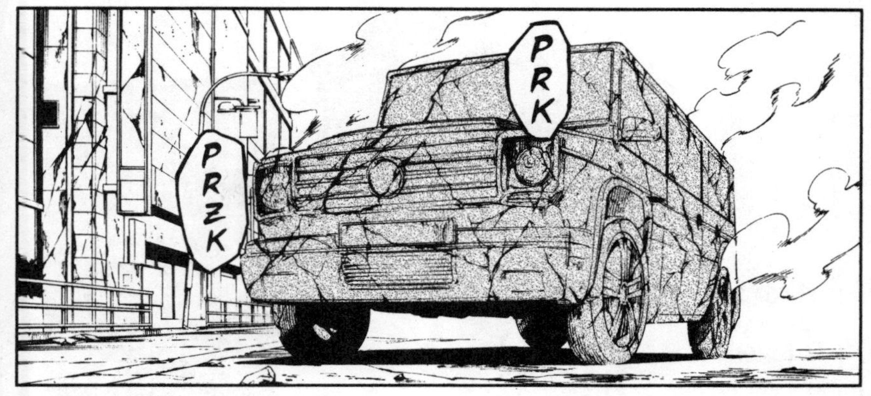
PRK
PRZK

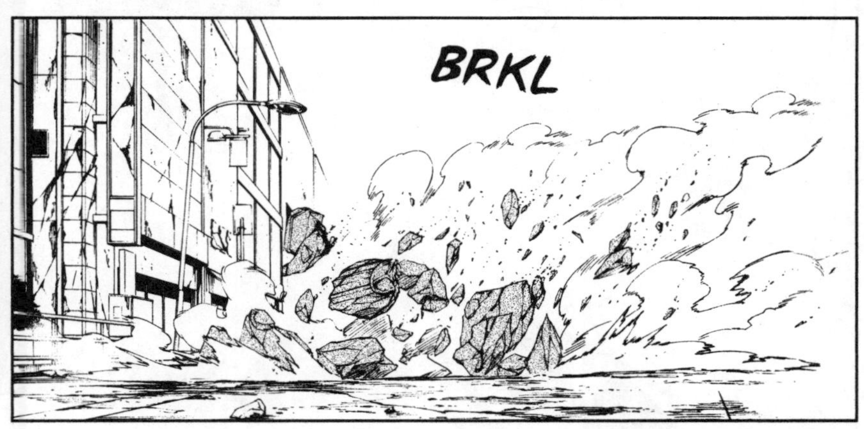
BRKL

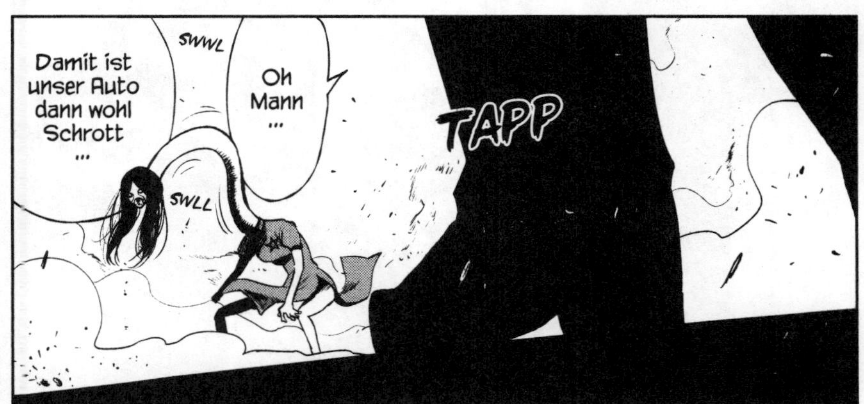
SWWL
Oh Mann ...
Damit ist unser Auto dann wohl Schrott ...
TAPP
SWLL

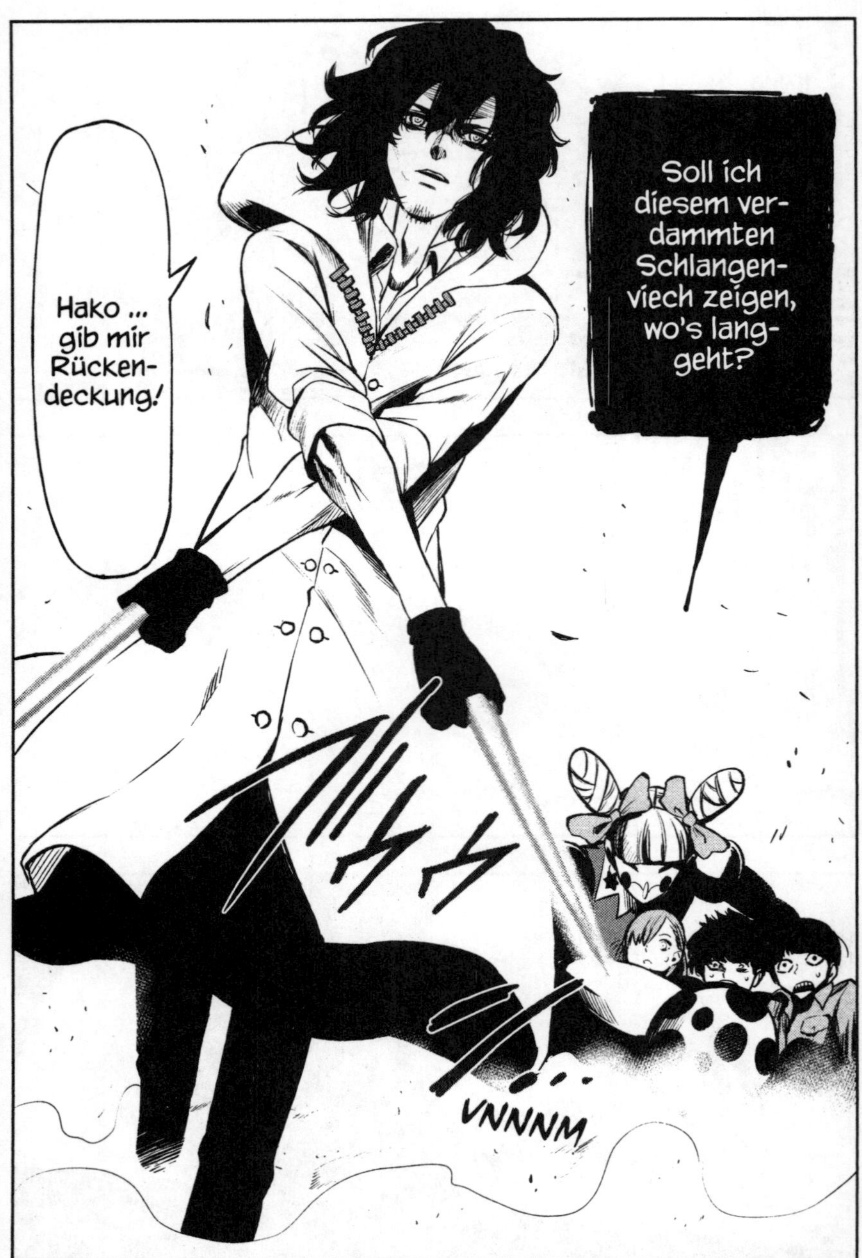
Soll ich diesem verdammten Schlangenviech zeigen, wo's langgeht?
Hako ... gib mir Rückendeckung!
VNNNM

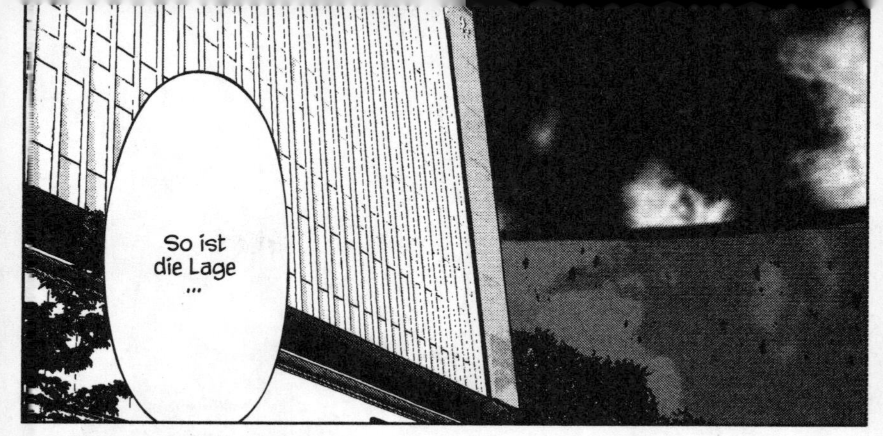
So ist die Lage ...

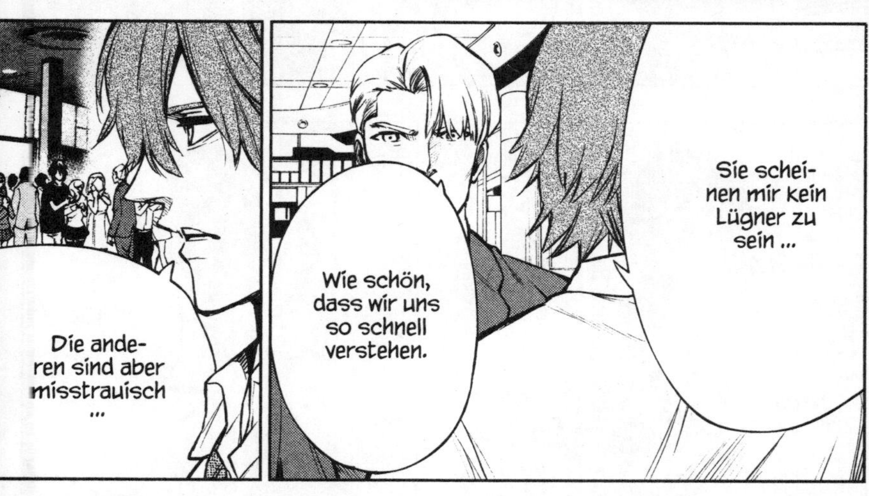
Sie schei-
nen mir kein Lügner zu sein ...
Wie schön, dass wir uns so schnell verstehen.
Die ande-
ren sind aber misstrauisch ...

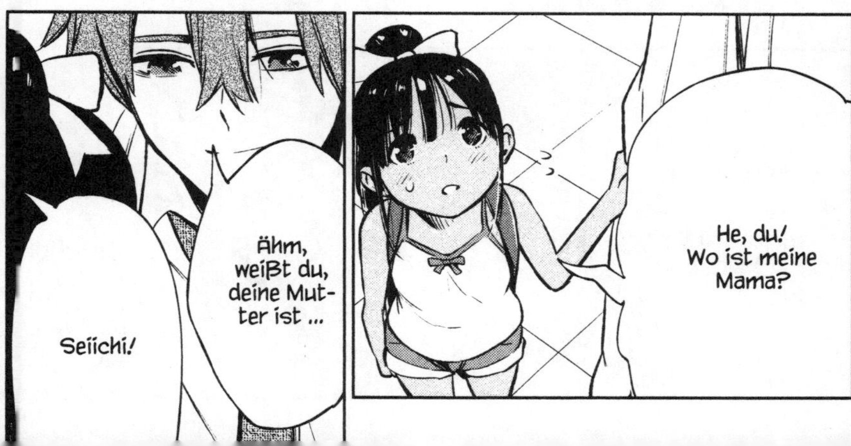
He, du! Wo ist meine Mama?
Ähm, weißt du, deine Mut-
ter ist ...
Seiichi!

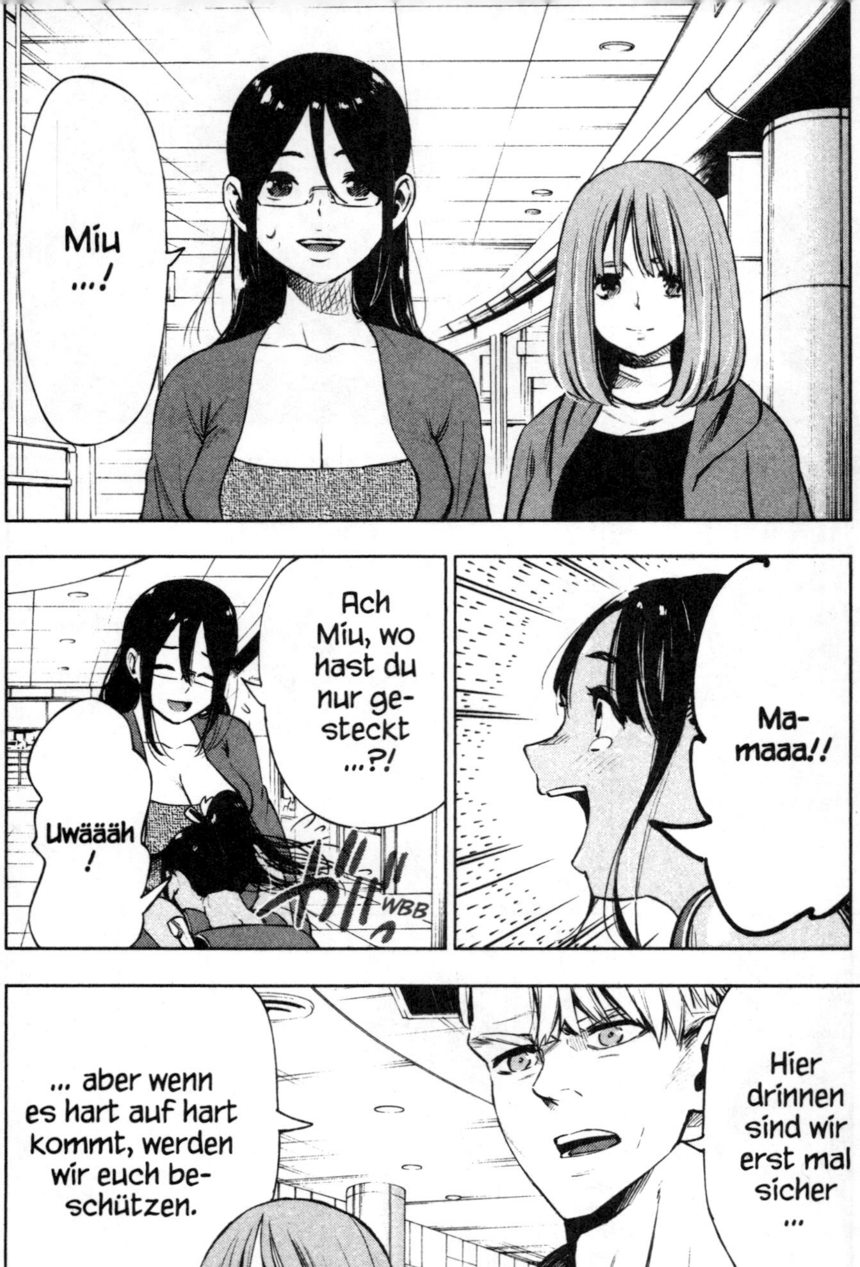

Miu …!

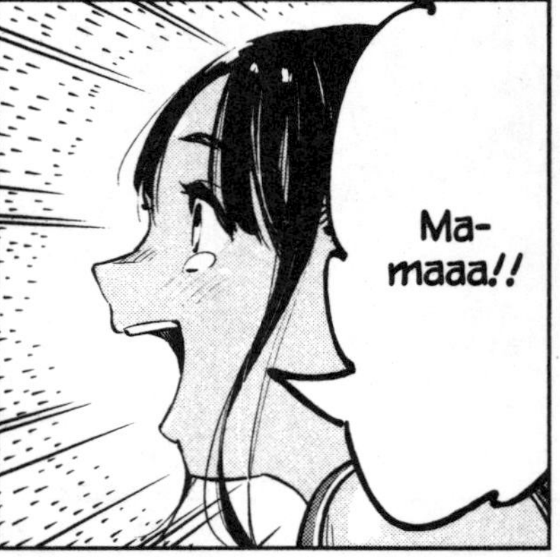
Ma-maaa!!

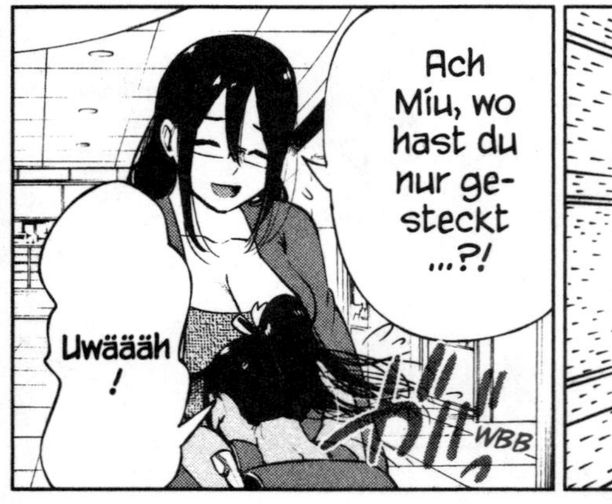
Ach Miu, wo hast du nur gesteckt …?!
Uwäääh!
WBB

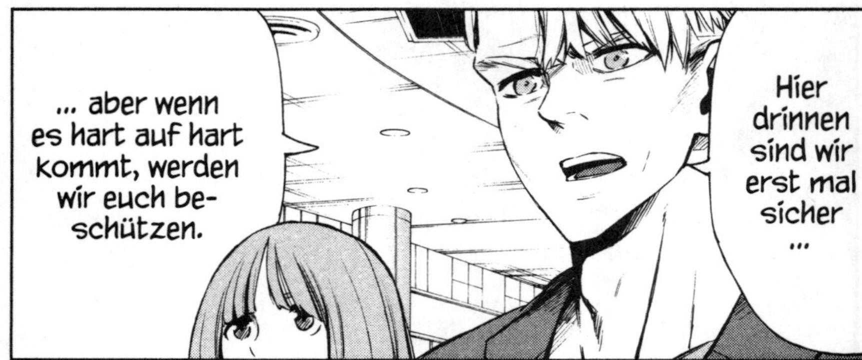
Hier drinnen sind wir erst mal sicher …
… aber wenn es hart auf hart kommt, werden wir euch beschützen.

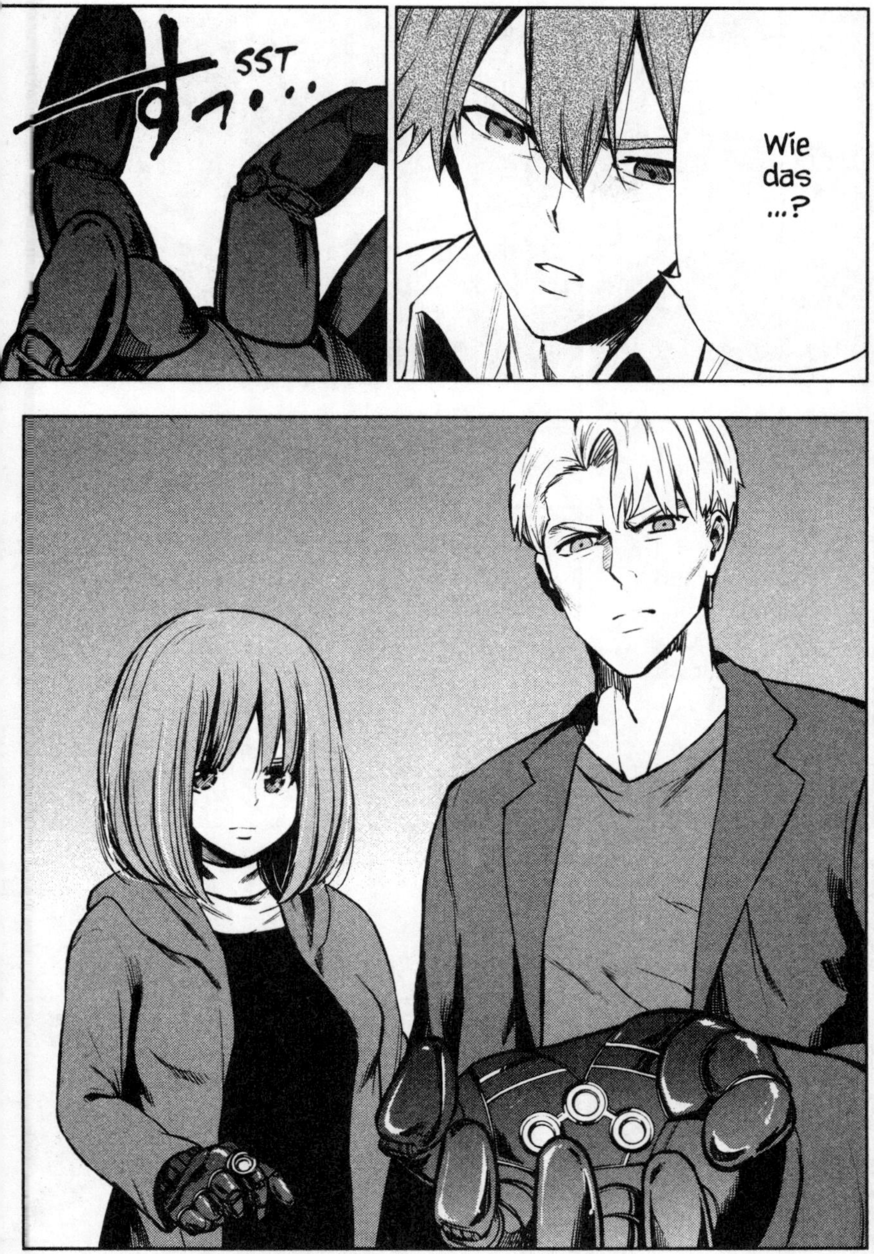

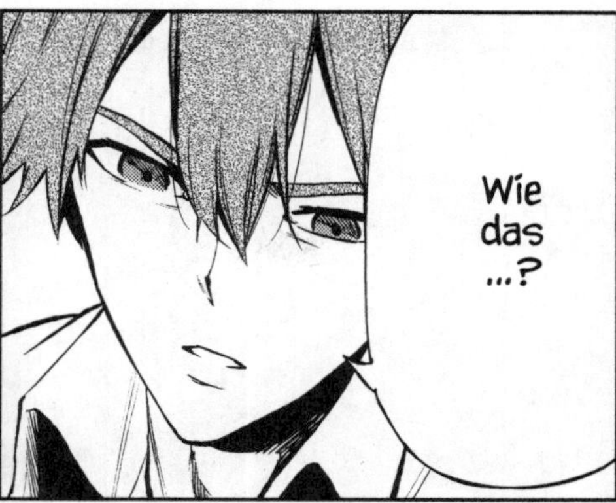
Wie
das
...?

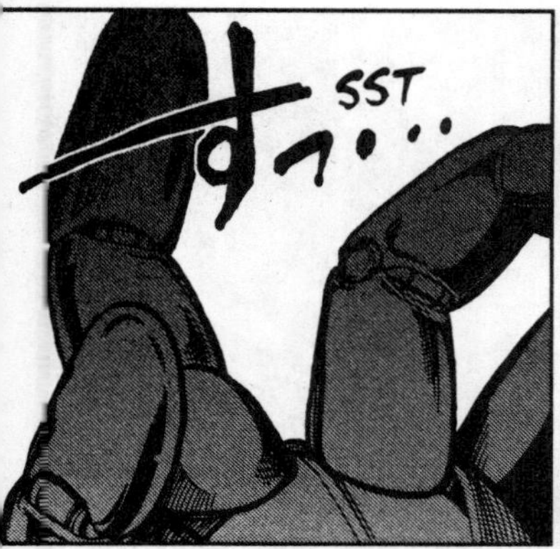
すっ・・
SST

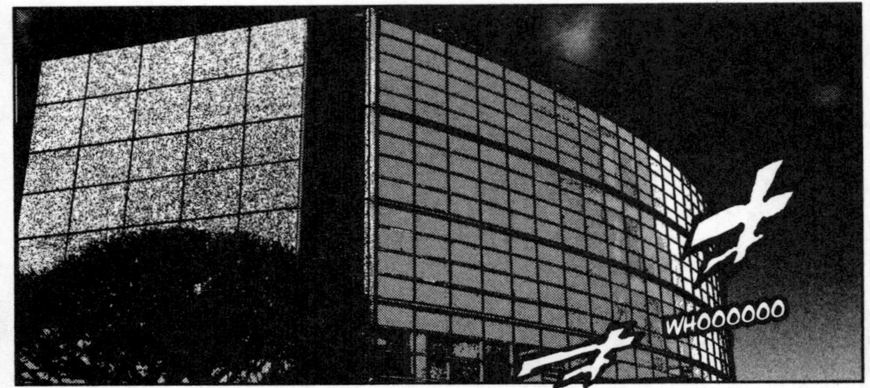
WHOOOOOO

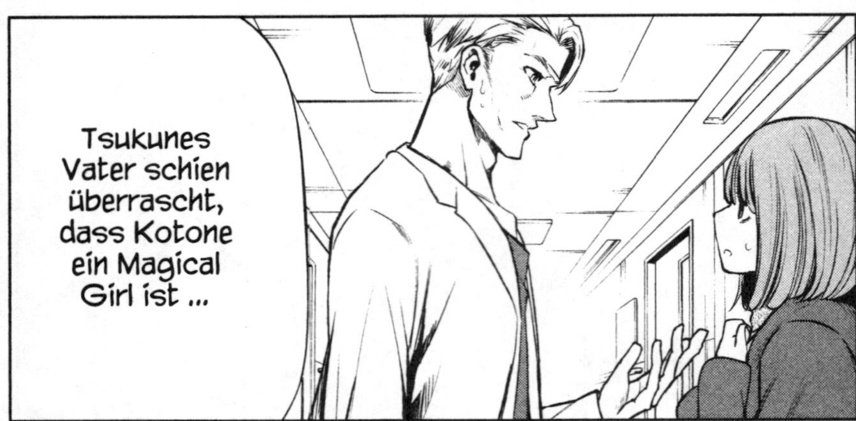
Tsukunes Vater schien überrascht, dass Kotone ein Magical Girl ist ...

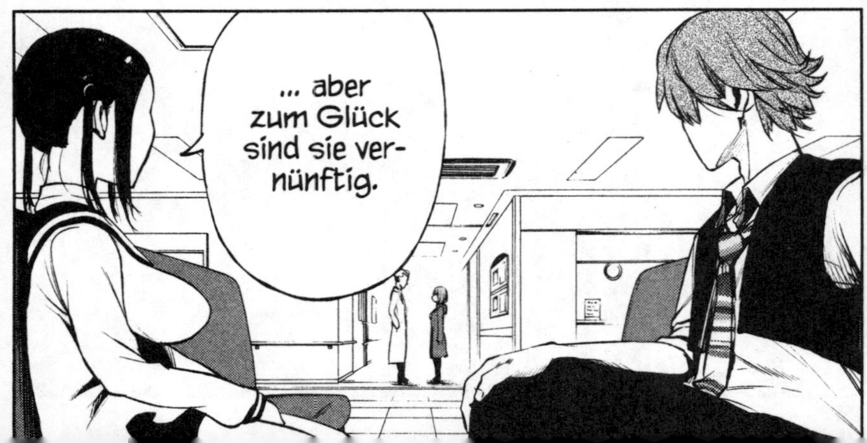
... aber zum Glück sind sie ver-nünftig.

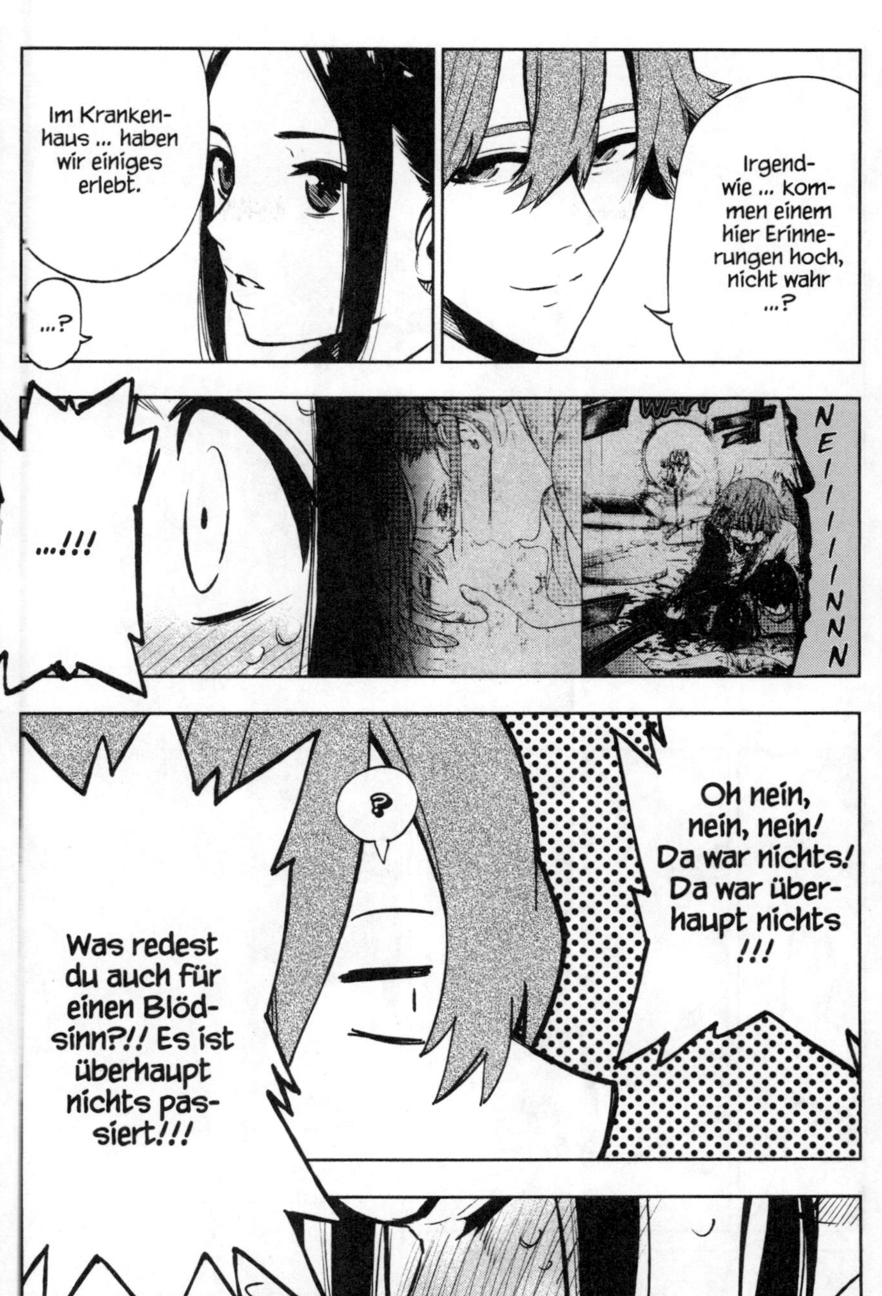
Irgendwie ... kommen einem hier Erinnerungen hoch, nicht wahr ...?
Im Krankenhaus ... haben wir einiges erlebt.
...?
NEIIIIINNN
...!!!
Oh nein, nein, nein! Da war nichts! Da war überhaupt nichts!!!
?
Was redest du auch für einen Blödsinn?!! Es ist überhaupt nichts passiert!!!

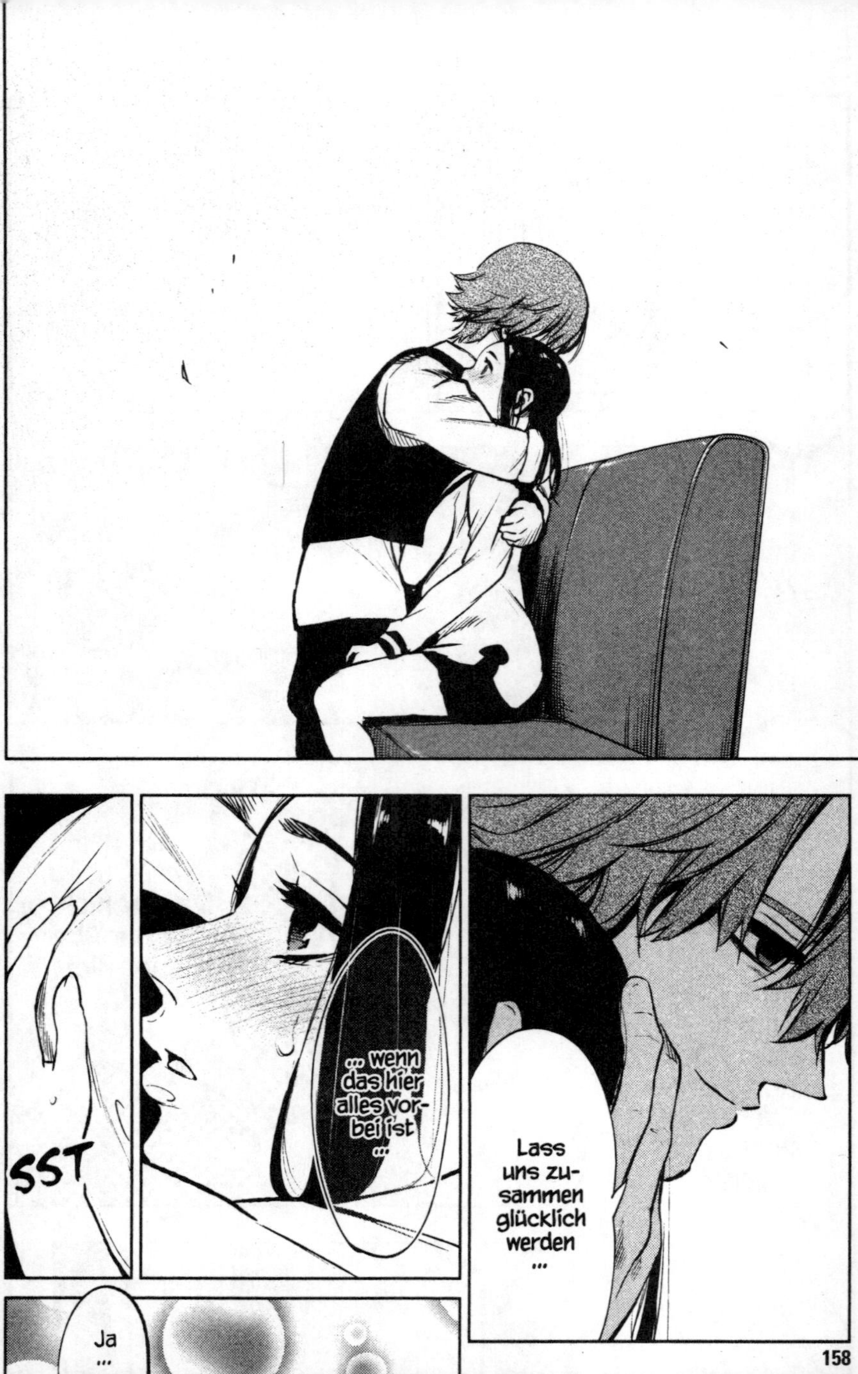

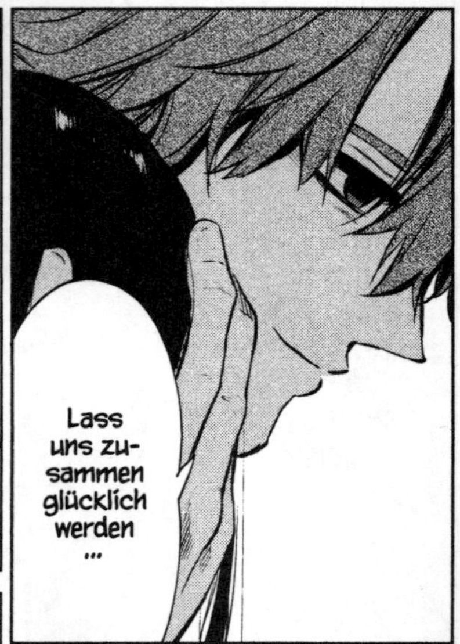
Lass uns zusammen glücklich werden ...

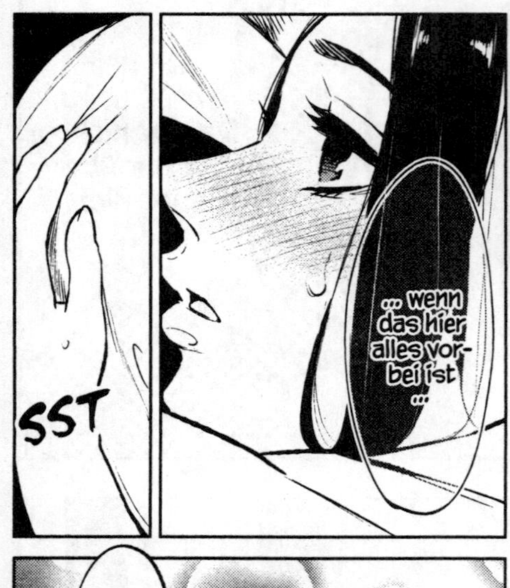
... wenn das hier alles vorbei ist ...
SST
Ja ...

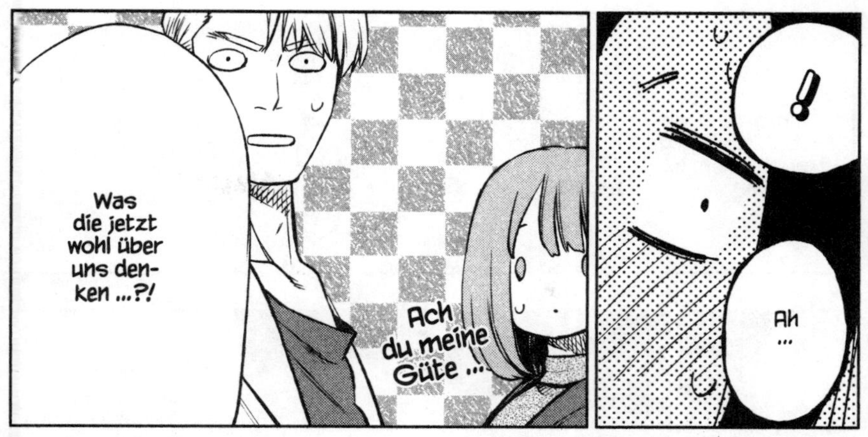
!
Ah ...
Ach du meine Güte ...
Was die jetzt wohl über uns denken ...?!

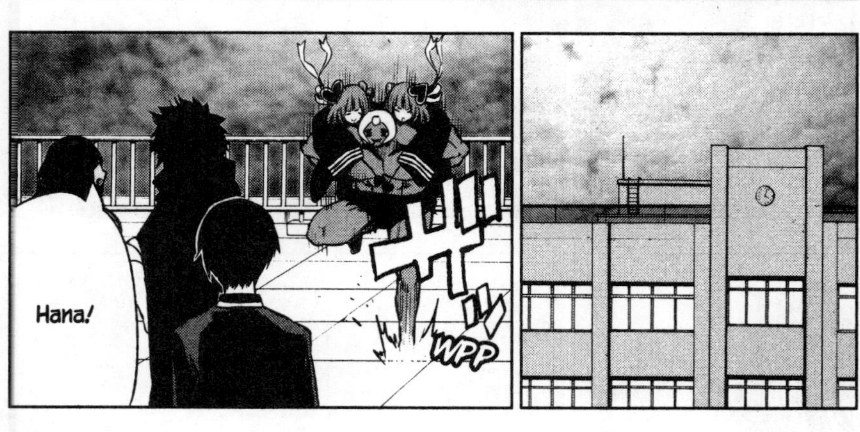
WPP
Hana!

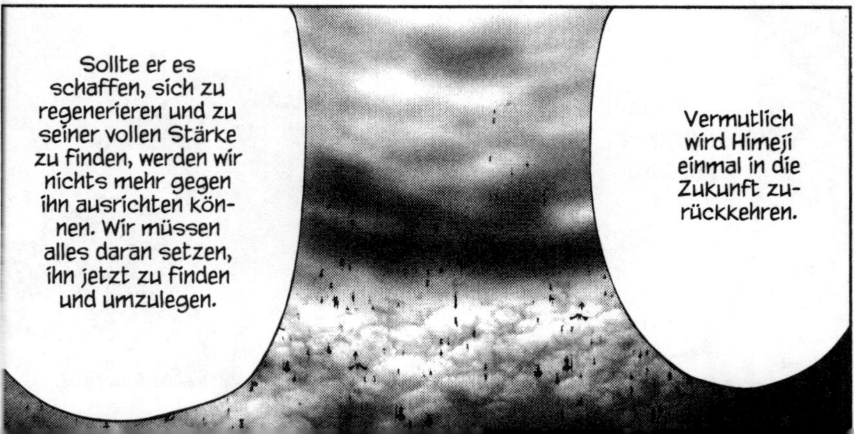
Vermutlich wird Himeji einmal in die Zukunft zurückkehren.
Sollte er es schaffen, sich zu regenerieren und zu seiner vollen Stärke zu finden, werden wir nichts mehr gegen ihn ausrichten können. Wir müssen alles daran setzen, ihn jetzt zu finden und umzulegen.

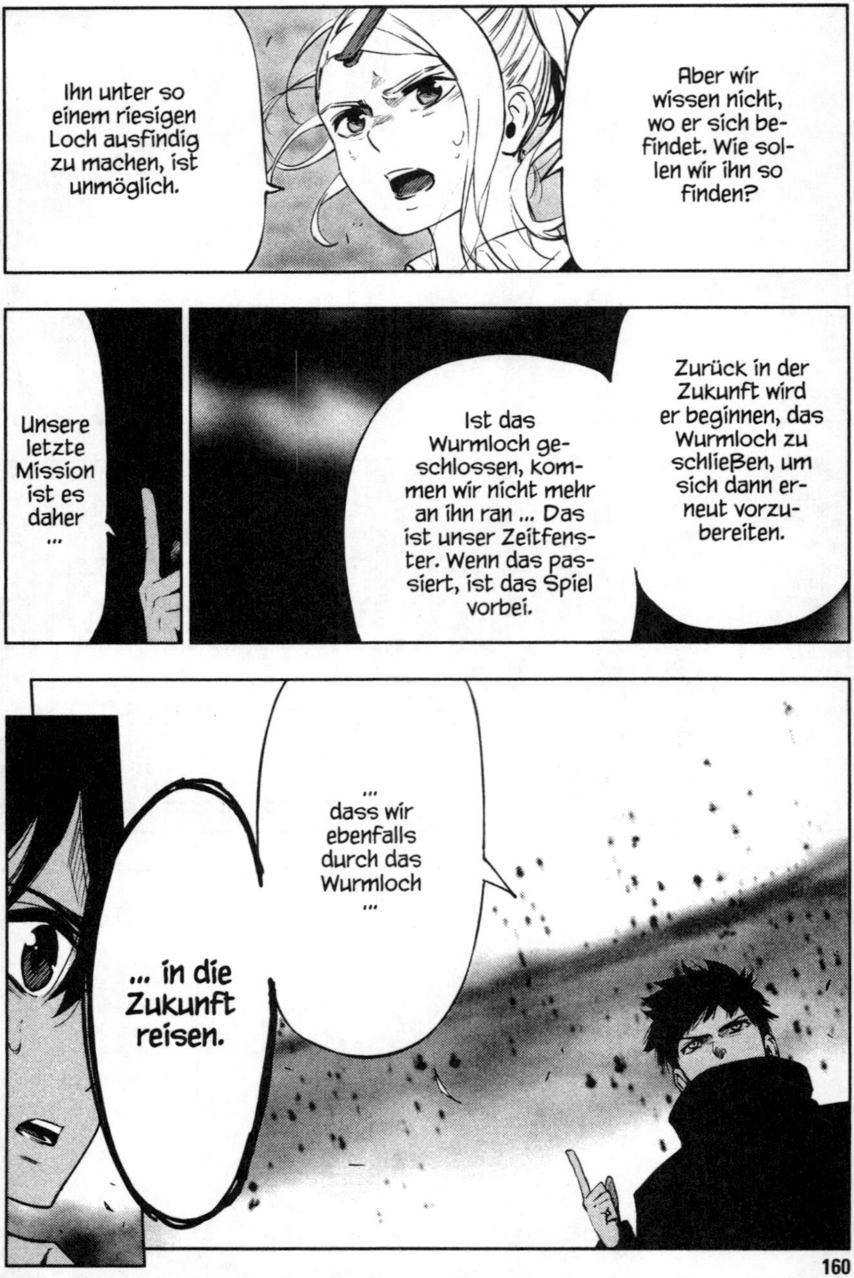

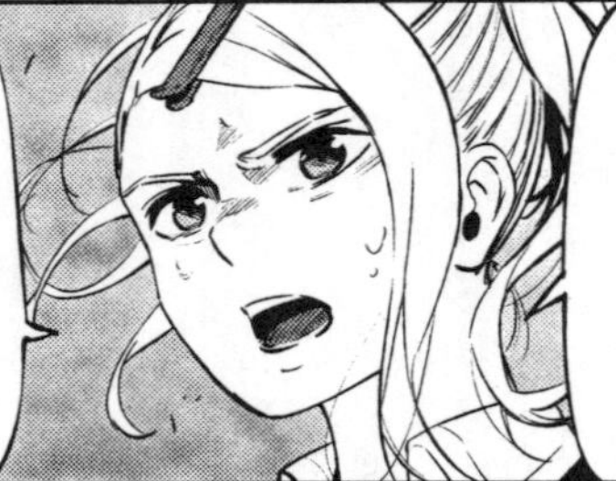

Zurück in der Zukunft wird er beginnen, das Wurmloch zu schließen, um sich dann erneut vorzubereiten.

Ist das Wurmloch geschlossen, kommen wir nicht mehr an ihn ran ... Das ist unser Zeitfenster. Wenn das passiert, ist das Spiel vorbei.

Unsere letzte Mission ist es daher ...

... dass wir ebenfalls durch das Wurmloch ...

... in die Zukunft reisen.

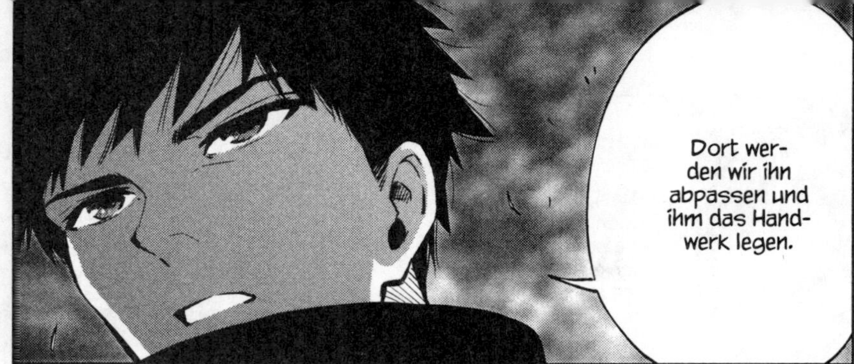
Dort werden wir ihn abpassen und ihm das Handwerk legen.

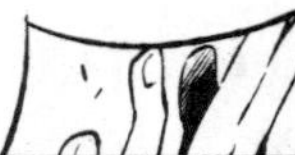

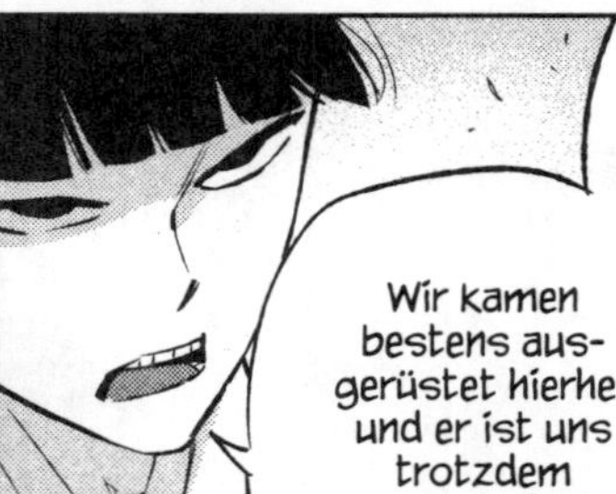
Aber wird das wirklich gut gehen?
Wir kamen bestens ausgerüstet hierher und er ist uns trotzdem entwischt.

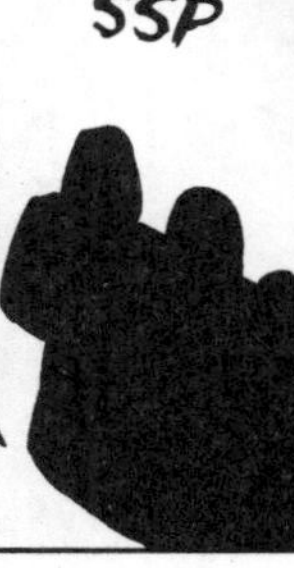
SSP

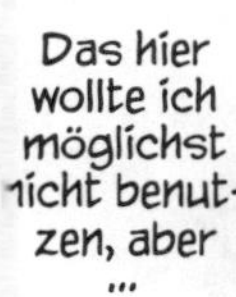
Das hier wollte ich möglichst nicht benutzen, aber ...

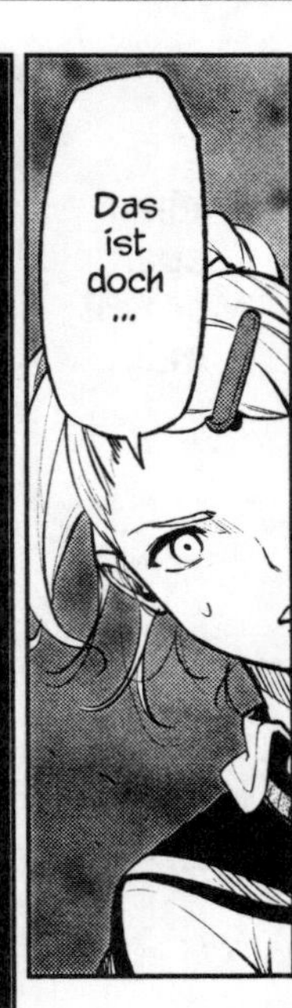
Das ist doch ...

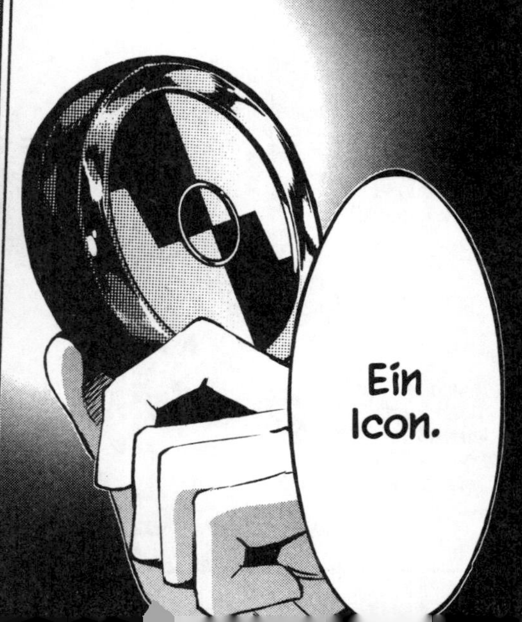
Ein Icon.

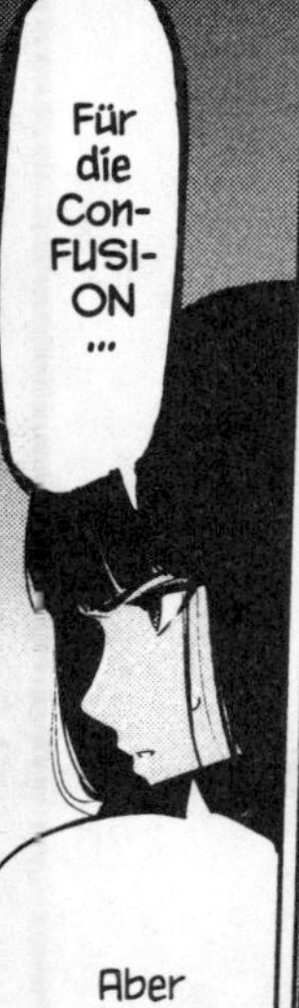
Für die CONFUSION ...
Aber das ...

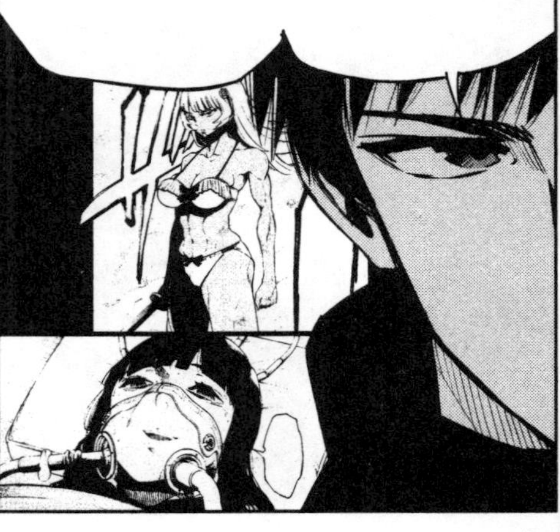
Die Verwendung belastet den Körper und ist sogar lebensbedrohlich ...
Doch in dieser Situation habe ich keine andere Wahl.

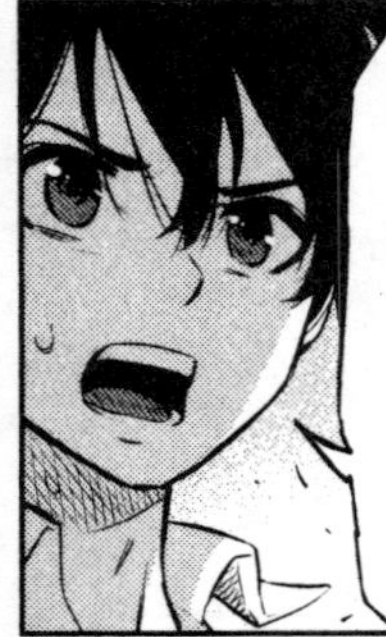
Nein, warte doch mal ...! Wie sollen wir überhaupt in das Loch gelangen?

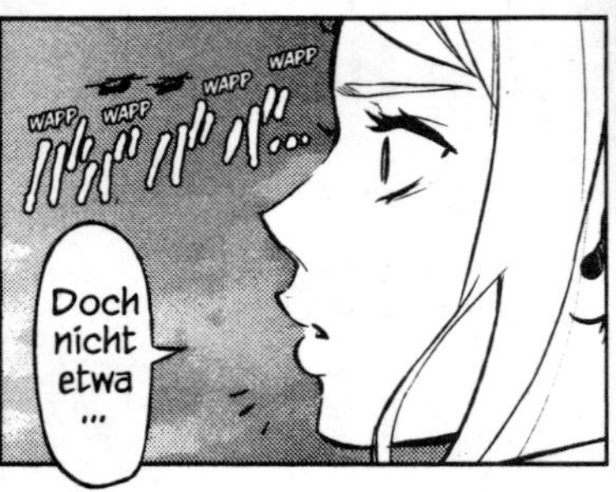
WAPP WAPP WAPP WAPP
Doch nicht etwa ...

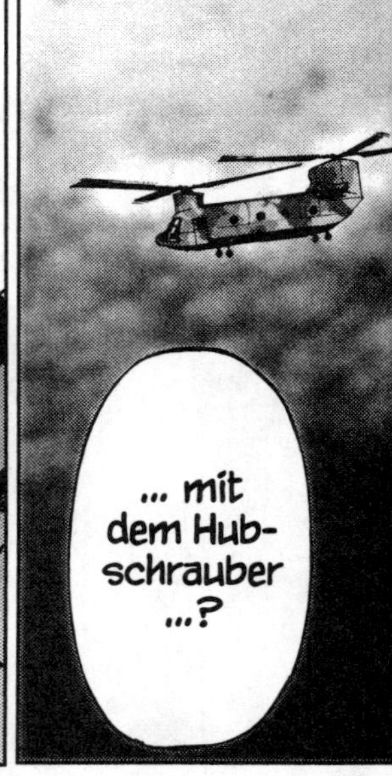
... mit dem Hubschrauber ...?

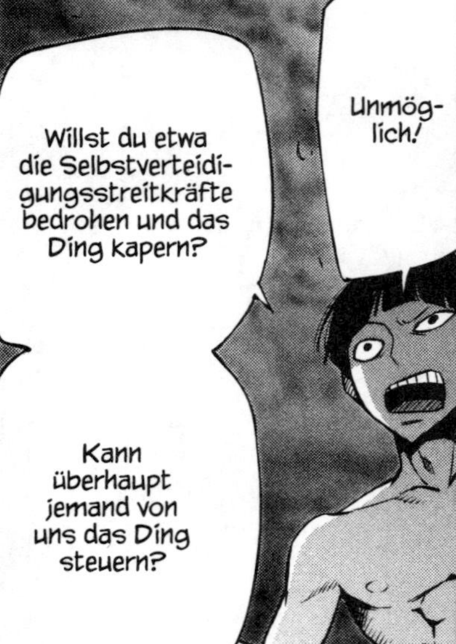
Unmöglich!
Willst du etwa die Selbstverteidigungsstreitkräfte bedrohen und das Ding kapern?
Kann überhaupt jemand von uns das Ding steuern?

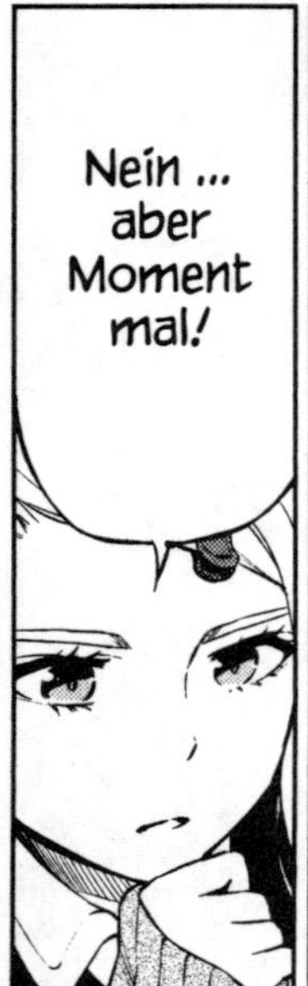
Nein ... aber Moment mal!

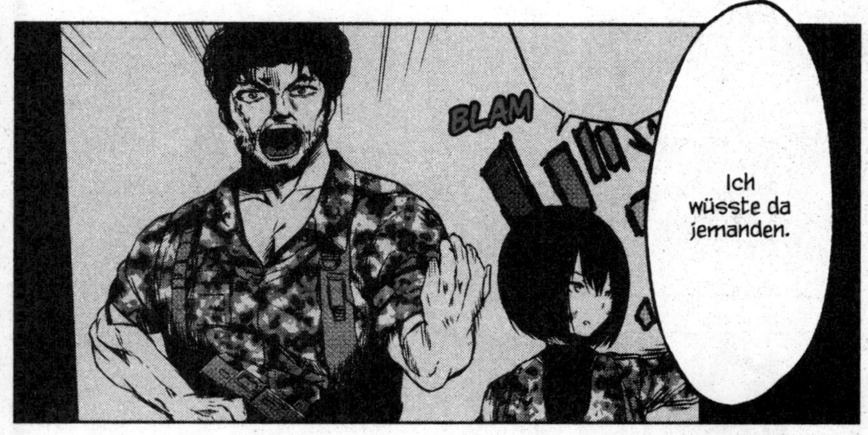
BLAM
Ich wüsste da jemanden.

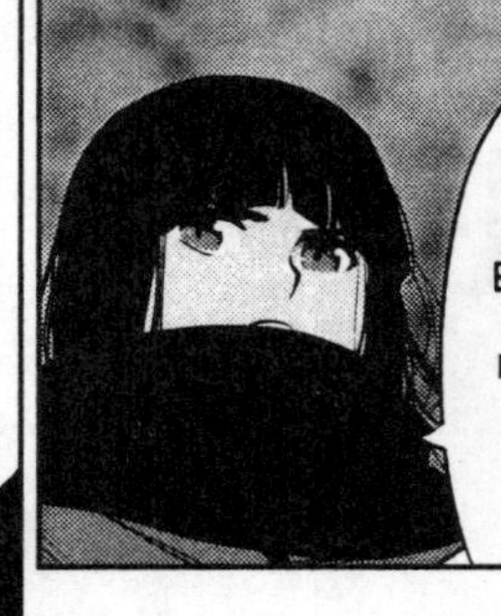
Aber wir befinden uns in der Gegenwart ... Die Erinnerungen an die vorige Welt haben nur wir. Wieso sollten sie uns helfen? Sie kennen uns nicht.

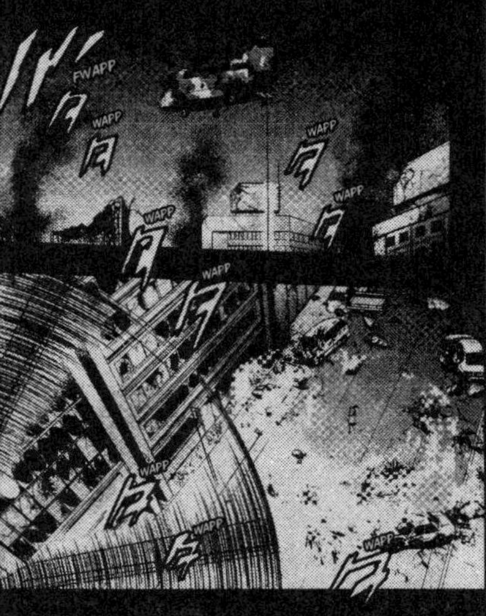
Wir haben das doch schon einmal durchlebt. Wenn alles wie damals abläuft, weiß ich, wo wir sie finden können.
FWAPP
WAPP
WAPP
WAPP
WAPP
WAPP
WAPP
WAPP
WAPP

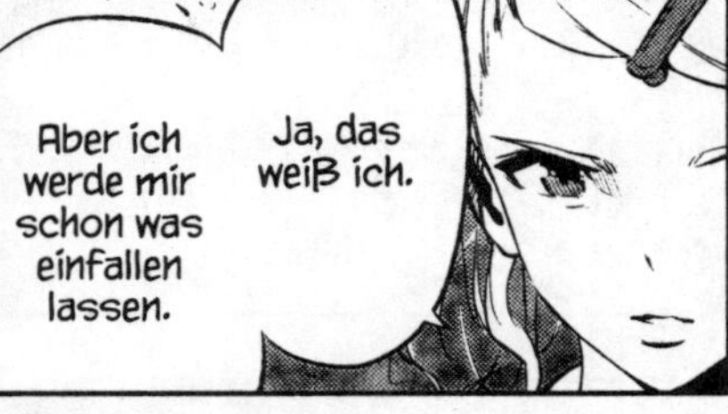
Ja, das weiß ich.
Aber ich werde mir schon was einfallen lassen.

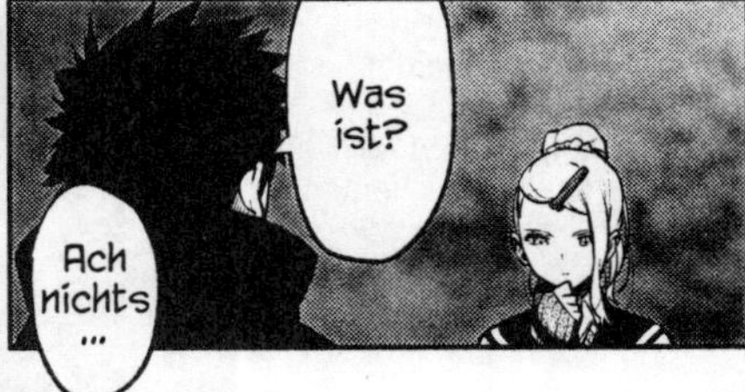
Was ist?
Ach nichts ...

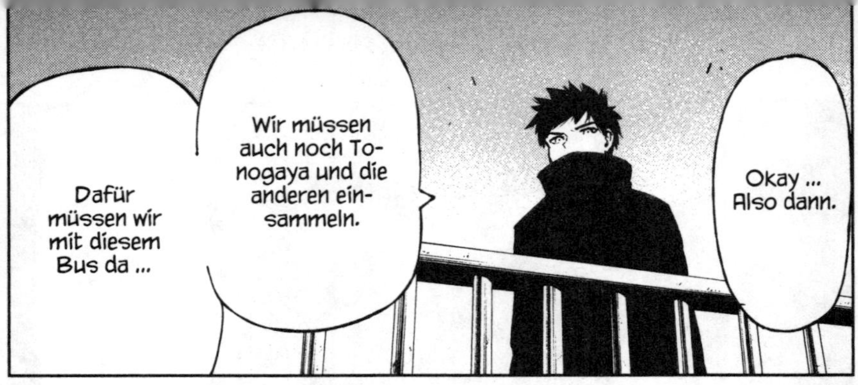

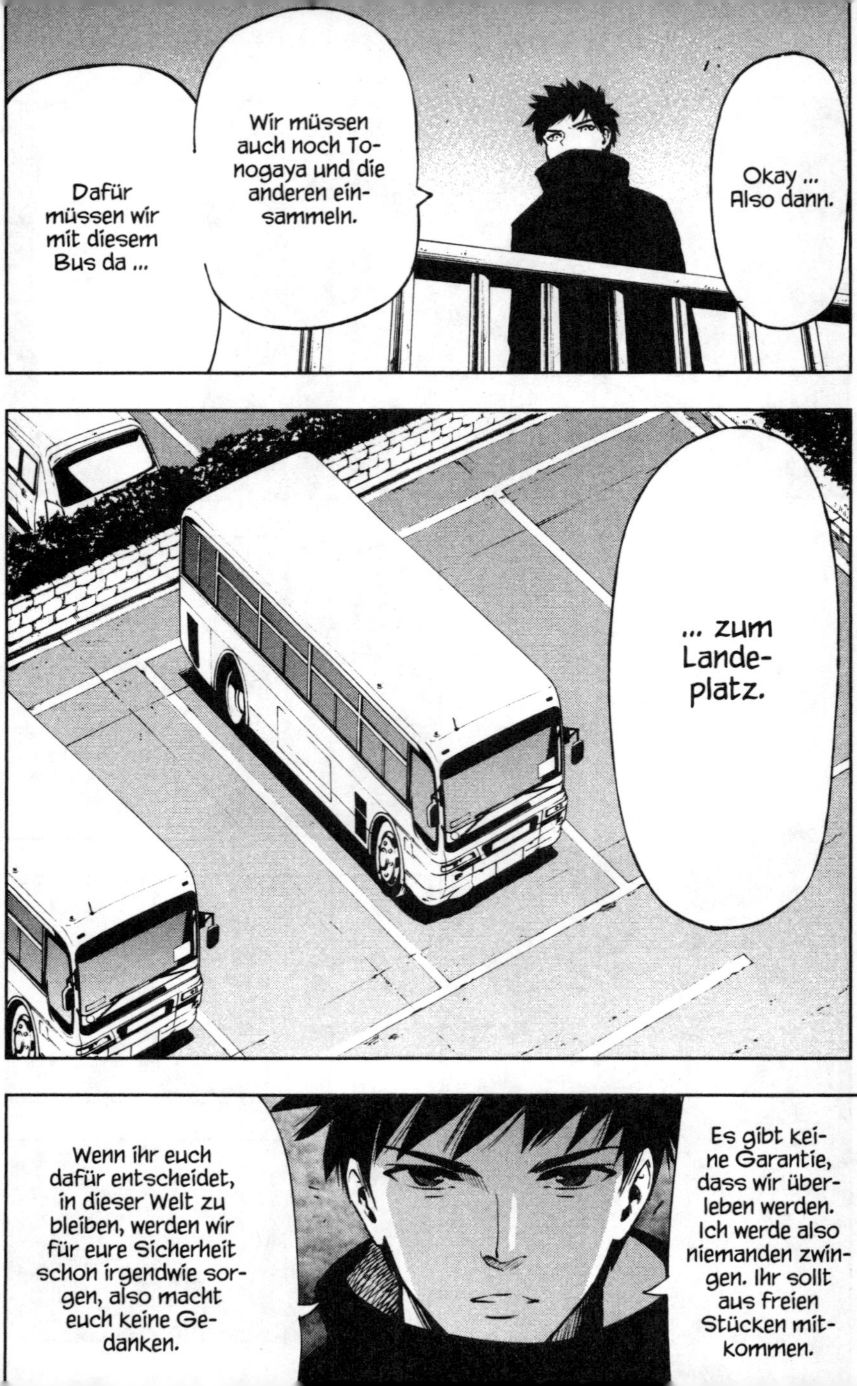

... zum Landeplatz.

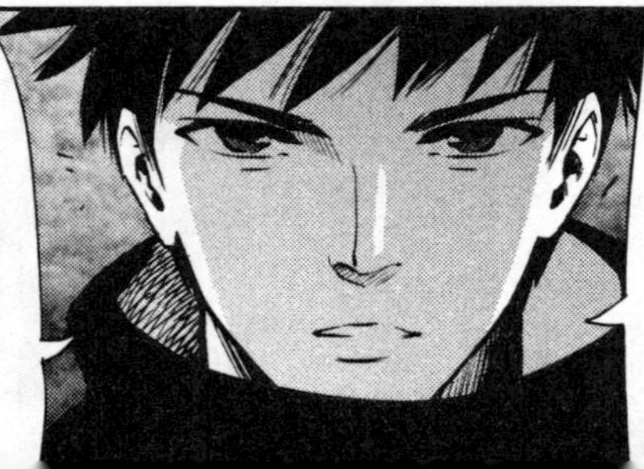

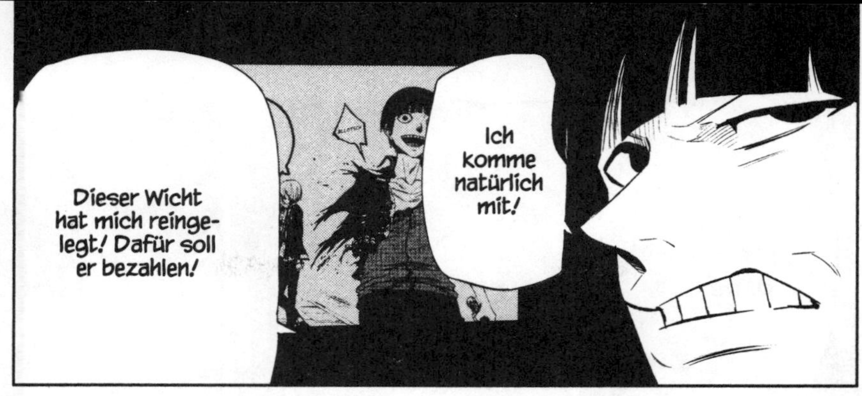
Ich komme natürlich mit!
Dieser Wicht hat mich reingelegt! Dafür soll er bezahlen!

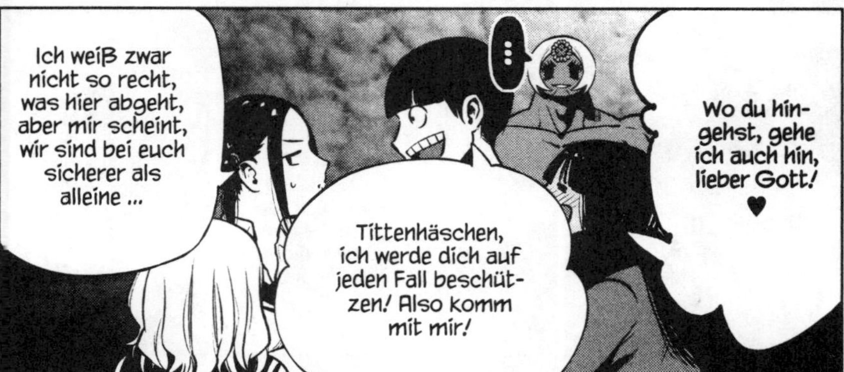
Wo du hingehst, gehe ich auch hin, lieber Gott! ♥
…
Tittenhäschen, ich werde dich auf jeden Fall beschützen! Also komm mit mir!
Ich weiß zwar nicht so recht, was hier abgeht, aber mir scheint, wir sind bei euch sicherer als alleine …

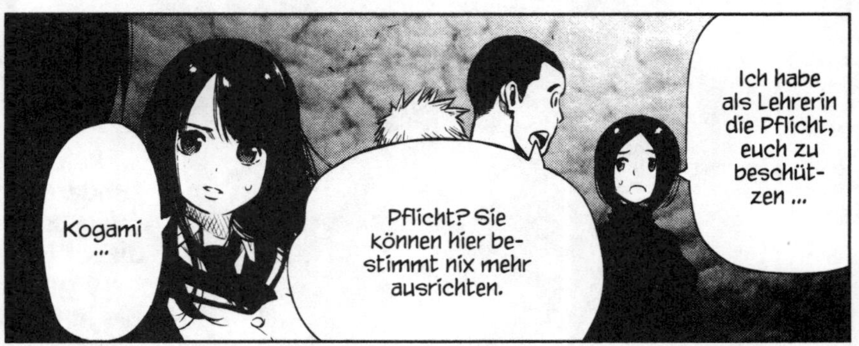
Ich habe als Lehrerin die Pflicht, euch zu beschützen …
Pflicht? Sie können hier bestimmt nix mehr ausrichten.
Kogami …

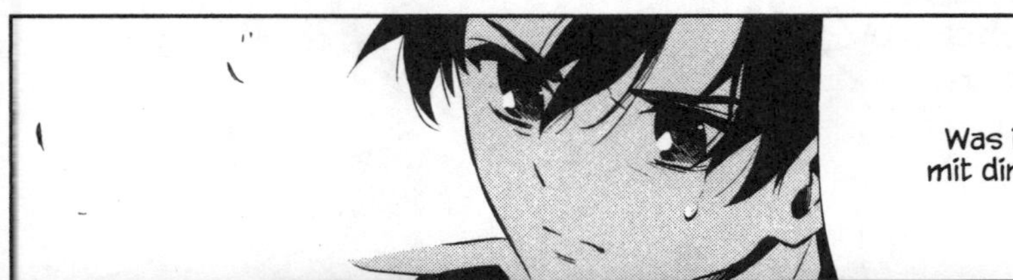
Was ist mit dir …?

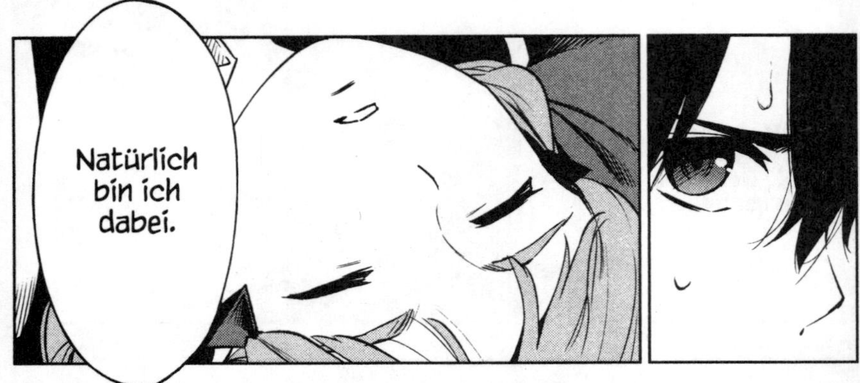

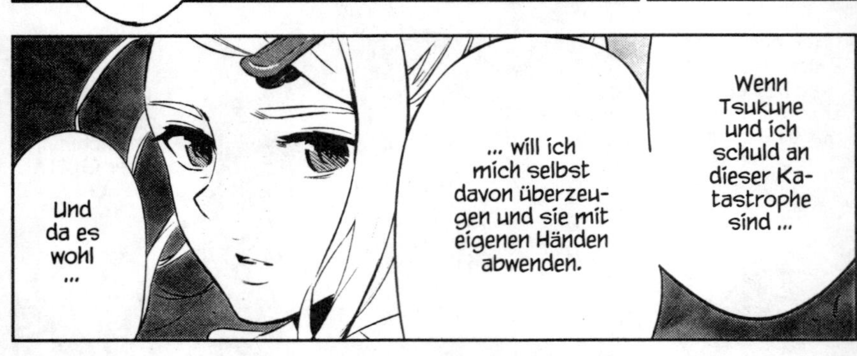

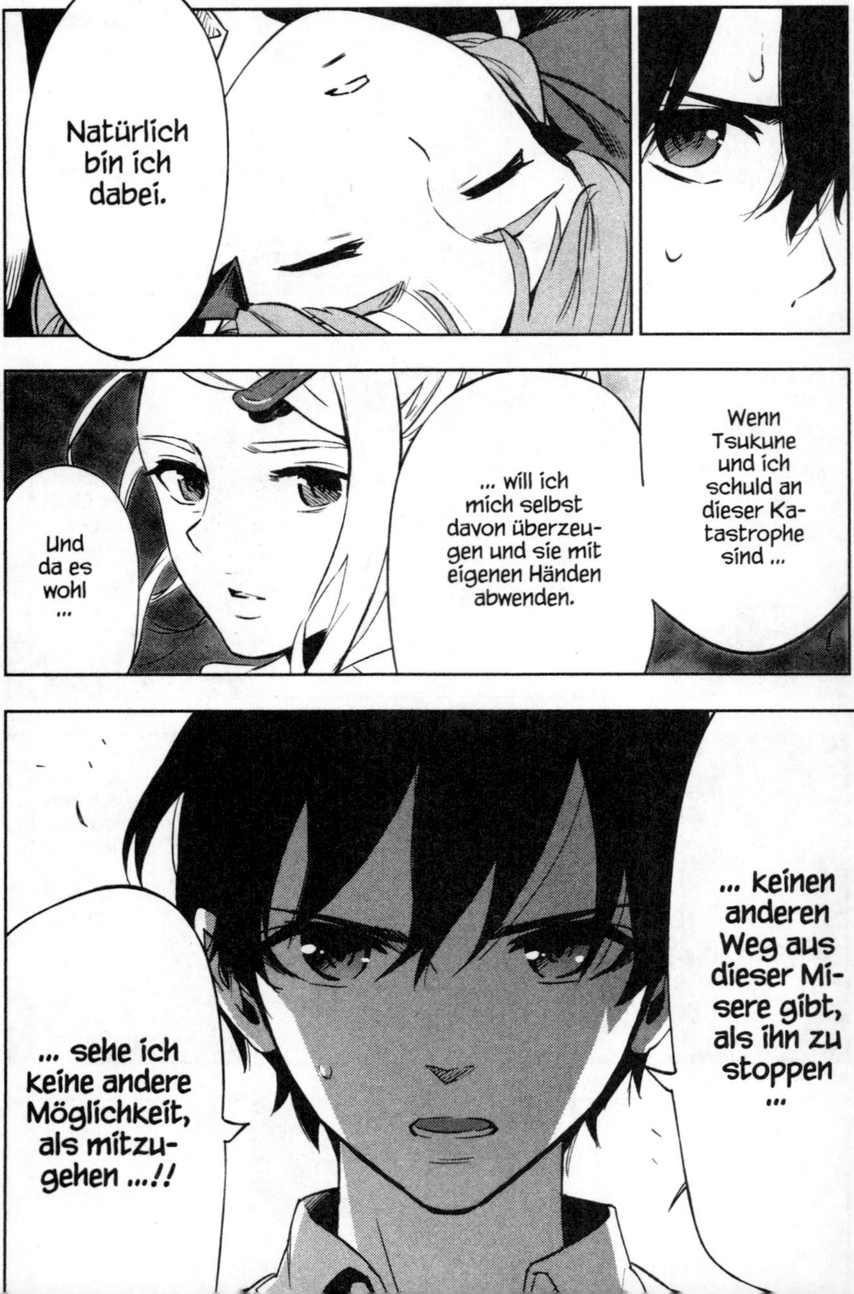

... keinen anderen Weg aus dieser Misere gibt, als ihn zu stoppen ...

... sehe ich keine andere Möglichkeit, als mitzugehen ...!!

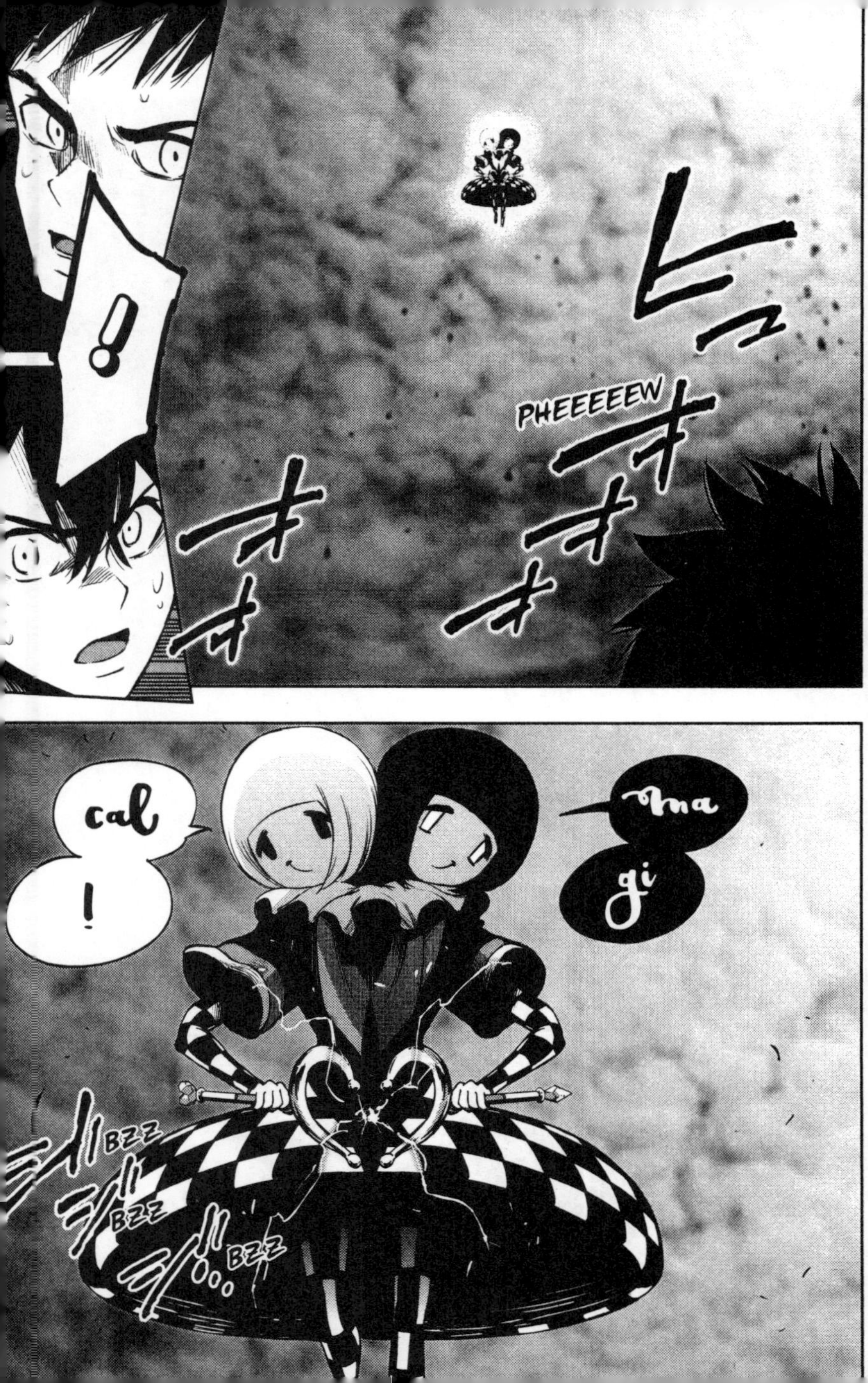

!

PHEEEEEW

ma
gi

cal
!

BZZ
BZZ
BZZ

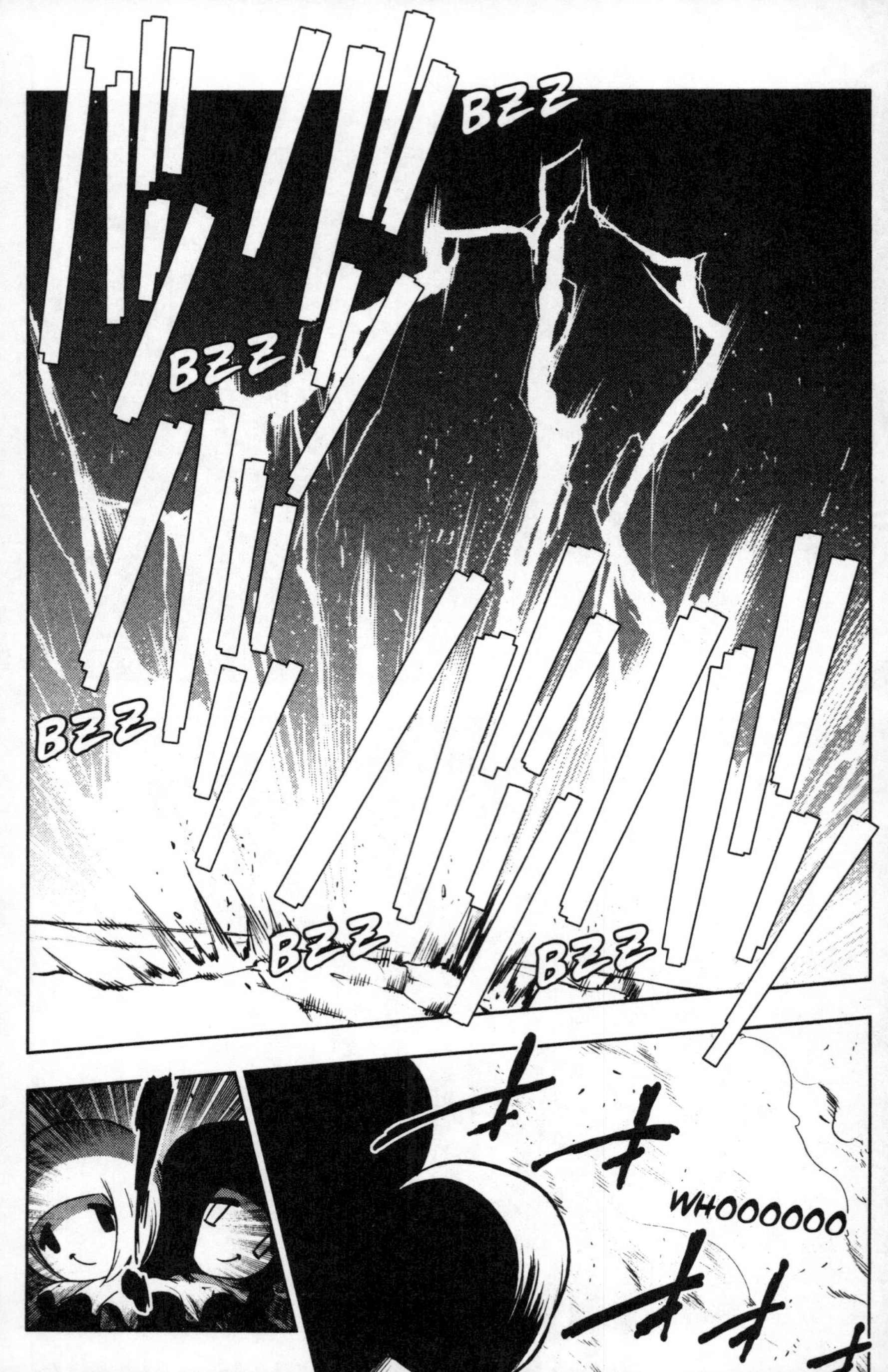
BZZ
BZZ
BZZ
BZZ
BZZ
WHOOOOOO

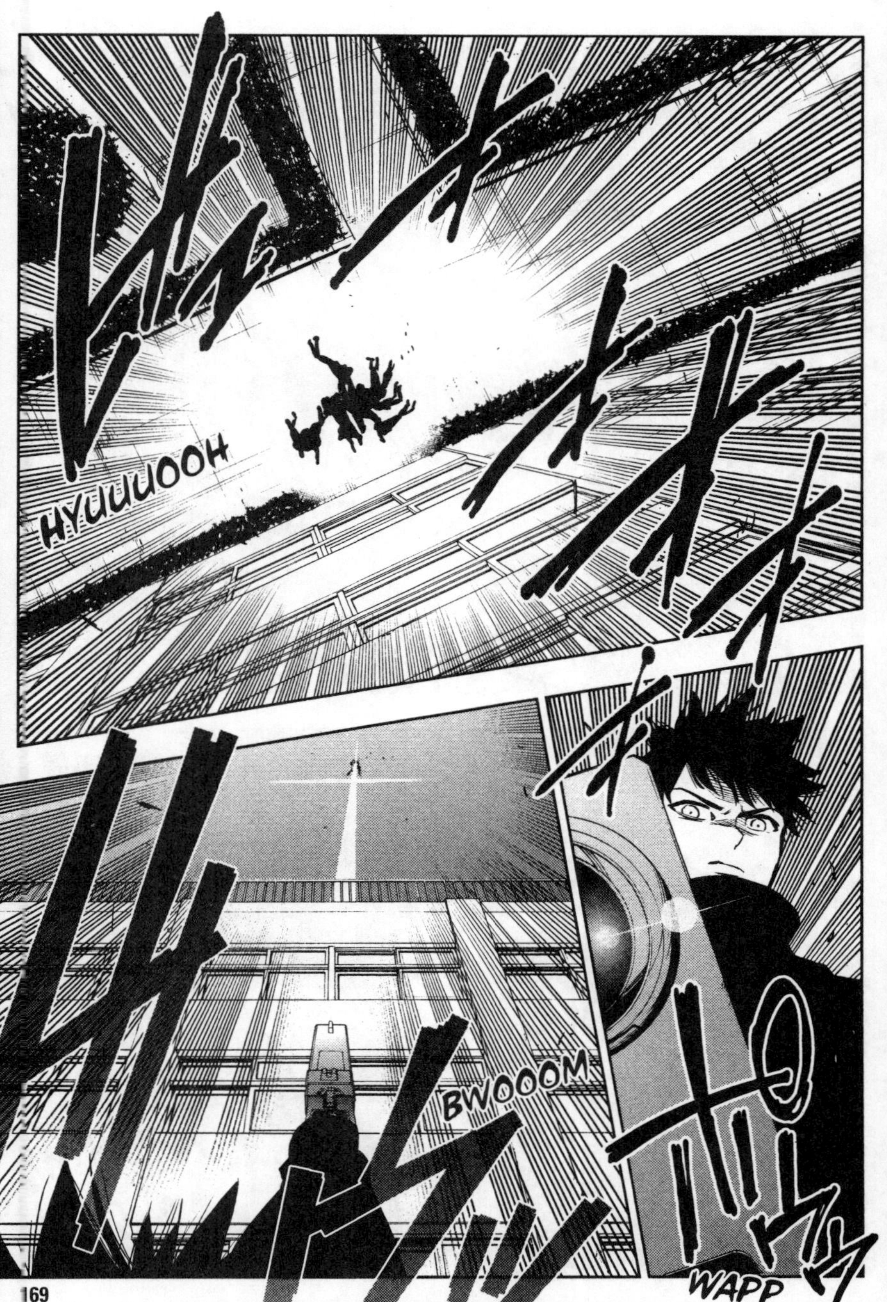
HYUUUOOH
WAPP
BWOOOM

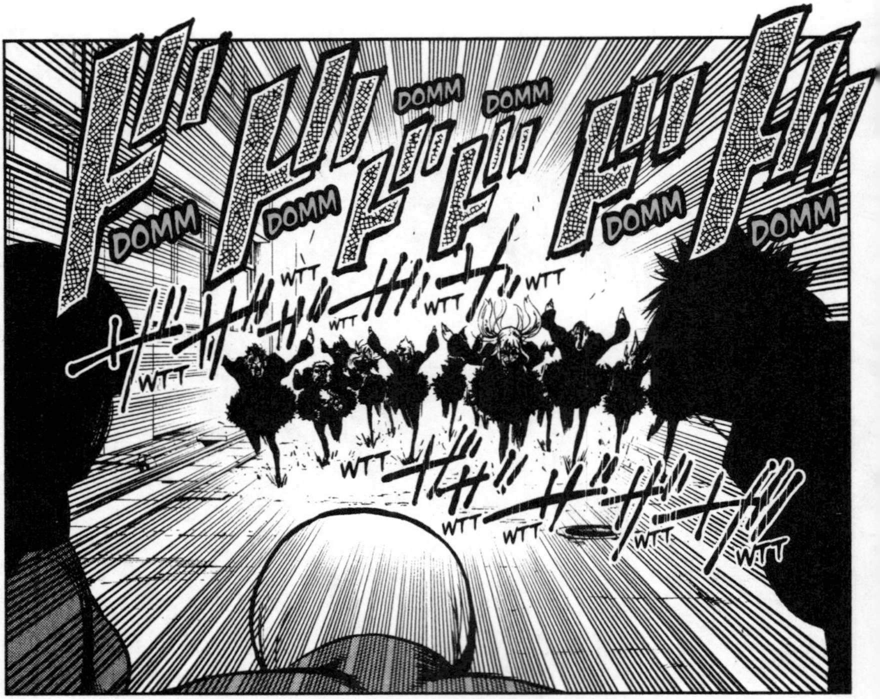

DOMM
DOMM
DOMM
DOMM
DOMM
DOMM
DOMM
WTT
WTT
WTT
WTT
WTT
WTT
WTT
WTT
WTT
WTT
Schnell, zum Bus! 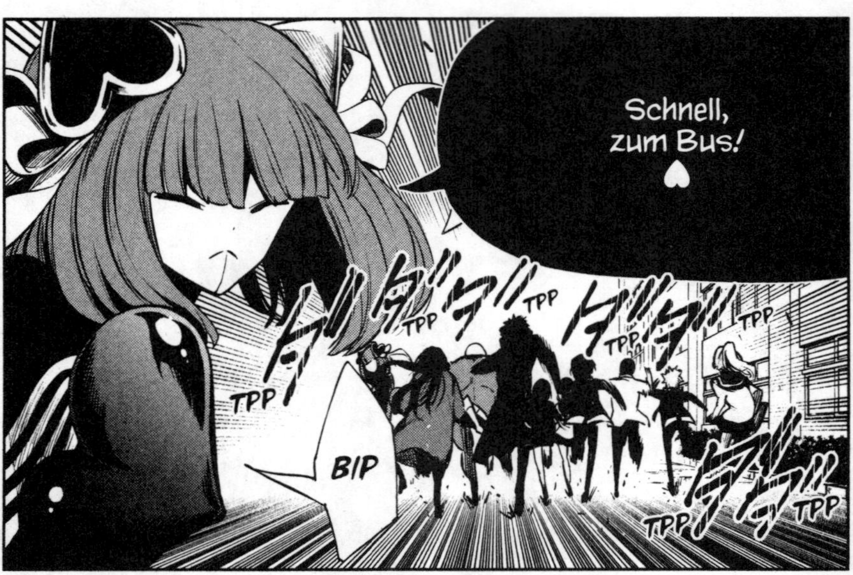
TPP
TPP
TPP
TPP
TPP
BIP
TPP
TPP

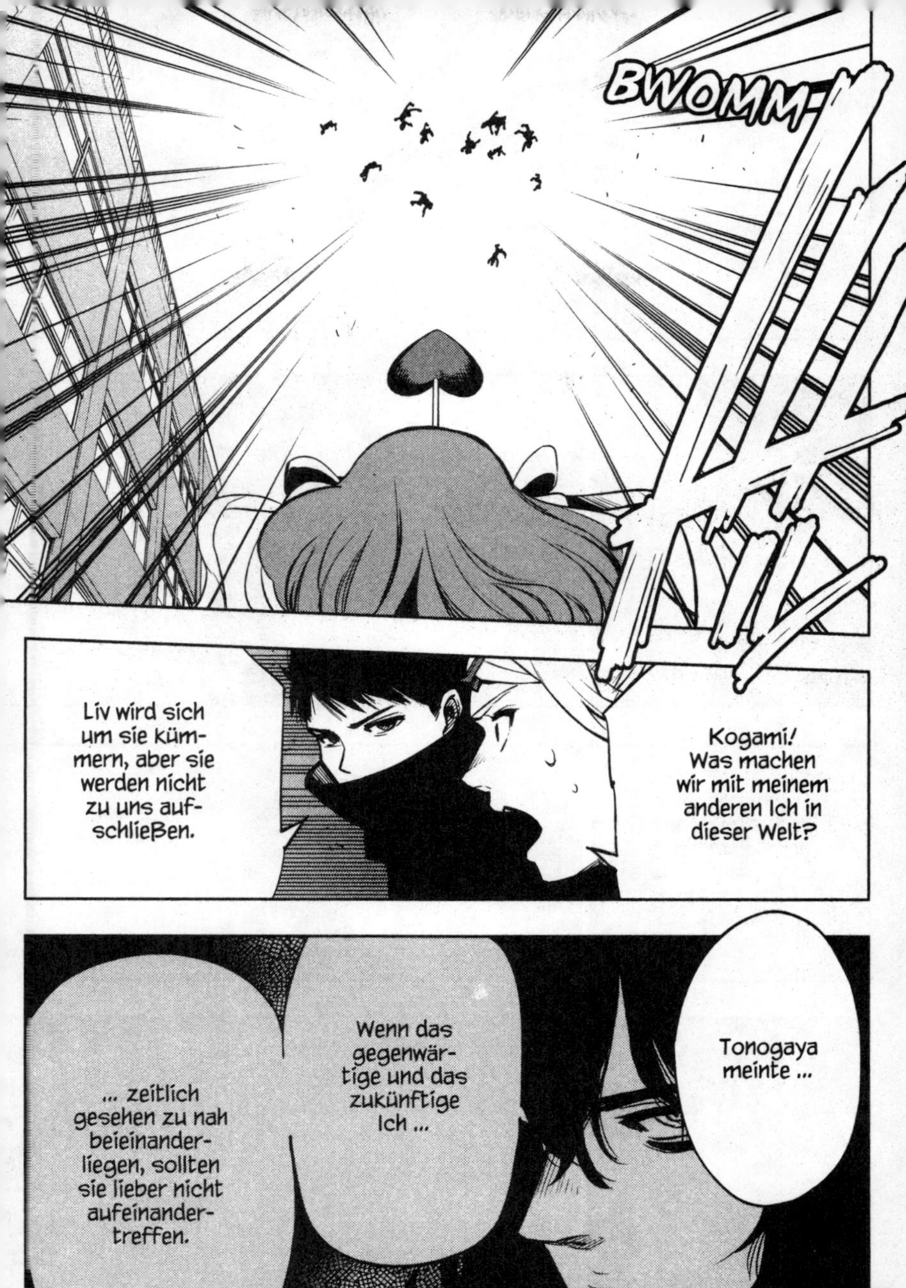
BWOMM-!
Kogami! Was machen wir mit meinem anderen Ich in dieser Welt?
Liv wird sich um sie kümmern, aber sie werden nicht zu uns aufschließen.
Tonogaya meinte ...
Wenn das gegenwärtige und das zukünftige Ich ...
... zeitlich gesehen zu nah beieinanderliegen, sollten sie lieber nicht aufeinandertreffen.

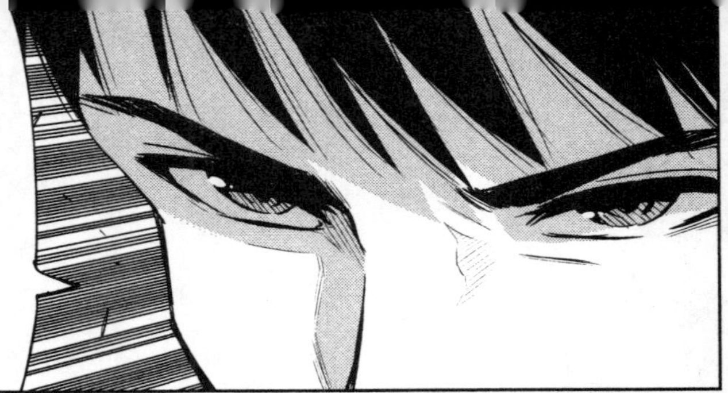

Er hat gegenüber dem Wechselspiel von Zeit und Weltlinien Zweifel und Misstrauen gehegt.

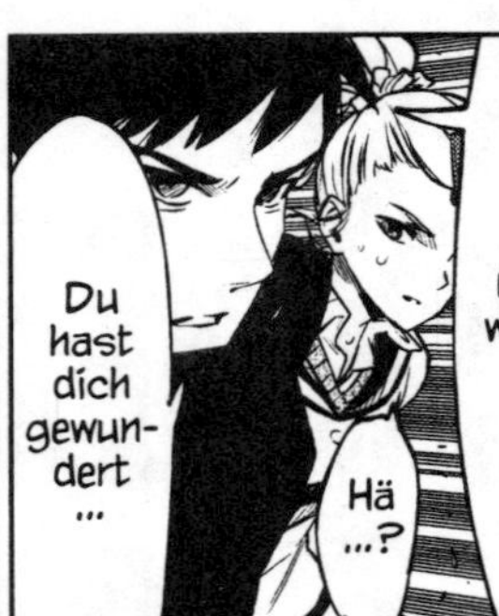

Ähnlich wie auch du.
Hä ...?
Du hast dich gewundert ...

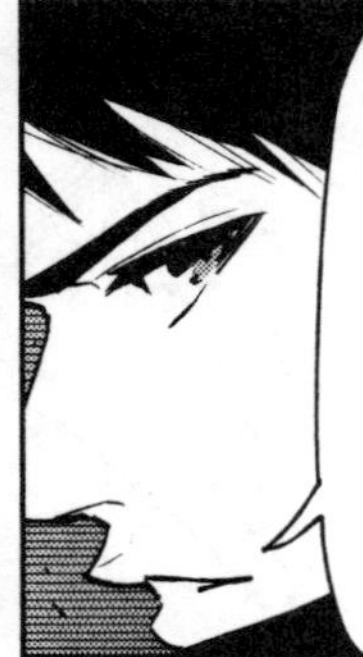

... wie ihr durch die Zeitmaschine aus der Parallelwelt, in der die Katastrophe nicht eingetroffen war, wieder hierherkommen konntet ...

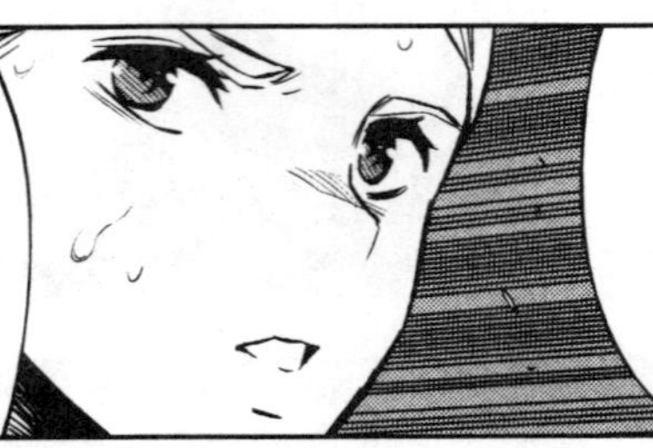

Auch ich habe mich das gefragt.
Er aber war sich sicher, dass der Sprung in die Vergangenheit uns hierherbringen würde.

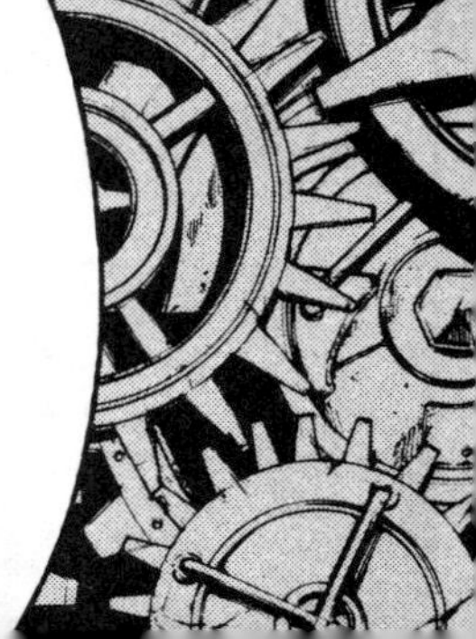
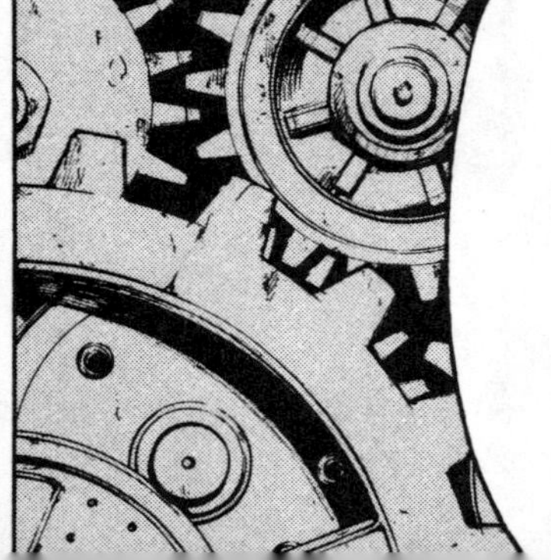

Die Zahnräder unserer Weltlinien arbeiten womöglich nicht mehr ordnungsgemäß.

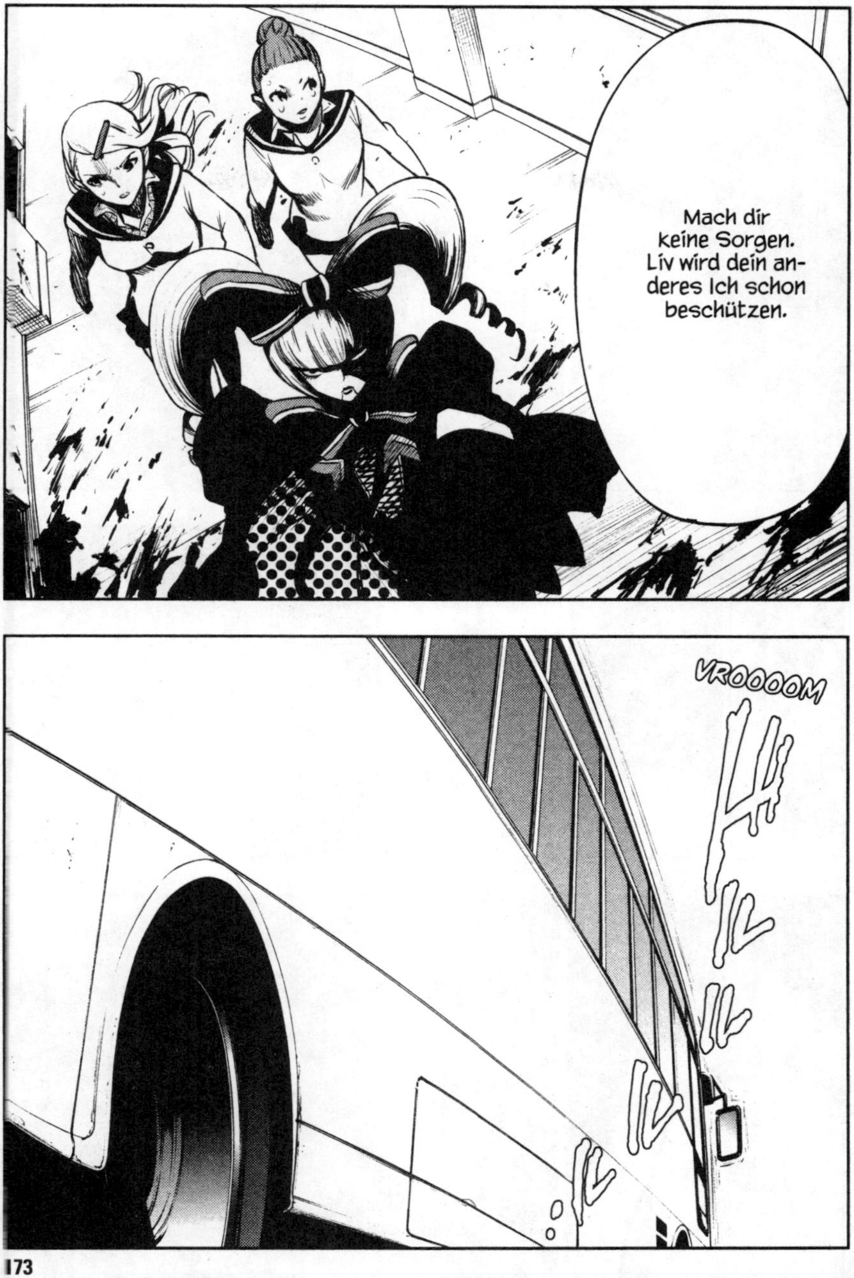

Mach dir keine Sorgen. Liv wird dein anderes Ich schon beschützen.

VROOOOM

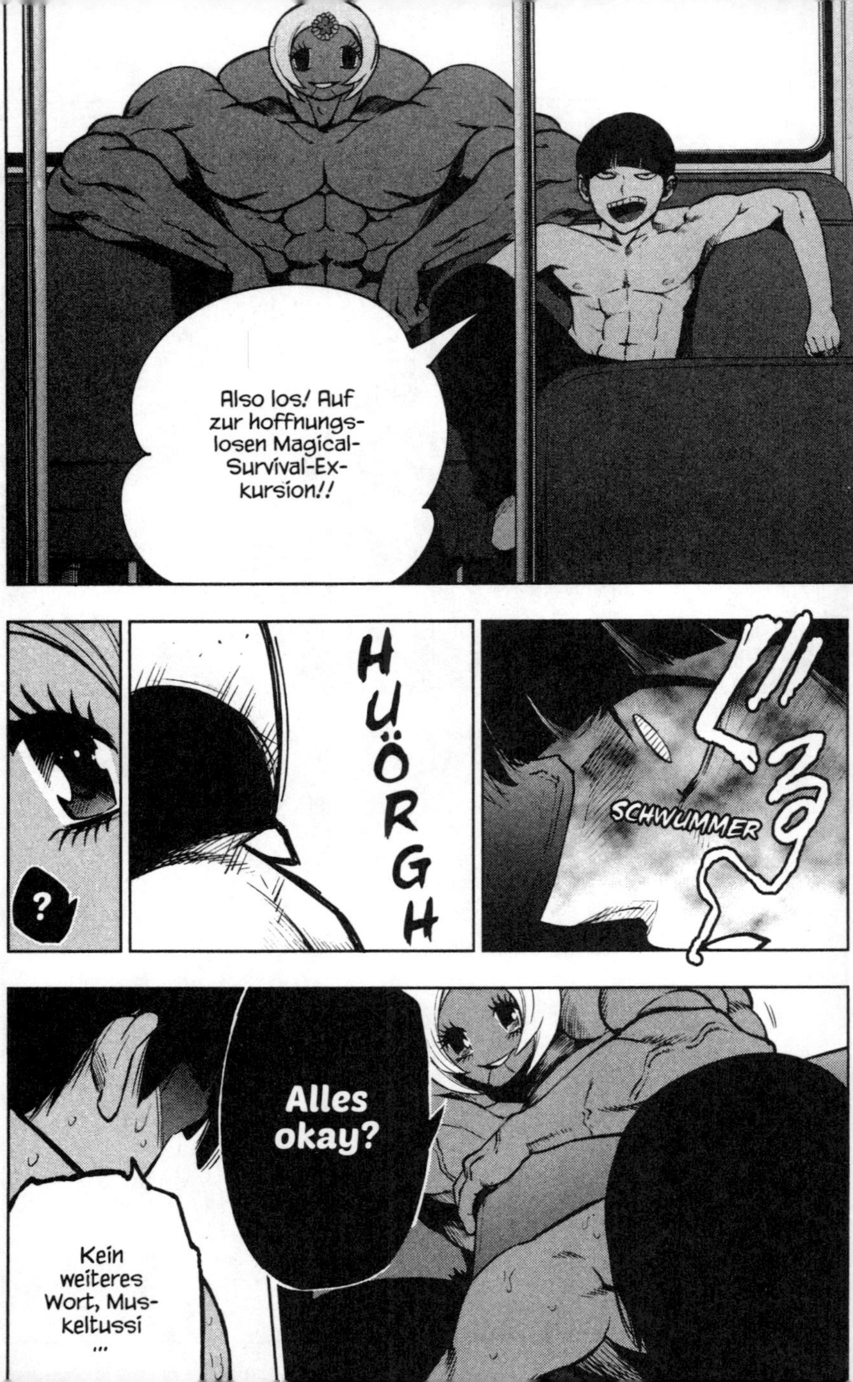

Also los! Auf zur hoffnungslosen Magical-Survival-Exkursion!!

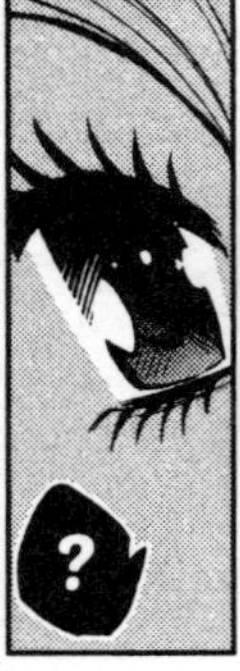

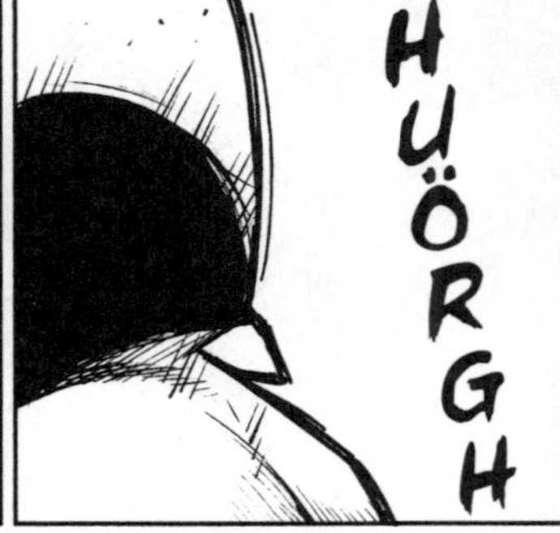

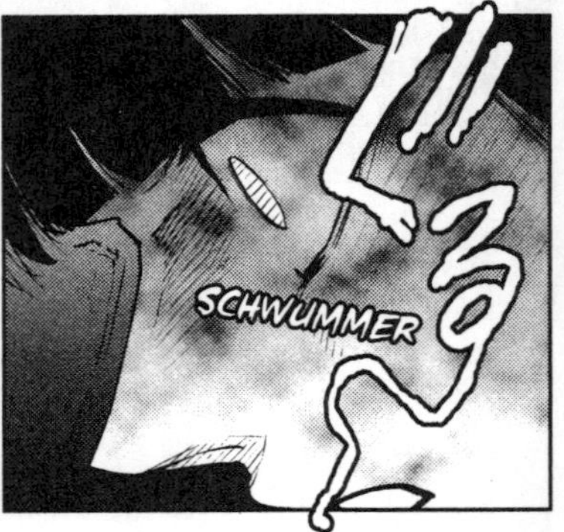

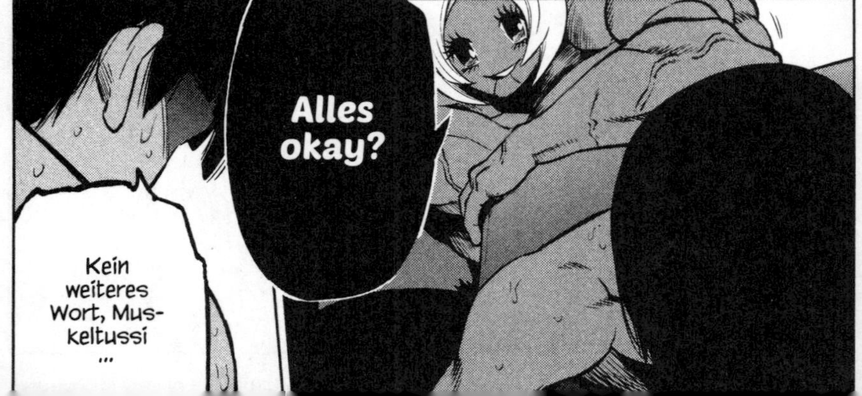

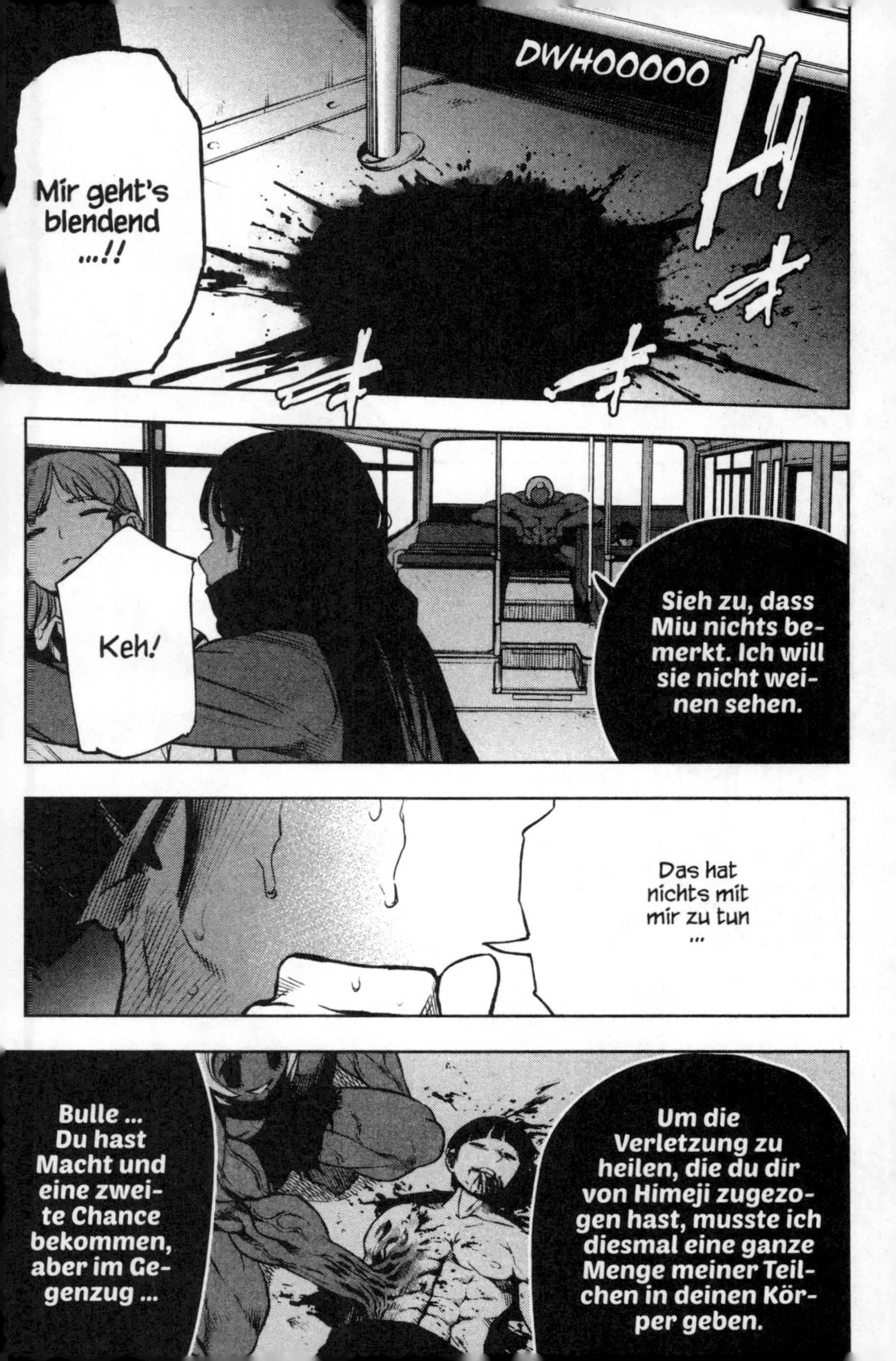

DWHOOOOO

Mir geht's blendend ...!!

Sieh zu, dass Miu nichts bemerkt. Ich will sie nicht weinen sehen.

Keh!

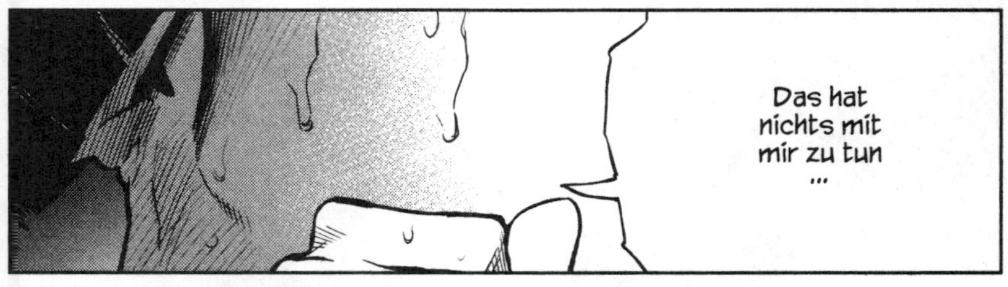

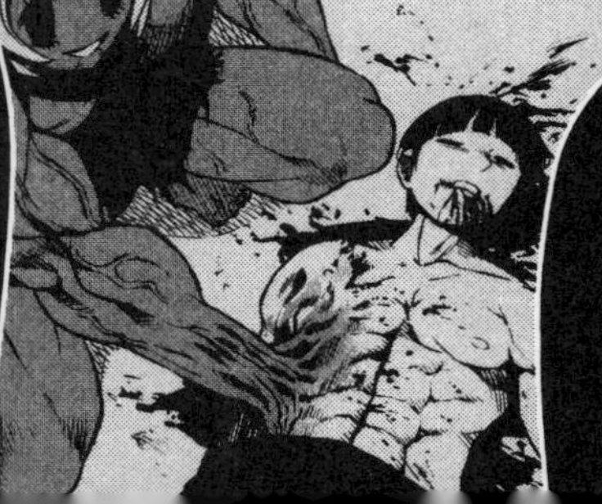

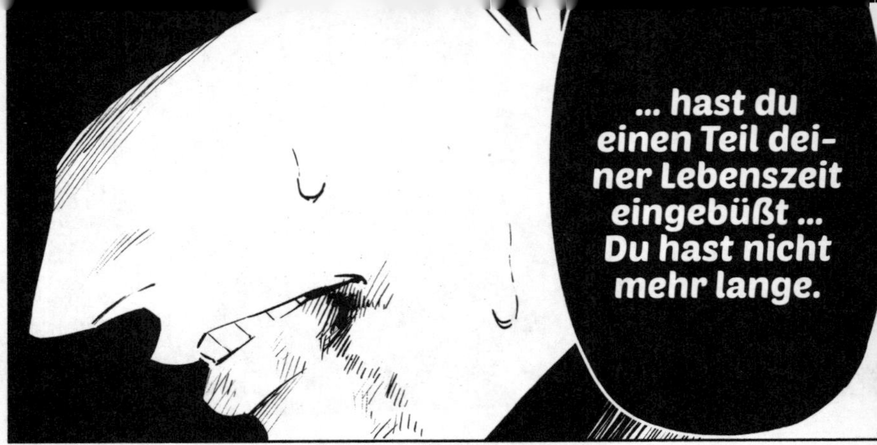
... hast du einen Teil deiner Lebenszeit eingebüßt ... Du hast nicht mehr lange.

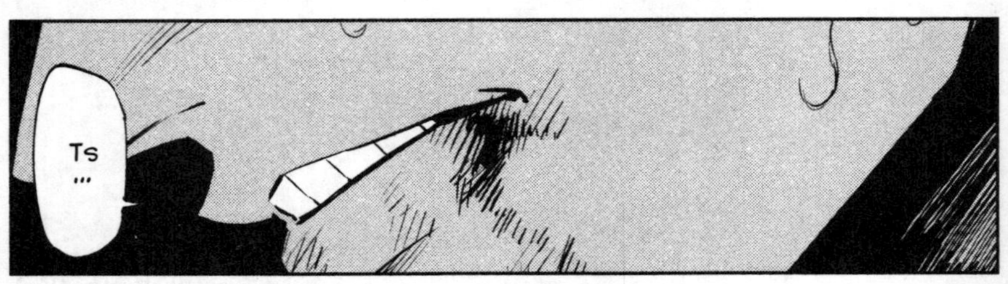
Ts ...

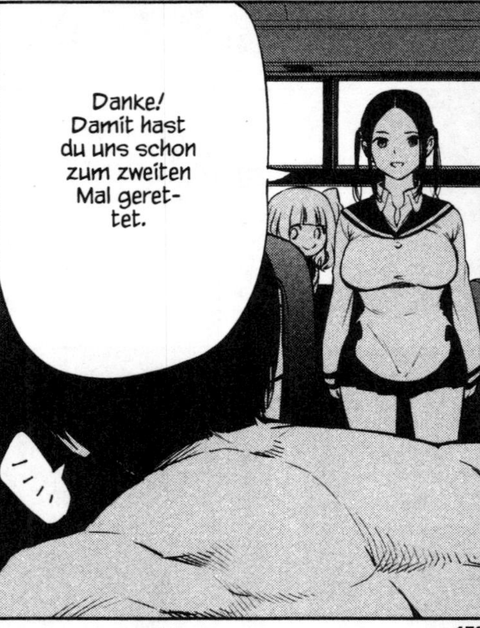
Danke! Damit hast du uns schon zum zweiten Mal gerettet.

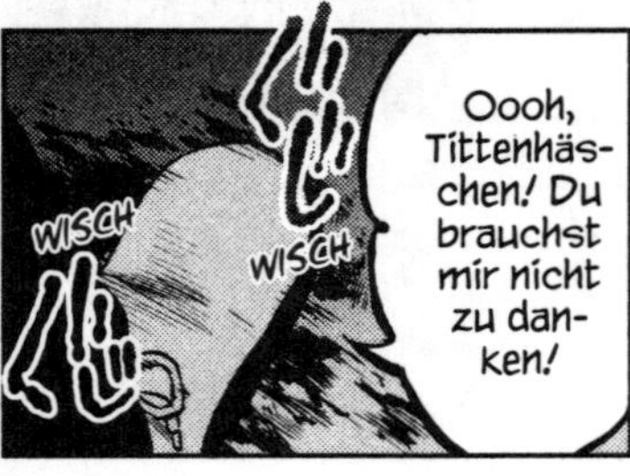
Oooh, Tittenhäschen! Du brauchst mir nicht zu danken!
WISCH
WISCH

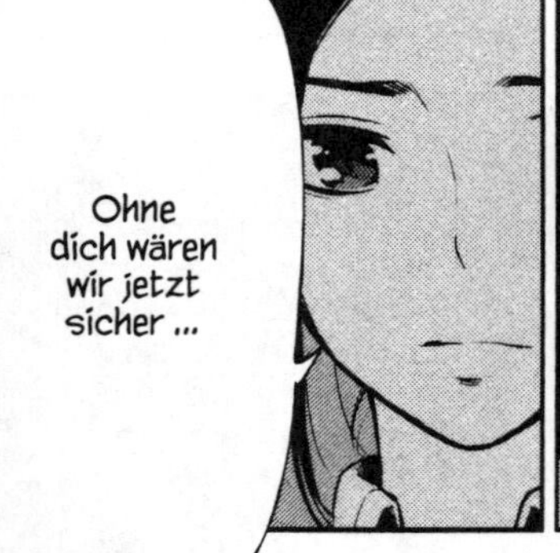
Ohne dich wären wir jetzt sicher ...

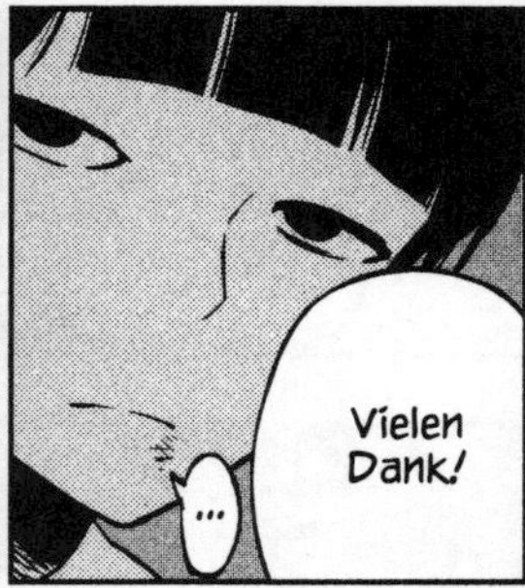
Vielen Dank!
...

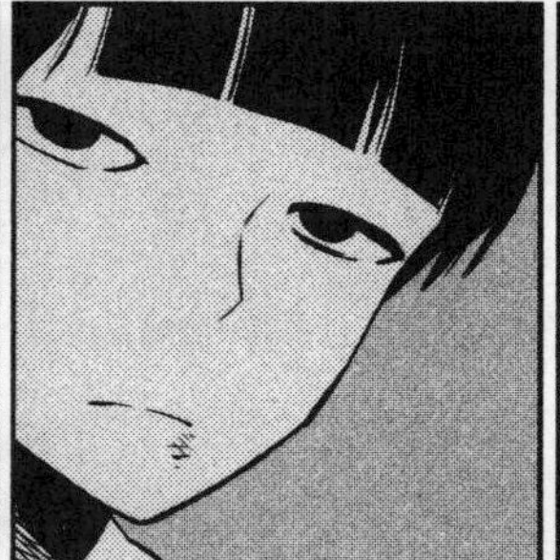

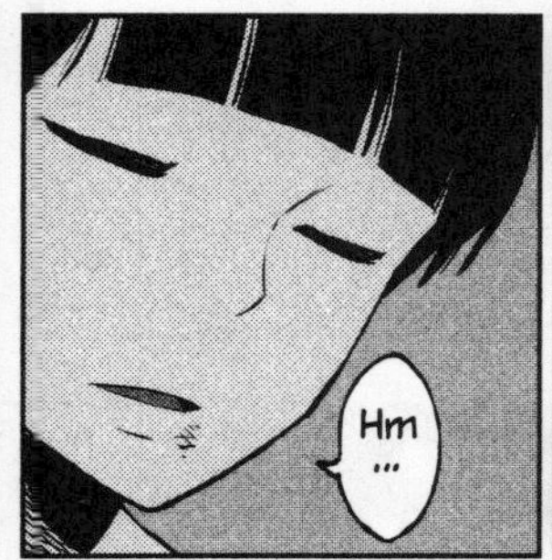
Hm ...

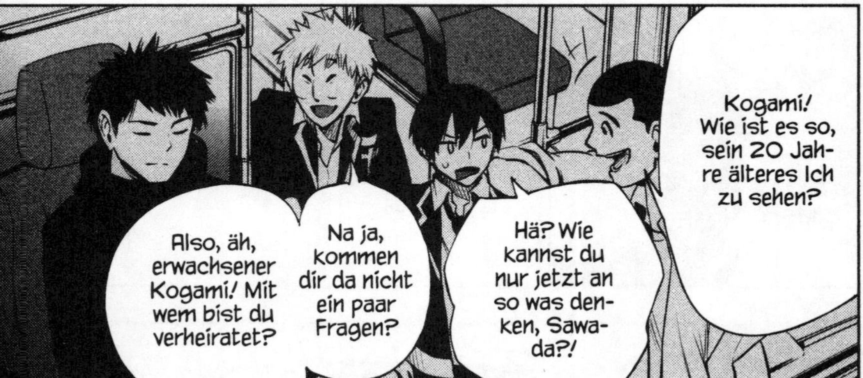
Kogami! Wie ist es so, sein 20 Jahre älteres Ich zu sehen?
Hä? Wie kannst du nur jetzt an so was denken, Sawada?!
Na ja, kommen dir da nicht ein paar Fragen?
Also, äh, erwachsener Kogami! Mit wem bist du verheiratet?

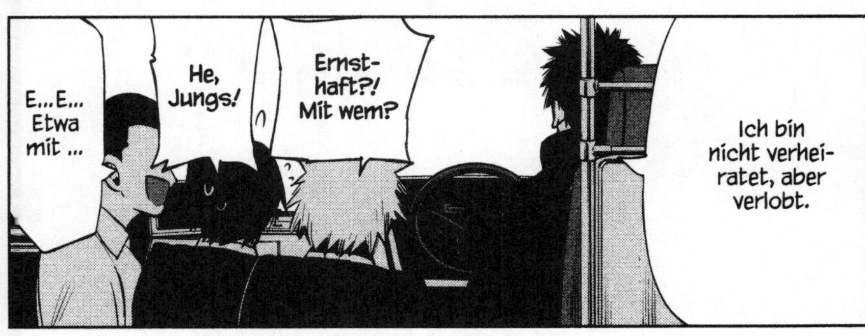
Ich bin nicht verheiratet, aber verlobt.
Ernsthaft?! Mit wem?
He, Jungs!
E...E... Etwa mit ...

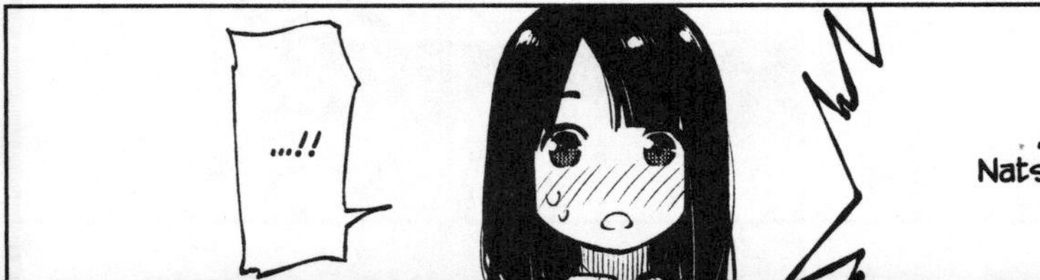
... Natsuki?!
...!!

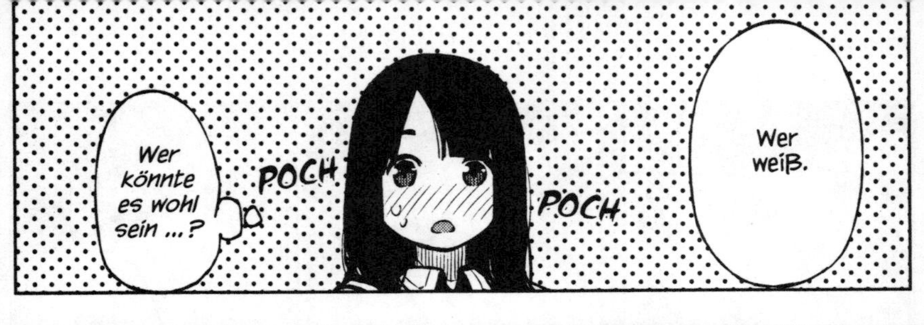

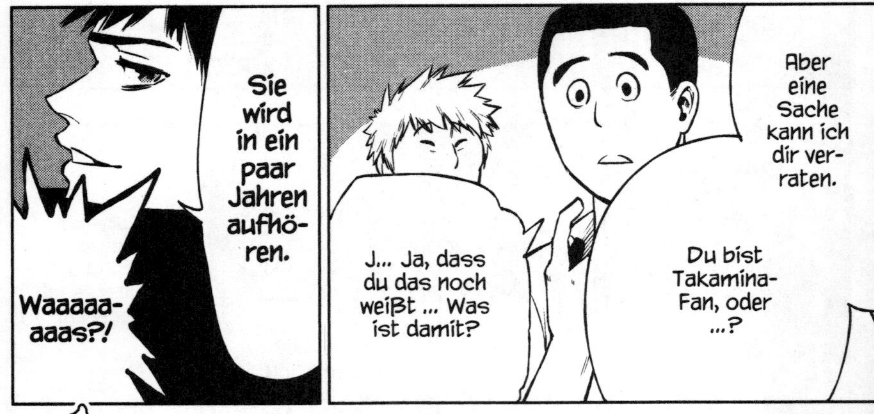

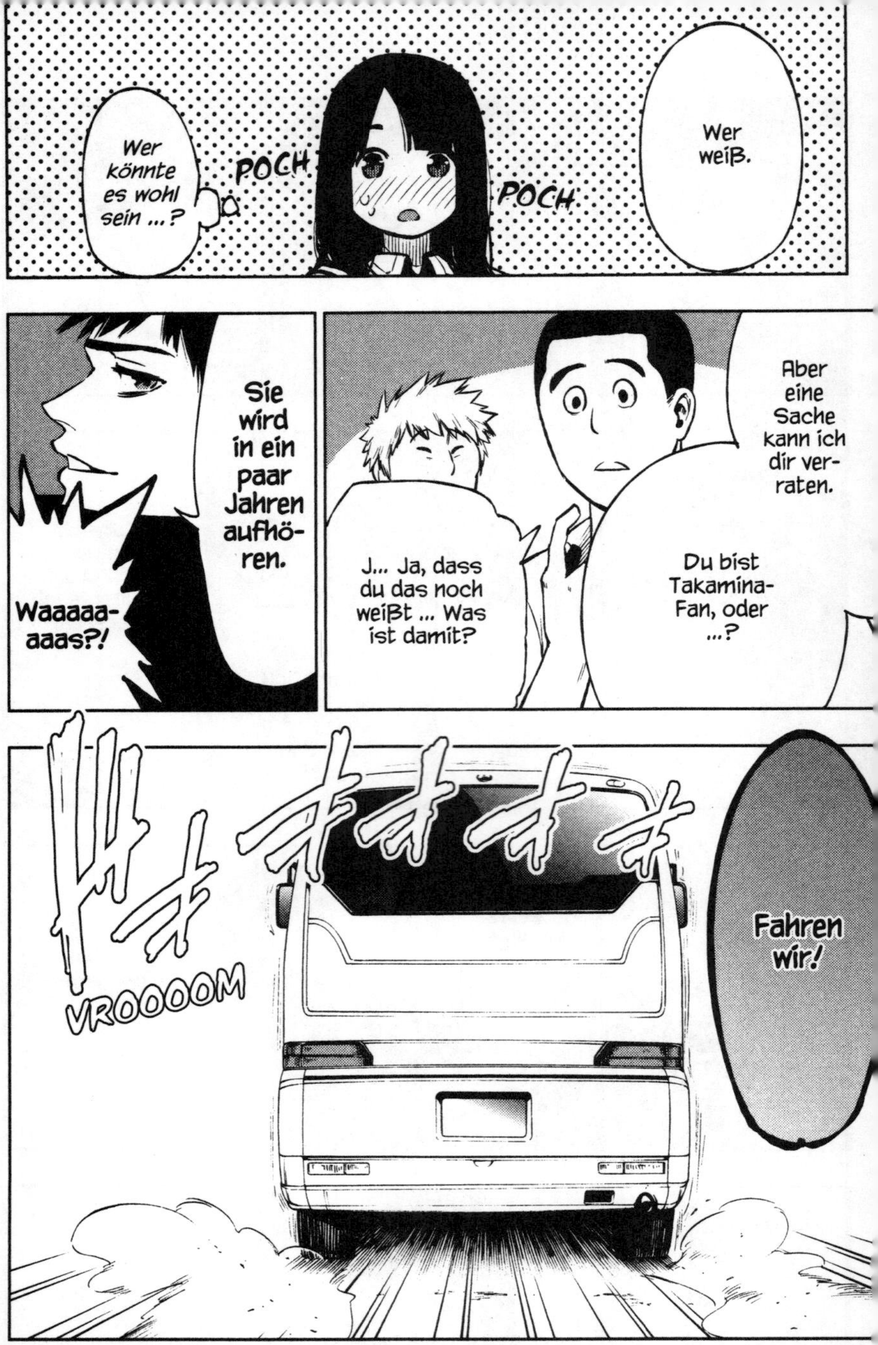

Fahren wir!

VROOOOM

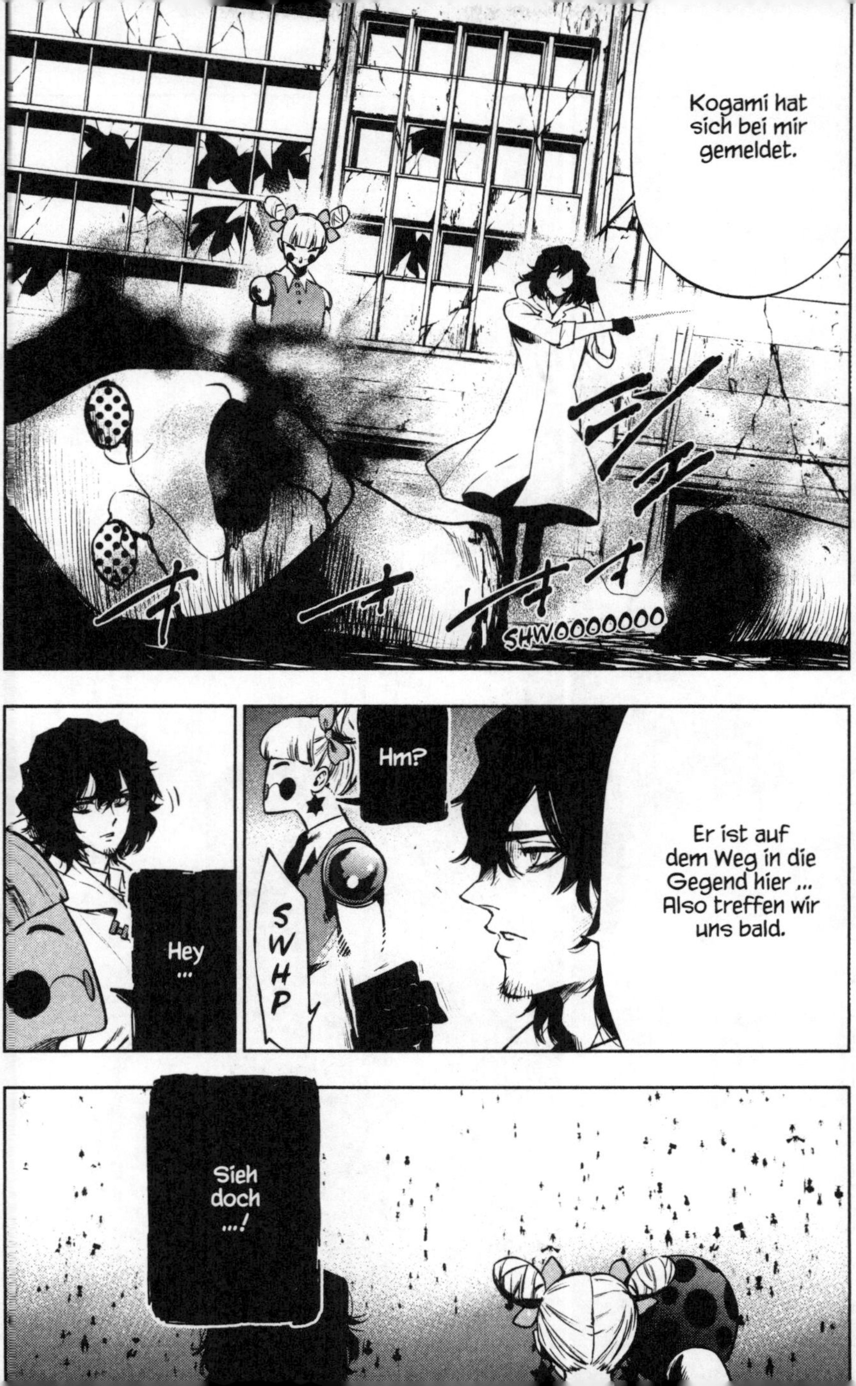

Kogami hat sich bei mir gemeldet.

SHWOOOOOOO

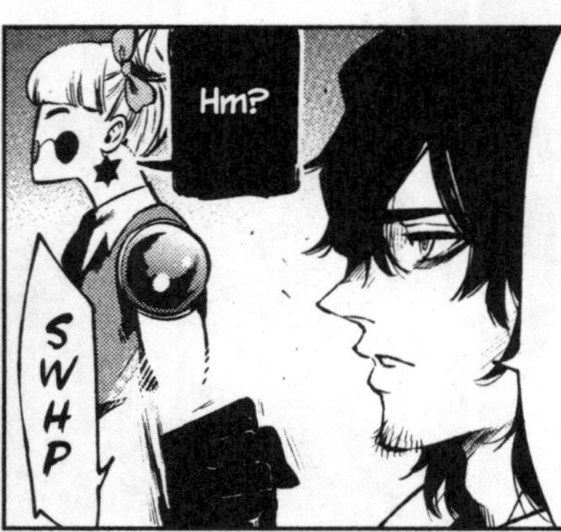

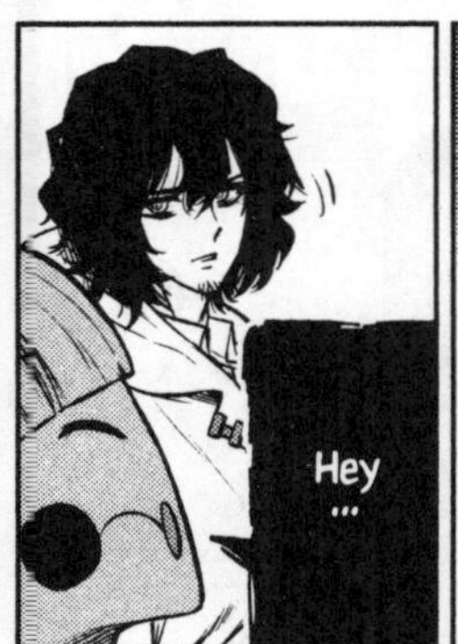

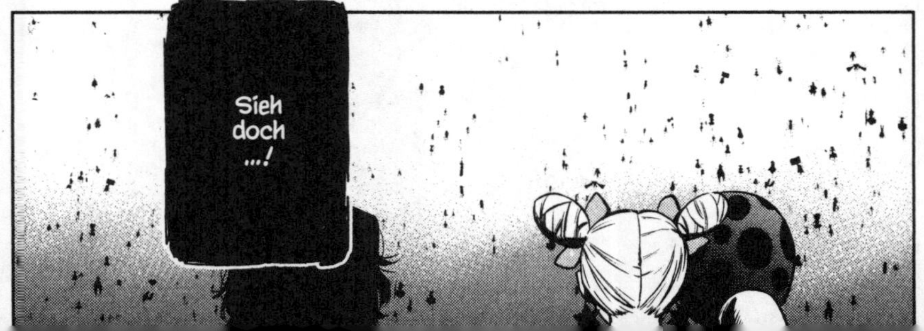

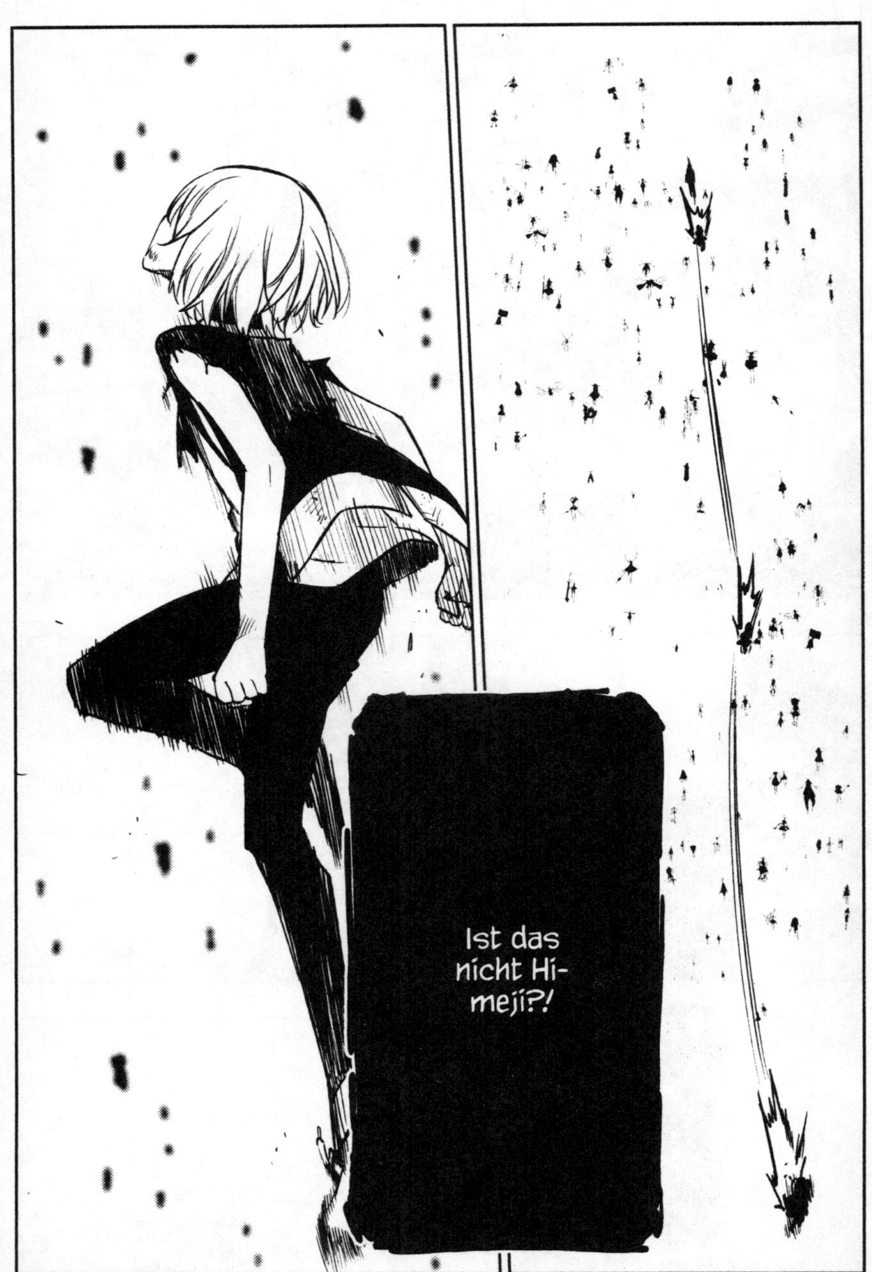
Ist das
nicht Hi-
meji?!

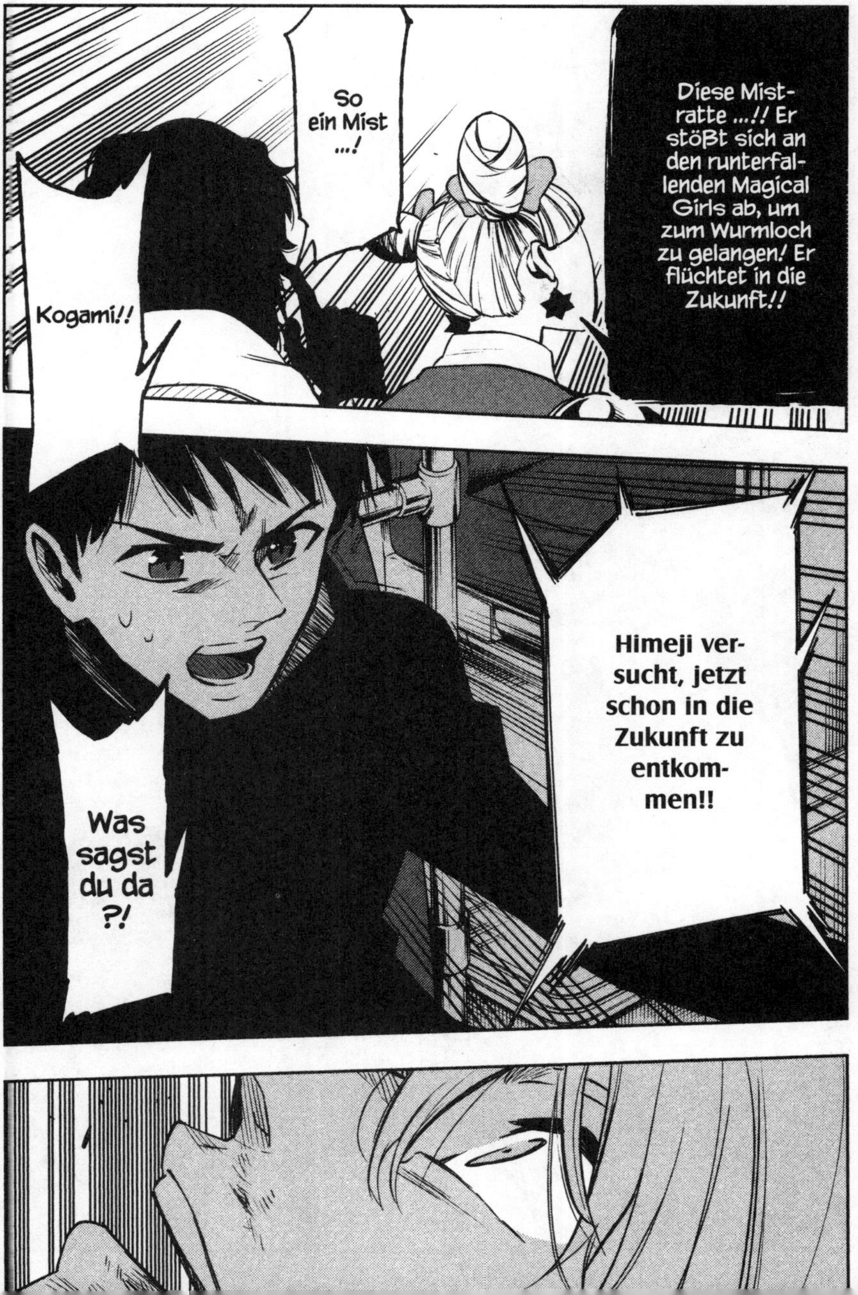

Diese Mistratte ...!! Er stößt sich an den runterfallenden Magical Girls ab, um zum Wurmloch zu gelangen! Er flüchtet in die Zukunft!!

So ein Mist ...!

Kogami!!

Himeji versucht, jetzt schon in die Zukunft zu entkommen!!

Was sagst du da?!

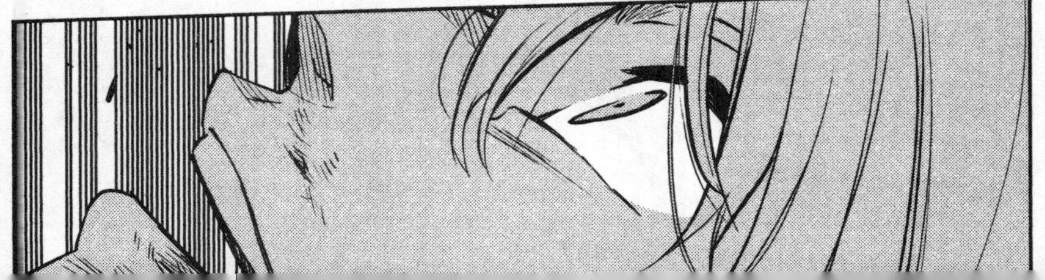

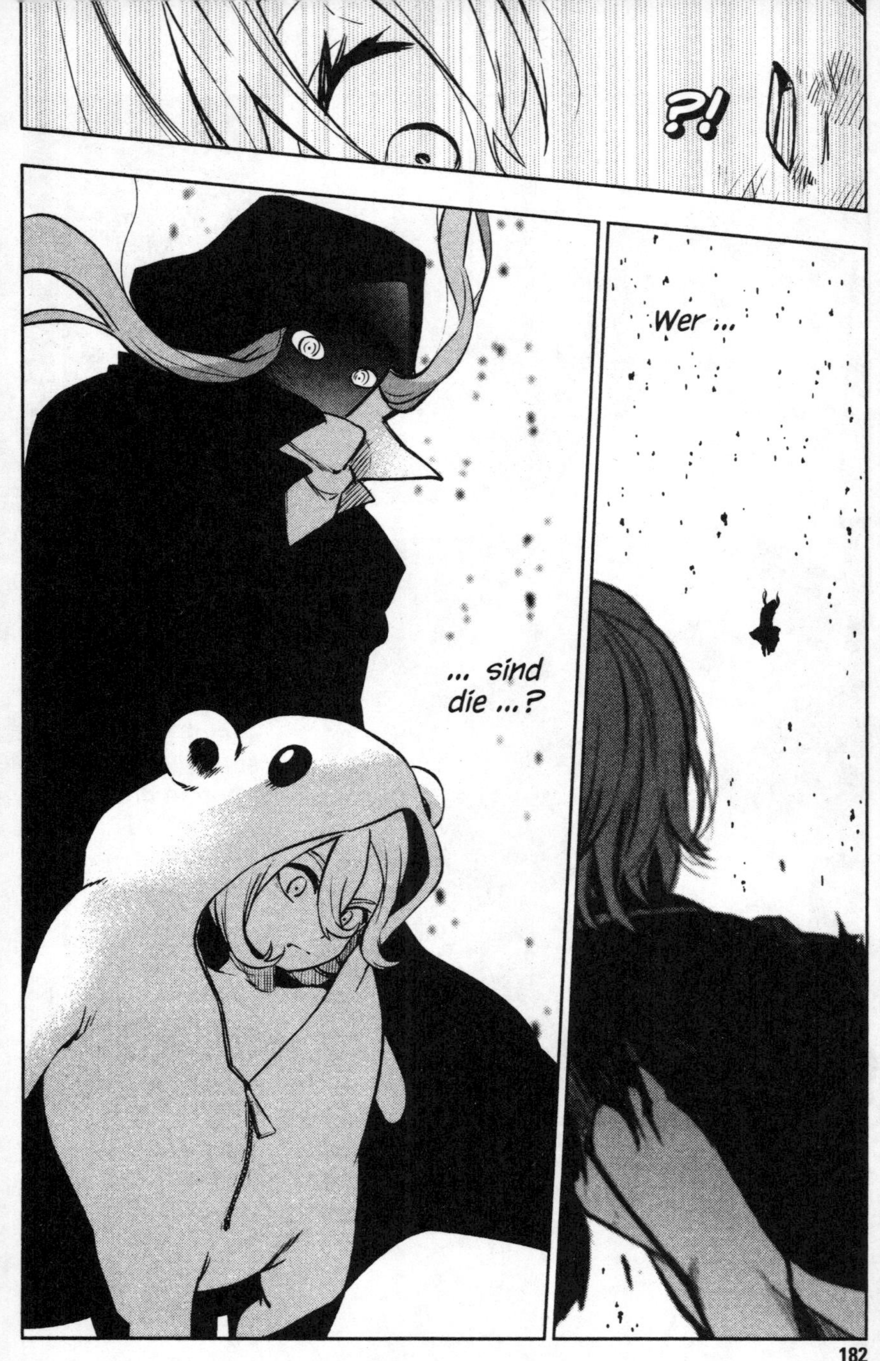
?!
Wer ...
... sind die ...?

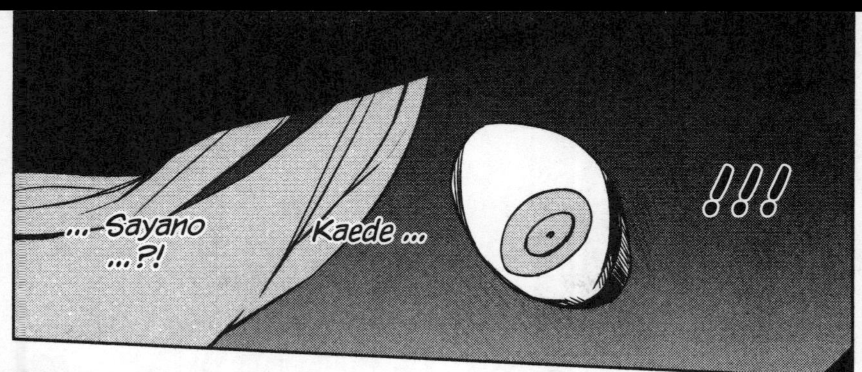

Also ist sie die Verräte-rin ...?!

Aber ... wie hat sie das alles vorbereiten können ...?

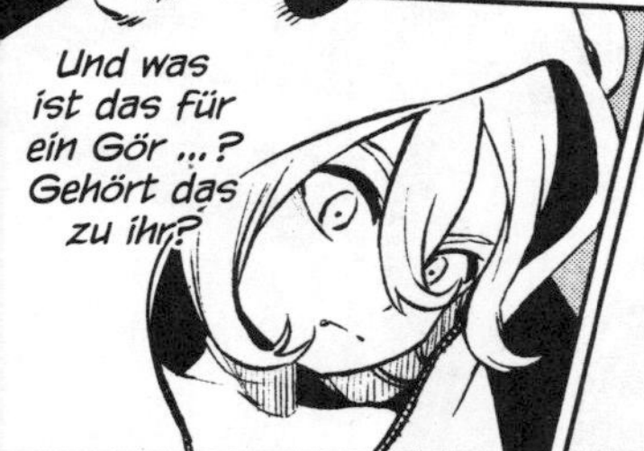

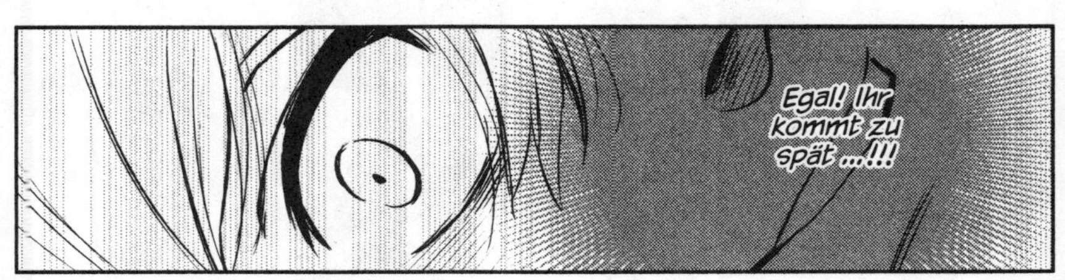

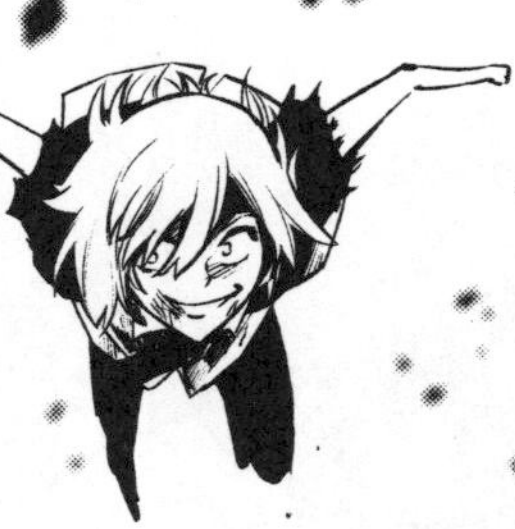

Für euch gibt es kei-ne Hoffnung mehr!!

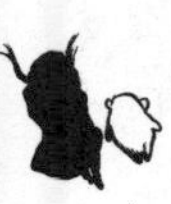

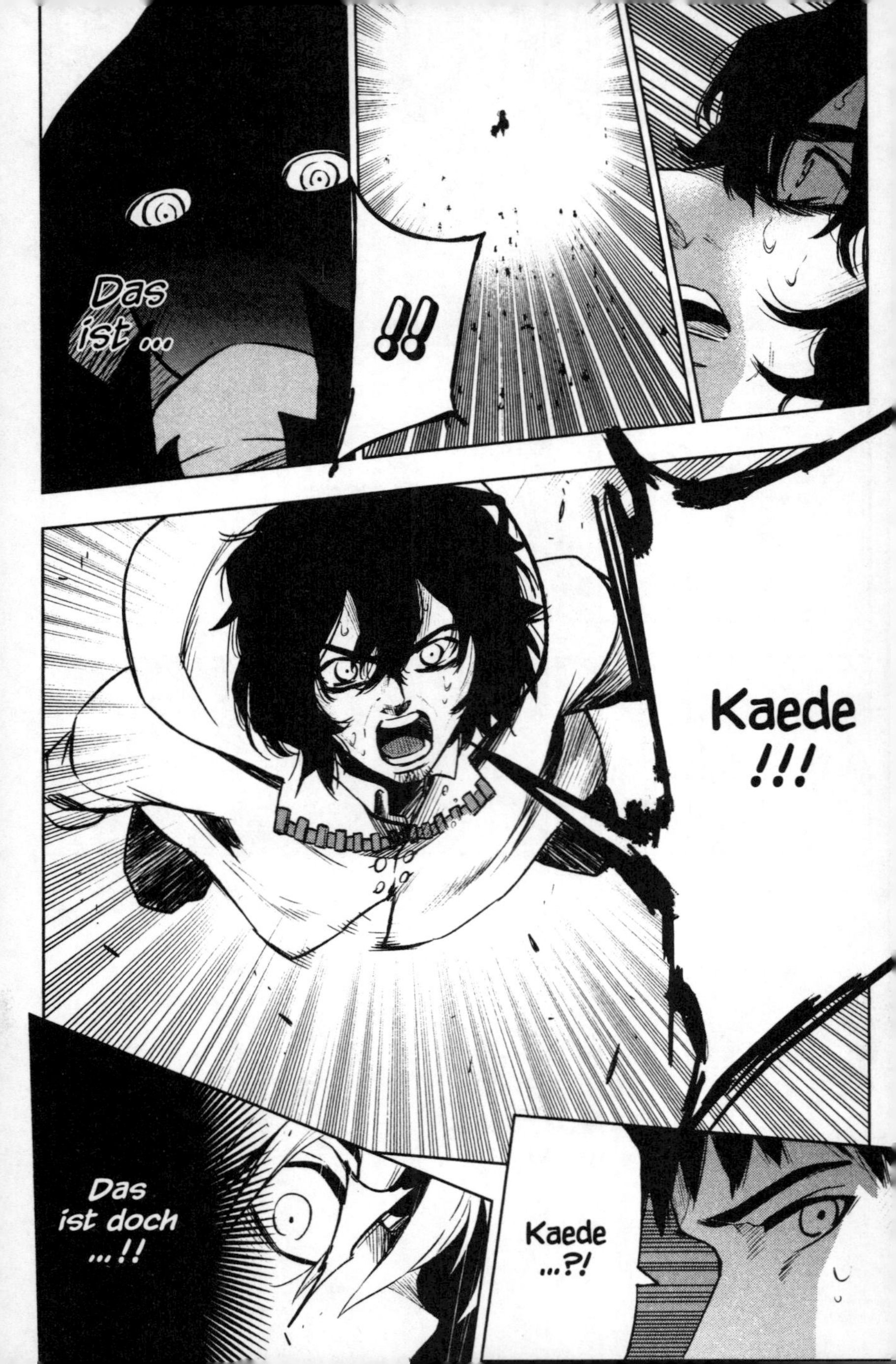
!!
Das ist ...
Kaede !!!
Kaede ...?!
Das ist doch ...!!

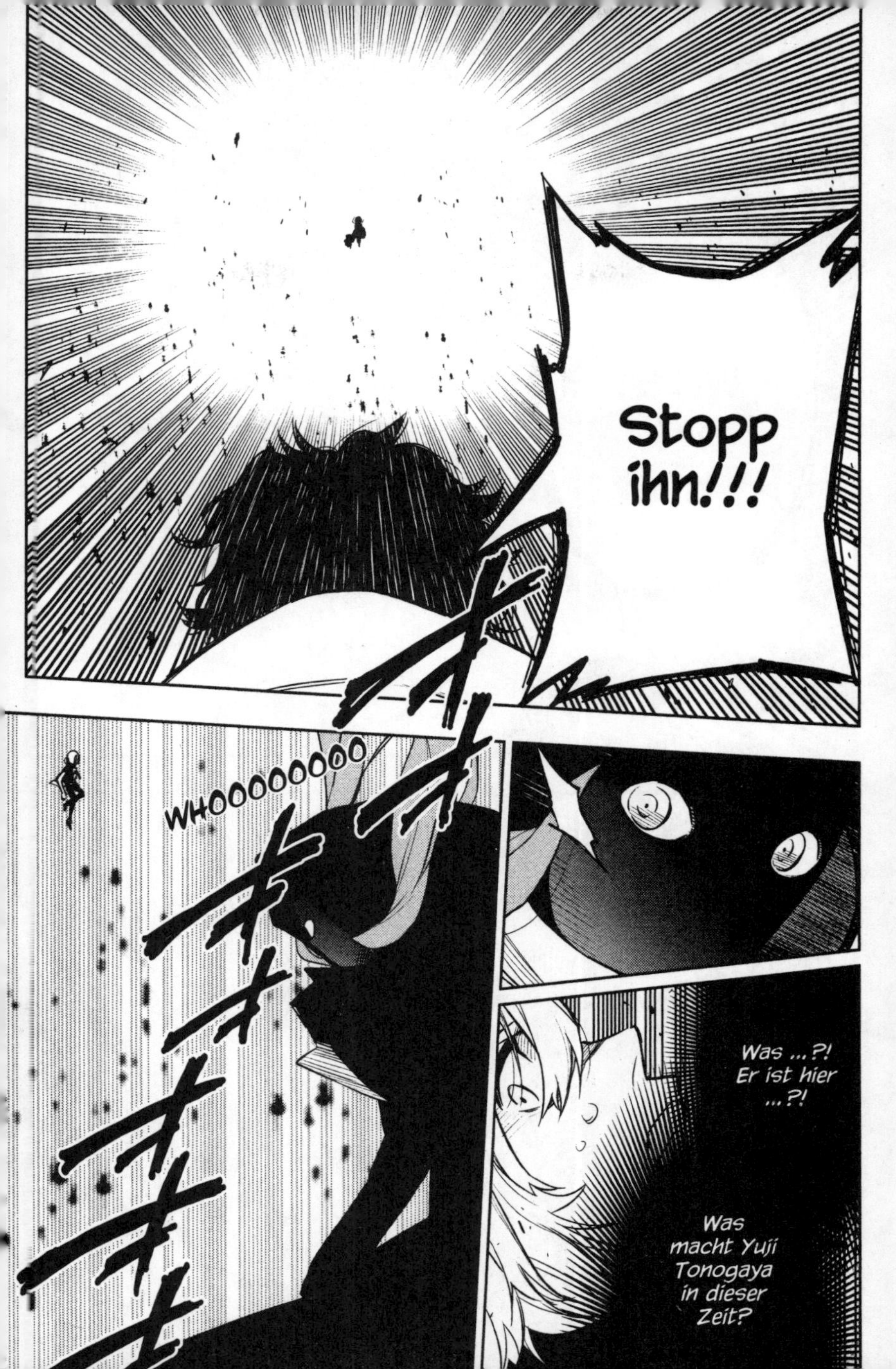
Stopp ihn!!!
WHOOOOOOOO
Was ...?! Er ist hier ...?!
Was macht Yuji Tonogaya in dieser Zeit?

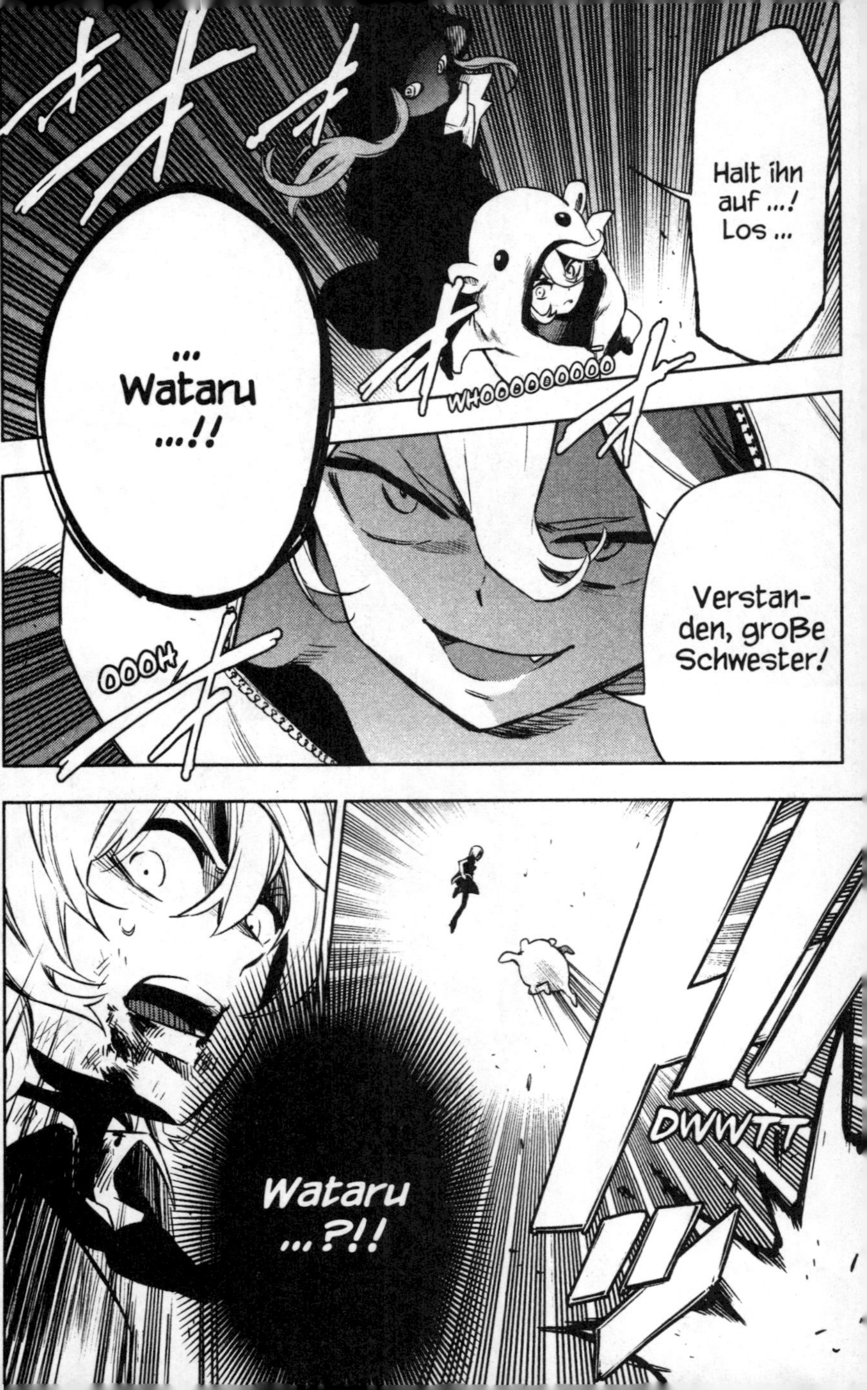

Halt ihn auf ...! Los ...
WHOOOOOOOOOO
... Wataru ...!!
Verstanden, große Schwester!
OOOH
DWWTT
Wataru ...?!!

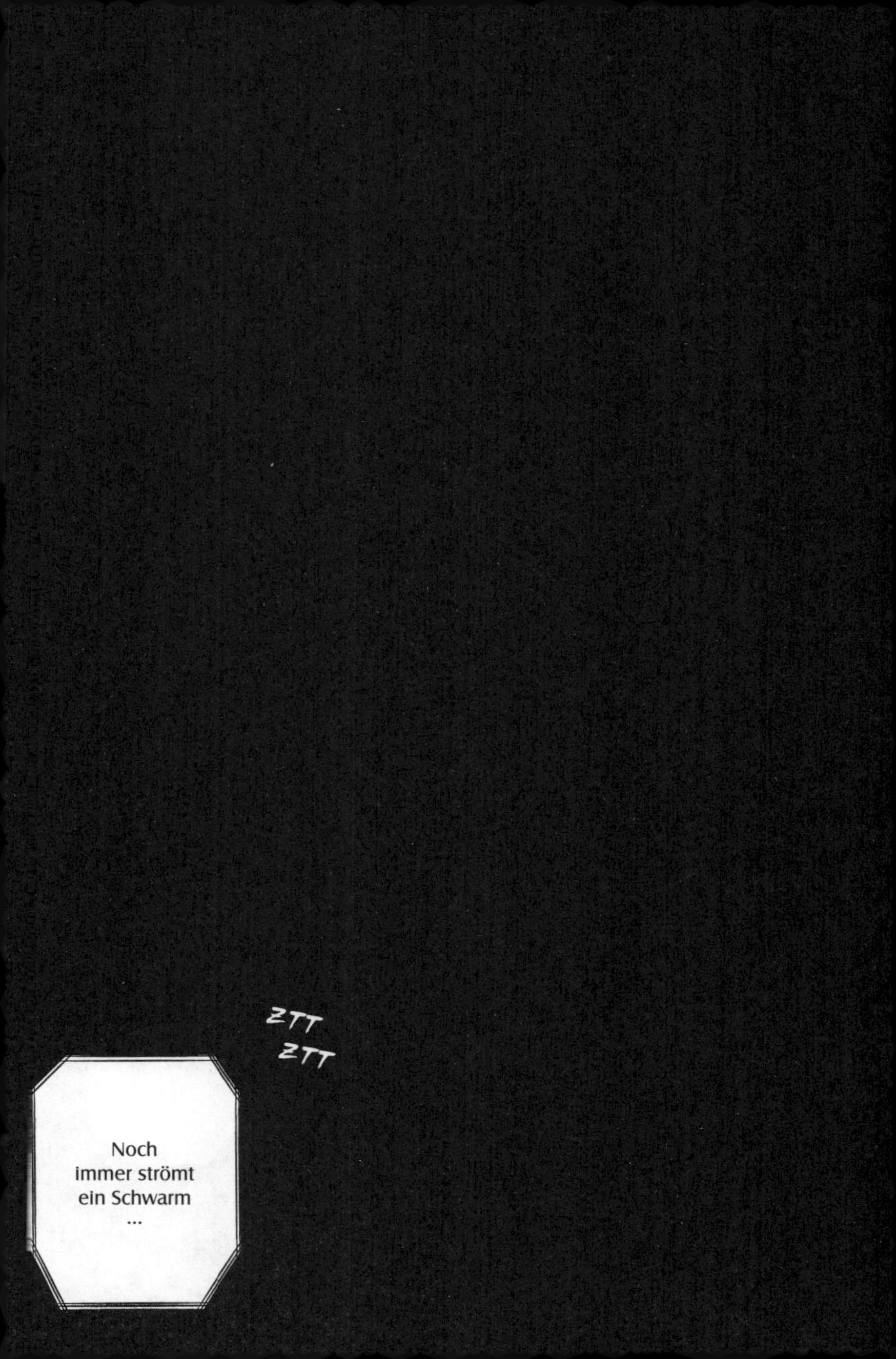

ZTT
ZTT

Noch
immer strömt
ein Schwarm
...

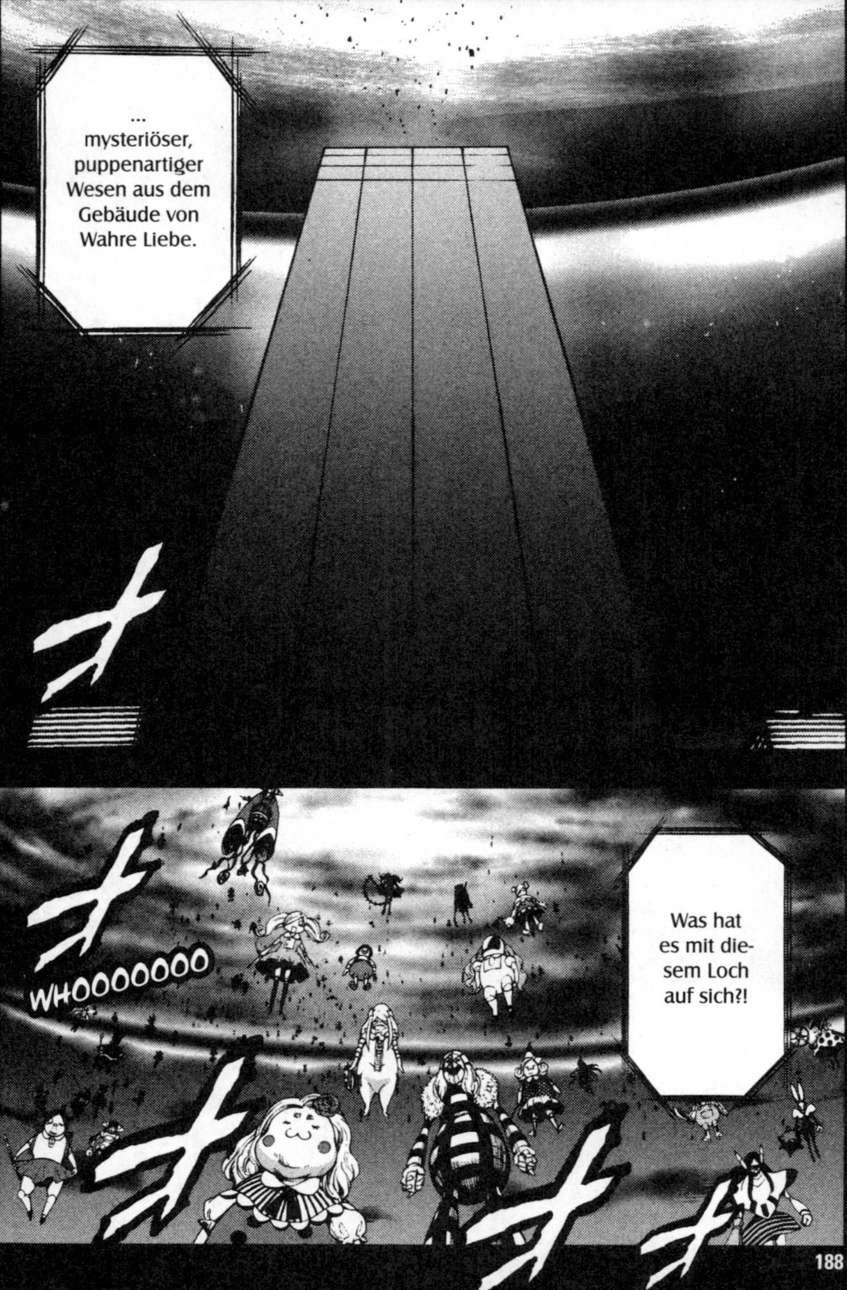
...
mysteriöser,
puppenartiger
Wesen aus dem
Gebäude von
Wahre Liebe.
Was hat
es mit die-
sem Loch
auf sich?!
WHOOOOOOO

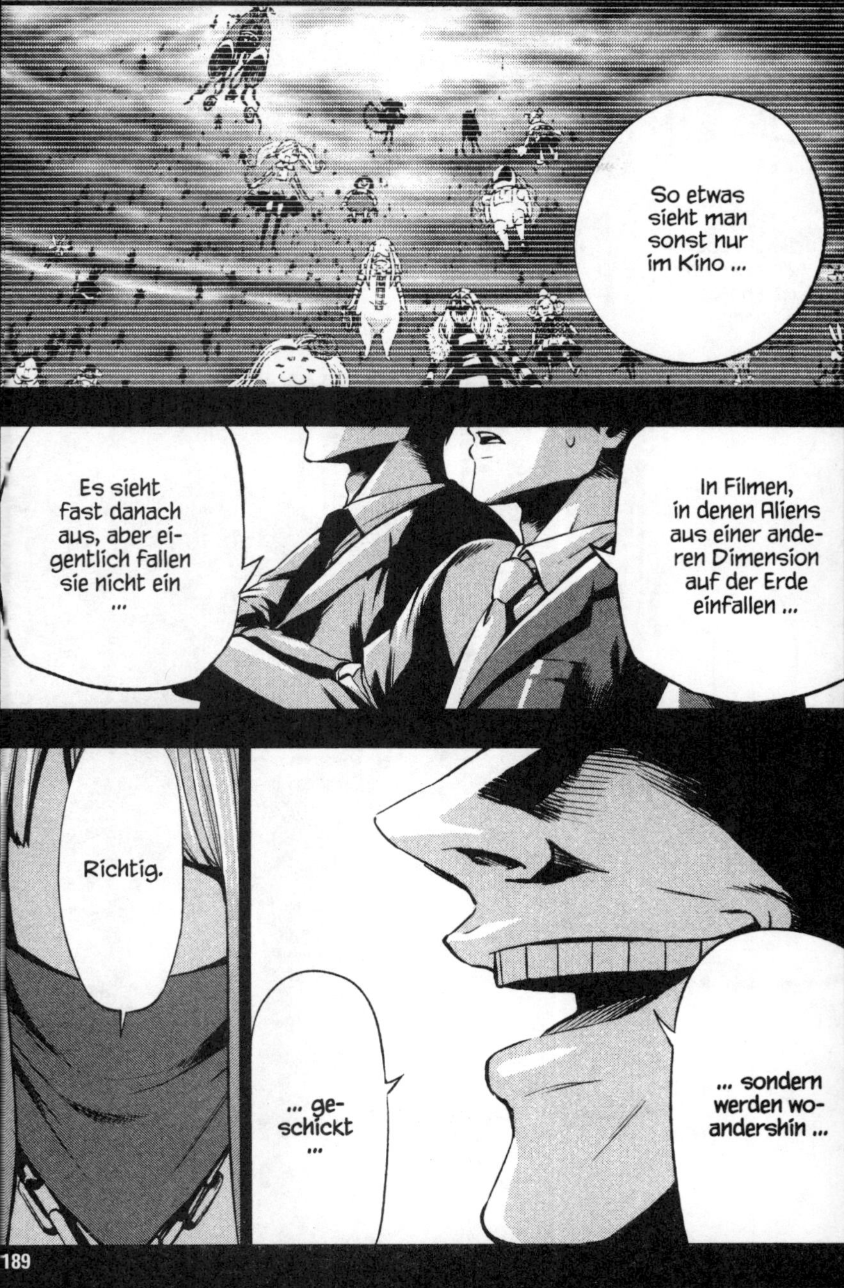
So etwas sieht man sonst nur im Kino ...
In Filmen, in denen Aliens aus einer anderen Dimension auf der Erde einfallen ...
Es sieht fast danach aus, aber eigentlich fallen sie nicht ein ...
... sondern werden woandershin ...
... geschickt ...
Richtig.

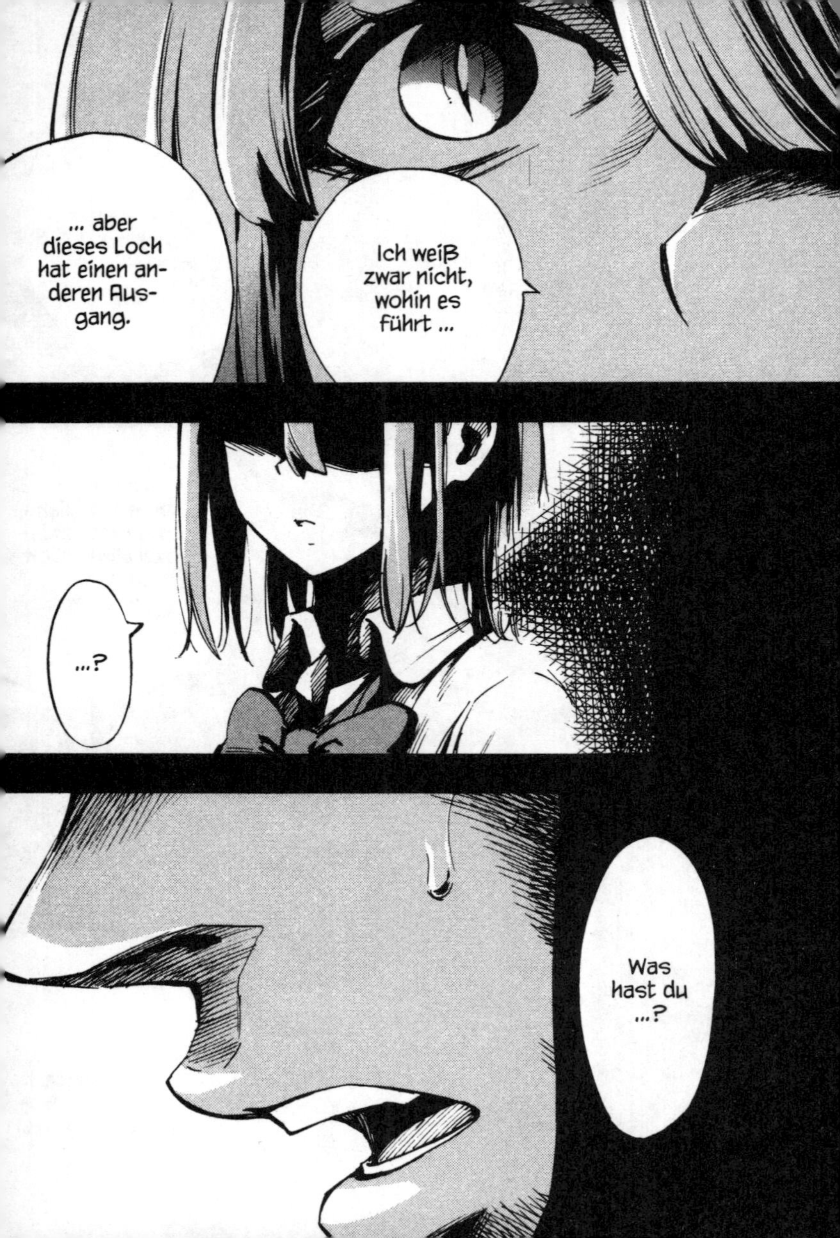
Ich weiß zwar nicht, wohin es führt ...
... aber dieses Loch hat einen anderen Ausgang.
...?
Was hast du ...?

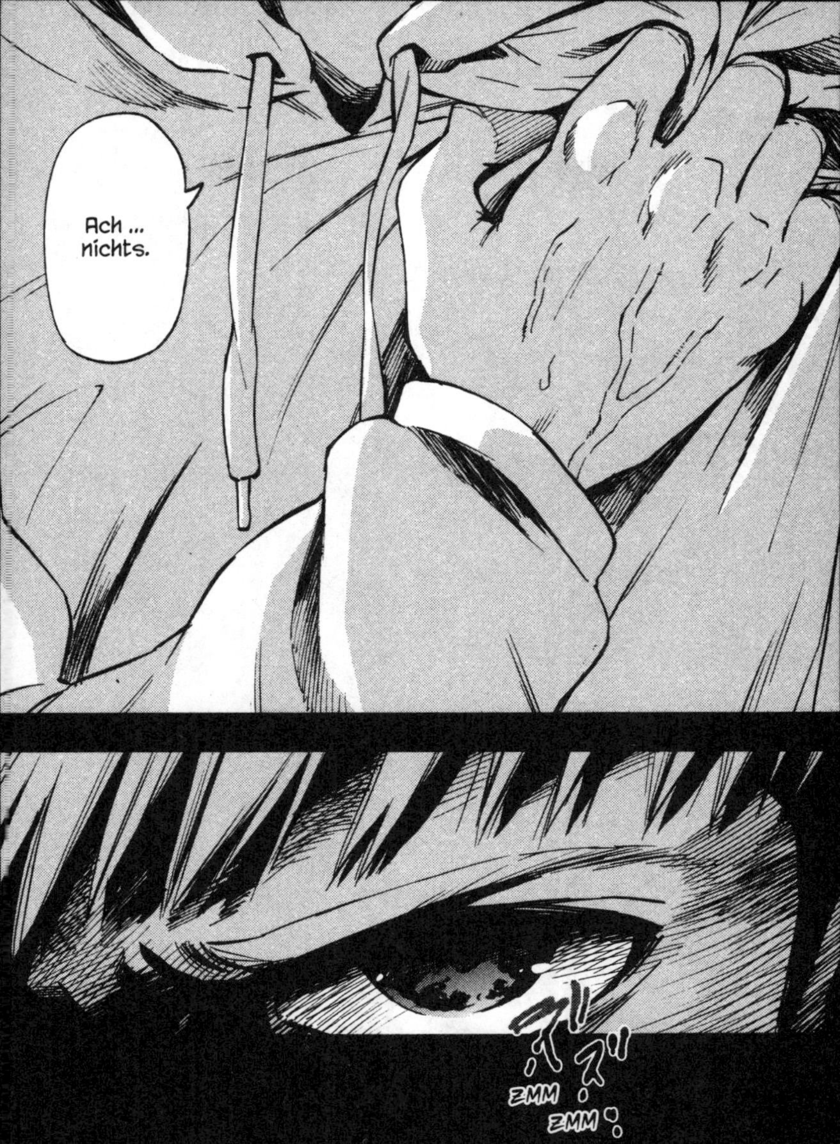
Ach ...
nichts.
ZMM
ZMM

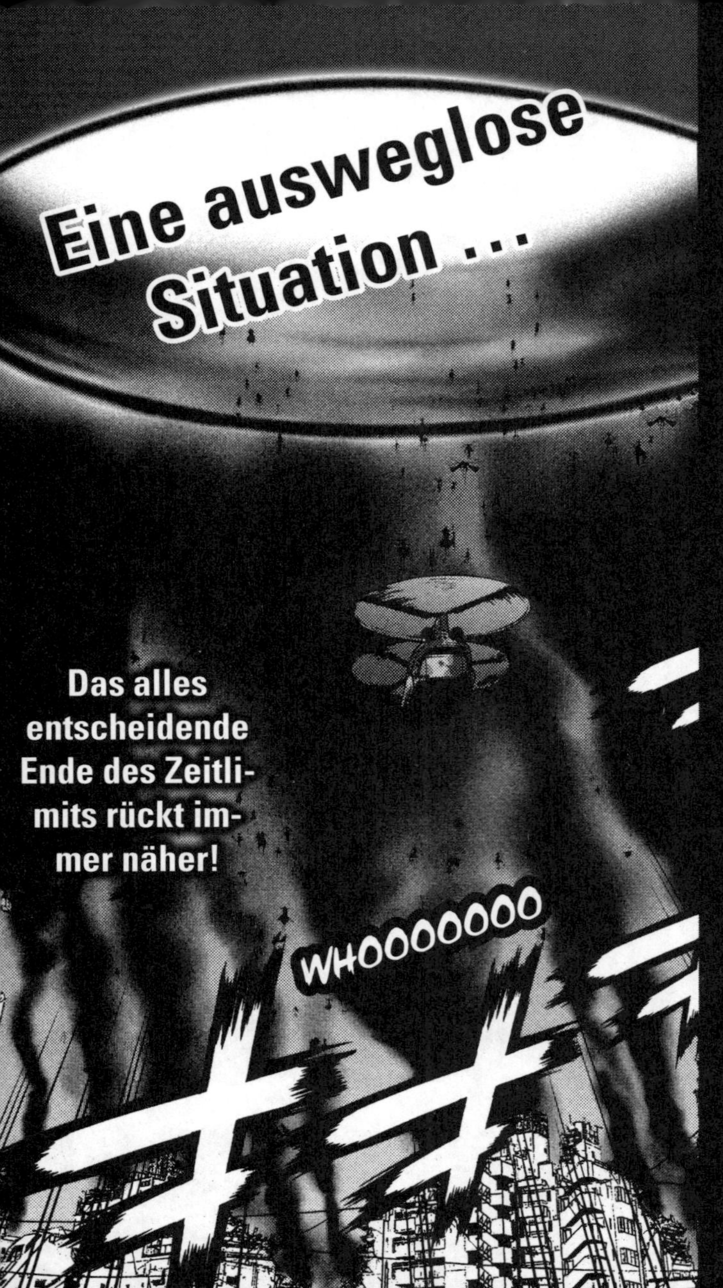

Magical Girl of the End

VORSCHAU AUF DEN NÄCHSTEN BAND

Freut euch auf den nächsten Band!!

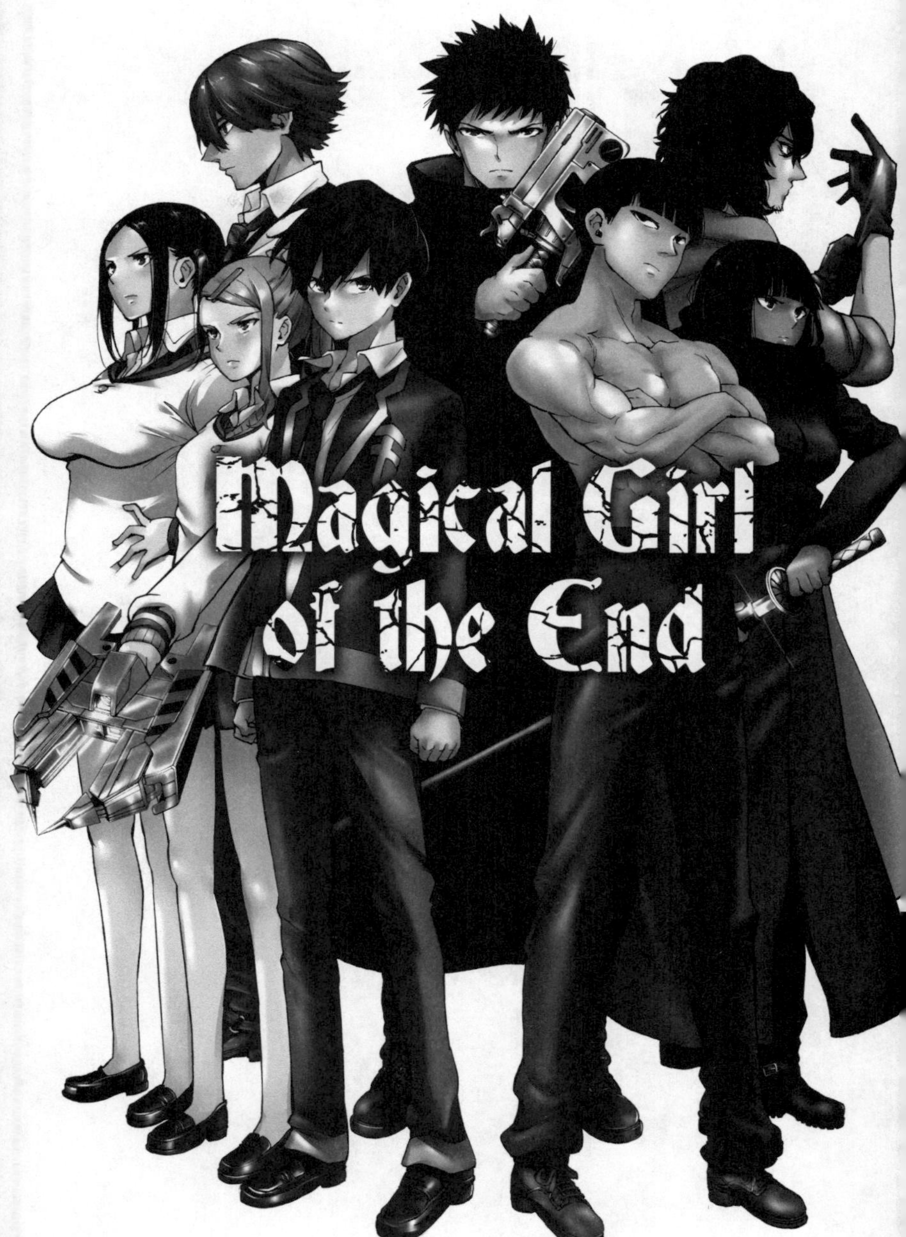

Magical Girl
of the End

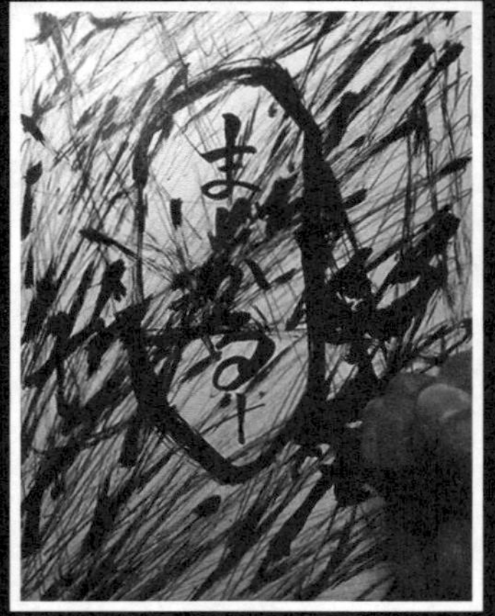

Jemand sagte mal, die Magical Girls wären da, um Menschen zu retten.

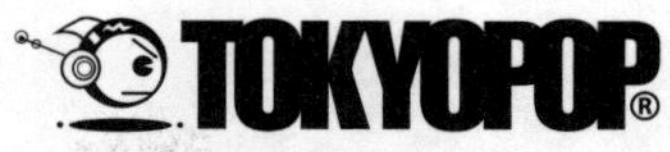

TOKYOPOP GmbH
Hamburg

TOKYOPOP
1. Auflage, 2017
Deutsche Ausgabe/German Edition

Aus dem Japanischen von Hana Rude

MAGICAL GIRL OF THE END 12

First published in Japan in 2016
by Akita Publishing Co., Ltd., Tokyo
German translation rights arranged
with AKITA PUBLISHING CO., LTD.
through Tuttle-Mori Agency, Inc., Tokyo

Redaktion: Simone Meinecke
Lettering: Vibrraant Publishing Studio
Herstellung: Stephanie Gieck
Druck und buchbinderische Verarbeitung:
CPI–Clausen & Bosse GmbH, Leck
Printed in Germany

ISBN 978-3-8420-3353-5

www.tokyopop.de

MAGICAL GIRL SITE

Kentaro Sato

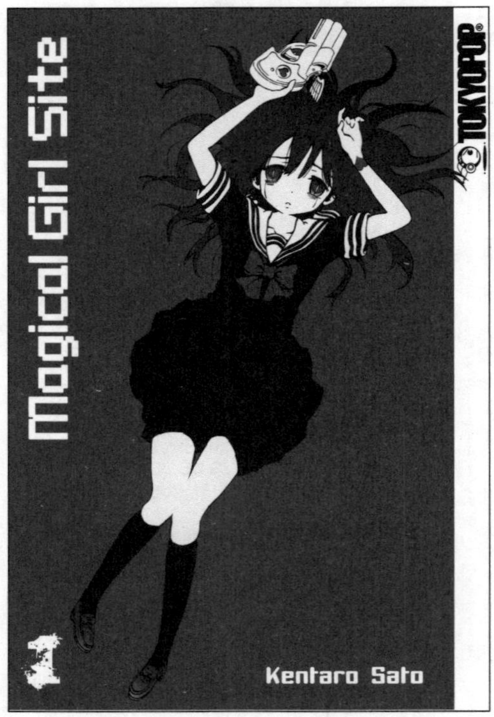

Oh, du Arme! Oh, du Arme!

Das Leben von Aya Asagiri ist die reinste Hölle. Von den Schülern wird sie gemobbt und von ihrem Bruder misshandelt – Tag für Tag ... Schweigend erträgt sie all die Schmerzen, bis auf ihrem PC eine mysteriöse Website auftaucht – die Magical Girl Site. Kurz darauf findet Aya einen Zauberstab in Form einer Waffe in ihrem Spind wieder. Als sie diesen aus Notwehr benutzt, ändert sich ihr Leben drastisch. Ab jetzt ist sie ein Magical Girl und verfügt über besondere Fähigkeiten ...

BRYNHILDR IN THE DARKNESS

Lynn Okamoto

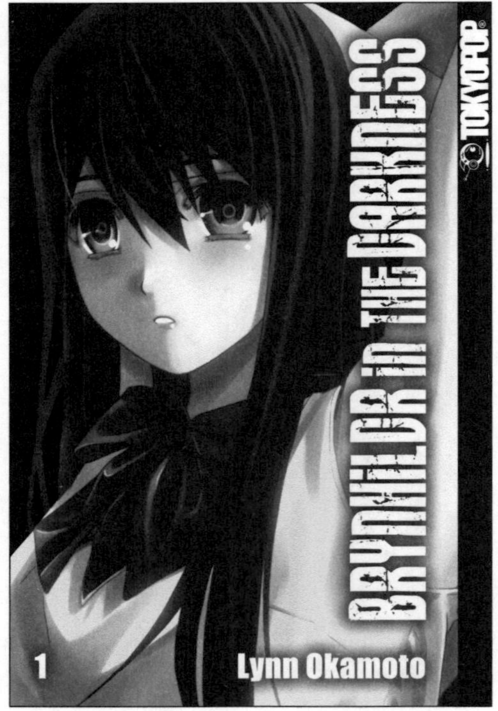

Ich suche dich in den Sternen!

Leben Außerirdische auf unserer Erde? Ryoutas Kindheitsfreundin Kuroneko glaubte fest daran, bis sie auf tragische Weise ums Leben kam. Seit jenem Tag ist Ryouta von der Idee besessen, einen Beweis für ihre Theorie zu erbringen. Eines Tages taucht an seiner Hochschule eine junge Frau auf, die der Verstorbenen aufs Haar gleicht. Und damit gerät Ryoutas Welt von einer Sekunde auf die andere vollends ins Wanken ...

ELFEN LIED

Lynn Okamoto

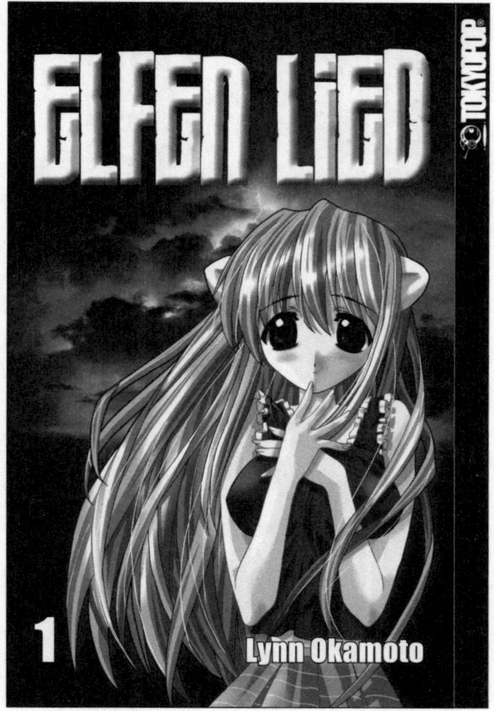

Gefährliche Mutantin oder hilfloses Mädchen?

Lucy tötet jeden Menschen, der in ihre Nähe kommt, sofort. Sie ist eine Mutantin mit abnormen Fähigkeiten, die in einem Forschungslabor unter strengsten Sicherheitsvorkehrungen festgehalten wird. Dennoch gelingt ihr eines Tages die Flucht. Wenig später finden der Student Kota und seine Cousine am Strand ein hilfloses Mädchen und nehmen es bei sich auf ... Ist es nur eine Frage der Zeit, bis Lucy ihnen ihr mörderisches Gesicht zeigt?

LA VIE EN DOLL

Junya Inoue

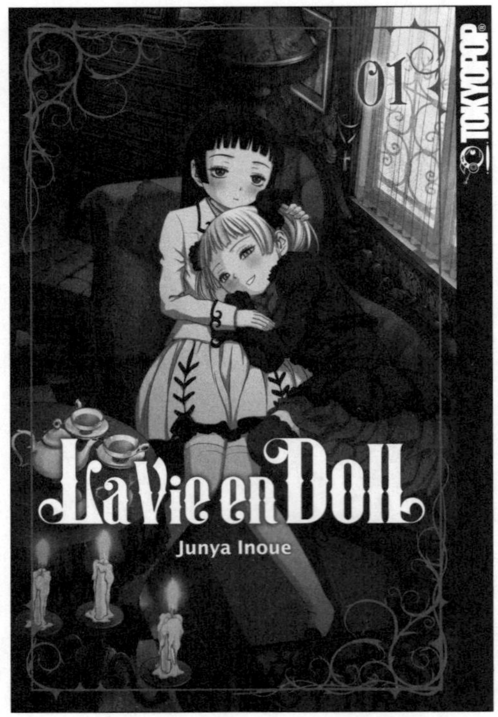

Das Spiel mit der Magie!

Die schüchterne Kasumi Haruno erhält eines Tages ein Päckchen von ihrem verschollenen Vater. Darin befinden sich ein Ring und ein Spiegel. Als sie das Schmuckstück ansteckt und in den Spiegel schaut, verändert sich plötzlich ihre Persönlichkeit. Eine weitere Kasumi mit dem Namen Kusumi, angriffslustig und lebhaft, erwacht! Sie besitzt von nun an magische Kräfte, doch dies bringt sie in ungeahnte Schwierigkeiten, denn hinter dieser Macht steckt ein gefährliches Geheimnis ...

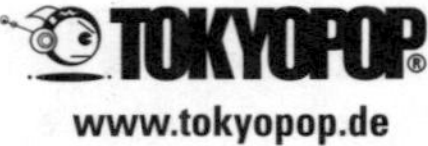

www.tokyopop.de

BTOOOM!

Junya Inoue

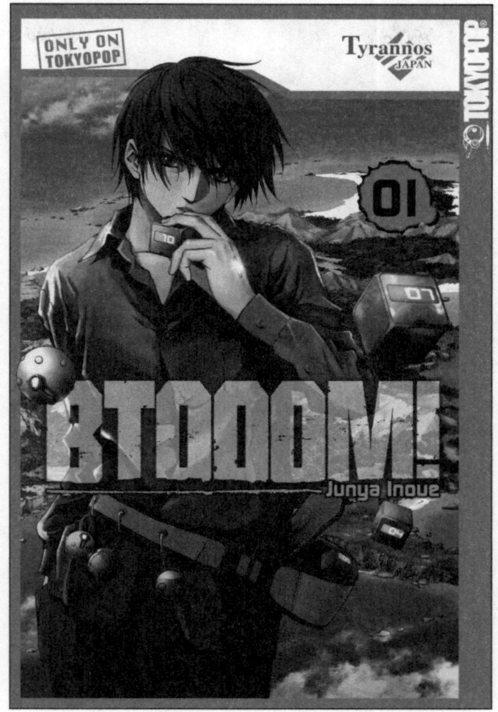

Spiel um dein Leben!

Ryota ist einer der erfolgreichsten Spieler des Online-Battle-Games *BTOOOM!*. Doch privat ist er ein arbeitsloser Loser, der noch bei seiner Mutter wohnt. Eines Tages erwacht er auf einer tropischen Insel und findet sich mitten in seinem eigenen Spiel wieder. Er muss sich gegen tödliche Bombenangriffe seiner Mitspieler wehren und versuchen, zu überleben. Doch bei dieser mörderischen Live-Variante gibt es leider keinen Exit-Button!

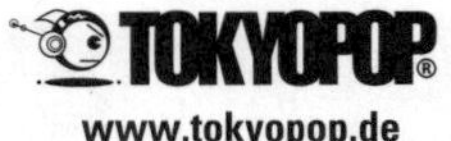

www.tokyopop.de

GRAB DER SCHMETTERLINGE

Aya Tanaka

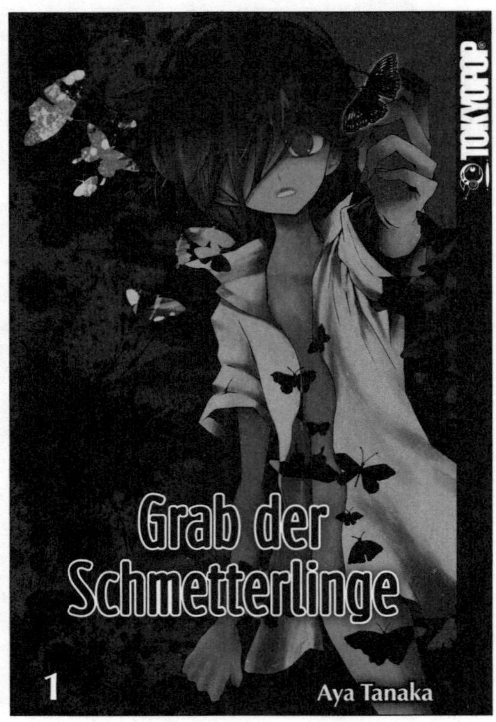

Seine Reinheit wurde besudelt und ein Monster wurde geboren!

Keiner kann es sich erklären: Der Grundschüler Manato verschwindet plötzlich bei einer Unterrichtseinheit im Freien, woraufhin seine Familie wegzieht. Sechs Jahre später kehrt seine kleine Schwester Mari zurück und trifft auf Atsuma, der sich über das unerwartete Wiedersehen freut. Doch es bahnt sich ein Albtraum an, denn einer nach dem anderen werden die Schüler, die damals bei dem Verschwinden von Manato dabei waren, auf brutale Weise angegriffen ...

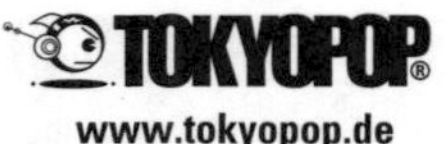

www.tokyopop.de

SCARY LESSONS

Emi Ishikawa

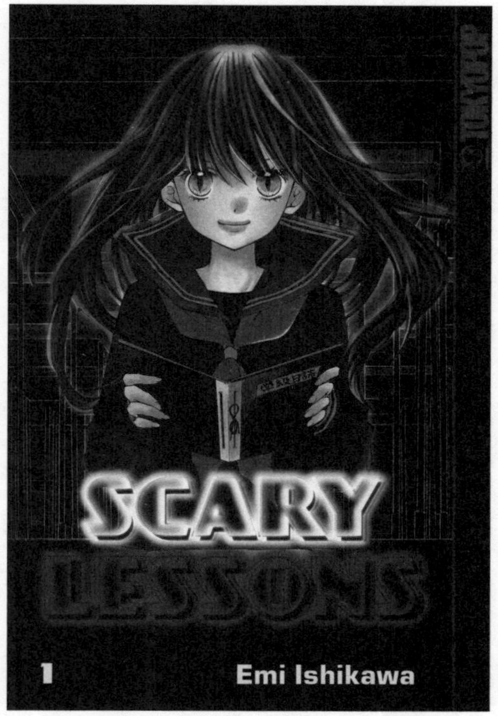

Zum Fürchten gut!

Yomi, das mysteriöse Mädchen ohne Unterleib, führt durch eine Welt des Grauens, die inmitten des vertrauten Alltags schlummert und nur darauf lauert, über die Ahnungslosen hereinzubrechen. Wer töricht genug ist, sich auf sie einzulassen, dem widerfährt Schreckliches!

NO GUNS LIFE

Tasuku Karasuma

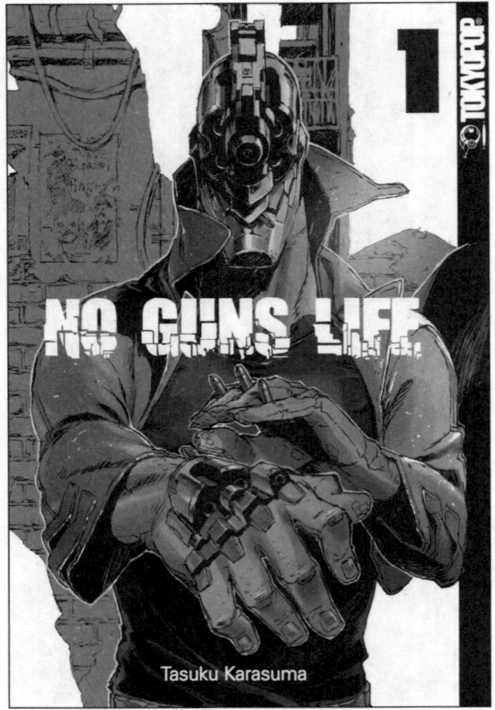

Ein Leben als Waffe

Der Krieg ist vorbei, doch in der Stadt tummeln sich etliche Extender – Menschen, deren Körper technologisch zu Waffen umfunktioniert wurden. Dieses Schicksal teilt auch Juzo Inui: Sein Kopf ist eine Pistole, deren Abzug nur von einer Person hinter ihm ausgelöst werden kann. Doch Juzo hat keinerlei Erinnerungen an sein früheres Leben und vertraut somit auch niemandem. Stattdessen hat er es sich zur Aufgabe gemacht, Probleme zu beseitigen, die mit seinesgleichen in Verbindung stehen. Freunde macht er sich damit keine ...

DEADMAN WONDERLAND

Jinsei Kataoka / Kazuma Kondou

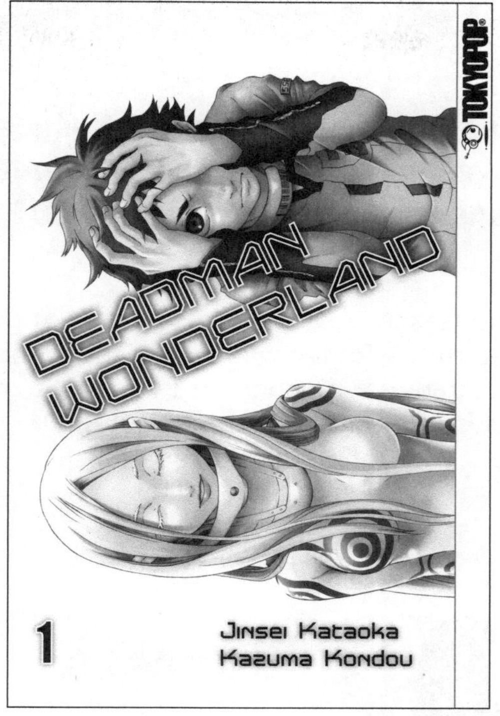

Die Apokalypse ist vorbei! Kämpfe um dein Leben!!!

Ganta Igarashi hat eine Naturkatastrophe überlebt. Eines Tages erschien der »Rote Mann« – ein riesiges Robotermonster – und ermordete alle seine Klassenkameraden. Ganta wird zum Tode verurteilt und in ein bizarres Gefängnis, das »Deadman Wonderland«, gesteckt. In diesem Vergnügungspark bekämpfen sich die Insassen bis aufs Blut ...

STOPP!

Dies ist die letzte Seite des Buches!
Du willst dir doch nicht den Spaß verderben
und das Ende zuerst lesen, oder?

Um die Geschichte unverfälscht und originalgetreu mitverfolgen zu können, musst du es wie die Japaner machen und von rechts nach links lesen. Deshalb schnell das Buch umdrehen und loslegen!

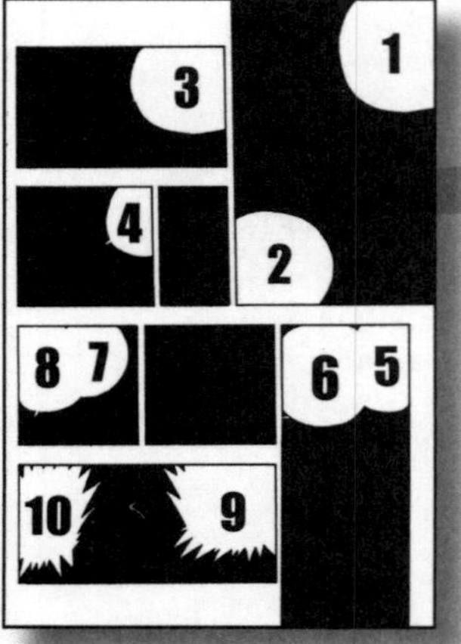

So geht's:

Wenn dies das erste Mal sein sollte, dass du einen Manga in den Händen hältst, kann dir die Grafik helfen, dich zurechtzufinden: Fang einfach oben rechts an zu lesen und arbeite dich nach unten links vor. Viel Spaß dabei wünscht dir TOKYOPOP®!